高职高专互联网+新形态教材·财会系列

U0659322

会计信息系统应用(用友 ERP-U8 V10.1)(微课版)

孙永慧　主　编

宋红菊　宗文娟　栾　欣　副主编

清华大学出版社
北　京

内 容 简 介

本书以最新的《企业会计准则》及财税法规为依据，以岗位需求为目标，以业财一体化管理为主导思想，以用友财务软件 ERP-U8 V10.1 为平台，以制造业企业会计工作中的典型案例为驱动，全面讲解用友 ERP-U8 V10.1 财务软件的使用方法和使用技巧。全书共 12 个项目，包括会计信息系统认知与实施、系统管理、基础设置、财务链初始设置、总账系统业务处理、薪资管理系统业务处理、固定资产系统业务处理、供应链初始设置、采购与应付款管理系统业务处理、销售与应收款管理系统业务处理、库存管理与存货核算系统业务处理和 UFO 报表管理，每个项目又分解为若干个工作任务，并将烟台鼎信新材料科技有限公司(虚拟企业)一个会计期间的经济业务整理编写成业财一体化综合实训案例(见附录)。本书另配有教学课件、实训账套、在线课程等资源，并精选 143 个操作视频以扫二维码的形式嵌入书中，供学生在移动端随扫随学，完成线下线上学习的自由转换。

本书既可作为高等职业院校会计等经济管理相关专业的教材，也可作为职业院校会计技能大赛及业财一体化 1+X 等级证书的参考用书，还可作为相关会计从业人员的参考用书。

图书在版编目(CIP)数据

会计信息系统应用：用友 ERP-U8 V10.1：微课版 / 孙永慧主编. -- 北京：清华大学出版社，2025. 8.
(高职高专互联网+新形态教材). -- ISBN 978-7-302-70194-1

Ⅰ. F232

中国国家版本馆 CIP 数据核字第 2025E1M355 号

责任编辑：梁媛媛
封面设计：刘孝琼
责任校对：周剑云
责任印制：丛怀宇

出版发行：清华大学出版社
      网　　　址：https://www.tup.com.cn, https://www.wqxuetang.com
      地　　　址：北京清华大学学研大厦 A 座　　　　邮　　编：100084
      社　总　机：010-83470000　　　　　　　　邮　　购：010-62786544
      投稿与读者服务：010-62776969, c-service@tup.tsinghua.edu.cn
      质量反馈：010-62772015, zhiliang@tup.tsinghua.edu.cn
      课件下载：https://www.tup.com.cn, 010-62791865
印 装 者：三河市科茂嘉荣印务有限公司
经　　销：全国新华书店
开　　本：185mm×260mm　　　印　张：21.5　　　字　数：535 千字
版　　次：2025 年 8 月第 1 版　　　　　　　印　次：2025 年 8 月第 1 次印刷
定　　价：59.80 元

产品编号：106320-01

前　言

本书深入贯彻党的二十大精神，落实《教育部办公厅关于加快推进现代职业教育体系建设改革重点任务的通知》(教职成厅函〔2023〕20 号)，按照《"十四五"职业教育规划教材建设实施方案》(教职成厅函〔2021〕25 号)对国家规划教材的建设要求，开展教材建设。

本书以落实立德树人为根本任务，强化课程思政，按项目化课程开发原理编写，职业特色鲜明。本书顺应"业财融合"发展趋势，对接"数字经济"等国家战略，满足人工智能、大数据、云计算等现代信息技术快速发展带来的财务工作方式和财务工作组织模式转型所需。本书在内容选取上具有很强的针对性和适用性，编写上具有一定的创新性，具体特点如下。

1. 强化课程思政，践行立德树人

立德树人是人才培养的根本任务，专业课程的思政化建设是时代发展的必然要求。本书注重课程思政设计，将思政元素巧妙地渗透到课程中，内化于教学过程。

2. 校企合作，紧跟行业发展

本书是产教融合、校企双元开发教材。基于企业真实场景，内容源于企业，又高于企业。紧跟行业发展趋势，及时纳入新业态、新技术、新规范等内容。

3. 配套数字资源，师生使用便捷

为了方便教学，部分学习资源(如微课视频等)以二维码的形式提供，各位读者可扫码获取。此外，本书还配有教学课件、教案、案例库、微课视频等教学资源，以供教师教学使用。

4. 工作任务引领，岗课赛证融通

本书采用项目任务式的编写方法，以国家职业标准为依据，以典型的工作任务为载体，以学生为中心，以培养综合职业能力为目标，将理论与实践相结合，将课程内容与职业岗位工作、全国职业院校技能大赛、"1+X"职业能力等级证书标准相融合。

5. 仿真综合案例，实现业财一体化演练

本书以烟台美富丌新材料科技有限公司的真实业务为原型，通过仿真实训帮助学生从企业业务的角度理解财务核算和财务管理知识，熟悉企业生产、销售、控制和预测的经济活动；打通业务数据和财务数据，实现业务流程和财务流程的一体化综合演练，为学生专业能力的培养和后续职业生涯的发展奠定基础。

本书由烟台职业学院孙永慧担任主编，负责拟定编写大纲，并对全书进行总纂和定稿；由宋红菊、宗文娟、栾欣担任副主编。全书共分 12 个项目，具体编写分工如下：项目 1、

项目 9、项目 10 由宋红菊编写，项目 2、项目 3、项目 4 由栾欣编写，项目 5、项目 8、项目 11 由孙永慧编写，项目 6、项目 7 由宗文娟编写，项目 12 由王岐峰编写。东方航天港集团(山东)发展有限公司总会计师、财务总监、硕士研究生导师张志国和烟台美富升新材料科技有限公司(山东省"专精特新"企业)财务经理、注册税务师王香美审阅了全部书稿，并提出了许多宝贵的意见和建议，使本书成为校企合作集体智慧的结晶。

本书在编写过程中还参考了国内很多同行的相关论著，在此一并表示诚挚的感谢！尽管我们在教材特色的建设方面作出了很多努力，但由于编者的经验和水平有限，书中难免存在疏漏或不当之处，敬请各位读者批评指正。

编　者

目　　录

项目 1

会计信息系统认知与实施

【项目目标】

了解会计信息系统的基本概念、发展历程；了解会计信息系统的总体结构、应用方案；熟悉会计信息系统的实施与管理，能够熟练完成财务软件的安装与调试，从而逐渐形成信息化大环境下的思维习惯；培养全局思维、创新精神、风险意识和行业自信。

【知识点与技能点】

任 务	知 识 点	技 能 点
任务 1　会计信息系统认知	会计信息系统的基本概念， 会计信息系统的发展历程， 会计信息系统的总体结构， 会计信息系统的应用方案， 会计信息系统的实施与管理	
任务 2　用友 ERP-U8 V10.1 产品安装准备及安装	用友 ERP-U8 V10.1 产品安装要求	用友 ERP-U8 V10.1 产品安装操作

经济环境的变化和科技的进步总是在不断地驱动管理模式的变革，同时，管理模式的变革往往又伴随着经济环境的变化和科技的发展而发生。近年来，大数据、云计算、移动互联、智能技术等的迅猛发展，给财务工作带来了巨大的影响和挑战。一方面，随着传统商业模式不断被颠覆，层出不穷的创新型商业模式给企业财务管理模式提出了新的要求。另一方面，机器自动化、智能化程度的日益提升，对传统的以核算为核心的财务模式形成了巨大冲击。规则导向、重复性的财务会计工作越来越多地被机器所取代。同时，基于自动化、智能化的信息系统平台的支撑，管理会计应用的深度和广度不断提升，推动了企业财务模式从核算到管理不断进化。未来，基于商业智能和人工智能的智能财务平台将彻底颠覆传统财务模式。

任务 1　会计信息系统认知

【任务目标】

知识目标：了解会计信息系统的发展历程；熟悉会计信息系统的实施与管理。

素质目标：培养职业自信、行业自信和信息化素养。

【任务重点难点】

会计信息系统的实施与管理。

【子任务 1】了解会计信息系统的基本概念

【子任务 1.1】会计信息概述

1. 数据和信息

数据是反映客观事物的性质、形态、结构和特征的符号，并能对客观事物的属性进行描述。数据可以是具体的数字、字符、文字或图形等形式。

信息是数据加工的结果，它可以用文字、数字、图形等形式，对客观事物的性质、形态、结构和特征等方面进行反映，帮助人们了解客观事物的本质。

数据和信息是密不可分的，如果将数据比作原料，信息就是通过信息系统将数据加工后得到的产品。信息必然是数据，但数据未必是信息，信息仅是数据的一个子集。

2. 会计数据和会计信息

会计数据是用于描述经济业务属性的数据。在会计工作中，从不同来源、渠道取得的各种原始资料、原始凭证、记账凭证等会计数据的载体上就有大量用于描述经营业务属性的数据，它们都称作会计数据。

会计信息是反映单位财务状况和经营成果的信息，它是对反映单位运作的数据，按照一定的要求或需要进行加工、计算、分类、汇总而形成的有用的信息产品。

【子任务 1.2】会计信息系统概述

1. 系统

系统是由一些相互联系、相互作用的要素，为实现某一目标而组成的具有一定功能的有机整体。系统具有以下特征。

(1) 独立性。每个系统都是一个相对独立的部分，它与周围环境具有明确的界限，但又受到周围环境的制约和影响。

(2) 整体性。系统各部分之间存在相互依存的关系，它们既相对独立又有机地联系在一起。

(3) 目标性。系统的全部活动都是为了达到特定的目标。系统中各组成部分的分工不同，活动目标却是共同的。

(4) 层次性。一个系统由若干子系统组成，每个子系统又可分成更小的子系统，因此系统是可分的，且相互之间有机结合，具有结构上的层次性。

根据其自动化的程度不同，系统可以分为人工系统、自动系统和基于计算机的系统。

(1) 人工系统。大部分工作都是由人工完成的系统被称作人工系统，如手工会计系统。

(2) 自动系统。大部分工作都是由机器自动完成的系统被称作自动系统，如室内恒温系统、数控机床系统等。

(3) 基于计算机的系统。大部分工作都是由计算机自动完成的系统被称作基于计算机的系统，如机器人系统、计算机会计信息系统等。

2. 信息系统

信息系统是以信息为处理对象，进行信息的收集、传递、存储、加工，最终将处理结果向信息使用者传递的系统。

随着计算机技术和网络技术等信息技术的发展，信息系统出现了各种分支，目前主要有电子数据处理系统、管理信息系统、决策支持系统、专家系统、总裁信息系统、办公自动化系统、国际电子商务系统等。

3. 会计信息系统

会计信息系统是单位管理信息系统中最重要的子系统之一，该系统能够从各个职能子系统中获取信息，动态反映单位的财务状况和经营成果，控制经营活动，为管理和决策提供信息服务。

【子任务 2】了解会计信息系统的发展历程

管理水平的提高和科学技术的进步对会计理论、会计方法和会计数据处理技术提出了更高的要求，使会计信息系统由简单到复杂，由落后到先进，由手工到机械，由机械到计算机。会计信息系统的发展历程是不断发展、不断完善的过程。从数据处理技术上来看，会计信息系统的发展可分为以下三个阶段。

【子任务 2.1】手工会计信息系统阶段

手工会计信息系统是指财会人员以纸、笔、算盘等为工具，实现对会计数据的记录、计算、分类、汇总，并编制会计报表。这一阶段历史很漫长。

【子任务 2.2】机械会计信息系统阶段

19 世纪末 20 世纪初，随着科学管理理论与实务的发展和应用，会计工作更加受到重视，出现了相应的改进，对会计数据处理提出了更高的要求，因而不得不用机械化核算代替手工操作。财会人员通过借助穿孔机、卡片分类机、机械式计算机、机械制表机等机械设备来实现会计信息的记录、计算、分类、汇总和编制报表。这一阶段在计算机出现后很快就结束了，国外只有少数大型组织在会计工作中运用过机械装置，而我国几乎没有经历这一阶段。

【子任务 2.3】基于计算机的会计信息系统阶段

第二次世界大战以后，资本主义社会竞争日益激烈，资本家单靠垄断已难以维持高额利润，从而不得不转向通过加强管理来增加产量，提高质量，降低成本，提高竞争力。特别是日本、德国等战败国，政治和经济都处于劣势，除了加强内部管理外，其他无所依靠。此时会计成了加强内部管理的重要手段，并出现了重大变革，对会计数据处理也提出了更高的要求，而计算机的产生为会计数据处理带来了根本性的变革。采用计算机进行会计信息处理后，会计数据的主要处理过程全部由计算机系统自动完成，如数据检验、分类、记账、算账、编制会计报表等，并能准确、高效地完成任务。

计算机技术不是一成不变的，它随着时代的变迁而飞速发展。新的技术、新的观念、新的思想层出不穷，人们已经把"计算机"作为信息技术的代名词。只要是以计算机为代表的信息技术有了新发展，这种技术马上就被应用于会计信息系统，同时又推动会计信息系统的发展和革命，推动会计人员观念的更新。因此，人们称计算机会计信息系统的产生是会计史上的第四次革命。基于计算机的会计信息系统的发展可以细分为以下三个阶段。

1. EDP 阶段

EDP(Electronic Data Processing，电子数据处理)阶段也称为面向事务处理阶段，是会计信息系统的初级阶段。它所追求的目标是用计算机代替人工操作，提高处理效率。目前我国大多数会计核算业务的计算机会计信息系统就属于这一层次。

2. 会计管理信息系统阶段

管理信息系统(Management Information System，MIS)是为实现辅助管理功能而设计的一种信息系统。它是由 EDP 发展而来的。其主要功能是在电子数据处理的基础上，依靠电子计算机存储的数据和建立的相应经济管理模型，迅速地为管理的规划、实施和控制提供必要的参考信息。一般来说，管理信息系统是企业计算机会计信息系统的一个核心子系统。

3. 会计决策支持系统阶段

会计决策支持系统主要解决半结构化决策和非结构化决策问题，它由数据库、模型库、方法库和知识库四个基本部分构成。其中，数据库提供会计数据，来源于会计核算系统；模型库存放管理模型，如预测模型、筹资模型等；方法库存放常用的计算方法，如本量利分析方法、各种成本计算方法等；知识库存放日常会计核算知识，包括有关定义、规则等。

我国会计信息系统的雏形(电算化)始于 20 世纪 70 年代末，至今已走过五十多年的历程，从刚起步的会计核算发展到现在集成化的 ERP 系统，并逐步派生出适合网络智能时代需要的新功能。今天的会计信息系统与五十多年前相比，不可同日而语，今天的会计信息系统无论从应用普及程度，还是从功能覆盖范围的广度，以及在企业经营管理工作中起的作用，都已远远超越它诞生时被赋予的使命。

回顾我国会计信息化的发展历程，可划分为以下几个阶段。

(1) 初步试验由手工记账转为计算机记账。在这个阶段，大部分企事业单位还是手工记账。一些企业开始自主开发财务软件，并在企业内部推广应用。整体的会计信息系统还没有形成，只存在以模拟手工记账方式为主要功能的相互独立的会计核算程序。

(2) 财政部陆续颁布了会计软件商品化的管理制度，我国会计软件已进入商品化阶段。

(3) 1997 年，中国软件行业协会举办的"向 ERP 进军"发布会，拉开了我国会计核算软件向管理软件转型的序幕。

(4) 2008 年，我国会计信息化进入了标准化和国际化发展阶段。

(5) 2016 年，德勤和 KiraSystems 联手宣布将人工智能引入我国会计、税务、审计等工作中，标志着我国进入了会计智能化阶段。

(6) "十三五"时期的会计信息化。①会计信息系统与业务系统的有机融合。在这个阶段，我国企事业单位会计信息化经历了传统财务软件、企业资源计划(Enterprise Resource Planning，ERP)、以数据为核心的数据治理系统等阶段。ERP 在企事业单位的逐步普及，更加精准反映了会计核算等会计信息系统与采购、销售、库存等业务系统的有机融合。②新一代信息技术推动了会计工作的创新发展。大数据、人工智能、云计算、物联网、区块链等新技术在会计工作中得到初步应用。各企事业单位开始积极使用财务机器人处理会计核算、费用报销、会计报告、资金结算等会计工作。

【子任务 3】了解会计信息系统的总体结构

会计信息系统的总体结构是指一个完整的会计软件由哪几个子系统组成，每个子系统需要完成哪些功能，以及各子系统之间的相互关系等。

由于企业性质、行业特点及会计核算和管理的需求不同，因此会计信息系统所包含的内容不尽相同，其子系统的划分也不尽相同。业财一体化的会计信息系统的功能结构一般可以分成三个基本部分：财务系统、购销存系统和管理分析系统，每部分又由若干子系统所组成。

【子任务 3.1】财务系统

财务系统主要包括总账子系统、薪资子系统、固定资产子系统、应收子系统、应付子系统、成本子系统、报表子系统和资金管理子系统等。

1. 总账子系统

总账子系统以凭证为原始数据，通过凭证输入和处理，完成记账、结账、账簿查询、打印输出、系统服务和数据管理等工作。近年来，随着用户对会计信息系统需求的不断提高和软件开发公司对总账子系统的不断完善，许多商品化总账子系统还增加了个人往来款核算和管理、部门核算和管理、项目核算和管理及现金银行管理等功能。

2. 薪资子系统

薪资子系统以职工个人的原始工资数据为基础，完成职工工资的计算，工资费用的汇总和分配，计算个人所得税，查询、统计和打印各种工资表，自动编制工资费用分配转账凭证并传递给总账。薪资子系统可以实现对企业人力资源的部分管理。

3. 固定资产子系统

固定资产子系统主要是对设备进行管理，即存储和管理固定资产卡片，灵活地进行增加、删除、修改、查询、打印、统计与汇总；进行固定资产的变动核算，输入固定资产增减变动或项目内容变化的原始凭证后，自动登记固定资产明细账，更新固定资产卡片；完成折旧计提和分配，生成"折旧计提及分配明细表""固定资产综合指标统计表"等。

4. 应收子系统

应收子系统完成对各种应收款项的登记、核销工作；动态反映各客户信息及应收账款信息；进行账龄分析和坏账估计；提供详细的客户和产品的统计分析，帮助财会人员有效地管理应收款项。

5. 应付子系统

应付子系统完成对各种应付款项的登记、核销及应付账款的分析预测工作；及时分析各种流动负债的数额及偿还流动负债所需的资金；提供详细的客户和产品的统计分析，帮助财会人员有效地管理应付款项。

6. 成本子系统

成本子系统是根据成本核算的要求，通过用户对成本核算对象的定义，对成本核算方法的选择，以及对各种费用分配方法的选择，自动对从其他系统传递过来的数据或用户手工输入的数据进行汇总计算，输出用户需要的成本核算结果或其他统计资料。

随着企业成本管理意识的增强，很多商品化成本子系统还增加了成本分析和成本预测功能，以满足会计核算事前预测、事中控制和事后分析的需要。

7. 报表子系统

报表子系统主要根据会计核算数据(如总账子系统产生的总账及明细账等数据)完成各种会计报表的编制与汇总工作；生成各种内部报表、外部报表及汇总报表；根据报表数据生成各种分析表和分析图等。

随着网络技术的发展，报表子系统能够利用现代网络通信技术，为行业型、集团型用户解决远程报表的汇总、数据传输、检索查询和分析处理等问题，既可用于主管单位又可用于基层单位，支持多级单位逐级上报、汇总。

8. 资金管理子系统

随着市场经济的不断发展，资金管理越来越受到企业管理者的重视，为了满足资金管理的需求，有些商品化软件提供了资金管理子系统。资金管理子系统能够实现工业企业或商业企业、事业单位等对资金管理的需求。以银行提供的单据、企业内部单据、凭证等为依据，记录资金业务及其他涉及资金管理方面的业务；处理对内、对外的收款、付款、转账等业务；实现往来存贷资金的管理；提供各单据的动态查询情况及各类统计分析报表。

【子任务 3.2】购销存系统

对制造业企业而言，购销存系统包括采购子系统、库存与存货子系统、销售子系统；对商业企业而言，有符合商业特点的商业进销存系统。

1. 采购子系统

采购子系统根据企业采购业务管理和采购成本核算的实际需要，制订采购计划，对采购订单、采购到货及入库状况进行全程管理，为采购部门和财务部门提供准确、及时的信息，辅助管理决策。很多商品化会计软件将采购子系统和应付子系统合并为一个子系统——采购与应付子系统，以更好地实现采购与应付业务的无缝连接。

2. 库存与存货子系统

库存与存货子系统主要针对企业存货的收发存业务进行核算，以掌握存货的耗用情况，及时、准确地把各类存货成本归集到各成本项目和成本对象上，为企业的成本核算提供基础数据；动态反映存货资金的增减变动，提供存货资金周转和占用的分析，为降低库存，减少资金积压，加速资金周转提供决策依据。

3. 销售子系统

销售子系统以销售业务为主线，兼顾辅助业务管理，实现销售业务管理与核算一体化。销售子系统一般和存货中的产成品核算相联系，实现对销售收入、销售成本、销售费用、销售税金、销售利润的核算；生成产成品收发结存汇总表等表格；生成产品销售明细账等账簿；自动编制机制凭证供总账子系统使用。

很多商品化会计软件将销售子系统和应收子系统合并为一个子系统——销售与应收子系统，以更好地实现销售与应收业务的无缝连接。

4. 商业进销存系统

商业进销存系统是以商品销售业务为主线，将商品采购业务、存货核算业务、销售业务有机地结合在一起，实现进销存核算和管理一体化的子系统。

【子任务 3.3】管理分析系统

管理分析系统一般包括：财务分析、利润分析、流动资金管理、销售预测、财务计划、领导查询和决策支持等子系统。

1. 财务分析子系统

财务分析子系统的功能是从会计数据库中提取数据，运用各种专门的分析方法对财务数据进一步加工，生成各种分析和评价企业财务状况和经营成果的信息；编制预算和计划，并考核预算和计划的执行情况。

2. 领导查询子系统

领导查询子系统是企业管理人员科学、有效地进行企业管理和决策的一个重要帮手。它可以从各子系统中提取数据，并将数据进一步加工、整理、分析和研究，按照领导的要求提取有用信息(如资金快报、现金流量表、费用分析表、计划执行情况报告、信息统计表、部门收支分析表等)，并以最直观的表格和图形显示出来。在网络计算机会计信息系统中，领导还可以在自己的计算机中及时、全面地了解企业的财务状况和经营成果。

3. 决策支持子系统

决策支持子系统是利用现代计算机、通信技术和决策分析方法，通过建立数据库和决策模型，向企业的决策者提供及时、可靠的财务、业务等信息，帮助决策者对未来经营方向和目标进行量化分析和论证，从而对企业生产经营活动做出科学的决策。

以上讨论了会计信息系统的总体结构，即会计信息系统包括哪些子系统，各子系统的基本功能和它们之间的相互关系。然而，不同的单位由于其所处的行业不同，会计核算和管理的需求不同，因此其会计信息系统的总体结构和应用方案也不尽相同。在建立会计信息系统时应该根据行业的特点和企业的规模，具体考虑其会计信息系统总体结构和应用方案。

【子任务 4】了解会计信息系统的应用方案

【子任务 4.1】财务应用方案

财务应用方案适用于只希望使用会计信息系统解决企业会计核算与资金管理的企业。在这一方案中，系统构成为：总账系统、应收管理系统、应付管理系统、报表系统。其扩展子系统为：薪资管理子系统、固定资产管理子系统、资金管理子系统和财务分析子系统。

其使用方案是：在总账系统及薪资管理子系统、固定资产管理子系统中完成日常财务核算。在报表系统编制有关的财务报表。

在固定资产管理子系统中进行固定资产的日常管理及折旧的计提。在资金管理子系统中进行企业内、外部存贷款的管理。

在财务分析子系统中制订各项支出、费用计划并进行相应的考核。

在这一方案中对往来业务一般有两种基本的处理方法。对于往来业务不多，只需要进行简单的往来管理和核算的企业，可以使用总账系统提供的往来管理功能进行往来业务的处理。对于往来业务频繁，需要进行详细和严格的往来管理的企业则可以使用应收管理系统、应付管理系统与总账系统集成运行来满足往来业务管理和核算的需要。

【子任务 4.2】制造业企业应用方案

制造业企业应用方案可以全面解决企业会计核算、资金管理和购销存管理的问题。

在制造业企业应用方案中，系统的标准构成为财务应用方案中的各子系统及存货核算子系统、库存管理子系统、采购管理子系统、销售管理子系统、成本核算子系统。其扩展系统为采购计划子系统。

其使用方案是：财务处理过程与财务应用方案相同。在这一方案中针对制造业企业的特点增加了处理购销存业务和成本核算的相关子系统，从而使财务系统与购销存业务处理系统集成运行。为消除信息"孤岛"现象，及时传递有关信息，对购销存业务的处理过程进行控制，从而为强化企业管理提供有利条件。

【子任务 4.3】商业企业应用方案

商业企业由于没有产品的生产过程，因此商业企业应用方案除了没有成本核算子系统外，系统构成和应用方案与制造业企业应用方案基本相同。

【子任务 4.4】行政事业单位解决方案

行政事业单位会计核算与财务管理的核心是预算的制定和预算执行情况的统计分析。因此，在这一方案中总账系统、财务分析子系统与报表子系统是其核心子系统。其扩展系统为薪资管理子系统和固定资产管理子系统。

【子任务 5】熟悉会计信息系统的实施与管理

会计信息系统的建设是一项系统工程，是基层单位会计信息系统建设工作的具体实施过程。会计信息系统的建设除了配备计算机等硬件设备、操作系统、会计软件以外，还需要进行组织规划、建立会计信息系统工作机构，完善计算机硬件、软件管理制度，进行人员培训等。

【子任务 5.1】会计信息系统的实施

1. 计划与组织

制定会计信息系统的组织是指适应信息化的需要，设置单位信息化的机构并调整原有会计部门的内部组织。会计信息系统的组织工作涉及单位内部的各个方面，需要人力、物力、财力等多项资源。因此，必须由单位领导或总会计师亲自抓这项工作，成立一个制定本单位会计信息系统发展规划和管理制度、组织会计信息系统的建设和本单位财务人员培训、负责会计信息系统的投入运行的组织策划机构。

在会计信息系统的具体实施过程中，必须制订一个详细的实施计划，对在一定时期内要完成的工作有一个具体的安排。各单位的财会部门是会计工作的主要承担者，负责制订本单位会计信息系统的具体实施计划和方案。在制订本单位会计信息系统的实施计划时，应从本单位的具体情况出发，按照循序渐进、分步实施的原则，有计划、有步骤地实施机构及人员的配置、计算机设备的购置、软件开发及购置，以及其他相关费用的预算安排等，使单位能从整体上合理安排人力、物力和财力。

2. 配备计算机硬件和资源

(1) 硬件资源。硬件资源是指会计信息系统进行会计数据输入、处理、存储、输出和传输所需的各种电子设备，主要包括计算机主机、显示器、打印机、键盘等，还包括会计信息化所需硬件系统的构成模式，主要有单机系统、多用户系统和计算机网络系统等模式。

单机系统是指整个系统中只配置一台计算机和相应的外部设备，所使用的计算机一般为微型计算机，同一时刻只能供一个用户使用。单机系统具有投资规模小、见效快的特点，适用于会计信息化初期或核算简单、经济和技术力量比较薄弱的小型单位，但其可靠性比较差，不利于设备、数据共享。

会计业务量大、地理分布集中、资金雄厚且具有一定系统维护能力的大中型企、事业单位可选用多用户系统。多用户系统配置一台主机和多个终端，数据可由各终端同时输入，主机对数据集中处理，可以很好地实现数据共享，提高系统效率且具有良好的安全性。

计算机网络系统包括文件服务器(FS)网络结构、客户机/服务器(C/S)网络结构和浏览器/Web 服务器(B/S)网络体系。因为计算机网络系统具有在网络范围内实现硬件、软件和数据共享费用低、传输速度快、易维护、使用方便、可靠性高等优点，所以正被越来越多的实现信息化的单位采用。

(2) 软件资源。软件资源是保证会计信息系统正常运行的核心和灵魂。软件资源又分为系统软件和会计软件。

系统软件主要包括：①操作系统，即对计算机资源进行管理的系统软件。采用单机系统的单位，可选用 Windows 操作系统，也可采用 DOS 操作系统；采用多用户系统的单位，可选用 UNIX 操作系统；采用计算机网络系统的单位，可选用 Novell 公司的 NetWare 操作系统。②数据库管理系统，即对数据进行管理的系统，如 Oracle 数据库管理系统等。

会计软件是专门用于会计核算和会计管理的软件，是会计信息系统的一个重要组成部分。借助会计软件可以利用计算机强大的运算、存储和逻辑判断功能对原始会计数据进行加工、存储、处理、输出各种有用的会计信息资料。会计信息化工作也由此变成了会计数据的输入、处理、输出这样一个简单的过程，即输入会计数据，依托会计软件对会计数据进行处理，最后输出会计信息，从而可以基本实现会计数据处理的自动化，并使得会计数据处理的精度和速度有了很大的提高。目前，会计软件非常多，国内的会计软件就有上百种，如用友公司、金蝶公司、安易公司、浪潮公司等都推出了不同版本的会计软件，国外的会计软件在中国销售得也非常多，如 Oracle 公司、JDE 公司等也推出了不同版本的会计软件。

3. 人员培训

会计信息系统的人才是发展会计事业的关键因素。会计信息系统的建设不仅需要会计和计算机方面的专门人才，更需要既懂会计又懂计算机技术的复合型人才。培养会计信息化人才应分层次进行，可分为初级、中级、高级三个层次。

(1) 初级人才的培养。财会人员通过初级培训，应该掌握计算机和会计核算软件的基本操作技能，了解会计信息化工作的基本过程。

(2) 中级人才的培养。财会人员通过中级培训，应该能够学习掌握计算机和会计专业知识，了解会计信息系统和企业管理信息系统的开发过程，对计算机系统环境进行日常维护，对会计核算信息简单地进行分析和利用。

(3) 高级人才的培养。高级人才的培养可以通过在高等学校设置研究生课程，培养出掌据计算机专业、会计专业、会计信息系统和企业管理信息系统开发方法等多学科知识的高级会计信息化人才和管理人才，能够进行会计软件的分析和设计。

4. 新旧系统转换

新旧系统转换包括数据转换和新旧系统并行。

(1) 数据转换。整理手工会计业务数据，建立会计科目体系，统一证、账、表的格式，规定操作过程和核算方法。

(2) 新旧系统并行。新旧系统并行是指在系统转换过程中，新系统与旧系统同时进行会计业务处理的过程。其主要任务是：①检验两种方式下核算结果的一致性；②检查新系统是否充分满足要求；③完善各项信息化管理制度。新旧系统并行期间还要适当安排好实施进度，定期检查，及时总结，如果实施效果不理想，应向软件公司或有关方面的专家咨询，修订实施方案。

【子任务 5.2】建立会计信息系统管理制度

为了对会计信息系统进行全面管理，保证会计信息系统安全、正常运行，在单位中应切实做好会计信息系统内部控制，以及操作管理、会计档案管理等工作。

1. 建立内部控制制度

内部控制制度是为了保护财产的安全完整，保证会计及其他数据正确可靠，保证国家有关方针、政策、法令、制度和本单位制度、计划贯彻执行，提高经济效益，利用系统的内部分工产生相互联系，形成一系列具有控制职能的方法、措施、程序的一种管理制度。内部控制制度的基本作用是保护财产安全完整，提高数据的正确性、可靠性。而贯彻执行国家和本单位的方针、政策、法令、制度、计划则是审计工作的重要依据。

2. 建立岗位责任制

会计信息系统的建设应建立、健全会计工作岗位责任制，明确每个工作岗位的职责范围，切实做到事事有人管、人人有专职、办事有要求、工作有检查。按照会计信息系统的特点，在实施会计信息系统建设过程中，各单位可以根据内部控制制度和本单位的工作需要，对会计岗位的划分进行调整和设立必要的工作岗位。

会计信息化后的工作岗位可分为基本会计岗位和信息化会计岗位。

(1) 基本会计岗位可分为会计主管、出纳、会计核算、稽核、会计档案管理等工作岗位。各基本会计岗位与手工会计的各岗位相对应，可以一人一岗、一人多岗或一岗多人，但应当符合内部控制制度的要求。出纳人员不得兼管稽核、会计档案保管和收入、费用、债权债务账目的登记工作。基本会计岗位的会计人员应当有计划地进行轮换。

(2) 信息化会计岗位是指直接管理、操作、维护计算机及会计软件系统的工作岗位。实行会计信息化的单位要根据计算机系统操作、维护、开发的特点，结合会计工作的要求，划分会计信息化会计岗位。大中型企业和使用大规模会计信息化系统的单位，会计信息化可设立以下岗位。

信息化主管：负责协调计算机及会计软件系统的运行工作。该岗位要求具备会计和计算机应用知识及有关会计信息化组织管理的经验，可由会计主管兼任。

软件操作：负责输入记账凭证和原始凭证等会计数据，输出记账凭证、会计账簿、报表和进行部分会计数据处理工作。该岗位要求具备会计软件操作知识，基本会计岗位的会计人员可兼任操作岗位的工作。

审核记账：负责对已输入计算机的会计数据(记账凭证和原始凭证等)进行审核，以保证记账凭证的真实性、准确性；操作会计软件登记机内账簿，对打印输出的账簿、报表进行确认。该岗位要求具备会计和计算机应用知识，可由会计主管兼任。

信息化维护：负责保证计算机硬件、软件的正常运行，管理机内会计数据。该岗位要求具备计算机应用知识和会计知识，达到会计信息化中级知识培训水平。此岗位在大中型企业中应由专职人员担任；维护员不应对实际会计数据进行操作。

信息化审查：负责监督计算机及会计软件系统的运行，防止利用计算机进行舞弊。审查人员要求具备会计和计算机应用知识。该岗位可由会计稽核人员或会计主管兼任。

数据分析：负责对计算机内的会计数据进行分析。该岗位要求具备计算机应用知识和会计知识，达到会计信息化中级知识培训水平，可由会计主管兼任。

档案管理：负责磁盘或光盘等数据、程序的保管工作，打印输出的账表、凭证等各种会计档案资料的保管工作，做好数据及资料的安全保密工作。

软件开发：主要负责本单位会计软件的开发和软件维护工作。由本单位人员进行会计软件开发的单位，可设立此岗位。

在实施会计信息系统过程中，各单位可根据内部牵制制度的要求和本单位的工作需要，参照上述信息化会计岗位进行内部调整和增设必要的工作岗位。基本会计岗位与信息化会计岗位，可在保证会计数据安全的前提下交叉设置，各岗位人员应保持相对的稳定。小型企事业单位应根据实际需要对上述岗位进行适当的合并。

3. 操作管理

信息化后，会计信息系统的正常、安全、有效运行的关键是操作使用。操作管理主要体现在建立与实施各项操作管理制度上。如果单位的操作管理制度不健全或实施不得力，就会给各种非法舞弊行为以可乘之机。如果操作不正确，就会造成系统内数据的破坏或丢失，影响系统的正常运行，也会造成输入数据的不正确，影响系统的运行效率，直至输出不正确的账表。因此，单位应建立健全操作管理制度并严格实施，以保证系统正常、安全、有效地运行。

操作管理的任务是建立计算机会计信息系统的运行环境，按规定输入数据，执行各自模块的运行操作，输出各类信息，做好系统内有关数据的备份及故障时的恢复工作，确保计算机系统安全、有效、正常地运行。操作管理制度主要包括以下内容。

(1) 规定操作人员的使用权限。通常由会计主管或系统管理员为各类操作人员设置使用权限和操作密码，规定每个人可以使用的功能模块和可以查询打印的资料范围，未经授权，不得随便使用。在授权时应注意，系统开发人员、系统维护人员不得承担操作工作；出纳人员不得单独承担除登记日记账以外的其他操作；对不同的操作人员规定不同的操作权限，对企业的重要会计数据要采取相应的保护措施；未经授权的人一律不得上机。

(2) 操作人员上机必须登记，包括姓名、上机时间、操作内容、故障情况和处理结果等，上机操作记录必须由专人保管。

(3) 操作人员必须严格按照会计业务流程进行操作。预防已输入计算机的凭证未经审核而登记机内账簿；已输入的数据发生错误的，应根据不同情况进行留有痕迹的修改。

(4) 为确保会计数据和会计软件的安全保密，防止对数据和会计软件的非法修改和删除，操作人员应及时做好数据备份工作，对磁性介质存放的数据要保存双备份，以防发生意外。

(5) 为避免计算机病毒的侵入，操作人员不得使用外部存储设备，如果必须使用则应先进行病毒查杀，健全计算机硬件、软件出现故障时进行排除的管理措施，确保会计数据的安全性与完整性。

4. 维护管理

系统的维护包括硬件维护和软件维护两部分。软件维护主要包括正确性维护、适应性维护和完善性维护三种方式。正确性维护是指诊断和清除错误的过程；适应性维护是指当单位的会计工作发生变化时，为了适应会计工作的变化而进行的软件修改活动；完善性维护是指为了满足用户在功能或改进已有功能方面的需求而进行的软件修改活动。软件维护还可分为操作性维护与程序性维护两种。操作性维护主要是利用软件的各种自定义功能来修改软件，以适应其变化；程序性维护主要是指需要修改程序的各项维护工作。

维护是系统整个生命周期中最重要、最费时的工作，贯穿于系统的整个生命周期，并不断地重复进行，直至系统过时和报废为止。现有统计资料表明，在软件系统生命周期各部分的工作量中，软件维护的工作量一般占 50% 以上，因此各单位应加强维护工作的管理，保证软件故障的及时排除，满足单位会计工作的需要。加强维护管理是系统安全、有效、正常运行的保证之一。

在硬件维护工作中，较大的维护工作一般由销售厂家进行，使用单位一般可以不配备专职的硬件维护员。硬件维护员可由软件维护员担任，即通常所说的系统维护员。

5. 机房管理

保证计算机机房设备的安全和正常运行是进行会计信息化的前提条件。因此，设立机房有两个目的：一是给计算机设备创造一个良好的运行环境，保护计算机设备；二是防止各类非法人员进入机房，保护机房内的设备，以及机房内的程序与数据安全。以上是通过制定与执行机房管理制度来实施的。机房管理的主要内容包括机房人员的资格审查，机房内的各种环境、设备要求，机房中禁止的活动和行为，设备和材料进出机房的管理要求等。

6. 档案管理

会计档案管理主要是建立和执行会计档案立卷、归档、保管、调阅、销毁等管理制度。信息化后，大量会计数据存储在磁盘中，而且还增加了各种程序、软件等资料；各种账表也与原来的有所不同，这些都对原有的档案管理工作提出了新的要求，因此需要加强对会计档案的管理。这里的档案主要是指打印输出的各种账簿、报表、凭证；存储会计数据和程序的软盘及其他存储介质；系统开发运行中编制的各种文档及其他会计资料。档案管理的任务是负责系统内各类文档资料的存档、安全保管和保密工作。档案管理一般是通过制定与实施档案管理制度来实现的。档案管理制度一般包括以下内容。

(1) 存档的手续。这主要是指各种审批手续，如打印输出的账表，必须有会计主管、系统管理员的签章才能存档保管。

(2) 各种安全保障措施。如备份软盘应贴上保护标签，存放在安全、洁净、防热、防潮的场所。

(3) 档案使用的各种审批手续。调用源程序应由有关人员审批，并记录调用人员的姓名、调用内容、归还日期等。

(4) 各类文档的保存期限及销毁手续。打印输出账簿应按《会计档案管理办法》规定的保管期限进行保管。

(5) 档案的保密规定。对任何伪造，非法涂改、更改，故意毁坏数据文件、账册、软盘等的行为都将进行相应的处理。

7. 病毒预防

计算机病毒是危害计算机信息系统的一种新手段，其传播泛滥的客观效果是危害或破坏计算机资源，轻则中断或干扰信息系统的工作，重则破坏机内数据从而造成系统重大甚至是无可挽回的损失。因此，在会计信息系统的运行过程中必须对计算机病毒给予充分的重视。

病毒感染的具体表现主要有：侵害计算机的引导区或破坏文件分区表，使系统无法启动或调用文件；系统无法调用某些外部设备，如打印机、显示器等，但这些设备本身并无故障；系统内存无故减少，软件运行速度减慢甚至死机；在特定的日期，当前运行的文件突然被删除；用户储存在硬盘上的文件被无故全部删除；正在运行的计算机突然无故重新启动；突然格式化特定的磁道、扇区甚至整个磁盘；屏幕上突然出现弹跳的小球、字符、某些特定的图形等。除以上表现外，一般来说，只要正在工作的计算机发生突然的非正常运行，通常都应怀疑是计算机病毒在起作用。

根据病毒的特点和侵害过程，防范计算机病毒的措施主要有以下三种。

(1) 建立网络防火墙以抵御外来病毒或"黑客"对网络系统的非法侵入。

(2) 使用防病毒软件经常对计算机系统进行检查，以防止病毒对计算机系统的破坏。

(3) 不断改进数据备份技术并严格执行备份制度，从而将病毒可能造成的损失降到最低程度。

目前市场上出现了一些可以对受到破坏的数据进行抢救的软件，这些软件甚至可以在对硬盘进行格式化后，恢复硬盘中原来保存的数据。有条件的单位应根据需要置备这些软件，以便在必要时抢救机内数据。

信息系统存在风险毋庸置疑，会计信息系统也不例外。风险的发生将导致系统运行出现故障，系统资源受到破坏。面对这种风险，我们必须能够预测风险、发现风险和控制风险，把风险带来的损失降到最低。

任务 2　用友 ERP-U8 V10.1 产品安装准备及安装

【任务目标】

能力目标：能够完成用友 ERP-U8 V10.1 的产品安装。

素质目标：培养服务精神和实践能力。

【任务重点难点】

用友 ERP-U8 V10.1 产品安装。

【子任务 1】用友 ERP-U8 V10.1 产品安装准备

安装用友 ERP-U8 产品的软件要求具体如下。

1. 操作系统

Windows 2000 Professional + SP4(或更高版本) + KB835732-x86。

Windows 2000 Server + SP4(或更高版本) + KB835732-x86。

Windows XP + SP2(或更高版本)。

Windows 2003 + SP2(或更高版本)。

Windows Vista + SP1(或更高版本)。

Windows 2008。

2. 数据库

Microsoft SQL Server 2000 + SP4(或更高版本)。

Microsoft SQL Server 2005 + SP2(或更高版本)。

Microsoft SQL Server 2008。

3. 浏览器

Internet Explorer 6.0 + SP1 及更高版本。

4. 信息服务器

IIS 5.0 及更高版本。

5. NET 运行环境

.NET Framework 2.0 Service Pack 1。

【子任务 2】用友 ERP-U8 V10.1 产品安装

用友 ERP-U8 V10.1 产品安装的步骤如下。

(1) 确保计算机上所安装的操作系统满足要求。

高职高专互联网＋新形态教材 · 财会系列

(2) 安装 IIS(Internet 信息服务)，可通过"控制面板""添加/删除程序""Windows 组件"，添加 IIS 组件来安装。

(3) 安装 Microsoft SQL Server 时，一般安装 SQL Server 2000+SP4 即可。相应的补丁程序可从网上免费下载。

SQL Server 2000(个人版)安装过程设置如下。

如果用户之前安装过 SQL Server，再次安装时可能会出现"从前的安装程序操作使安装程序操作挂起，需要重新启动计算机"的提示，可选择"开始"|"运行"命令，在"运行"对话框中输入"regedit"，打开注册表，找到如下目录：HKEY_LOCAL_MACHINE\SYSTEM\CurrentControlSet\Control\SessionManager，删除 PendingFileRenameOperations 项后就可以正常安装了。

具体安装过程可以参考图 1-1～图 1-9 所示，根据界面提示操作并单击"下一步"按钮，直至安装完成。

SQL Server 2000 安装完成后，重新启动计算机并双击下载的 SP4 补丁，将其解压缩，然后双击解压缩文件夹中的 setup 批处理文件，安装 SP4 补丁程序。安装过程中可保留 SA 密码为空。

(4) 安装 Internet Explorer 6.0 + SP1 或更高版本。此步骤一般可以省略，Windows XP +SP2(或更高版本)自带 Internet Explorer 6.0。

图 1-1　选择创建 SQL Server 实例的计算机

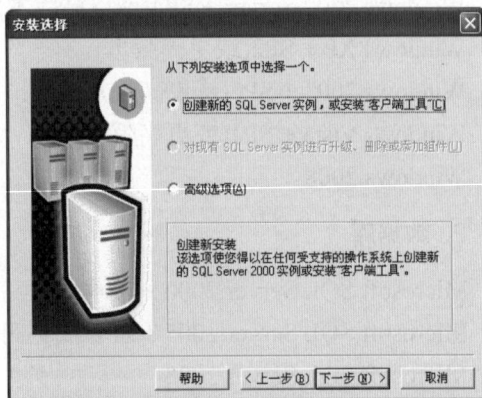

图 1-2　创建新的 SQL Server 实例

图 1-3　输入用户名

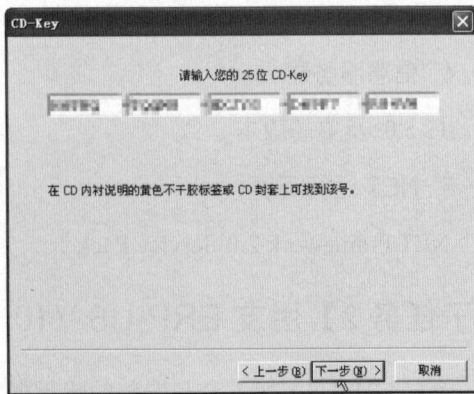

图 1-4　输入 CD-Key

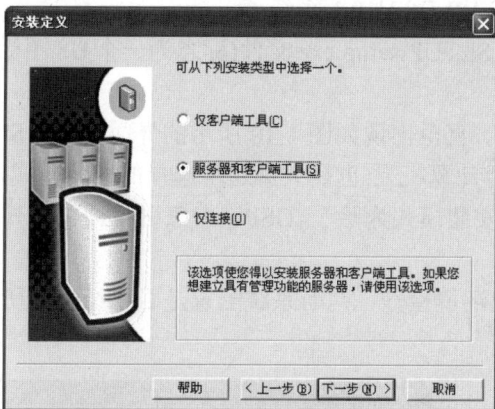

图 1-5　选择"服务器和客户端工具"

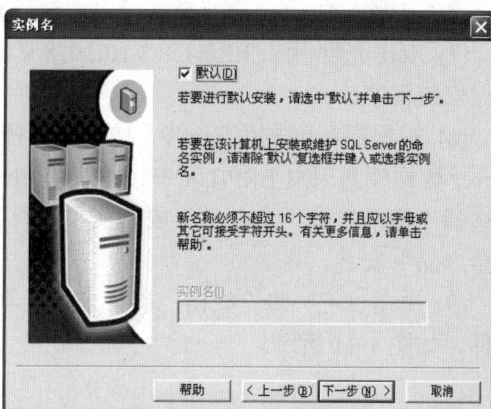

图 1-6　选择"实例名"

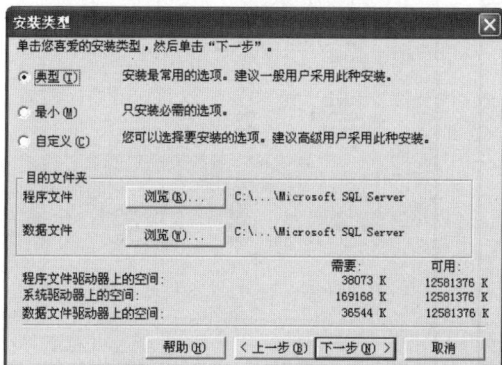

图 1-7　选择"安装类型"

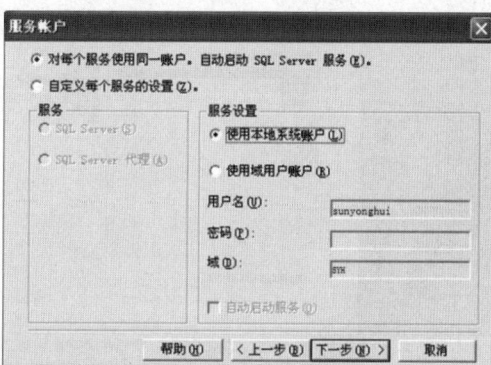

图 1-8　选择"服务账户"

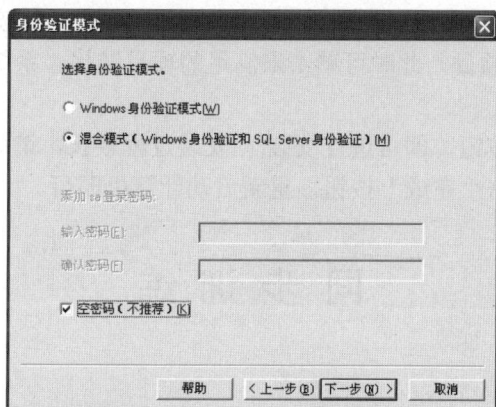

图 1-9　选择"身份验证模式"

(5) 安装.NET 运行环境：.NET Framework 2.0 Service Pack 1。安装文件位于光盘\用友 ERP-U8 V10.1\U8 V10.1SETUP\3rdProgram\NetFx20SP1_x86.exe。

(6) 需要安装的默认组件如下。

可在安装用友 ERP-U8 V10.1 的过程中单击界面上的安装默认组件进行安装或到以下目录自行安装：光盘\用友 ERP-U8 V10.1\U8 V10.1SETUP\3rdProgram\iewebcontrols.msi。

　　上述步骤完成后，接下来就可以安装用友 ERP-U8 V10.1 系统了。

　　(7) 双击光盘\用友 ERP-U8 V10.1\U8 V10.1SETUP\setup.exe 文件(标志为一个 U8 图标)，运行安装程序。

　　(8) 根据提示单击"下一步"按钮进行操作，直至出现如图 1-10 所示的界面。若将 SQL Server 数据库和用友 ERP-U8 V10.1 安装到一台计算机上(也是大家通常选择的安装模式)，可选择"标准"或"全产品"安装类型。标准安装模式为除了 GSP、专家财务评估之外的"全产品"安装。

　　(9) 单击"下一步"按钮，接下来进行系统环境检查，判断系统配置是否已经满足所需条件，如图 1-11 所示。

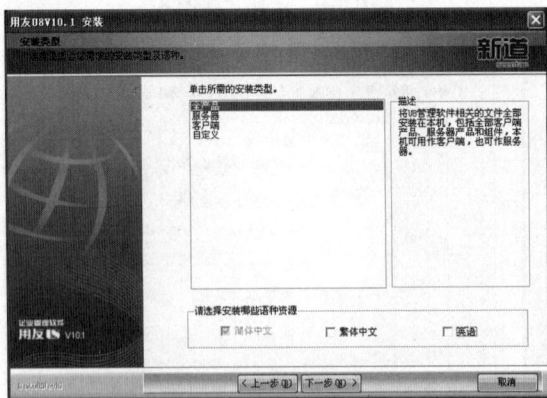

图 1-10　选择安装类型

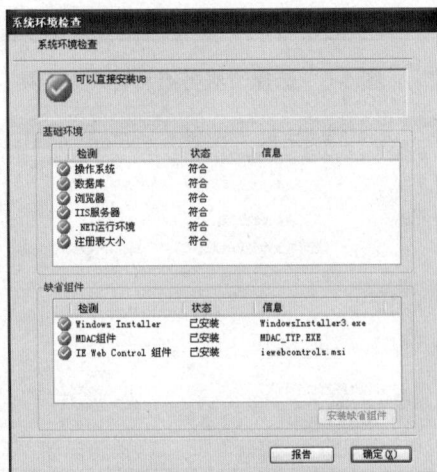

图 1-11　系统环境检查

　　图 1-11 中所示为所需环境已经满足。若有未满足的条件，则安装不能往下进行，并在图 1-10 中给出未满足的项目，此时可单击未满足的项目链接，系统会自动定位到组件所在位置，让用户手动安装。

　　(10) 单击"安装"按钮，即可进行安装(此安装过程较长，请耐心等待)。

　　(11) 安装完成后单击"完成"按钮，重新启动计算机即可。

同 步 训 练

一、单项选择题

1. ERP 称为(　　)。

　　A. 企业资源计划　　　　　　　　　B. 制造资源计划

　　C. 管理资源计划　　　　　　　　　D. 计算机集成制造系统

2. 下面不属于购销存系统的是(　　)。

　　A. 采购子系统　　　　　　　　　　B. 应收子系统

　　C. 库存与存货子系统　　　　　　　D. 销售子系统

3. 下面不属于财务系统的是(　　)。

　　A. 薪资子系统　　　　　　　　　B. 应付子系统

　　C. 库存与存货子系统　　　　　　D. 固定资产子系统

4. 会计核算软件的核心子系统是(　　)。

　　A. 总账子系统　　　　　　　　　B. 薪资子系统

　　C. 销售子系统　　　　　　　　　D. 固定资产子系统

5. 下面(　　)工作属于固定资产子系统可以完成的。

　　A. 凭证的输入和处理　　　　　　B. 计算个人所得税

　　C. 工资费用的汇总和分配　　　　D. 折旧的计提和分配

二、多项选择题

1. 基于计算机的会计信息系统的发展可以细分为(　　)。

　　A. EDP(电子数据处理)阶段　　　B. 会计管理信息系统阶段

　　C. 会计决策支持系统阶段　　　　D. 会计管理软件阶段

2. 系统根据其自动化的程度可以分为(　　)。

　　A. 电动系统　　　　　　　　　　B. 自动系统

　　C. 人工系统　　　　　　　　　　D. 基于计算机的系统

3. 系统是由一些相互联系、相互作用的要素,为实现某一目标而组成的具有一定功能的有机整体。系统具有的特征包括(　　)。

　　A. 独立性　　　　B. 整体性　　　　C. 目标性　　　　D. 层次性

4. 从数据处理技术上来看,会计信息系统的发展可分为(　　)。

　　A. 手工会计信息系统阶段　　　　B. 机械会计信息系统阶段

　　C. 独立型会计软件阶段　　　　　D. 基于计算机的会计信息系统阶段

5. 管理分析系统一般包括(　　)。

　　A. 财务分析子系统　　　　　　　B. 销售预测子系统

　　C. 领导查询子系统　　　　　　　D. 决策支持子系统

项目 2
系 统 管 理

【项目目标】

理解系统管理的部署，认识系统管理的使用者；掌握系统管理的功能，能够熟练完成核算单位账套的建立、修改、用户注册、权限设置等工作；培养统筹全局、总体部署的能力和系统安全意识。

【知识点与技能点】

任务	知识点	技能点
任务 1 　系统管理认知	系统管理， 系统管理员	
任务 2 　用户管理	用户	增加用户， 修改、删除、注销用户
任务 3 　建立账套	账套、建账日期、编码方案、数据精度	建立账套
任务 4 　用户权限设置	账套主管、操作员权限	用户权限设置， 用户权限删除
任务 5 　账套管理	账套修改、输出、引入	账套修改， 账套输出， 账套引入

任务 1   系统管理认知

【任务目标】

知识目标：理解系统管理的部署；认识系统管理的使用者；掌握系统管理的功能。
素质目标：培养全局思维和风险防控能力。

【任务重点难点】

掌握系统管理的功能。

用友 ERP-U8 软件是由多个产品组成，各个产品之间相互联系、数据共享，能够实现业财一体化管理，为企业的资金流、物流、信息流的统一管理提供有效的方法和工具。由于用友 ERP-U8 软件所含的各个产品是为同一个主体的不同层面服务的，并且产品与产品之间相互联系、数据共享，因此要求这些产品具备公用的基础信息，拥有相同的账套和账套库，操作员和操作权限集中管理并且进行角色的集中权限管理，业务数据共用一个数据库，系统管理模块正是提供这些功能的一个操作平台。系统管理的使用对象为企业的信息管理人员，即系统管理员 admin、安全管理员 sadmin、管理员用户和账套主管。

系统管理模块能够实现如下功能。

(1) 对账套的统一管理，包括建立、修改、引入和输出账套(恢复备份和备份)。

(2) 对操作员及其功能权限实行统一管理，设立统一的安全机制，包括用户、角色和权限设置。

(3) 允许设置自动备份计划，系统根据这些设置定期进行自动备份处理，实现账套的自动备份。

(4) 对账套库的管理，包括建立、引入、输出、备份，重新初始化，清空账套库数据。

(5) 对系统任务的管理，包括查看当前运行任务、清除指定任务、清退站点等。

任务 2   用 户 管 理

【任务目标】

知识目标：理解用户的意义；掌握用户设置的方法。
能力目标：能根据企业需要进行用户设置。
素质目标：培养责任意识和统筹规划能力。

【任务重点难点】

增加用户。

【子任务 1】增加用户

用户是指有权登录系统并进行各种业务处理的人员，也叫操作员。对用户的管理包括增加、修改、注销和删除。系统的使用者只能为用户。

任务描述

烟台鼎信新材料科技有限公司的用户信息如表 2-1 所示，请据此增加用户。

表 2-1　用户信息

编码	姓名	职务	权　限
001	张亮	总经理	账套主管(负责进行系统初始化)
002	林静	财务经理	账套主管(负责进行审核、记账、对账、结账、报表)
003	陈颖	总账会计	总账、固定资产、薪资管理、存货核算、应收款管理(不含票据管理)、应付款管理(不含票据管理)、公共单据、公用目录设置
004	李媛	出纳	出纳签字、出纳、收款单处理(不含收款单审核、弃审)、付款单处理(不含付款单审核、弃审)、票据管理(应收款管理、应付款管理)
005	于力	采购员	采购管理、公共单据(请购)
006	娄潇	销售员	销售管理
007	刘强	仓管员	库存管理、公共单据(入库单、出库单、入库单列表、出库单列表)

操作步骤

1. 登录系统管理

只有系统管理员才有权限创建新账套，因此在建立账套前应由系统管理员 admin 进行系统注册。admin 首次登录的口令为空。

第一步，执行"开始"|"所有程序"|"用友 U8 V10.1"|"系统服务"|"系统管理"命令，打开"系统管理"窗口。执行"系统"|"注册"命令，打开"登录"对话框，在"登录到"下拉列表框中选择默认服务器；在"操作员"文本框中输入 admin；密码为空；选择账套为 default，如图 2-1 所示。

第二步，单击"登录"按钮，以系统管理员 admin 身份登录到系统管理，如图 2-2 所示。

2. 增加用户

第一步，执行"权限"|"用户"命令，打开"用户管理"窗口。

第二步，单击"增加"按钮，弹出"操作员详细情况"对话框，输入编号"001"、姓名"张亮"、口令(此处略)，如图 2-3 所示。(注意：用户编号在系统中必须唯一。)

第三步，单击"增加"按钮，继续增加其他用户信息。增加完毕后，单击"取消"按钮，返回到"用户管理"窗口，如图 2-4 所示。

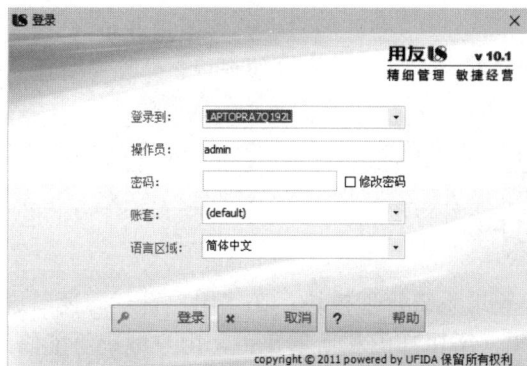

图 2-1　系统管理登录界面

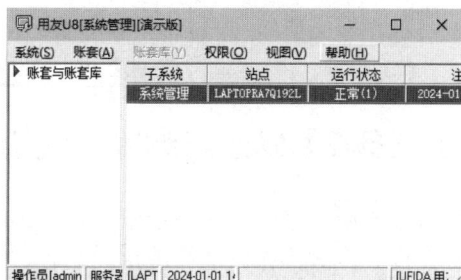

图 2-2　"系统管理"窗口

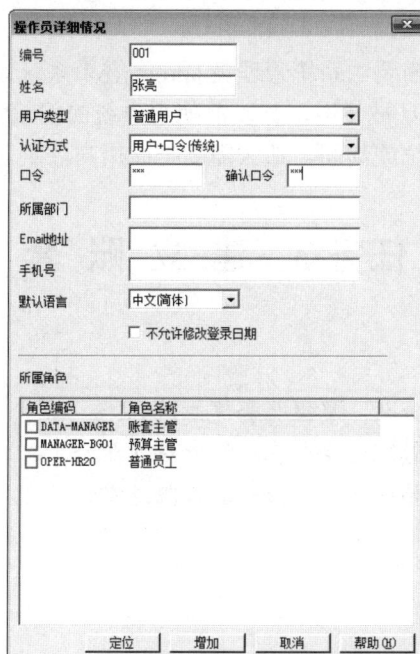

图 2-3　增加用户

图 2-4　"用户管理"窗口

注意：(1) 角色是企业管理中拥有某一类职能的组织，可以是实际的部门，也可以是由拥有同一类职能的用户构成的虚拟组织。

(2) 登录"企业应用平台"的只能是用户。

【子任务 2】修改、删除、注销用户

账套的用户修改，由系统管理员 admin 登录系统管理模块，在"用户管理"窗口进行修改操作。修改操作只能修改用户名称、密码、所属部门和所属角色，用户编码不能修改。

同样，账套的用户删除，也需要由系统管理员 admin 登录系统管理模块，在"用户管理"窗口进行删除操作。删除操作只能删除未使用的用户，用户一旦被使用，则不能删除，只能注销。

账套的用户注销，同样需要由系统管理员 admin 登录系统管理模块，在"权限—用户"界面进行注销操作。用户一旦被使用，其以前使用系统的记录都会被保存，并且是不能删除的，如果此用户改变了岗位或离职，那么需要把此用户注销。

任务 3 建立账套

【任务目标】

知识目标：理解账套的含义；掌握账套建立流程。

能力目标：能根据企业管理的要求在系统中建立账套。

素质目标：培养统筹全局的能力，提升职业规范意识。

【任务重点难点】

建立账套。

账套是指存放会计核算对象的所有会计业务数据文件的总称，在使用系统之前，首先要新建本单位的账套。

任务描述

为烟台鼎信新材料科技有限公司创建账套，具体信息要求如下。

账套号：888；账套名称：烟台鼎信新材料科技有限公司；启用日期：2024 年 01 月 01日；单位名称：烟台鼎信新材料科技有限公司；单位简称：鼎信新材料。

本币代码：RMB；本币名称：人民币；企业类型：工业；行业性质：2007 年新会计制度科目；建账时按行业性质预留会计科目。

进行经济业务处理时，需要对存货、客户、供应商进行分类，无外币核算。

会计科目编码级次：4-2-2-2-2；客户分类编码级次：2-2；供应商分类编码级次：2-2；存货分类编码级次：2-2-2-2；部门编码级次：2-2；收发分类编码级次：1-2；费用项目分类

编码级次：1-2；其他：系统默认。

数据精度：开票单价小数位为 4，其他采用系统默认。

系统启用：总账系统、应收款管理系统、应付款管理系统、固定资产系统、销售管理系统、采购管理系统、库存管理系统、存货核算系统、薪资管理系统。

操作步骤

第一步，系统管理员 admin 登录系统，执行"账套"|"建立"命令，弹出"创建账套—建账方式"对话框，选择"新建空白账套"选项。

第二步，单击"下一步"按钮，弹出"创建账套—账套信息"对话框，输入账套号、账套名称、启用会计期，如图 2-5 所示。

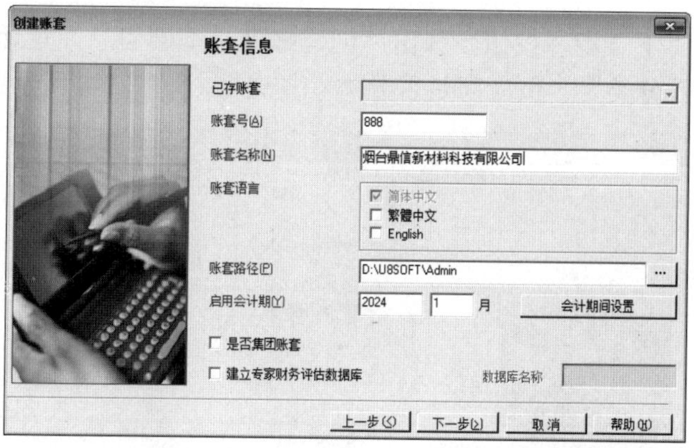

图 2-5　"创建账套—账套信息"对话框

第三步，单击"下一步"按钮，弹出"创建账套—单位信息"对话框，依次输入单位相关信息，如图 2-6 所示。

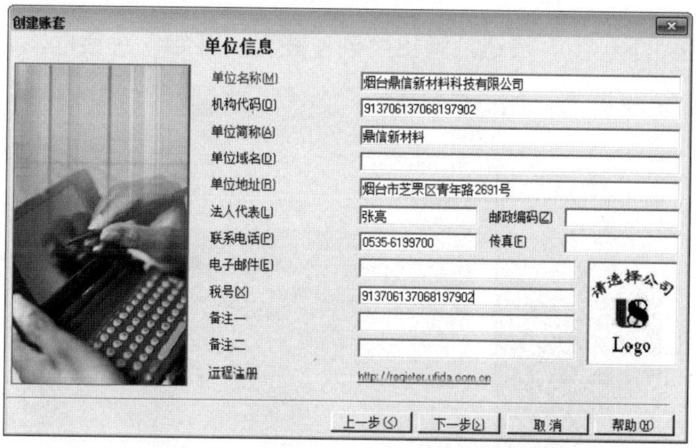

图 2-6　"创建账套—单位信息"对话框

第四步，单击"下一步"按钮，弹出"创建账套—核算类型"对话框，选择企业类型为"工业"，行业性质为"2007 年新会计制度科目"，账套主管为"(001)张亮"，选中"按行业性质预置科目"复选框，如图 2-7 所示。

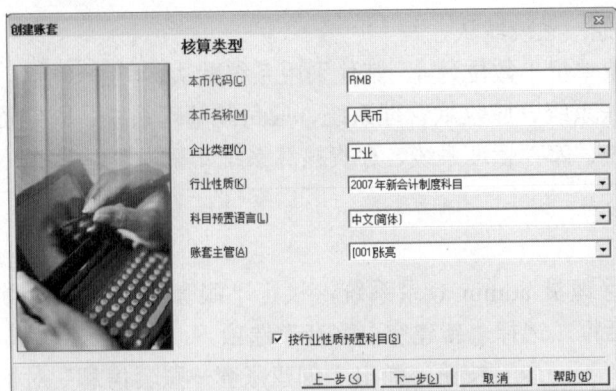

图 2-7 "创建账套—核算类型"对话框

第五步，单击"下一步"按钮，弹出"创建账套—基础信息"对话框，选中"存货是否分类""客户是否分类""供应商是否分类"复选框，如图 2-8 所示。

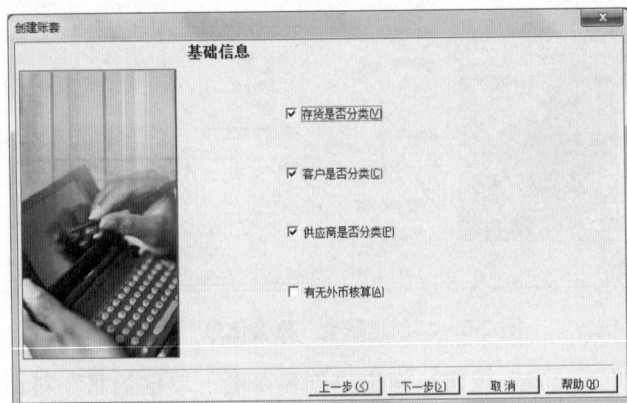

图 2-8 "创建账套—基础信息"对话框

第六步，单击"下一步"按钮，弹出"创建账套—开始"对话框，如图 2-9 所示。

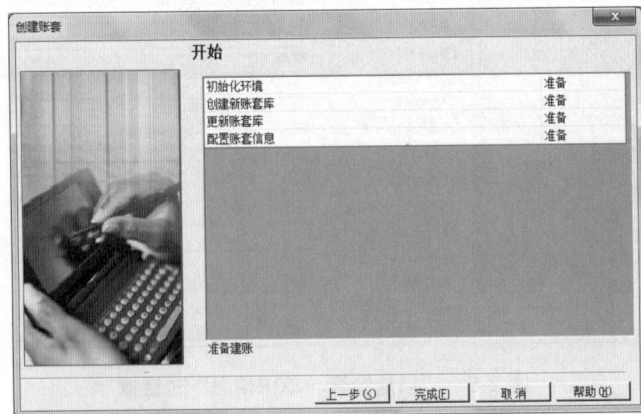

图 2-9 "创建账套—开始"对话框

第七步，单击"完成"按钮，弹出"可以创建账套了么？"提示框，单击"是"按钮，开始创建账套。建账完成后，系统自动打开"编码方案"对话框，根据资料要求确定编码方案，如图 2-10 所示。

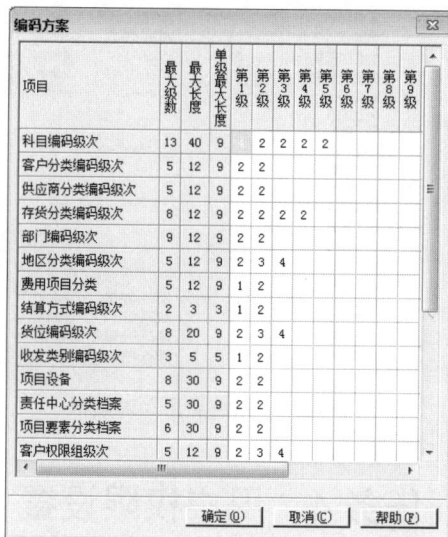

项目	最大级数	最大长度	单级最大长度	第1级	第2级	第3级	第4级	第5级	第6级	第7级	第8级	第9级
科目编码级次	13	40	9		2	2	2	2				
客户分类编码级次	5	12	9	2	2							
供应商分类编码级次	5	12	9	2	2							
存货分类编码级次	8	12	9	2	2	2	2					
部门编码级次	9	12	9	2	2							
地区分类编码级次	5	12	9	2	3	4						
费用项目分类	5	12	9	1	2							
结算方式编码级次	2	3	3	1	2							
货位编码级次	8	20	9	2	3	4						
收发类别编码级次	3	5	5	1	2							
项目设备	8	30	9	2	2							
责任中心分类档案	5	30	9	2	2							
项目要素分类档案	6	30	9	2	2							
客户权限组级次	5	12	9	2	2							

图 2-10　设置编码方案

第八步，单击"确定"按钮，然后单击"取消"按钮，打开"数据精度"对话框，设置"开票单价小数位"为 4，其他采用系统默认设置，如图 2-11 所示。单击"确定"按钮，弹出"现在进行系统启用的设置？"提示框，如图 2-12 所示。

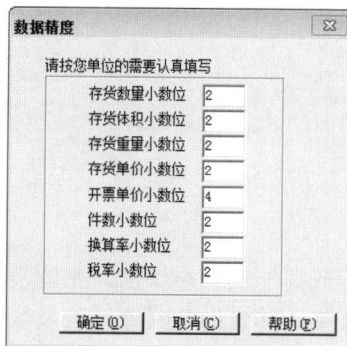

图 2-11　数据精度定义

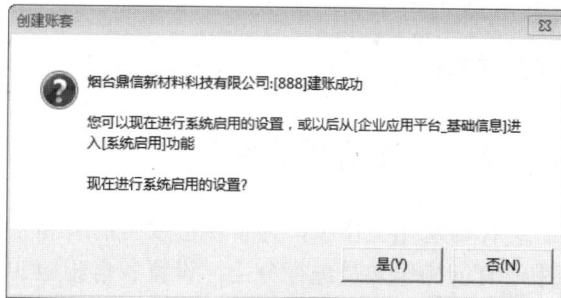

图 2-12　系统启用提示框

第九步，单击"是"按钮，打开"系统启用"对话框，选择 2024 年 1 月 1 日启用总账、应收款管理、应付款管理、固定资产等系统，如图 2-13 所示。

第十步，完成系统启用后，单击"退出"按钮，弹出"请进入企业应用平台进行业务操作！"提示框，单击"确定"按钮并退出。

注意： 企业建立账套时要统筹企业业务全局，尤其是涉及编码方案的设计时，一定要考虑全面，因为一旦设置完成并使用了，后续是无法修改的。所以，同学们在日后的学习过程中要有意识地培养自己全面思考、统筹全局的能力。

高职高专互联网+新形态教材·财会系列

图 2-13 "系统启用"对话框

任务4 用户权限设置

【任务目标】

知识目标：理解权限的意义，掌握权限设置的方法。

能力目标：能根据企业财务、业务的需要进行权限的设置。

素质目标：培养责任意识与担当精神。

【任务重点难点】

用户权限的设置。

【子任务1】设置用户权限

在会计信息化工作中，为了保证权责清晰和企业经营数据的安全与保密，企业需要对系统中所有的操作人员进行分工，设置各自相应的操作权限，其目的是保证系统及数据的安全性，符合内部控制的岗位分工要求，防止越权操作。

任务描述

烟台鼎信新材料科技有限公司用户权限见表 2-1，请据此进行设置。

操作步骤

第一步，系统管理员 admin 登录系统，执行"权限"|"权限"命令，打开"操作员权限"对话框，然后选择用户"001 张亮"，可以看到"账套主管"复选框为选中状态，如图 2-14 所示。

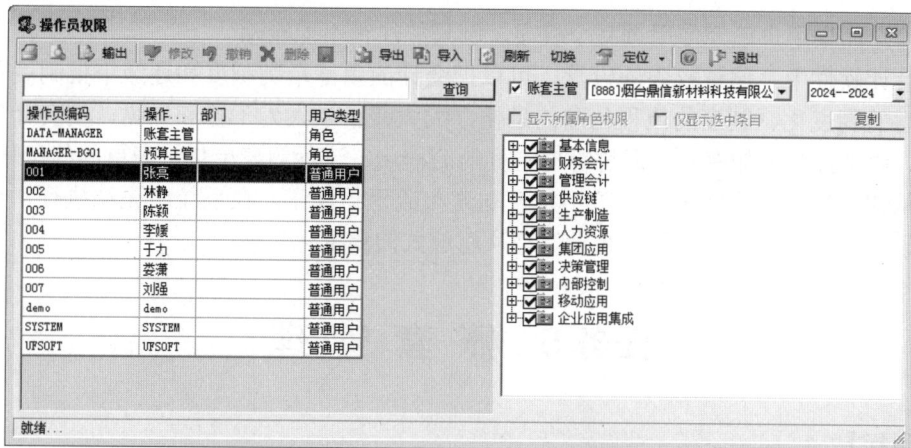

图 2-14　"账套主管"权限设置

第二步，选择"002 林静"，选中"账套主管"复选框。

第三步，选择"003 陈颖"，单击"修改"按钮，根据要求选择相应的操作权限。

第四步，单击"保存"按钮，该用户即拥有所选中的操作权限。依次分配其他用户的操作权限，如图 2-15 所示。

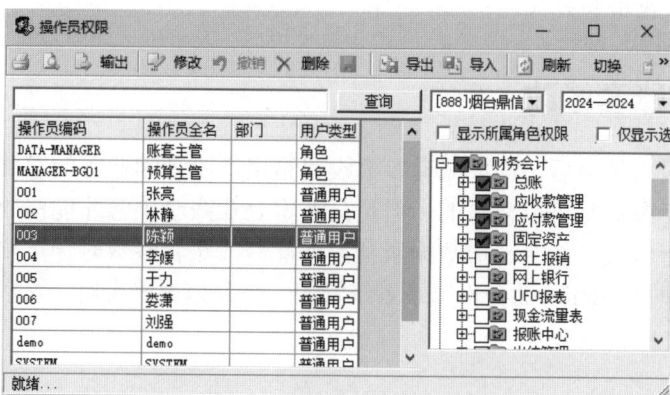

图 2-15　普通用户权限设置

> 注意：(1) 系统管理员和账套主管都有权分配权限，但系统管理员可以指定某账套的账套主管，还可以对所有账套的操作员分配权限，而账套主管只能对其所管辖账套的操作员分配权限。
>
> (2) 账套主管拥有其所在账套的所有权限。一般来说，账套主管负责其所在账套的维护工作，主要包括对所选账套进行修改、对年度账进行管理、分配其所管辖账套操作员的权限等。

【子任务 2】删除用户权限

对用户进行权限设置时，可以单击"删除"按钮，执行批量删除功能，将用户的权限全部删除。如果用户已经使用过某个权限，则只能注销不能删除。

在会计软件中，通过权限的设置，可以把会计的内部牵制制度和逐级审批制度落实。通过管理的制度化、制度的流程化和信息化，大大减少了人为干扰和操纵，使会计工作更加规范，内部控制更加有效。通过管理制度的流程化、流程的表单化、表单的信息化处理，管理就从线下转移到了线上，那些不符合制度和流程的操作，在系统中无法执行，这就大大提升了管理水平和效率，促使企业管理从粗放式向精细化转变。

任务5 账套管理

【任务目标】

知识目标：掌握账套修改、输出和引入的方法。

能力目标：能根据企业管理的需要进行账套的修改、输出和引入。

素质目标：培养解决问题的能力；提高数据安全意识。

【任务重点难点】

账套的修改、输出和引入。

【子任务1】账套修改

建账成功并投入使用后，如果账套参数设置错误，或者因业务的发展而需要不断完善账套信息时，账套参数是可以修改的，但是只有本企业账套主管才能修改该账套。账套启用后，如果再进行修改可能会造成数据紊乱，因此修改账套参数时一定要慎重。建立账套时，是以系统管理员 admin 的身份登录系统管理，但是修改账套时，是以账套主管的身份登录系统管理。

任务描述

补充烟台鼎信新材料科技有限公司的邮政编码，编码为264001。

操作步骤

第一步，账套主管001登录系统，执行"账套"|"修改"命令，选择相应的账套，打开"修改账套—账套信息"对话框，如图2-16所示。

第二步，单击"下一步"按钮，打开"修改账套—单位信息"对话框，在邮政编码文本框中输入"264001"，如图2-17所示。

第三步，继续单击"下一步"按钮，修改完成后，单击"完成"按钮，弹出"确认修改账套了么？"提示框，如图2-18所示。单击"是"按钮，依次关闭"编码方案"对话框和"数据精度"对话框后，系统提示"修改账套成功"。

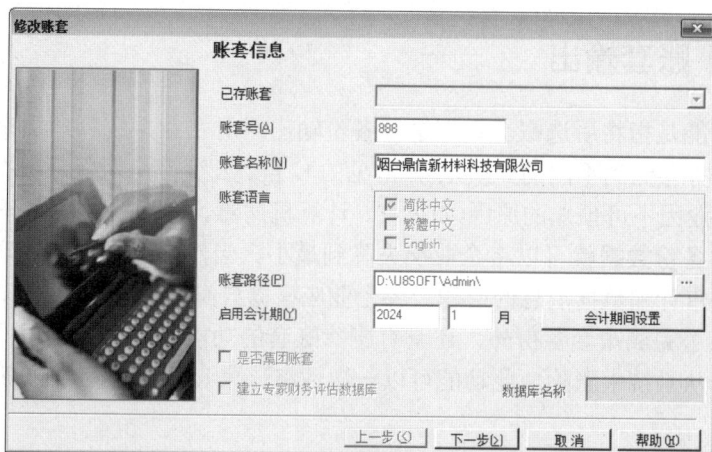

图 2-16　"修改账套—账套信息"对话框

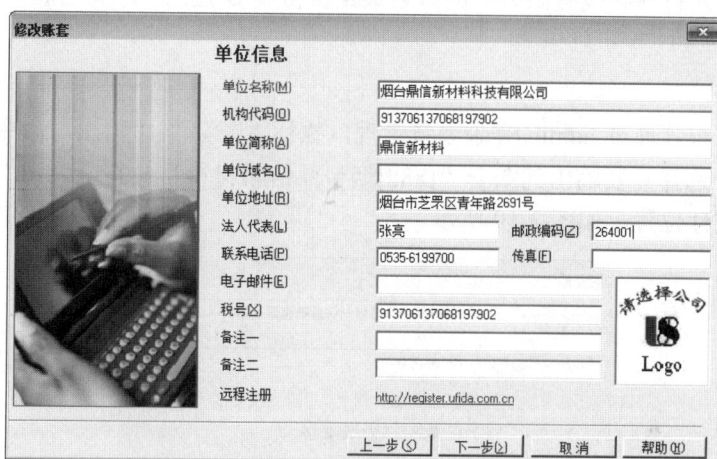

图 2-17　"修改账套—单位信息"对话框

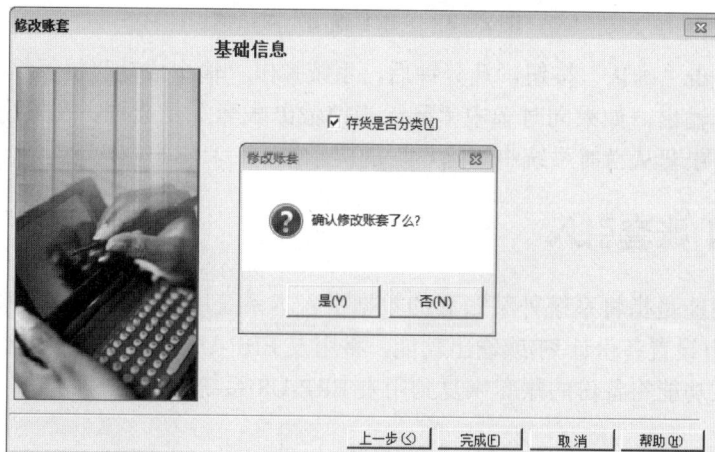

图 2-18　"确认修改账套了么？"提示框

【子任务 2】账套输出

账套输出功能是指将所选账套数据进行备份输出。对企业系统管理员来讲，定期将企业数据备份出来并存储到不同的介质上(如常见的 U 盘、云盘等)，对保证数据的安全是非常重要的。如果企业因不可预知的原因(如火灾、计算机病毒、人为的误操作等)而需要对数据进行恢复，此时备份数据就可以将企业损失降到最小。当然，对于异地管理的公司，这种方法还可以解决审计和数据汇总的问题。各企业应根据自身的实际情况加以应用。

账套输出除了完成账套备份外，还具有删除账套的功能。此功能是根据客户的要求，将不需要的账套从系统中删除。此功能可以一次性将该账套下的所有数据彻底删除。

任务描述

将烟台鼎信新材料科技有限公司的账套数据备份到 D 盘的"鼎信备份"文件夹中。

操作步骤

第一步，系统管理员 admin 登录系统管理，执行"账套"|"输出"命令，弹出"账套输出"对话框，选择需要输出的账套"[888]烟台鼎信新材料科技有限公司"，单击 ··· 按钮，选择输出文件位置，如图 2-19 所示。

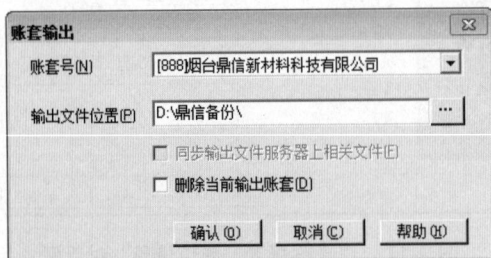

图 2-19 "账套输出"对话框

第二步，单击"确认"按钮，几分钟后，系统弹出"输出成功"提示框，单击"确定"按钮，完成账套输出。如果同时选中"删除当前输出账套"复选框，在输出完成后系统还会弹出"是否将账套从当前系统中删除？"的提示框。

【子任务 3】账套引入

账套引入功能是指将系统外某账套的数据引入本系统中。用户可使用系统管理模块中提供的备份功能(设置备份计划)或输出功能，将用友 ERP-U8 账套做备份，当需要恢复账套时，可使用引入功能将备份的账套恢复到用友 ERP-U8 系统中。

任务描述

将 D 盘中"鼎信备份"文件夹中的账套数据引入系统中。

操作步骤

第一步，系统管理员 admin 登录系统，执行"账套"|"引入"命令，弹出"请选择账套备份文件"对话框，选中"D：\鼎信备份"下"UfErpAct.Lst"文件，如图 2-20 所示。

第二步，单击"确定"按钮，弹出"请选择账套引入的目录"对话框，如图 2-21 所示。

图 2-20　"请选择账套备份文件"对话框

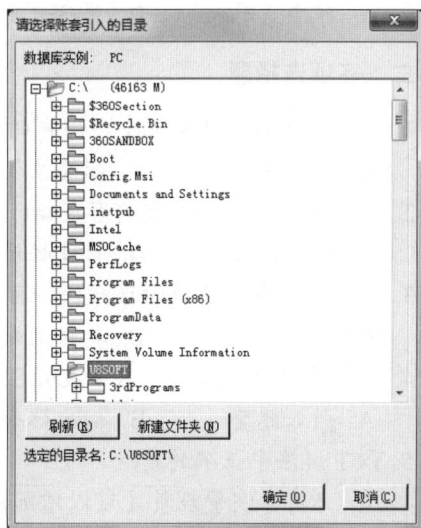

图 2-21　"请选择账套引入的目录"对话框

第三步，单击"确定"按钮，选择默认账套存放路径，再单击"确定"按钮，系统开始引入账套，请耐心等待。账套引入完毕，则会弹出"账套引入成功"提示框。

> 注意：(1) 账套是指一组相互关联的账务数据。一般来说，可以为企业中每一个独立核算的单位建立一个账套。系统最多可建 999 个账套。
>
> (2) 账套号、账套路径、启用会计日期不允许修改。
>
> (3) 只有系统管理员(admin)有权进行账套输出及引入。

同 步 训 练

一、单项选择题

1. 以账套主管的身份登录系统管理，可以进行(　　)操作。

　　A. 查看上机日志　　　　　　　　　　B. 账套备份

　　C. 清退站点　　　　　　　　　　　　D. 账套修改

2. 一套用友 ERP-U8 系统最多可以建立的账套数量是(　　)。

　　A. 999　　　　　　　B. 99　　　　　　　C. 1　　　　　　　D. 9

3. 只有(　　)才有权增加用户。

　　A. Demo　　　　　　　　　　　　　　B. 系统管理员(admin)

C. User　　　　　　　　　　　D. 账套主管

4. 在用友 ERP-U8 系统中，系统管理员 admin 不能进行(　　)操作。

　　A. 清除异常任务　　　　　　　B. 清空账套库数据

　　C. 清除单据锁定　　　　　　　D. 设置自动备份计划

5. (　　)可以作为区分不同账套数据的唯一标识。

　　A. 账套名称　　　B. 单位名称　　　C. 账套主管　　　D. 账套号

二、多项选择题

1. 在用友 ERP-U8 系统中，用户的权限可以由(　　)进行设置。

　　A. 会计主管　　　B. 账套主管　　　C. 企业主管　　　D. 系统管理员(admin)

2. 账套参数定义的主要内容包括(　　)。

　　A. 账套名称　　　B. 行业性质　　　C. 启用会计期　　D. 企业类型

3. 账套主管登录系统管理模块，可以修改的账套信息主要有(　　)。

　　A. 账套号　　　B. 单位名称　　　C. 编码方案　　　D. 用户权限

4. 系统管理员 admin 登录系统管理，可以进行的操作有(　　)。

　　A. 引入账套　　　B. 输出账套　　　C. 建立账套　　　D. 建立账套库

5. 以下说法中正确的是(　　)。

　　A. 只有系统管理员才可以增加用户

　　B. 只有安全管理员 sadmin 才可以清除日志

　　C. 只有账套主管才有权限创建新账套

　　D. 只有系统管理员才有权限创建新账套

微课视频

扫一扫，获取本项目相关微课视频。

001 增加用户　　　002 建立账套　　　003 权限设置

004 修改账套　　　005 输出账套　　　006 引入账套

项目 3
基础设置

【项目目标】

了解企业应用平台的主要功能；了解基础设置的重要性和相关内容；掌握基本信息、基础档案和单据设置的方法，能够独立完成基础信息、基础档案和单据设置等工作，培养统筹全局的能力和严谨细致的工作作风，树立规范意识。

【知识点与技能点】

任 务	知 识 点	技 能 点
任务 1　企业应用平台认知	业务工作， 系统服务， 基础设置	
任务 2　基本信息与基础档案设置	编码方案， 数据精度， 部门档案， 人员类别， 人员档案， 客户分类， 供应商分类， 客户档案， 供应商档案，	系统启用， 编码方案设置， 数据精度设置， 部门档案设置， 人员类别设置， 人员档案设置， 地区分类设置， 客户分类设置， 供应商分类设置，

任　务	知 识 点	技 能 点
任务 2　基本信息与基础档案设置	计量单位， 存货分类， 存货档案， 凭证类别， 项目目录， 结算方式， 开户银行， 仓库档案， 采购类型， 销售类型， 费用项目， 单据编号	客户档案设置， 供应商档案设置， 存货分类设置， 计量单位组设置， 计量单位设置， 存货档案设置， 会计科目设置， 凭证类别设置， 项目目录设置， 结算方式设置， 本单位开户银行设置， 仓库档案设置， 收发类别设置， 采购类型设置， 销售类型设置， 费用项目分类设置， 费用项目设置， 单据编号设置

任务 1　企业应用平台认知

【任务目标】

知识目标：了解用友 ERP-U8 V10.1 应用平台的核心功能。

素质目标：培养系统化思维。

【任务重点难点】

企业应用平台。

企业应用平台是用友 ERP-U8 V10.1 的集成应用平台，可以实现企业内部和外部各种信息的存储，是企业员工、用户和合作伙伴访问系统的唯一入口，通过该平台，用户可以设置系统公共信息和基础档案，定义自己的业务工作，并设计自己的个性化工作流程。

企业应用平台的主要功能模块包括业务工作模块、系统服务模块和基础设置模块。

1. 业务工作模块

业务工作模块列示了当前登录用户有操作权限的各个子系统和各个功能模块，单击 ▶

按钮，即可进入相应的功能模块进行操作，如图 3-1 所示。

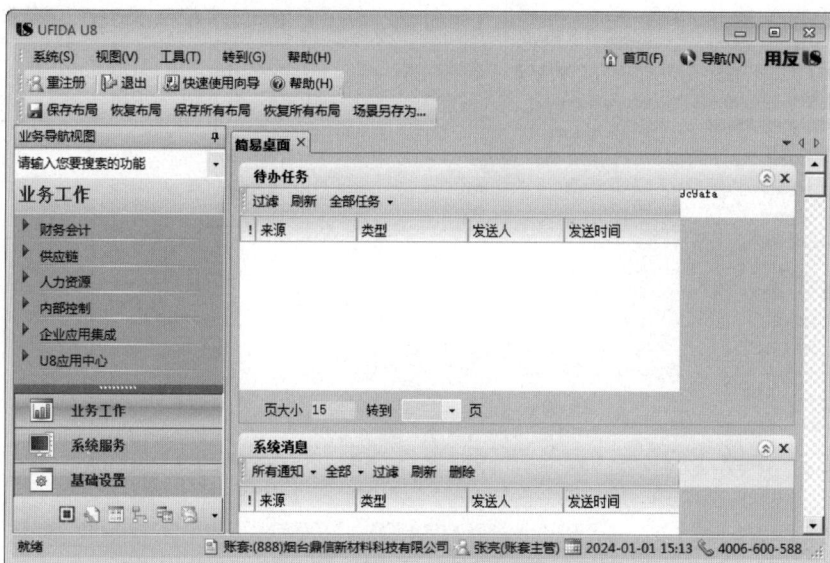

图 3-1 业务工作模块

2. 系统服务模块

系统服务模块主要包括系统管理、服务器配置、工具和权限等功能。服务器配置用于配置应用服务器的位置，如图 3-2 所示。

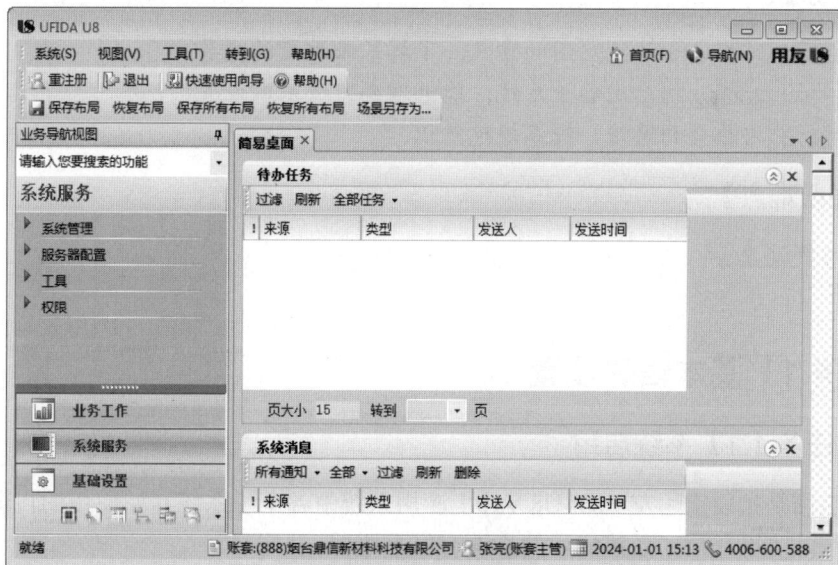

图 3-2 系统服务模块

3. 基础设置模块

在基础设置模块可以进行基本信息、基础档案、业务参数、业务流程配置、个人参数、单据设置和档案设置等操作，如图 3-3 所示。

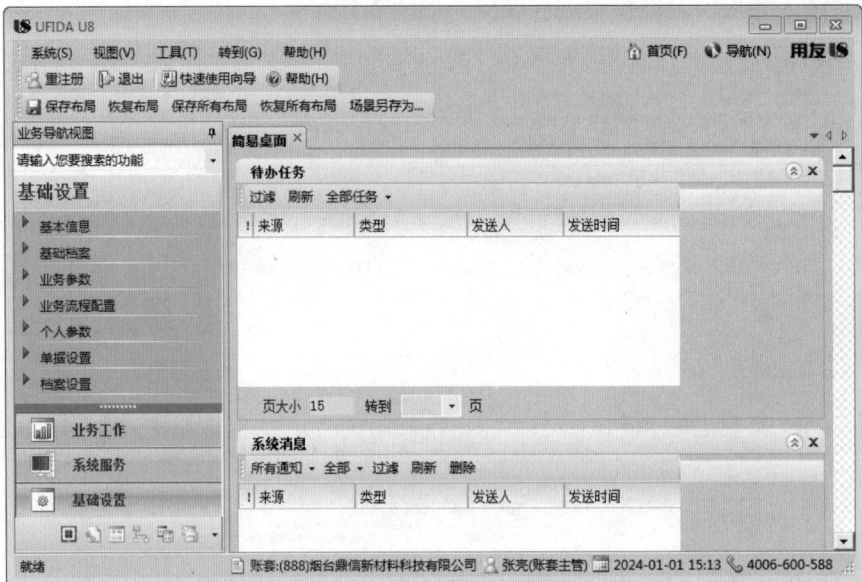

图3-3　基础设置模块

任务2　基本信息与基础档案设置

【任务目标】

知识目标：掌握各子系统启用的意义；了解基础设置的主要内容。

能力目标：能够熟练启用各子系统；能够准确完成基础设置。

素质目标：培养全局思维，提高规范意识。

【任务重点难点】

基础档案设置。

【子任务1】基本信息设置

【子任务1.1】系统启用

系统启用是指设定用友 ERP-U8 V10.1 应用系统中各个子系统开始使用的日期。只有启用后的系统才可以登录。系统启用的方法有以下两种。

1. 在建立账套时启用系统

当用户完成一个新账套的创建后，系统会弹出"现在进行系统启用的设置？"提示框，单击"是"按钮，即可启用系统。此处可参见项目2。

2. 在企业应用平台中启用系统

如果在建立账套时未启用系统，也可以登录企业应用平台执行"基础设置"|"基本信息"|"系统启用"命令，进行系统启用。

【子任务 1.2】编码方案设置

编码方案主要用于设置有编码级次档案的分级方式和各级编码长度，可分级设置的内容有：科目编码、客户分类编码、部门编码、存货分类编码、地区分类编码、供应商分类编码、收发类别编码等。编码级次和各级编码长度的设置将决定用友 ERP-U8 的用户单位如何编制基础数据的编号，进而构成用户分级核算、统计和管理的基础。设置方法可参照项目 2。

【子任务 1.3】数据精度设置

数据精度主要用于设置存货数量、存货体积等单位的小数位数。其设置方法可参照项目 2。

【子任务 2】基础档案设置

设置基础档案就是把手工资料经过加工整理，根据本单位建立信息化管理的需要，建立软件系统应用平台。设置基础档案是手工业务的延续和提高。

【子任务 2.1】部门档案设置

部门档案主要用于设置企业各个职能部门的信息。

任务描述

烟台鼎信新材料科技有限公司的部门档案如表 3-1 所示，请据此进行设置。

表 3-1 部门档案

部门编码	部门名称
01	企业管理部
02	财务部
03	采购部
04	营销部
05	仓储部
06	注塑车间
07	复合车间

操作步骤

第一步，登录企业应用平台，执行"基础设置"|"基础档案"|"机构人员"|"部门档

案"命令，打开"部门档案"窗口，单击"增加"按钮，输入部门编码、部门名称等信息，然后单击"保存"按钮。

第二步，使用同样的方法，依次完成其他部门的设置，如图 3-4 所示。

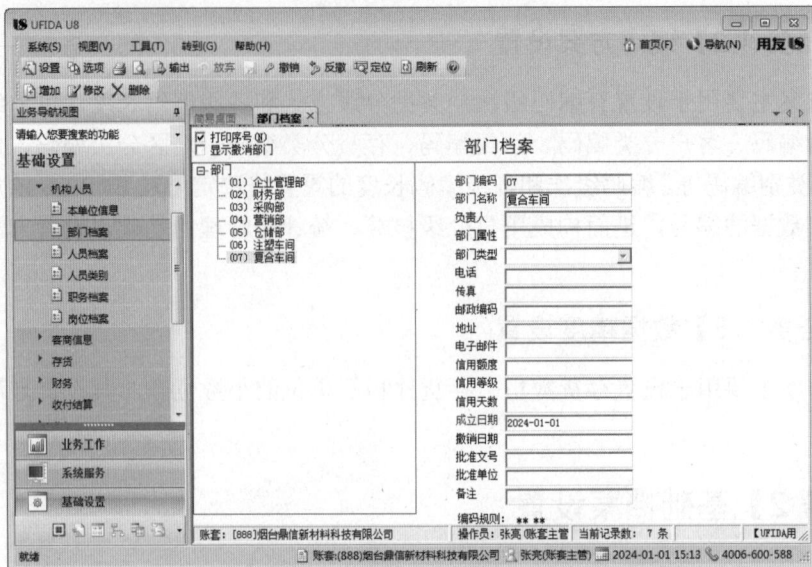

图 3-4 "部门档案"窗口

【子任务 2.2】人员类别设置

人员类别主要用于设置企业的人员类别，并对人员类别进行分类和管理。

任务描述

烟台鼎信新材料科技有限公司的人员类别如表 3-2 所示，请据此进行设置。

表 3-2 人员类别

分类编码	分类名称	分类编码	分类名称
10101	企业管理人员	10104	仓储人员
10102	采购人员	10105	车间管理人员
10103	销售人员	10106	生产人员

操作步骤

第一步，登录企业应用平台，执行"基础设置"|"基础档案"|"机构人员"|"人员类别"命令，打开"人员类别"窗口。

第二步，选择"正式工"选项，单击"增加"按钮，输入档案编码"10101"，档案名称"企业管理人员"。

第三步，单击"确定"按钮，继续完成其他人员类别的设置，如图 3-5 所示。

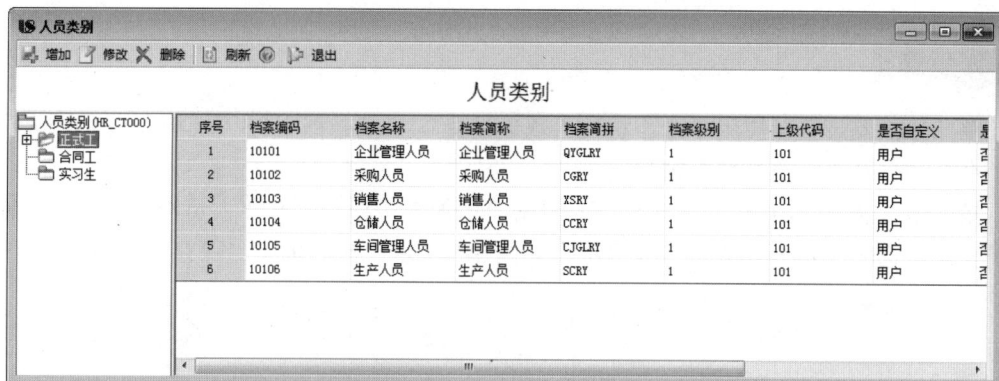

图 3-5　人员类别设置

【子任务 2.3】人员档案设置

人员档案主要用于设置企业各职能部门中需要进行核算和业务管理的职员信息，必须先设置好部门档案、人员类别，然后才能设置相应的人员档案。

任务描述

烟台鼎信新材料科技有限公司的人员档案如表 3-3 所示，请据此进行设置。

表 3-3　人员档案

序号	编码	姓名	部　门	雇用状态	人员类别	是否业务员	性别	银行	银行账号
1	0101	张亮	企业管理部	在职	企业管理人员	是	男	交行	20238888001
2	0201	林静	财务部	在职	企业管理人员	是	女	交行	20238888002
3	0202	陈颖	财务部	在职	企业管理人员	是	女	交行	20238888003
4	0203	李媛	财务部	在职	企业管理人员	是	女	交行	20238888004
5	0301	于力	采购部	在职	采购人员	是	男	交行	20238888005
6	0401	娄潇	营销部	在职	销售人员	是	男	交行	20238888006
7	0501	刘强	仓储部	在职	仓储人员	是	男	交行	20238888007
8	0601	潘勇	注塑车间	在职	车间管理人员	是	男	交行	20238888008
9	0602	王倩	注塑车间	在职	生产人员	是	女	交行	20238888009
10	0603	赵辉	注塑车间	在职	生产人员	是	男	交行	20238888010
11	0604	冯喆	注塑车间	在职	生产人员	是	男	交行	20238888011
12	0701	周深	复合车间	在职	车间管理人员	是	男	交行	20238888012
13	0702	钟凯	复合车间	在职	生产人员	是	男	交行	20238888013
14	0703	王君	复合车间	在职	生产人员	是	女	交行	20238888014
15	0704	丁磊	复合车间	在职	生产人员	是	男	交行	20238888015

操作步骤

第一步，登录企业应用平台，执行"基础设置"|"基础档案"|"机构人员"|"人员档案"命令，打开"人员档案"窗口。

第二步，选择"01 企业管理部"，单击"增加"按钮，打开"人员档案"窗口，输入人员信息，选中"是否业务员"复选框，如图3-6所示，然后单击"保存"按钮。

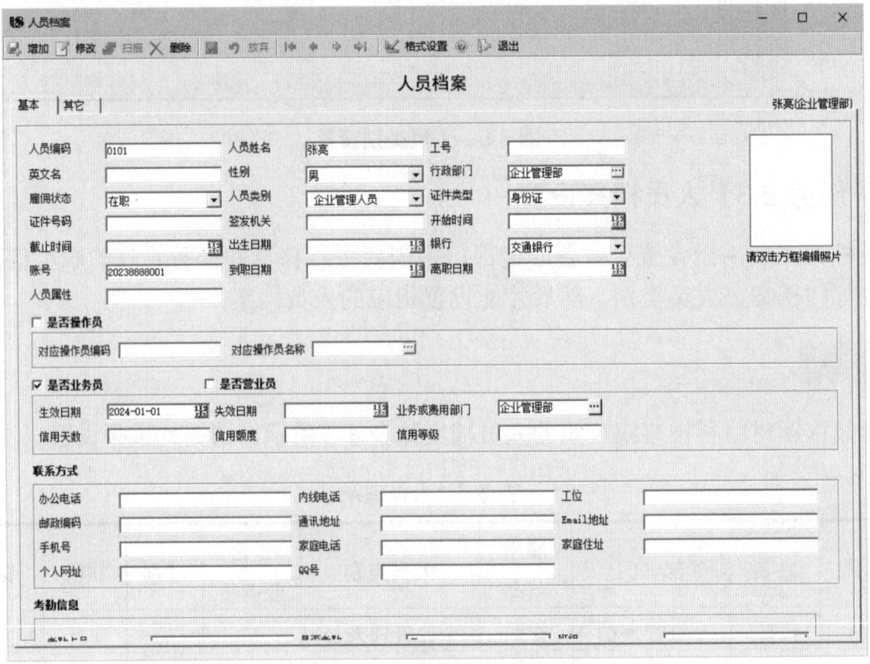

图 3-6　增加人员档案

第三步，使用同样的方法，依次完成其他人员档案的设置。

> 注意：是否业务员是指此人员是否可操作"用友 ERP-U8"其他的业务产品，如总账、采购、库存等系统。

【子任务 2.4】地区分类设置

任务描述

烟台鼎信新材料科技有限公司的地区分类如表 3-4 所示，请据此进行设置。

表 3-4　地区分类

分类编码	分类名称
01	省内
02	省外

操作步骤

第一步，登录企业应用平台，执行"基础设置"|"基础档案"|"客商信息"|"地区分类"命令，打开"地区分类"窗口，单击"增加"按钮，输入类别编码"01"，类别名称"省内"，然后单击"保存"按钮。

第二步，使用同样的方法，依次完成其他地区分类的设置。

【子任务 2.5】客户分类设置

任务描述

烟台鼎信新材料科技有限公司的客户分类如表 3-5 所示，请据此进行设置。

表 3-5　客户分类

分类编码	分类名称
01	工业
02	商业
03	其他

操作步骤

第一步，登录企业应用平台，执行"基础设置"|"基础档案"|"客商信息"|"客户分类"命令，打开"客户分类"窗口，单击"增加"按钮，输入类别编码"01"、类别名称"工业"，然后单击"保存"按钮。

第二步，使用同样的方法，依次完成其他客户类别的设置。

【子任务 2.6】供应商分类设置

任务描述

烟台鼎信新材料科技有限公司的供应商分类如表 3-6 所示，请据此进行设置。

表 3-6　供应商分类

分类编码	供应商分类名称
01	工业
02	商业
03	其他

操作步骤

供应商分类的设置方法同客户分类，此处不再重复。

高职高专互联网＋新形态教材·财会系列

> **注意：** (1) 客户及供应商分类编码必须唯一，且符合编码方案。
> (2) 企业应从自身管理出发对客户及供应商进行分类，以便于业务数据的统计与分析。如果要对客户及供应商进行分类，必须在建立账套时选中"客户是否分类"和"供应商是否分类"复选框。

【子任务 2.7】客户档案设置

任务描述

烟台鼎信新材料科技有限公司的客户档案如表 3-7 所示，请据此进行设置。

表 3-7　客户档案

客户编码	客户名称	所属地区	所属分类	税　号	开户银行	账　号	分管部门	分管业务员
0001	青岛华泰光电科技有限公司	01	01	91370613001	建行青岛分行	622708070011	营销部	娄潇
0002	烟台富邦通信科技有限公司	01	01	91370606002	建行烟台分行	622708080023	营销部	娄潇
0003	泰安金源精密电子有限公司	01	01	91373357801	建行泰安分行	622756723015	营销部	娄潇
0004	大连恒瑞科技有限公司	02	01	91375586602	建行大连分行	62273006027	营销部	娄潇

操作步骤

第一步，登录企业应用平台，执行"基础设置"|"基础档案"|"客商信息"|"客户档案"命令，打开"客户档案"窗口，选择客户分类"01-工业"，单击"增加"按钮，打开"增加客户档案"窗口。

第二步，输入客户编码、客户名称、客户简称、税号等信息，如图 3-7 所示。

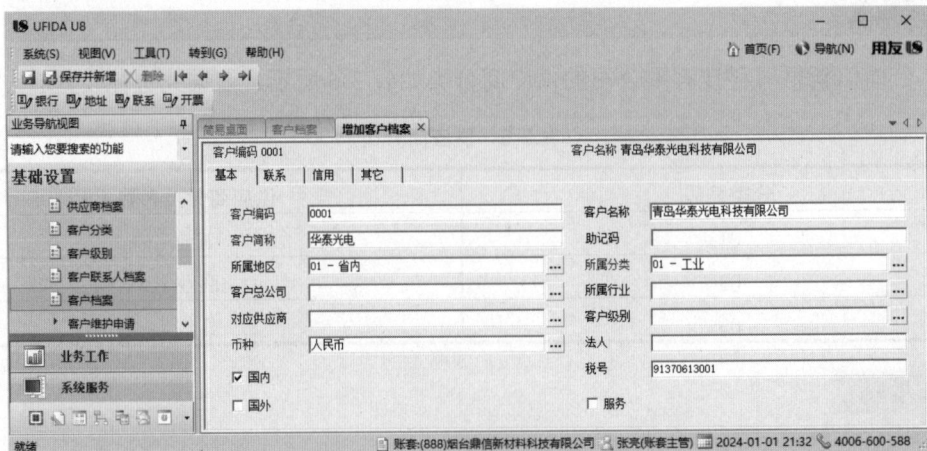

图 3-7　客户档案

第三步，单击"银行"按钮，打开"客户银行档案"窗口，单击"增加"按钮，选择所属银行，输入开户银行、银行账号、账户名称等信息，设置默认值为"是"，如图 3-8 所示，然后保存退出。

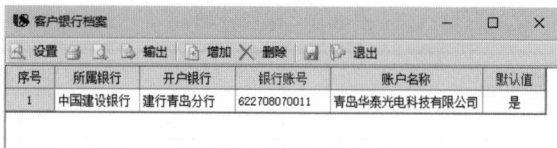

图 3-8　客户银行档案

第四步，使用同样的方法，继续增加其他客户档案。

> 注意：(1) 企业如果需要进行往来管理，必须将客户及供应商的详细信息输入系统中。
> (2) 客户编码、客户简称及所属分类必须输入，其他可以为空。

【子任务 2.8】供应商档案设置

任务描述

烟台鼎信新材料科技有限公司的供应商档案如表 3-8 所示，请据此进行设置。

表 3-8　供应商档案

供应商编码	供应商名称	所属地区	所属分类	税　号	开户银行	账　号	分管部门	分管业务员
0001	山东日新复合材料股份有限公司	01	01	91370606005	建行烟台分行	622788790123	采购部	于力
0002	烟台永鑫包装材料有限公司	01	01	91376668006	建行烟台分行	622703011245	采购部	于力
0003	青岛圣泰包装材料有限公司	01	01	91377779507	建行青岛分行	622709823452	采购部	于力
0004	大连奥新塑胶有限公司	02	01	91375637008	建行大连分行	622793579869	采购部	于力
0005	威海晶泰树脂有限公司	01	01	91376987028	建行威海分行	622723679567	采购部	于力

操作步骤

设置供应商档案的操作步骤可参考客户档案设置，此处不再赘述。

【子任务 2.9】存货分类设置

企业可根据对存货的管理要求对存货进行分类管理，以便于对业务数据的统计和分析。

高职高专互联网＋新形态教材·财会系列

任务描述

烟台鼎信新材料科技有限公司存货分类如表 3-9 所示，请据此进行设置。

表 3-9　存货分类

存货分类编码	存货分类名称
01	原材料
02	产成品
03	劳务类

操作步骤

第一步，登录企业应用平台，执行"基础设置"|"基础档案"|"存货"|"存货分类"命令，打开"存货分类"窗口，单击"增加"按钮，输入分类编码"01"、分类名称"原材料"，如图 3-9 所示。

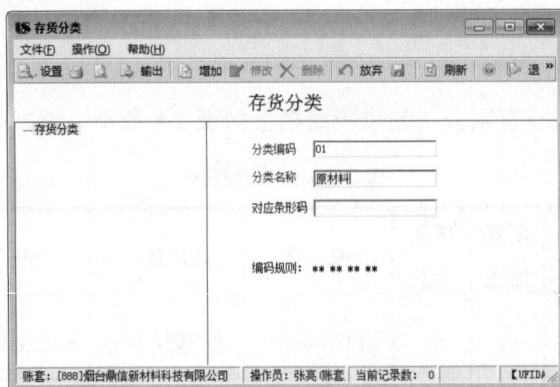

图 3-9　存货分类设置

第二步，单击"保存"按钮，使用同样的方法增加其他存货分类。

【子任务 2.10】计量单位组设置

计量单位组分为无换算、浮动换算、固定换算三种类别。每个计量单位组中有一个主计量单位、多个辅助计量单位。可以设置主、辅计量单位之间的换算率，还可以设置采购、销售、库存和成本系统所默认的计量单位。

任务描述

烟台鼎信新材料科技有限公司的计量单位组如表 3-10 所示，请据此进行设置。

表 3-10　计量单位组

计量单位组编码	计量单位组名称	计量单位组类别
01	数量单位	无换算率

操作步骤

第一步，登录企业应用平台，执行"基础设置"|"基础档案"|"存货"|"计量单位"命令，打开"计量单位"窗口。

第二步，单击"分组"按钮，打开"计量单位组"对话框。单击"增加"按钮，依次输入计量单位组编码、计量单位组名称，设置计量单位组类别为"无换算率"，如图 3-10 所示，然后保存并退出。

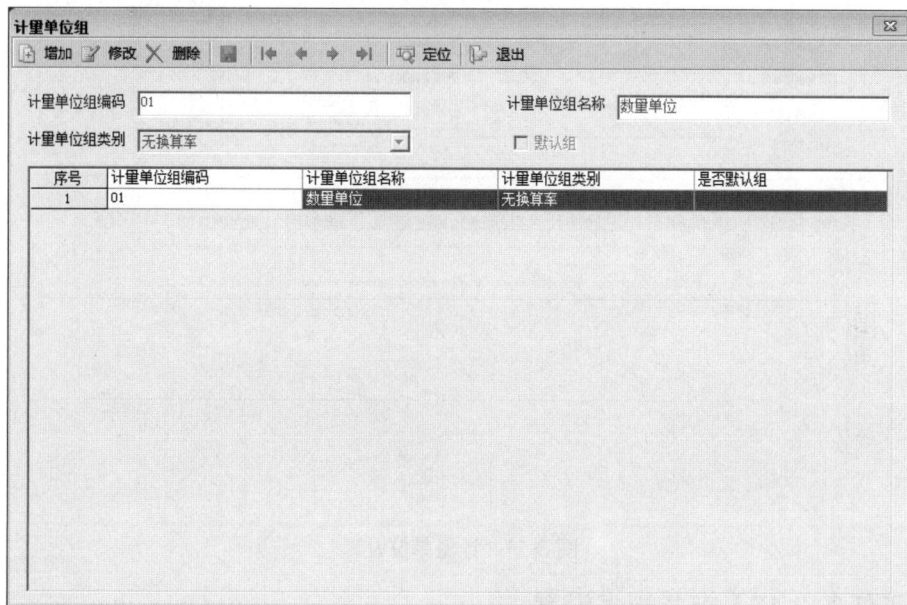

图 3-10　增加计量单位组

【子任务 2.11】计量单位设置

必须先增加计量单位组，然后才能在该组下增加具体计量单位内容。

任务描述

烟台鼎信新材料科技有限公司的计量单位如表 3-11 所示，请据此进行设置。

表 3-11　计量单位

计量单位编码	计量单位名称	所属计量单位组名称	计量单位组类别
01	吨	数量单位	无换算率
02	千克	数量单位	无换算率
03	卷	数量单位	无换算率
04	个	数量单位	无换算率
05	千米	数量单位	无换算率

操作步骤

第一步，计量单位组设置完毕后，单击"单位"按钮，打开"计量单位"对话框。

第二步，单击"增加"按钮，依次输入计量单位编码、计量单位名称，选择计量单位组编码，如图 3-11 所示。然后单击"保存"按钮，使用同样的方法继续增加其他计量单位。

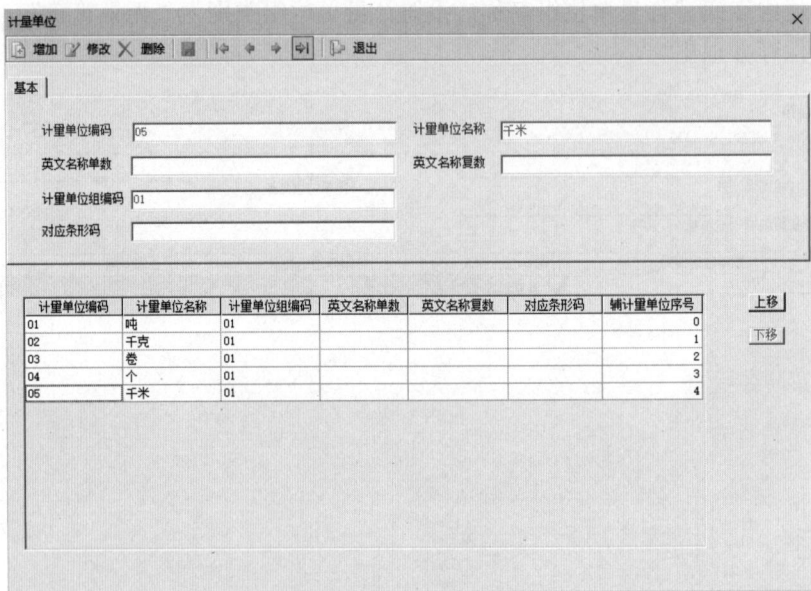

图 3-11　计量单位设置

【子任务 2.12】存货档案设置

存货档案主要用于设置企业在生产经营中使用到的各种存货信息，以便于对这些存货进行资料管理、实物管理和业务数据的统计、分析。

任务描述

烟台鼎信新材料科技有限公司存货档案如表 3-12 所示，请据此进行设置。

表 3-12　存货档案

存货分类	存货编码	存货名称	计量单位	属　性	税率/%
01 原材料	0101	ABS 塑胶粒	千克	外购、生产耗用	13
	0102	TPE 塑胶粒	千克	外购、生产耗用	13
	0103	树脂	千克	外购、生产耗用	13
	0104	固化剂	千克	外购、生产耗用	13
	0105	纱	千克	外购、生产耗用	13
02 产成品	0201	注塑按键	个	内销、外销、自制	13
	0202	复合片	个	内销、外销、自制	13
03 劳务类	0301	运输费	千米	外购、应税劳务	9

操作步骤

第一步，登录企业应用平台，执行"基础设置"|"基础档案"|"存货"|"存货档案"命令，打开"存货档案"窗口。

第二步，单击"增加"按钮，在"基本"选项卡中依次录入存货编码、存货名称，选择计量单位组、主计量单位，设置销项税率为 13%、进项税率为 13%，在存货属性选项区域选中"外购""生产耗用"复选框，如图 3-12 所示，保存并退出。

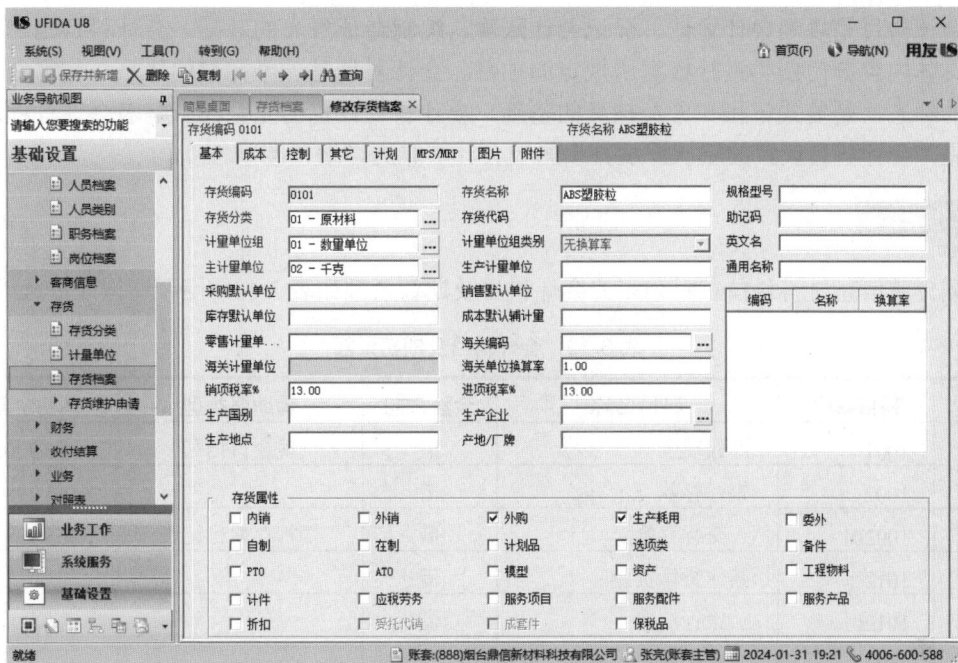

图 3-12　增加存货档案

注意：系统为存货设置了多种属性，同一存货可以设置多种属性。

销售(内销、外销)：具有该属性的存货可用于销售。发货单、发票、销售出库单等与销售有关的单据参照存货时，参照的都是具有销售属性的存货。开在发货单或发票上的应税劳务，也应设置为销售属性，否则开发货单或发票时无法参照。

外购：具有该属性的存货可用于采购。到货单、采购发票、采购入库单等与采购有关的单据参照存货时，参照的都是具有外购属性的存货。开在采购专用发票、普通发票、运费发票等票据上的采购费用，也应设置为外购属性，否则开具采购发票时无法参照。

生产耗用：具有该属性的存货可用于生产耗用，如生产产品耗用的原材料、辅助材料等。具有该属性的存货还可用于材料的领用，材料出库单参照存货时，参照的都是具有生产耗用属性的存货。

委外：具有该属性的存货可用于委外管理。委外订单、委外产品入库、委外发票等与委外有关的单据参照存货时，参照的都是具有委外属性的存货。

高职高专互联网+新形态教材·财会系列

自制：具有该属性的存货可由企业生产自制。如制造业企业生产的产成品、半成品等存货。具有该属性的存货可用于产成品或半成品的入库，产成品入库单参照存货时，参照的都是具有自制属性的存货。

应税劳务：是指开具在采购发票上的运输费用、包装费等采购费用或开具在销售发票或发货单上的应税劳务。应税劳务属性应与自制、生产耗用属性互斥。

【子任务 2.13】增加会计科目

会计科目是填制会计凭证、登记会计账簿、编制会计报表的基础。会计科目是对会计对象具体内容分门别类进行核算所规定的项目。会计科目是一个完整的体系，是区别于流水账的标志，是复式记账和分类核算的基础。会计科目设置的完整性影响着会计过程的顺利实施，会计科目设置的层次深度直接影响会计核算的详细、准确程度。

任务描述

烟台鼎信新材料科技有限公司的会计科目及期初余额如表 3-13 所示，请据此进行设置。

表 3-13　会计科目及期初余额

类型	科目编码	科目名称	余额方向	辅助账类型	期初余额
资产	1001	库存现金	借	现金日记账	6 970.55
资产	1002	银行存款	借		1 565 798.27
资产	100201	交行存款	借	银行存款日记账	1 565 798.27
资产	1012	其他货币资金	借		
资产	101201	银行汇票	借		
资产	1121	应收票据	借		
资产	112101	银行承兑汇票	借	客户往来	
资产	1122	应收账款	借	客户往来	508 500.00
资产	1123	预付账款	借	供应商往来	
资产	1221	其他应收款	借	个人往来	2 000.00
资产	1231	坏账准备	贷		1 017.00
资产	1402	在途物资	借		
资产	1403	原材料	借		378 600.00
资产	1405	库存商品	借		645 000.00
资产	1601	固定资产	借		3 295 500.00
资产	1602	累计折旧	借		863 368.00
资产	1606	固定资产清理	借		
负债	2001	短期借款	贷		500 000.00
负债	2201	应付票据	贷		
负债	220101	银行承兑汇票	贷	供应商往来	

类型	科目编码	科目名称	余额方向	辅助账类型	期初余额
负债	2202	应付账款	贷		207 920.00
负债	220201	一般应付款	贷	供应商往来	207 920.00
负债	220202	应付暂估款	贷	供应商往来(不受控)	
负债	2203	预收账款	贷	客户往来	
负债	2211	应付职工薪酬	贷		112 896.35
负债	221101	工资	贷		112 896.35
负债	221102	社会保险费	贷		
负债	221103	住房公积金	贷		
负债	221104	工会经费	贷		
负债	221105	职工福利	贷		
负债	221106	职工教育经费	贷		
负债	221107	其他	贷		
负债	2221	应交税费	贷		181 251.95
负债	222101	应交增值税	贷		
负债	22210101	进项税额	借		
负债	22210102	销项税额	贷		
负债	22210103	转出未交增值税	贷		
负债	222102	未交增值税	贷		78 237.00
负债	222103	应交企业所得税	贷		90 365.23
负债	222104	应交个人所得税	贷		3 361.28
负债	222105	应交城建税	贷		5 476.59
负债	222106	应交教育费附加	贷		2 247.11
负债	222107	应交地方教育费附加	贷		1 564.74
负债	2241	其他应付款	贷		
负债	224101	社会保险费	贷		
负债	224102	住房公积金	贷		
负债	2501	长期借款	贷		
权益	4001	实收资本	贷		3 000 000.00
权益	4101	盈余公积	贷		
权益	410101	法定盈余公积	贷		
权益	4104	利润分配	贷		1 704 685.67
权益	410401	未分配利润	贷		1 704 685.67
成本	5001	生产成本	借		168 770.15
成本	500101	基本生产成本	借		168 770.15
成本	50010101	直接材料	借	部门核算、项目核算	116 739.03

类型	科目编码	科目名称	余额方向	辅助账类型	期初余额
成本	50010102	直接人工	借	部门核算、项目核算	34 354.00
成本	50010103	制造费用	借	部门核算、项目核算	17 677.12
成本	5101	制造费用	借		
成本	510101	职工薪酬	借	部门核算	
成本	510102	折旧费	借	部门核算	
成本	510103	其他	借	部门核算	
损益	6001	主营业务收入	贷		
损益	6401	主营业务成本	借		
损益	6601	销售费用	借	部门核算	
损益	660101	职工薪酬	借	部门核算	
损益	660102	广告费	借	部门核算	
损益	660103	业务招待费	借	部门核算	
损益	660204	折旧费	借	部门核算	
损益	660105	其他	借	部门核算	
损益	6602	管理费用	借		
损益	660201	职工薪酬	借	部门核算	
损益	660202	办公费	借	部门核算	
损益	660203	业务招待费	借	部门核算	
损益	660204	差旅费	借	部门核算	
损益	660205	折旧费	借	部门核算	
损益	660206	其他	借	部门核算	
损益	6603	财务费用	借		
损益	660301	利息收入	借		
损益	660302	利息支出	借		
损益	660303	手续费	借		
损益	660304	其他	借		
损益	6702	信用减值损失	借		

操作步骤

第一步，登录企业应用平台，执行"基础设置"|"基础档案"|"财务"|"会计科目"命令，打开"会计科目"窗口。

第二步，单击"增加"按钮，打开"新增会计科目"对话框，输入科目编码"100201"，科目名称"交行存款"，其他项目保持默认，如图 3-13 所示。

第三步，单击"确定"按钮，并在"新增会计科目"对话框中，单击右下角的"增加"按钮，输入科目编码"50010101"，科目名称"直接材料"，选中"部门核算"和"项目核算"复选框,如图 3-14 所示,然后单击"确定"按钮。

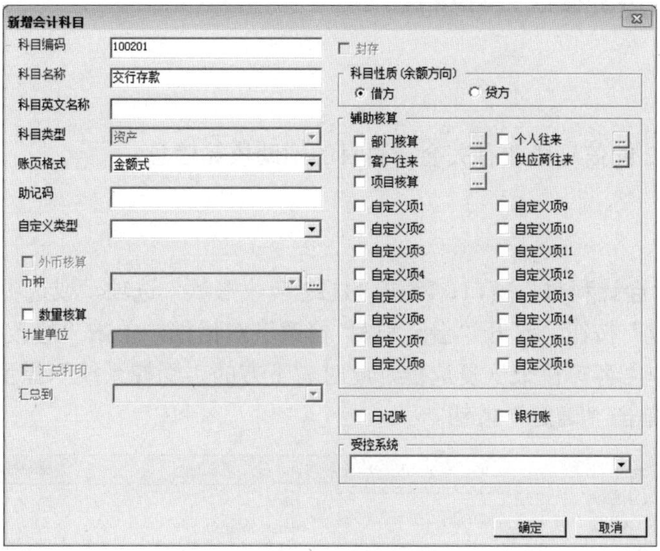

图 3-13　新增会计科目

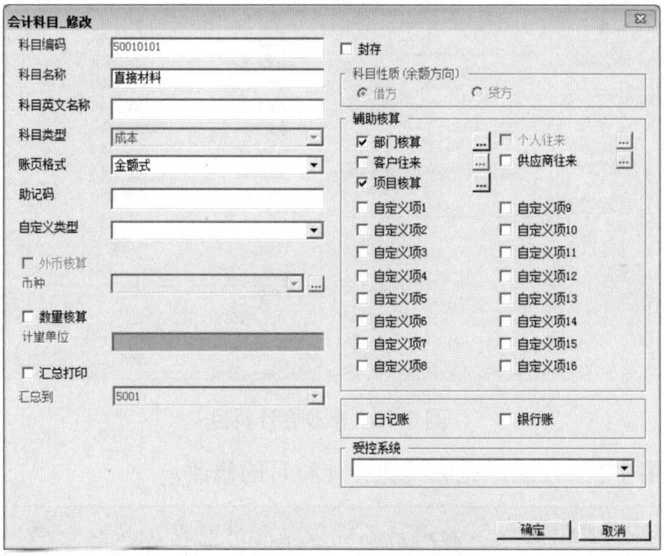

图 3-14　新增会计科目(有辅助核算)

第四步,使用同样的方法,完成其他会计科目的增加。

注意:(1) 会计科目的增加要遵循先建上级后建下级的原则。

(2) 科目编码必须符合编码方案,且不能重复。

(3) 在新增会计科目过程中可能会遇到新增会计科目的下级科目与一个已设置好的科目的下级明细科目类似,为了加快会计科目的增加速度,可以使用用友 ERP-U8 产品提供的成批复制下级明细科目的功能,使用成批复制功能后需注意新复制科目的性质。

【子任务 2.14】修改会计科目

任务描述

请根据表 3-12 的信息修改有关会计科目的辅助核算信息。

操作步骤

第一步，在"会计科目"窗口，双击"1122 应收账款"选项，或选中"1122 应收账款"选项后单击"修改"按钮，打开"会计科目_修改"对话框，单击"修改"按钮。

第二步，选中"客户往来"复选框，此时右下方的"受控系统"显示为"应收系统"，如图 3-15 所示，单击"确定"按钮。

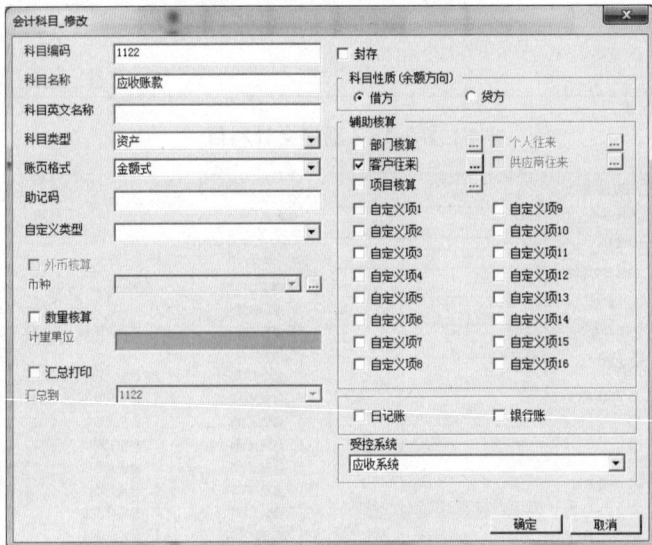

图 3-15　修改会计科目

第三步，使用同样的方法，完成其他会计科目的修改。

注意：(1) 没有会计科目设置权限的用户不能修改会计科目，只能查询、浏览。

(2) 非末级会计科目及已使用过的末级会计科目不能修改科目编码。

(3) 已经输入期初余额的会计科目不能修改，可以将该科目的期初余额删除后再修改。

【子任务 2.15】指定科目

指定科目即指定出纳专管的会计科目。只有完成指定科目，才能执行出纳签字和查询现金、银行存款日记账。

任务描述

指定"1001 库存现金"为"现金科目""1002 银行存款"为"银行科目"。

操作步骤

第一步，在"会计科目"窗口执行"编辑"|"指定科目"命令，系统弹出"指定科目"对话框。

第二步，选择"现金科目"单选按钮，在"待选科目"栏中选择"1001 库存现金"选项，然后单击 ⌐>⌐ 按钮，该选项便进入"已选科目"栏中，如图 3-16 所示。

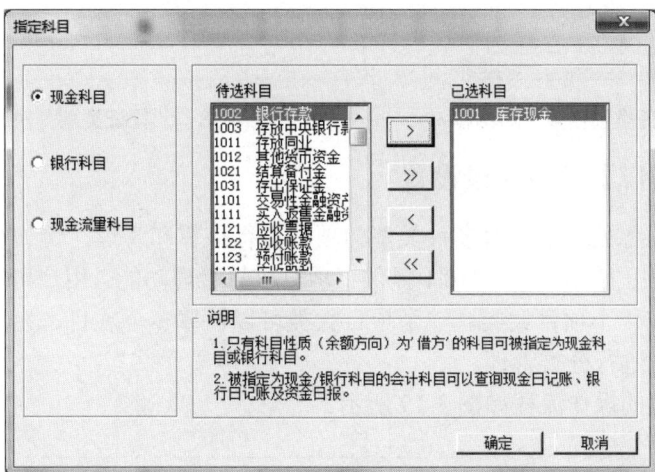

图 3-16   指定"库存现金"科目

第三步，选择"银行科目"单选按钮，在"待选科目"栏中选择"1002 银行存款"选项，然后单击 ⌐>⌐ 按钮，该选项便进入"已选科目"栏中，然后单击"确定"按钮。

注意： 此处指定的库存现金、银行存款科目供出纳管理使用，所以在查询库存现金、银行存款日记账前，必须指定库存现金、银行存款总账科目。

【子任务 2.16】凭证类别设置

为了便于管理或登账，一般对记账凭证进行分类编制，但各单位的分类方法不尽相同，所以系统提供了"凭证类别"功能，用户可以按照核算单位的需要对凭证进行分类。

任务描述

设置烟台鼎信新材料科技有限公司的凭证类别为"记账凭证"。

操作步骤

登录企业应用平台，执行"基础设置"|"基础档案"|"财务"|"凭证类别"命令，弹出"凭证类别预置"对话框，选择"记账凭证"单选按钮，如图 3-17 所示。单击"确定"按钮，打开"凭证类别"对话框，可查看设置结果如图 3-18 所示。

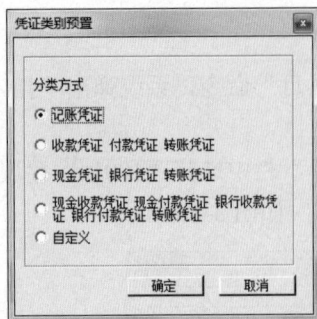

图 3-17 "凭证类别预置"对话框

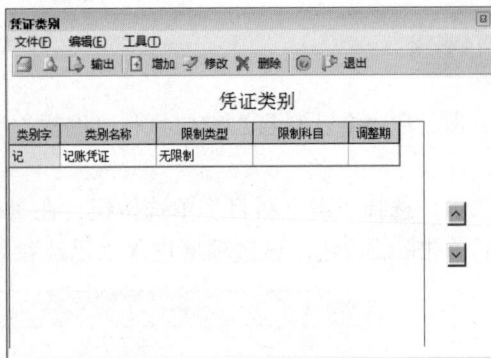

图 3-18 "凭证类别"对话框

【子任务 2.17】项目目录设置

企业在实际业务处理中会对多种类型的项目进行核算和管理,例如在建工程、对外投资、生产成本等。用友 ERP-U8 V10.1 提供了项目核算管理功能。用户可以将具有相同特性的一类项目定义成一个项目大类。一个项目大类可以核算多个项目,为了便于管理,用户还可以对这些项目进行分类管理。

建立项目档案的操作流程如图 3-19 所示。

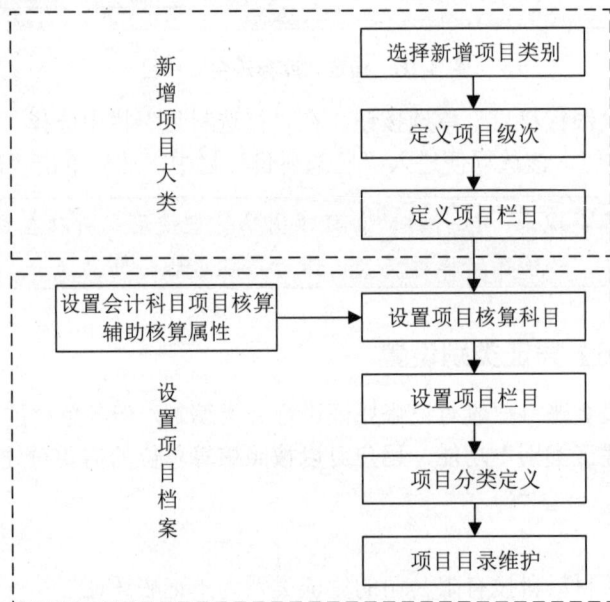

图 3-19 建立项目档案的操作流程

任务描述

烟台鼎信新材料科技有限公司的项目档案如表 3-14 所示,请据此进行设置。

表 3-14　项目档案

项目设置步骤	设置内容	
项目大类	产品成本	
核算科目	直接材料 50010101 直接人工 50010102 制造费用 50010103	
项目分类	1. 注塑产品 2. 复合产品	
项目目录	101 注塑按键　　所属分类　1 201 复合片　　　所属分类　2	

操作步骤

1. 定义项目大类

第一步，登录企业应用平台，执行"基础设置"|"基础档案"|"财务"|"项目目录"命令，打开"项目档案"窗口。

第二步，单击"增加"按钮，打开"项目大类定义_增加"对话框，输入新项目大类名称"产品成本"，如图 3-20 所示。

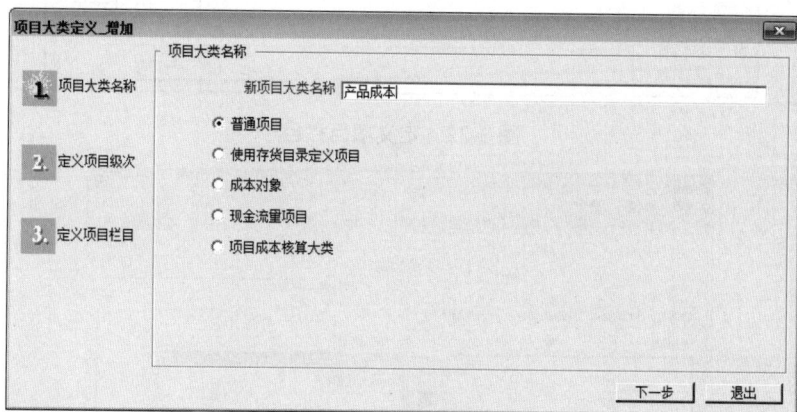

图 3-20　增加项目大类

第三步，单击"下一步"按钮，打开"定义项目级次"界面，保持默认项目级次，如图 3-21 所示。

第四步，单击"下一步"按钮，打开"定义项目栏目"界面，保持默认项目栏目，如图 3-22 所示。单击"完成"按钮，返回"项目档案"窗口。

2. 指定项目核算科目

在"项目档案"窗口，从"项目大类"下拉列表框中选择要设置核算科目的项目名称"产品成本"，单击"核算科目"标签，切换到"核算科目"选项卡，单击≫按钮，将"500101直接材料、500102 直接人工、500103 制造费用"从"待选科目"栏选至"已选科目"栏中，如图 3-23 所示。

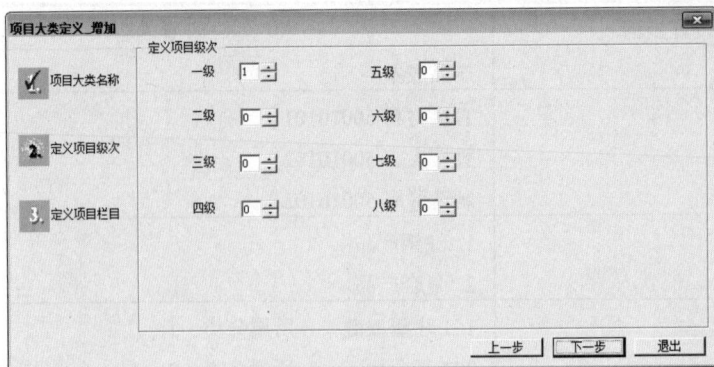

图 3-21　定义项目级次

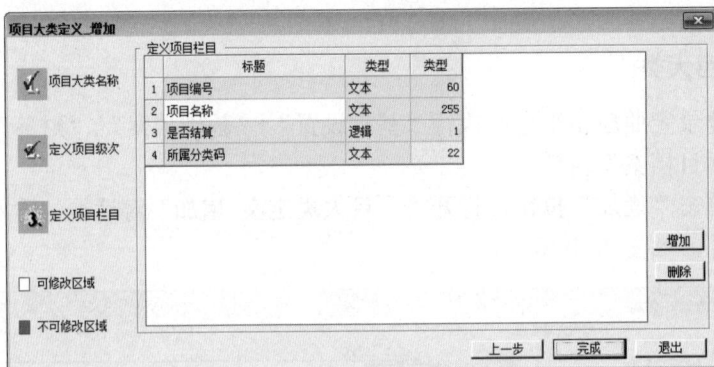

图 3-22　定义项目栏目

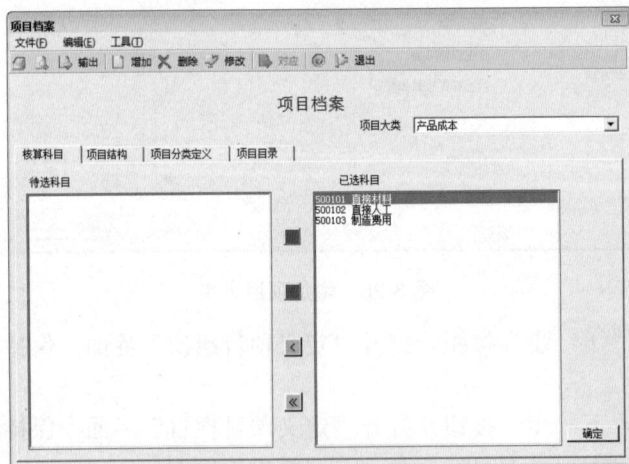

图 3-23　选择核算科目

注意： 只有在会计科目设置中设置"项目核算"属性的科目才能作为项目大类核算科目。例如，对生产成本、在建工程、科研课题等科目设置项目辅助核算。

3. 项目分类定义

在"项目档案"窗口，单击"项目分类定义"标签，切换到"项目分类定义"选项卡，输入分类编码"1"、分类名称"注塑产品"，单击"确定"按钮；然后继续输入分类编码"2"、分类名称"复合产品"，单击"确定"按钮，如图 3-24 所示。

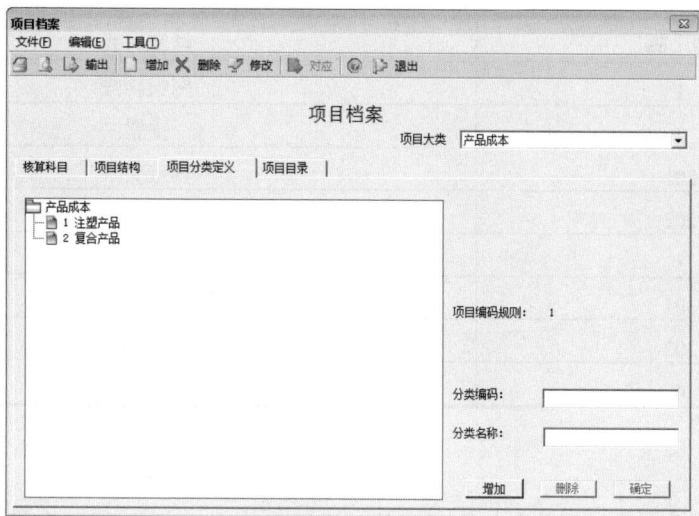

图 3-24　定义项目分类

4. 项目目录维护

第一步，在"项目档案"窗口，单击"项目目录"标签，切换到"项目目录"选项卡，单击"维护"按钮，打开"项目目录维护"窗口。

第二步，单击"增加"按钮，输入项目编号"101"、项目名称"注塑按键"，选择所属分类码"1"。使用同样的方法增加其他项目，如图 3-25 所示。

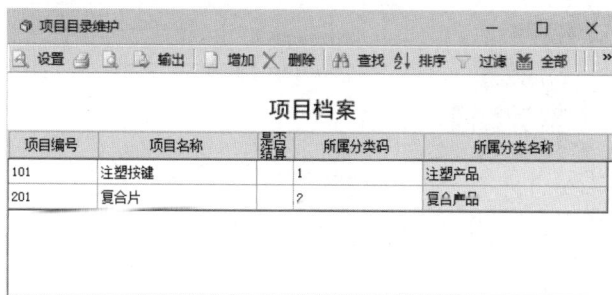

图 3-25　项目目录维护

【子任务 2.18】结算方式设置

结算方式设置功能用于建立和管理用户在经营活动中所涉及的结算方式。结算方式被引用，就不能再进行修改和删除操作。

任务描述

烟台鼎信新材料科技有限公司的结算方式如表 3-15 所示，请据此进行设置。

表 3-15　结算方式

编　码	结算方式
1	网银转账
2	支票
201	现金支票
202	转账支票
3	商业汇票
301	商业承兑汇票
302	银行承兑汇票
4	其他

操作步骤

第一步，登录企业应用平台，执行"基础设置"|"基础档案"|"收付结算"|"结算方式"命令，打开"结算方式"窗口。

第二步，单击"增加"按钮，输入结算方式编码"1"，结算方式名称"网银转账"，单击"保存"按钮。使用同样的方法完成其他结算方式的设置，如图 3-26 所示。

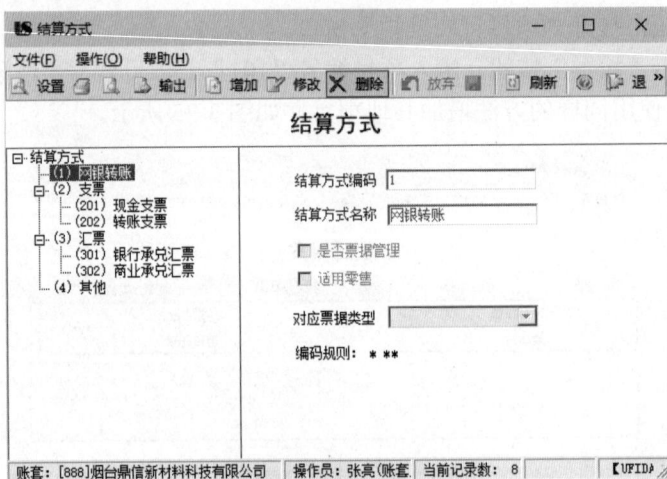

图 3-26　结算方式设置

【子任务 2.19】本单位开户银行设置

本单位开户银行设置功能用于维护及查询使用单位的开户银行信息。用友 ERP-U8 V10.1 支持多个开户行及账号的使用情况。开户银行一旦被引用，便不能再进行修改和删除操作。

任务描述

烟台鼎信新材料科技有限公司的开户银行为交通银行烟台青年路支行，账号为 622262030056，请据此进行设置。

操作步骤

第一步，登录企业应用平台，执行"基础设置"|"基础档案"|"收付结算"|"本单位开户银行"命令，打开"本单位开户银行"对话框。

第二步，单击"增加"按钮，输入本单位开户银行信息，如图 3-27 所示，然后保存并退出。

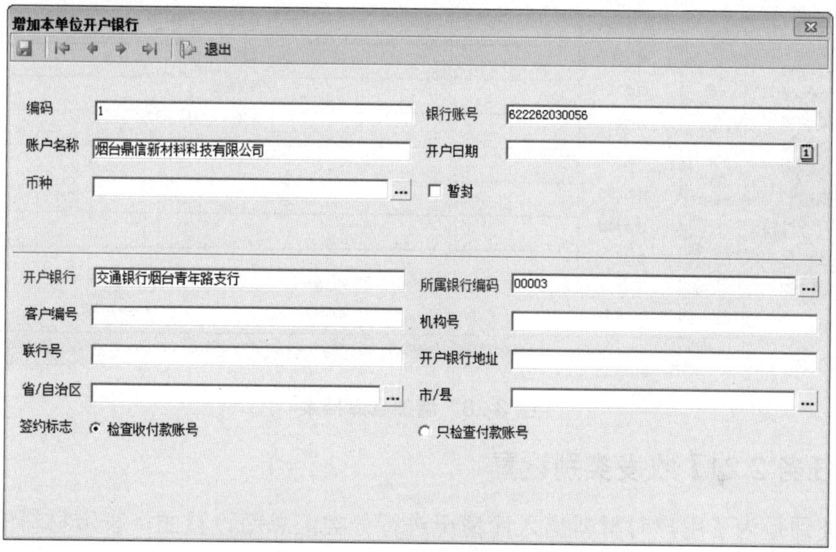

图 3-27　输入本单位开户银行信息

【子任务 2.20】仓库档案设置

存货一般是用仓库来保管的，对存货进行核算管理，首先应对仓库进行管理，因此进行仓库设置是供应链系统的重要基础准备工作之一。

任务描述

烟台鼎信新材料科技有限公司的仓库档案如表 3-16 所示，请据此进行设置。

表 3-16　仓库档案

仓库编码	仓库名称	计价方式	是否代管仓属性	备　注
01	原材料库	移动平均法	否	其他选项默认
02	产成品库	全月平均法	否	其他选项默认

操作步骤

第一步，登录企业应用平台，执行"基础设置"|"基础档案"|"业务"|"仓库档案"命令，打开"仓库档案"窗口。

第二步，单击"增加"按钮，设置仓库编码、计价方式等信息，其他选项保持默认，如图 3-28 所示，然后单击"保存"按钮。使用同样的方法增加其他仓库信息。

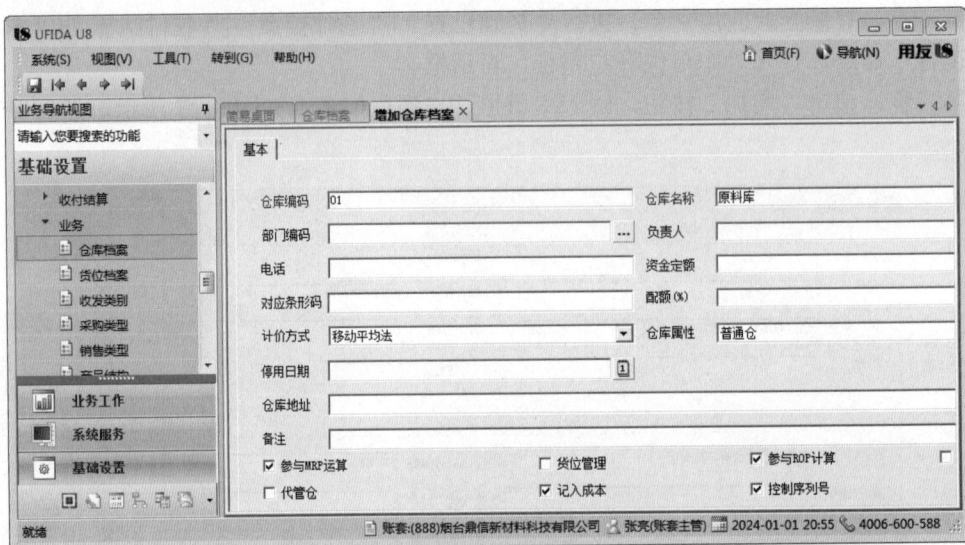

图 3-28　增加仓库档案

【子任务 2.21】收发类别设置

收发类别是为了用户对材料出入库情况进行分类汇总而设置的，表示材料的出入库类型，用户可根据核算单位的实际需要自由灵活地进行设置。

任务描述

烟台鼎信新材料科技有限公司的收发类别如表 3-17 所示，请据此进行设置。

表 3-17　收发类别

收发类别编码	收发类别名称	收发类别编码	收发类别名称
1	收	2	发
101	采购入库	201	生产领用
102	产成品入库	202	销售出库

操作步骤

第一步，登录企业应用平台，执行"基础设置"|"基础档案"|"业务"|"收发类别"命令，打开"收发类别"窗口。

第二步，单击"增加"按钮，依次输入收发类别编码、收发类别名称，选择"收发标志"单选按钮。

第三步，单击"保存"按钮，然后使用同样的方法增加其他收发类别，如图 3-29 所示。

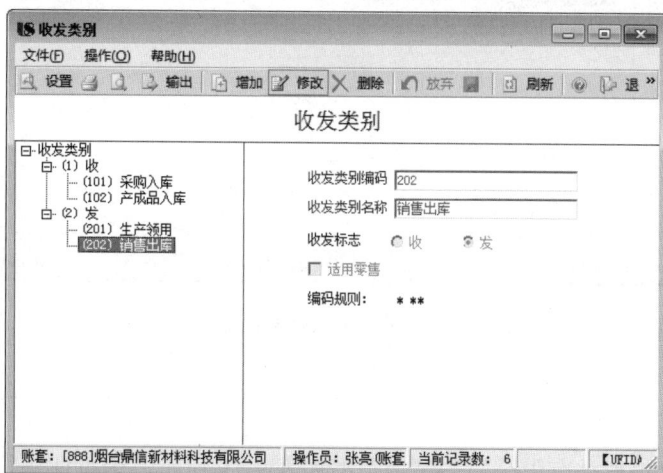

图 3-29 收发类别设置

【子任务 2.22】采购类型设置

采购类型是由用户根据企业需要自行设定的项目，用户在使用采购管理系统填制采购入库单等单据时，会涉及采购类型设置。

任务描述

烟台鼎信新材料科技有限公司的采购类型如表 3-18 所示，请据此进行设置。

表 3-18 采购类型

采购类型编码	采购类型名称	入库类别	是否默认值
01	原材料采购	采购入库	是
02	成品采购	采购入库	否

操作步骤

第一步，登录企业应用平台，执行"基础设置"|"基础档案"|"业务"|"采购类型"命令，打开"采购类型"窗口。

第二步，单击"增加"按钮，依次输入采购类型编码、采购类型名称，选择入库类别、是否默认值，如图 3-30 所示，然后保存并退出。

【子任务 2.23】销售类型设置

销售类型是用户根据自身实际情况自定义的项目，以便于按销售类型对销售业务数据进行统计和分析。

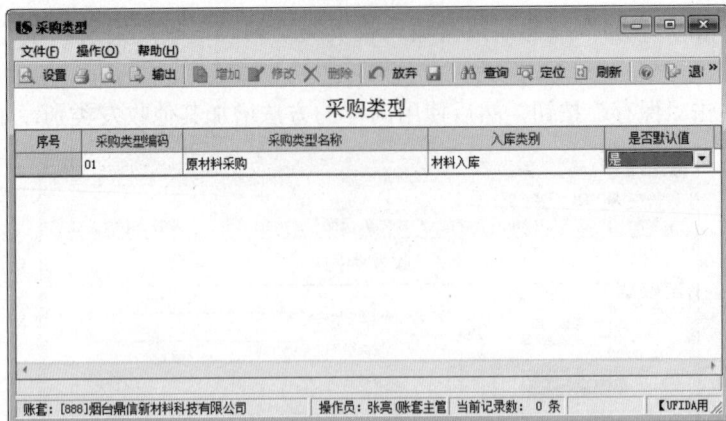

图 3-30 采购类型设置

任务描述

烟台鼎信新材料科技有限公司的销售类型如表 3-19 所示，请据此进行设置。

表 3-19 销售类型

销售类型编码	销售类型名称	出库类别	是否默认值
01	普通销售	销售出库	是
02	分期销售	销售出库	否
03	委托销售	销售出库	否

操作步骤

第一步，登录企业应用平台，执行"基础设置"|"基础档案"|"业务"|"销售类型"命令，打开"销售类型"窗口。

第二步，单击"增加"按钮，依次输入销售类型编码、销售类型名称，选择出库类别、是否默认值，然后保存并退出。

【子任务 2.24】费用项目分类设置

费用项目分类是将同一类属性的费用归集成一类，以便对它们进行统计和分析。

任务描述

烟台鼎信新材料科技有限公司的费用项目分类为代垫费用，请据此进行设置。

操作步骤

第一步，登录企业应用平台，执行"基础设置"|"基础档案"|"业务"|"费用项目分类"命令，打开"费用项目分类"窗口。

第二步，单击"增加"按钮，输入分类编码、分类名称并保存，如图 3-31 所示。

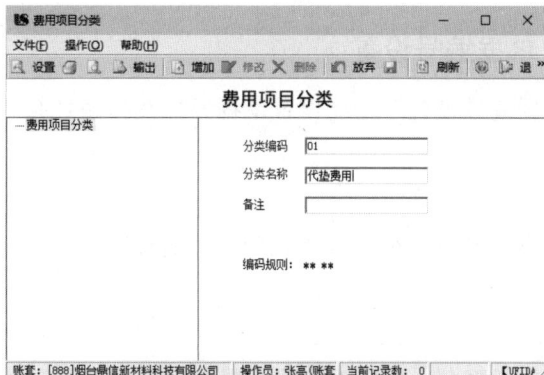

图 3-31　费用项目分类设置

【子任务 2.25】费用项目设置

费用项目主要用于处理销售业务中的代垫费用、销售支出费用等业务。

任务描述

烟台鼎信新材料科技有限公司的费用项目如表 3-20 所示，请据此进行设置。

表 3-20　费用项目

费用项目编码	费用项目名称
01	运输费
02	其他

操作步骤

第一步，登录企业应用平台，执行"基础设置"|"基础档案"|"业务"|"费用项目分类"命令，打开"费用项目"窗口。

第二步，选择"代垫费用"选项，单击"增加"按钮，输入费用项目编码"01"，费用项目名称"运输费"，选择费用项目分类"代垫费用"选项，如图 3-32 所示，单击"保存"按钮。然后使用同样的方法增加其他费用项目。(注意：费用项目设置必须在费用项目分类设置完成之后进行。)

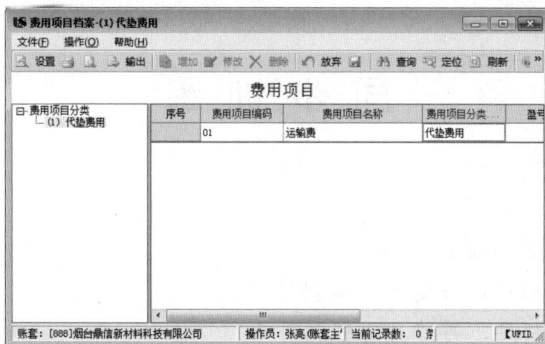

图 3-32　费用项目设置

【子任务 2.26】单据编号设置

用户可以通过"单据编号设置"功能设置单据、档案的编号原则。

任务描述

修改"采购专用发票"的编号设置为"完全手工编号"。

操作步骤

第一步，登录企业应用平台，执行"基础设置"|"单据设置"|"单据编号设置"命令，打开"单据编号设置"对话框。

第二步，在"单据编号设置"对话框双击"采购管理"选项，选中"采购专用发票"选项，单击 按钮，选中"完全手工编号"复选框，如图 3-33 所示，然后保存并退出。

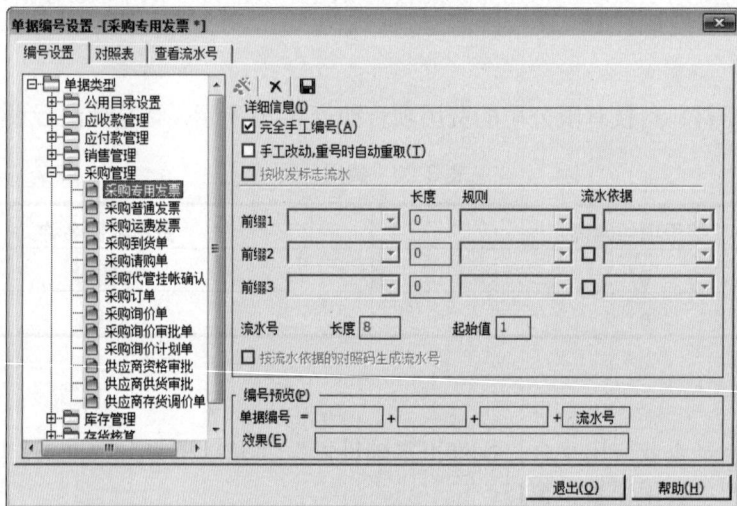

图 3-33　采购专用发票编号设置

> **注意：** 用户也可以不进行此项操作，那么在输入相关单据时，发票号则由系统根据流水自动生成。

同 步 训 练

一、单项选择题

1. 会计科目建立的顺序是(　　)。

　　A. 先建立明细科目，再建立一级科目

　　B. 先建立下级科目，再建立上级科目

　　C. 先建立上级科目，再建立下级科目

D. 不分先后

2. 在总账初始设置中，设置会计科目的目的是(　　)。

　　A. 方便输入凭证　　　　　　　　　B. 规范数据处理

　　C. 便于报表生成　　　　　　　　　D. 以上都是

3. 总账系统中，会计科目有余额或发生额时，下面说法中正确的是(　　)。

　　A. 可以修改其科目性质　　　　　　B. 可以删除该会计科目

　　C. 可以增加其下级科目　　　　　　D. 可以增加其同级科目

4. 若凭证类别只能设置一种，通常为(　　)。

　　A. 收款凭证　　　B. 记账凭证　　　C. 付款凭证　　　D. 转账凭证

5. "应收账款"科目在辅助核算中通常设置为(　　)。

　　A. 客户往来核算　　　　　　　　　B. 供应商往来核算

　　C. 个人往来核算　　　　　　　　　D. 项目核算

二、多项选择题

1. 如果科目编码方案为"4-2-2"，则下列科目编码合法的是(　　)。

　　A. 100201　　　　　B. 4002012　　　　C. 50010102　　　D. 50010202

2. 建立会计科目时，输入的基本内容包括(　　)。

　　A. 科目编码　　　B. 科目名称　　　C. 科目类型　　　　D. 账页格式

3. 下面各项中属于企业基础档案设置的是(　　)。

　　A. 人员类别　　　B. 采购类型　　　C. 费用项目　　　　D. 多栏账定义

4. 进行科目设置时，会计科目编码应(　　)。

　　A. 符合会计制度规定　　　　　　　B. 必须唯一

　　C. 符合级次级长要求　　　　　　　D. 代码只有两位

5. 下列选项中，会计科目体系的规范应考虑(　　)。

　　A. 保持相对稳定　　　　　　　　　B. 满足会计管理的要求

　　C. 满足报表编制的需要　　　　　　D. 满足会计核算的要求

微课视频

扫一扫，获取本项目相关微课视频。

007 系统启用　　　　　　　　008 编码方案设置　　　　　　　009 部门档案设置

010 人员类别设置　　　　　　　011 人员档案设置　　　　　　　012 地区分类设置

013 客户分类设置

014 客户档案设置

015 存货分类设置

016 计量单位组设置

017 计量单位设置

018 存货档案设置

019 会计科目设置

020 指定科目

021 凭证类别设置

022 项目目录设置

023 结算方式设置

024 本单位开户银行设置

025 仓库档案设置

026 收发类别设置

027 采购类型设置

028 销售类型设置

029 费用项目分类设置

030 费用项目设置

031 单据编号设置

项目 4

财务链初始设置

【项目目标】

了解财务链初始设置的重要性和相关内容；了解财务链各子系统选项设置的作用，能够熟练完成财务链各子系统的选项设置、期初数据录入等工作，培养全局思维，提高规范意识，强化团队协作。

【知识点与技能点】

任 务	知 识 点	技 能 点
任务1 总账系统初始设置	选项， 期初余额	选项设置， 期初余额录入
任务2 薪资管理系统初始设置	选项， 人员附加信息， 工资项目， 人员档案	建立工资账套， 数据权限分配， 人员附加信息设置， 人员档案设置， 工资项目设置， 公式设置， 扣税设置
任务3 固定资产系统初始设置	选项， 部门对应折旧科目， 资产类别， 增减方式， 原始卡片	账套初始化， 选项设置， 部门对应折旧科目设置， 固定资产类别设置， 增减方式设置， 原始卡片录入

任 务	知 识 点	技 能 点
任务 4　应收款管理系统初始设置	选项, 初始设置, 期初余额	选项设置, 基本科目设置, 结算方式科目设置, 坏账准备设置, 期初余额录入
任务 5　应付款管理系统初始设置	选项, 初始设置, 期初余额	选项设置, 基本科目设置, 结算方式设置, 期初余额录入

任务 1　总账系统初始设置

【任务目标】

知识目标：理解总账系统选项设置的意义；掌握总账系统期初余额的录入方法。
能力目标：能够熟练完成总账系统初始设置。
素质目标：培养全局思维；提高规范意识。

【任务重点难点】

- 总账系统选项设置。
- 总账系统期初余额录入。

　　总账系统是会计信息系统的一个子系统，是会计信息系统实施的基础和关键，是整个会计信息系统的核心。总账系统既可以独立运行，也可以与其他系统集成使用。

　　许多单位的会计信息化工作是从总账系统开始的。如果企业业务简单、数据量较少，可以只使用总账系统的基本功能，完成填制凭证、审核、记账、查询、结账等工作。如果企业业务比较复杂，可以使用总账系统提供的各种辅助功能进行管理，如单位往来、个人往来、部门核算、项目核算等功能。

【子任务 1】选项设置

　　运行总账系统前，用户应先设置运行所需要的账套参数，以便系统根据用户设定的选项进行相应处理。

任务描述

　　烟台鼎信新材料科技有限公司总账系统的选项设置如下：制单序时控制；资金及往来

科目赤字控制；不允许修改他人填制的凭证；制单权限不控制到科目，凭证审核控制到操作员；出纳凭证必须经由出纳签字；部门、个人按编码方式排序。

操作步骤

登录企业应用平台，执行"业务工作"|"财务会计"|"总账"|"选项"命令，打开"选项"对话框，如图 4-1 所示，单击"编辑"按钮，根据任务要求选择相应的控制参数。

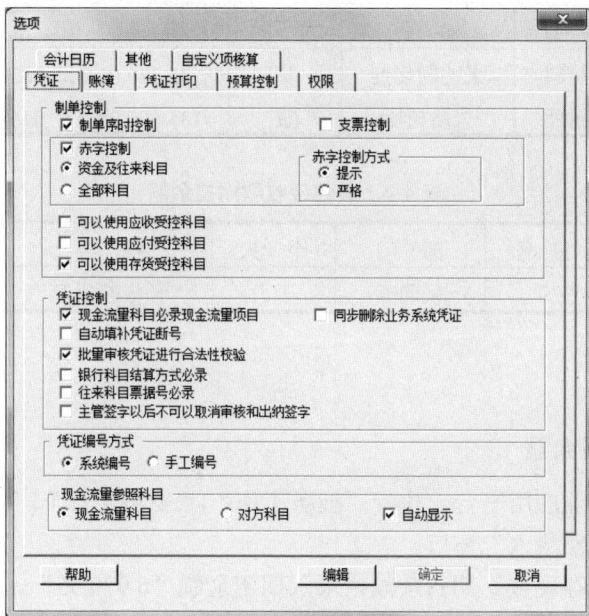

图 4-1　总账系统选项设置

【子任务 2】期初余额录入

为保证会计数据的连续性，第一次使用总账系统时需要将手工账簿中各个账户的数据进行整理，主要是各账户启用月份的期初余额和年初至启用月份的借贷方累计发生额，并将整理后的数据录入系统，建立计算机账簿。

任务描述

烟台鼎信新材料科技有限公司 2024 年 1 月 1 日期初余额见项目 3 中的表 3-13、表 4-1～表 4-4 所示，请据此录入期初余额并试算平衡。

表 4-1　生产成本期初余额

产品名称	直接材料 50010101	直接人工 50010102	制造费用 50010103
注塑按键	39 343.53	11 741.00	6 120.62
复合片	77 395.50	22 613.00	11 556.50
合计	116 739.03	34 354.00	17 677.12

表4-2 应收账款期初余额

日 期	客 户	摘 要	方 向	金 额	票 号	票据日期
2023-10-15	金源电子	销售注塑按键	借	169 500.00	12796705	2023-10-15
2023-11-18	华泰光电	销售复合片	借	339 000.00	10034645	2023-11-18

表4-3 应付账款期初余额

日 期	供应商	摘 要	方 向	金 额	票 号	票据日期
2023-10-20	日新材料	采购固化剂	贷	72 320.00	88207165	2023-10-20
2023-11-15	晶泰树脂	采购树脂	贷	135 600.00	09682213	2023-11-15

表4-4 其他应收款期初余额

日 期	凭证号	部 门	个 人	摘 要	方 向	金 额
2023-12-26	—	采购部	于力	预借差旅费	借	2 000.00

操作步骤

1. 录入基本科目余额

第一步，登录企业应用平台，执行"业务工作"|"财务会计"|"总账"|"期初余额"命令，打开"期初余额录入"窗口。

第二步，在"库存现金"期初余额栏录入期初余额"6 970.55"。

第三步，在"交行存款"期初余额栏录入期初余额"1 565 798.27"，其上级科目"银行存款"的期初余额栏会自动汇总生成，如图4-2所示。

图4-2 期初余额录入

注意：(1) 期初余额栏为白色，表示该科目为末级科目，可以直接录入期初余额；期初余额栏为灰色，表示该科目为非末级科目，不允许直接录入期初余额，待下级科目余额录入完成后会自动汇总生成；期初余额栏为黄色，表示该科目设有辅助核算，需要双击打开"辅助期初余额"窗口录入期初余额。

(2) 如果余额为红字，需在录入的金额前加"–"号。

(3) 修改余额时，直接输入正确数据，记账后期初余额不能修改。

(4) 如果是年中建账，需要录入启用月份的期初余额和年初到启用月份的借贷方累计发生额，系统会自动计算年初余额。

2. 录入"应收账款""应付账款""其他应收款"等辅助账期初余额

第一步，在"期初余额录入"窗口双击"应收账款"期初余额栏，打开"辅助期初余额"窗口。

第二步，单击"往来明细"按钮，打开"期初往来明细"窗口。

第三步，单击"增行"按钮，逐行增加各客户的期初余额，如图4-3所示。

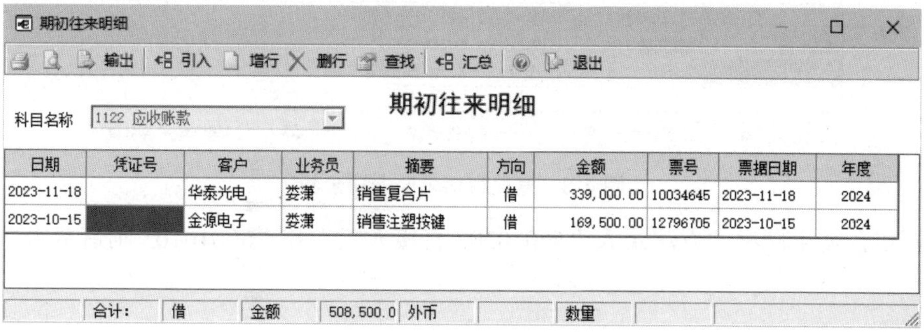

图4-3　辅助账期初余额录入

第四步，单击"汇总"按钮，系统弹出"完成了往来明细到辅助期初表的汇总！"提示框。

第五步，单击"确定"按钮，再单击"退出"按钮，返回"辅助期初余额"窗口并显示汇总结果，如图4-4所示。然后单击"退出"按钮，返回"期初余额录入"窗口。

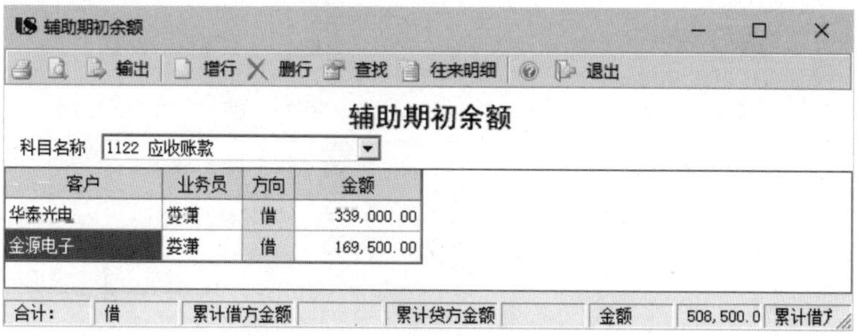

图4-4　"辅助期初余额"窗口

第六步，使用同样的方法录入"应付账款""其他应收款"等的期初余额。

注意： (1) 在录入往来科目期初余额时，需要先设置客户及供应商档案。

(2) 如果同时使用应收、应付系统，应同时在应收、应付系统中录入客户、供应商的期初明细数据，并与总账对账。

3. 录入"生产成本"期初余额

第一步，在"期初余额录入"窗口双击"50010101 直接材料"期初余额栏，打开"辅助期初余额"窗口。

第二步，单击"增行"按钮，输入部门"注塑车间"、项目"注塑按键"、方向"借"、金额"39 343.53"。

第三步，继续单击"增行"按钮，输入部门"复合车间"、项目"复合片"、方向"借"、金额"77 395.50"，如图 4-5 所示。

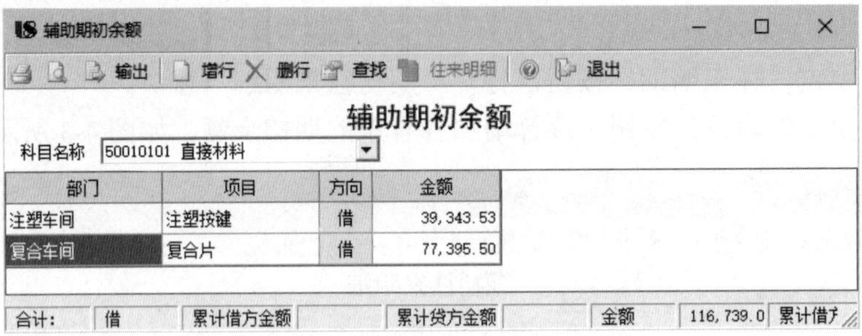

图 4-5　直接材料辅助期初余额

第四步，使用同样的方法录入"50010102 直接人工"和"50010103 制造费用"的期初余额。

4. 试算平衡

全部期初余额录入完毕后，单击"试算"按钮，弹出"期初试算平衡表"对话框，如图 4-6 所示。试算结果平衡，单击"确定"按钮。

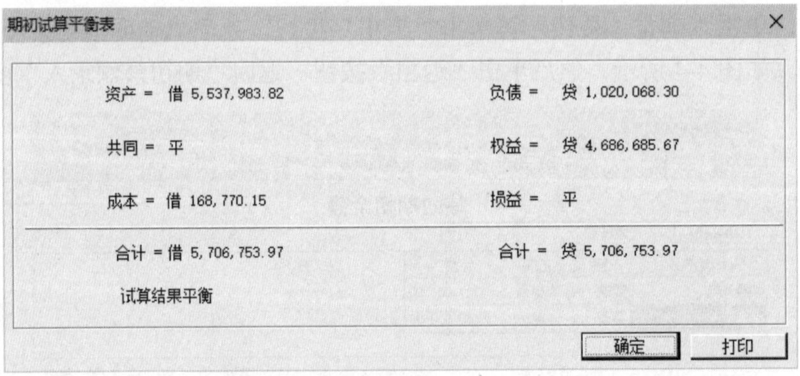

图 4-6　"期初试算平衡表"对话框

注意：(1) 如果期初余额不平衡，可以填制凭证但系统不允许记账。

(2) 凭证记账后，期初余额变为"只读状态"，无法再进行修改。

任务 2　薪资管理系统初始设置

【任务目标】

知识目标：了解薪资管理系统初始设置的主要内容；掌握薪资管理系统初始设置方法。
能力目标：能够熟练完成薪资管理系统的初始设置。
素质目标：培养全局思维，提高规范意识。

【任务重点难点】

- 工资项目设置。
- 公式设置。
- 扣税设置。

【子任务 1】建立工资账套

薪资管理系统是针对所有用户设计的，用户需要根据本单位的实际情况，通过系统初始化设置有关内容，把通用的薪资管理系统转化为本单位专用的薪资管理系统。薪资管理系统初始化包括建立工资账套、设置工资类别和基础设置等内容。

任务描述

2024 年 1 月 1 日建立烟台鼎信新材料科技有限公司的工资账套。工资账套参数如下：工资类别个数为"单个"；核算币别为"人民币"；从工资中代扣个人所得税；不进行扣零处理；人员编码与公共平台中的人员编码一致。

操作步骤

第一步，登录企业应用平台，执行"业务工作"|"财务会计"|"人力资源"|"薪资管理"命令，打开"建立工资套"对话框。工资类别个数选中"单个"单选按钮，币别选择"人民币 RMB"，如图 4-7 所示。然后单击"下一步"按钮，选中"是否从工资中代扣个人所得税"复选框，如图 4-8 所示。

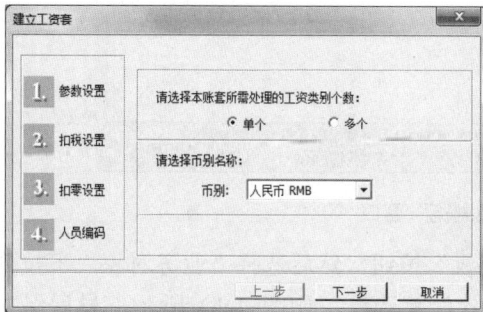

图 4-7　参数设置

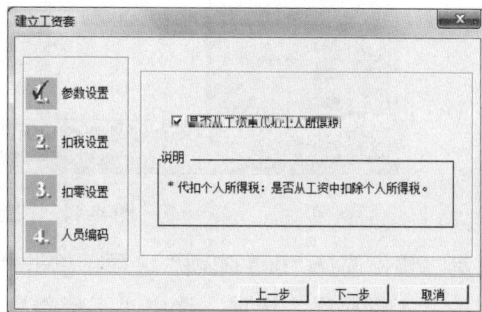

图 4-8　扣税设置

第二步，继续单击"下一步"按钮，取消选中的"扣零"复选框，如图 4-9 所示。单击"下一步"按钮，并在打开的界面中单击"完成"按钮，如图 4-10 所示。

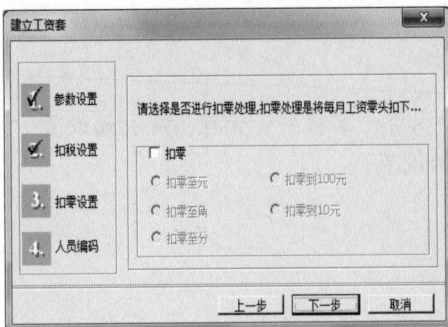

图 4-9 扣零设置

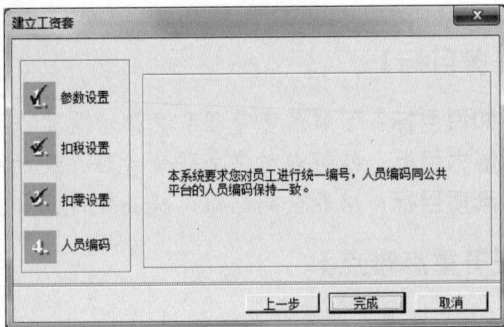

图 4-10 人员编码设置

【子任务 2】数据权限分配

任务描述

将陈颖设置为烟台鼎信新材料科技有限公司的工资类别主管。

操作步骤

第一步，登录企业应用平台，执行"系统服务"|"权限"|"数据权限分配"命令，打开"权限浏览"窗口，如图 4-11 所示。

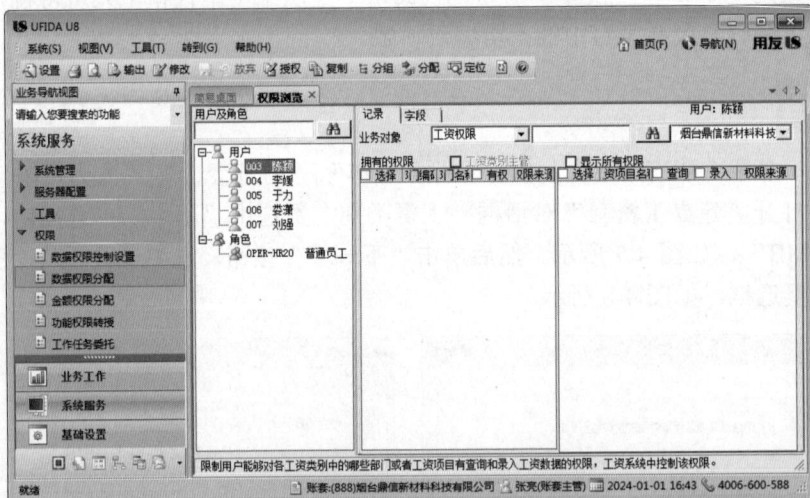

图 4-11 "权限浏览"窗口

第二步，选择"003 陈颖"选项，单击"授权"按钮，然后选择"业务对象"下拉列表框中的"工资权限"选项，选中"工资类别主管"复选框，如图 4-12 所示，最后保存并退出。

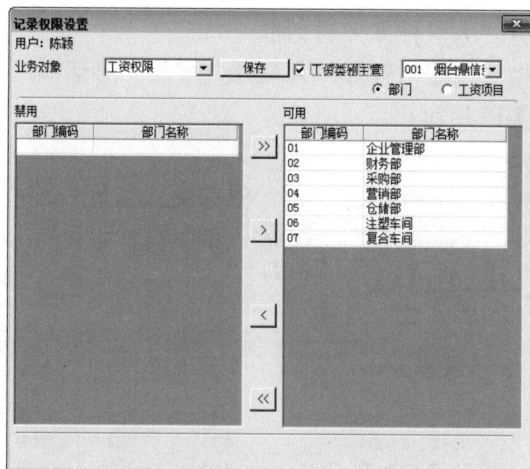

图 4-12　工资类别主管设置

【子任务 3】人员附加信息设置

人员附加信息是指除了人员姓名、所在部门、人员类别等基本信息以外的辅助管理信息，如学历、职务、技术职称等。人员附加信息丰富了人员档案管理的内容，便于更有效的管理。

任务描述

将"学历"设置为烟台鼎信新材料科技有限公司的人员附加信息。

操作步骤

登录企业应用平台，执行"业务工作"|"人力资源"|"薪资管理"|"设置"|"人员附加信息设置"命令，打开"人员附加信息设置"窗口，单击"增加"按钮，在"栏目参照"下拉列表框中选择"学历"选项，再单击"增加"按钮，然后单击"确定"按钮并保存。

【子任务 4】人员档案设置

人员档案用于登记工资发放人员的姓名、职工编号、所在部门、人员类别等信息，以及处理员工的增减变动等。

任务描述

根据在职人员档案信息完成人员档案批量增加设置，全部人员均为中方人员；通过交通银行代发工资；详细资料见项目 3 中的表 3-3。

操作步骤

第一步，登录企业应用平台，执行"业务工作"|"人力资源"|"薪资管理"|"设置"

|"人员档案"命令,打开"人员档案"对话框。

第二步,单击"批增"按钮,打开"人员批量增加"对话框,选中左侧所有部门,单击"查询"按钮,如图4-13所示。

图 4-13　人员批量增加

第三步,单击"确定"按钮,返回"人员档案"窗口,如图4-14所示。

图 4-14　"人员档案"窗口

第四步,单击"修改"按钮,打开"人员档案明细"对话框,设置银行名称和银行账号等参数,如图4-15所示。

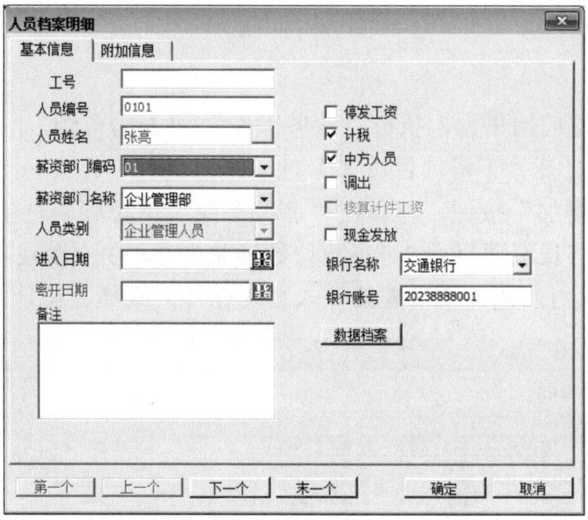

图 4-15　"人员档案明细"对话框

【子任务 5】工资项目设置

工资计算是通过工资项目来实现的。工资项目设置即定义工资核算时所涉及的项目名称、类型、宽度等。系统中提供了一些固定的工资项目，包括"应发合计""扣款合计""实发合计"等，此外，单位还可以根据需要增加有关工资项目。

任务描述

烟台鼎信新材料科技有限公司的工资项目如表 4-5 所示，请据此进行设置。

表 4-5　工资项目

项目名称	类　型	长　度	小　数　位	工资增减项
基本工资	数字	8	2	增项
岗位工资	数字	8	2	增项
绩效工资	数字	8	2	增项
交通补助	数字	8	2	增项
午餐补助	数字	8	2	增项
缺勤天数	数字	8	2	其他
缺勤扣款	数字	8	2	减项
缴存基数	数字	8	2	其他
社会保险费个人	数字	8	2	减项
住房公积金个人	数字	8	2	减项
应税工资	数字	8	2	其他
应发工资	数字	8	2	其他

操作步骤

第一步，登录企业应用平台，执行"业务工作"|"人力资源"|"薪资管理"|"设置"|"工资项目"命令，打开"工资项目设置"对话框

第二步，单击"增加"按钮，再单击"名称参照"下拉列表框中的下三角按钮，选择"基本工资"选项，将长度调整为8，小数位数调整为2，在"增减项"栏中选择"增项"选项，如图4-16所示。(注意：增项直接计入应发合计，减项直接计入扣款合计。)

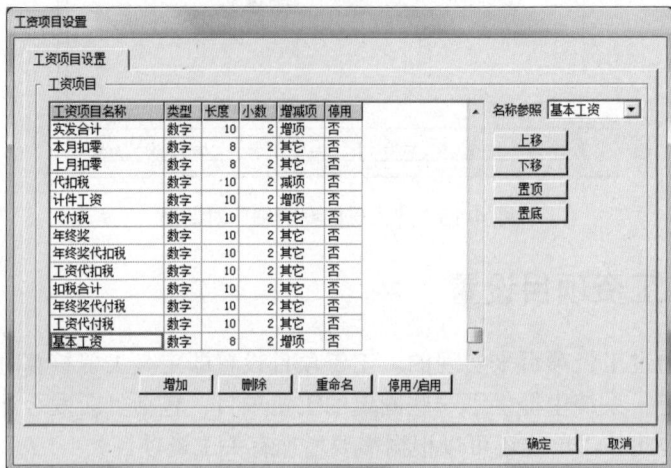

图 4-16　工资项目设置

第三步，使用同样的方法，继续增加其他工资项目。

第四步，选择相关工资项目，单击"上移"或"下移"按钮，将工资项目移动到合适的位置，如图4-17所示。

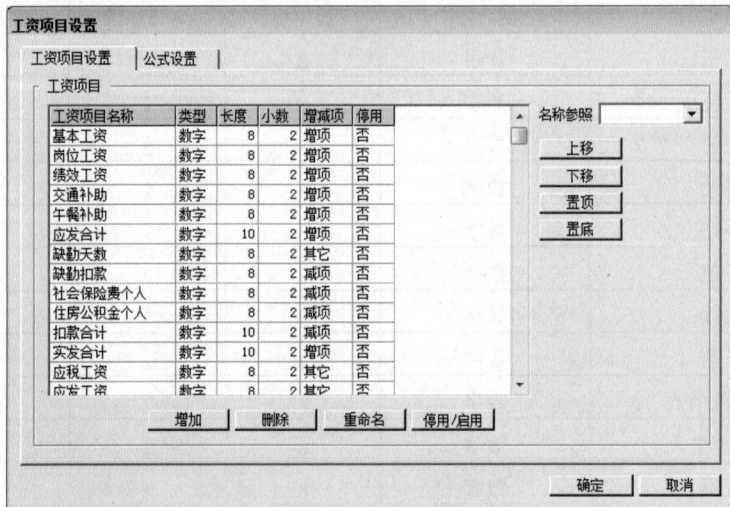

图 4-17　移动工资项目

第五步，单击"确定"按钮，退出"工资项目设置"对话框。

注意：(1) 项目名称必须唯一。工资项目一经使用，不允许修改其数据类型。

(2) 可直接输入工资项目或在"名称参照"下拉列表框中选择工资项目名称，并设置新建工资项目的类型、长度、小数位数和工资增减项。

【子任务6】公式设置

公式设置就是定义工资项目之间的运算关系，其正确与否直接影响着工资计算的准确性。

任务描述

烟台鼎信新材料科技有限公司的工资计算公式如表4-6所示，请据此进行设置。

表4-6 工资计算公式

工资项目	计算公式
岗位工资	iff(人员类别="企业管理人员"，1100，iff(人员类别="销售人员"，1000，900))
交通补助	iff(人员类别="销售人员"，300，100)
缺勤扣款	(基本工资+岗位工资)/22*缺勤天数
社会保险费个人	缴存基数*0.103
住房公积金个人	缴存基数*0.09
应税工资	基本工资+岗位工资+绩效工资+交通补助+午餐补助-缺勤扣款-社会保险费个人-住房公积金个人
应发工资	基本工资+岗位工资+绩效工资+交通补助+午餐补助-缺勤扣款

操作步骤

第一步，登录企业应用平台，执行"业务工作"|"人力资源"|"薪资管理"|"设置"|"工资项目"命令，打开"工资项目设置"对话框，切换到"公式设置"选项卡，单击"增加"按钮，在"工资项目"列表框中选择"岗位工资"选项，如图4-18所示。

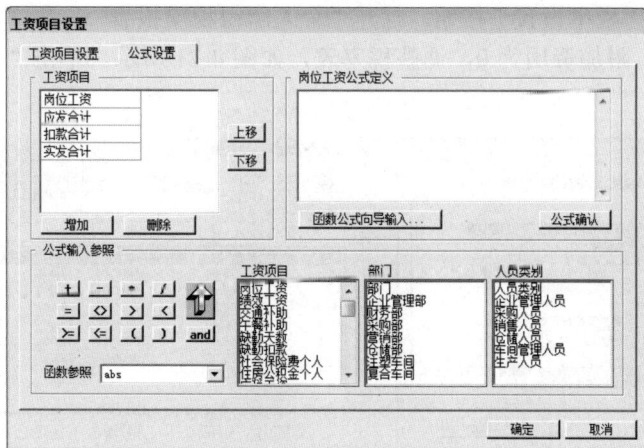

图4-18 公式设置

第二步，在"岗位工资公式定义"区域通过函数公式向导输入岗位工资计算公式，输入完成后单击"公式确认"按钮进行保存，如图 4-19 所示。

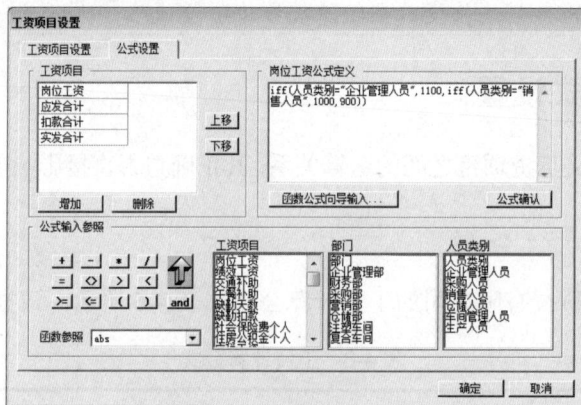

图 4-19　设置岗位工资公式

第三步，使用同样的方法，继续设置其他计算公式。

【子任务 7】扣税设置

任务描述

设置个人所得税申报表中"收入额合计"项对应的工资项目为"应税工资"，扣税基数为 5 000，附加费用为 0，并调整为最新税率表。

操作步骤

第一步，登录企业应用平台，执行"业务工作"|"人力资源"|"薪资管理"|"设置"|"选项"命令，打开"选项"对话框，切换到"扣税设置"选项卡。

第二步，单击"编辑"按钮，选择对应工资项目为"应税工资"，如图 4-20 所示。

第三步，单击"税率设置"按钮，打开"个人所得税申报表——税率表"对话框，输入扣税基数 5 000，附加费用为 0，调整税率表，如图 4-21 所示。单击"确定"按钮，退出对话框。

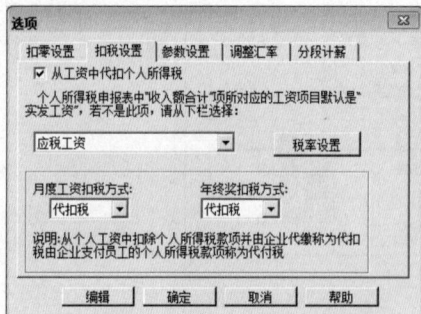

图 4-20　修改对应工资项目

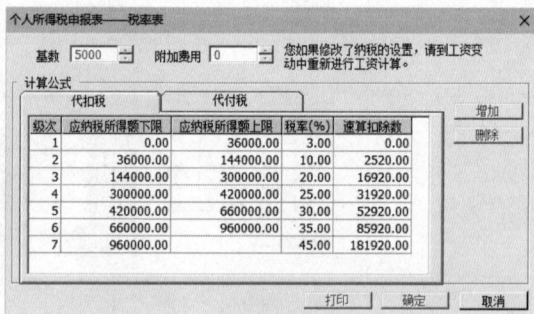

图 4-21　个人所得税申报表-税率表

注意：个税税率表需要根据最新个人所得税法做出调整。

任务 3　固定资产系统初始设置

【任务目标】

知识目标：理解固定资产系统的概念；掌握固定资产账套建立的方法；掌握固定资产系统初始设置的方法。

能力目标：能够熟练完成固定资产系统的初始设置。

素质目标：培养全局思维，提高规范意识。

【任务重点难点】

- 选项设置。
- 原始卡片录入。

固定资产系统初始设置是确保系统能够准确、高效地管理企业固定资产的关键环节，需要综合考虑企业的实际情况和需求。通过科学合理的初始设置，可以为企业后续的固定资产管理奠定坚实的基础。

【子任务 1】固定资产账套初始化

正确建立固定资产账套是整个固定资产系统运行的基础，而建立一个完整的固定资产账套是系统正常运行的保证。

固定资产账套是单位账套的一个组成部分，所以在建立固定资产账套之前，应该已经在系统管理中建立了本单位的核算账套，并且在建立账套后进行了启用固定资产系统的操作。

任务描述

建立烟台鼎信新材料科技有限公司的固定资产账套，其中初始化参数如下。

账套启用月份：2024 年 1 月 1 日。主要折旧方法：平均年限法(一)。折旧汇总分配周期：1 个月；当(月初已计提月份=可使用月份-1)时，将剩余折旧全部提足。编码方式：资产类别编码方式为"2112"。固定资产编码方式：自动编码"类别编码+部门编码+序号"，序号长度为 3 位。账务接口：选中"与账务系统进行对账"复选框。对账科目：固定资产对账科目为"1601 固定资产"；累计折旧对账科目为"1602 累计折旧"。选中"在对账不平的情况下允许固定资产月末结账"复选框。

操作步骤

第一步，登录企业应用平台，执行"业务工作"|"财务会计"|"固定资产"命令，弹

高职高专互联网＋新形态教材·财会系列

出"这是第一次打开此账套，还未进行过初始化，是否进行初始化？"提示框，如图 4-22 所示。

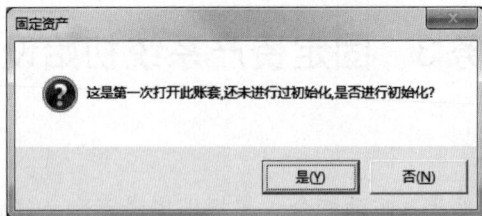

图 4-22 "这是第一次打开此账套，还未进行过初始化，是否进行初始化？"提示框

第二步，单击"是"按钮，打开"初始化账套向导—约定及说明"对话框，如图 4-23 所示。

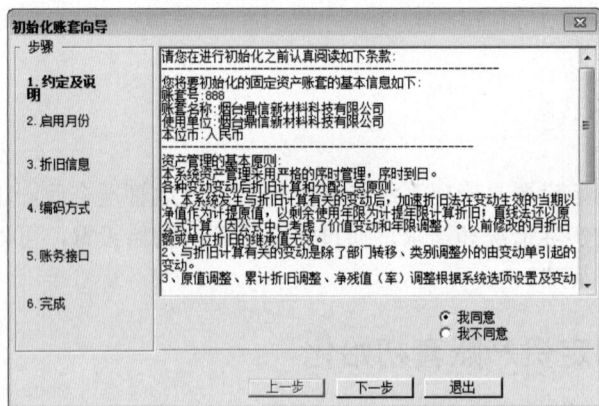

图 4-23 初始化"账套向导—约定及说明"对话框

第三步，选中"我同意"单选按钮，然后单击"下一步"按钮，打开"初始化账套向导—启用月份"对话框，如图 4-24 所示。

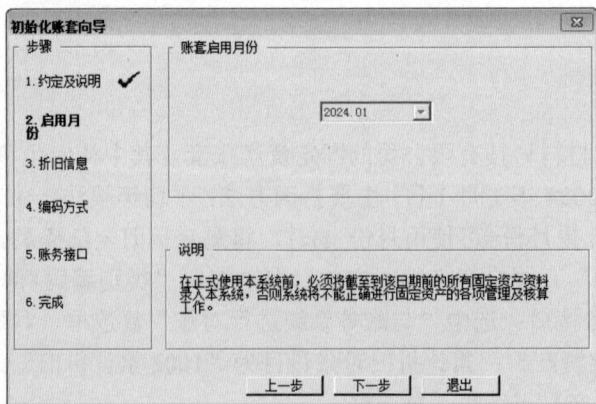

图 4-24 "初始化账套向导—启用月份"对话框

第四步，单击"下一步"按钮，打开"初始化账套向导—折旧信息"对话框，如图 4-25 所示。

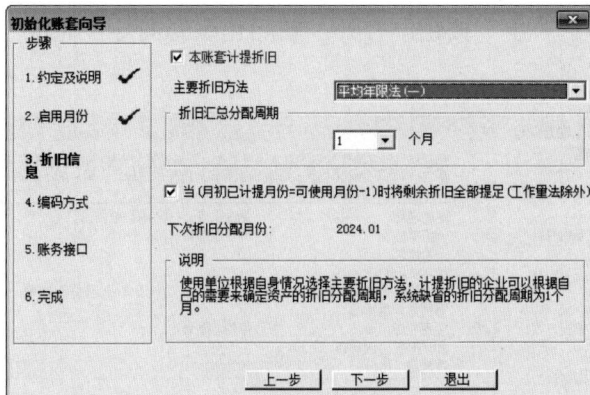

图 4-25　"初始化账套向导—折旧信息"对话框

第五步，选择主要折旧方法为"平均年限法(一)"，单击"下一步"按钮，打开"初始化账套向导—编码方式"对话框。设置资产类别编码方式为 2112，选择固定资产编码方式为自动编码"类别编码+部门编码+序号"，设置固定资产序号长度为 3，如图 4-26 所示。

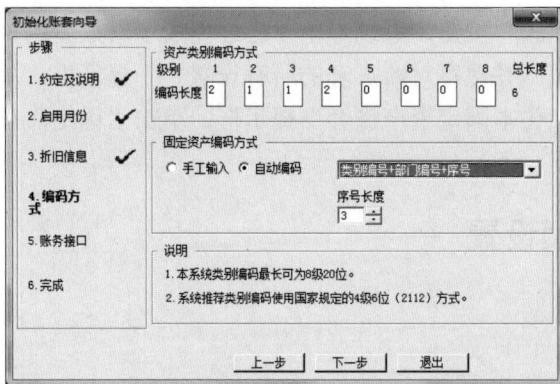

图 4-26　"初始化账套向导——编码方式"对话框

第六步，单击"下一步"按钮，打开"初始化账套向导—财务接口"对话框，输入对账科目，选中"在对账不平情况下允许固定资产月末结账"复选框，如图 4-27 所示。

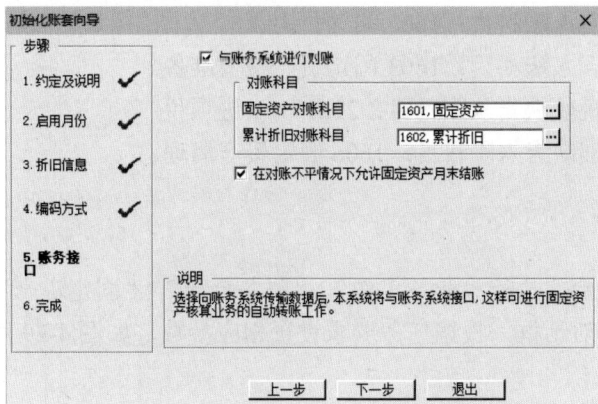

图 4-27　"初始化账套向导—财务接口"对话框

高职高专互联网+新形态教材·财会系列

第七步，单击"下一步"按钮，打开"初始化账套向导—完成"对话框，如图 4-28 所示。

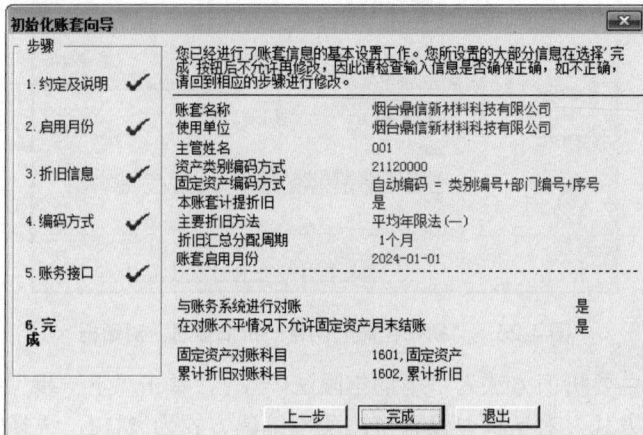

图 4-28 "初始化账套向导—完成"

第八步，单击"完成"按钮，系统弹出"已经完成了新账套的所有设置工作，是否确定所设置的信息完全正确并保存对新账套的所有设置？"提示框，单击"是"按钮，然后系统弹出"已成功初始化本固定资产账套"提示框，单击"确定"按钮，完成固定资产账套建立。

【子任务 2】选项设置

任务描述

固定资产系统初始化后补充下列选项信息。

(1) 业务发生后立即制单。

(2) 月末结账前一定要完成制单登账业务。

(3) 固定资产缺省入账科目：1601 固定资产。

(4) 累计折旧缺省入账科目：1602 累计折旧。

(5) 减值准备缺省入账科目：1603 固定资产减值准备。

(6) 增值税进项税额缺省入账科目：22210101 进项税。

(7) 固定资产清理缺省入账科目：1606 固定资产清理。

操作步骤

登录企业应用平台，执行"业务工作"|"财务会计"|"固定资产"|"设置"|"选项"命令，打开"选项"对话框，根据任务要求设置相应参数，如图 4-29 所示。

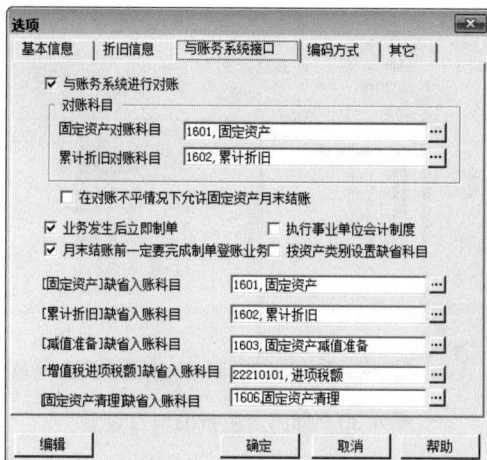

图 4-29　固定资产选项设置

【子任务 3】部门对应折旧科目设置

对应折旧科目是指折旧费用应计入的科目。不同部门使用的固定资产，其折旧费用应归集计入不同的成本费用科目中。设置部门对应折旧科目，就是给每个部门选择一个折旧科目，这样，在录入固定资产卡片时，该科目就会自动填入卡片中，不必逐个输入。

任务描述

烟台鼎信新材料科技有限公司的部门对应折旧科目如表 4-7 所示，请据此进行设置。

表 4-7　部门对应折旧科目

部　门	对应折旧科目
企业管理部、财务部、采购部、仓储部	管理费用——折旧费
营销部	销售费用——折旧费
注塑车间、复合车间	制造费用——折旧费

操作步骤

第一步，登录企业应用平台，执行"业务工作"|"财务会计"|"固定资产"|"设置"|"部门对应折旧科目"命令，打开"部门对应折旧科目"窗口。

第二步，依次录入各部门对应的折旧科目，如图 4-30 所示。

【子任务 4】固定资产类别设置

固定资产的种类很多，而且规格不一，因此要想准确、及时地做好固定资产核算，必须对固定资产进行分类。企业应根据自身的特点和管理要求，确定一个合理的分类方法。

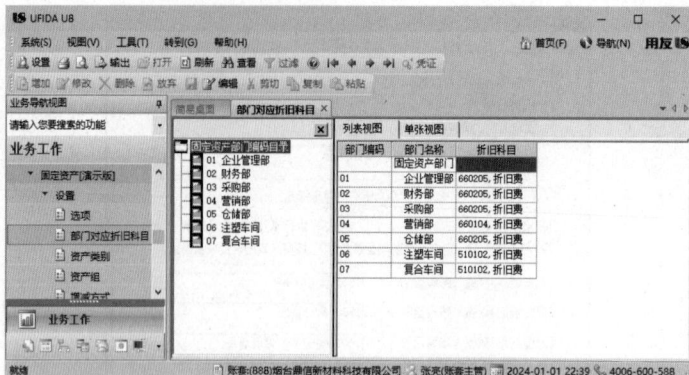

图 4-30　部门对应折旧科目设置

任务描述

烟台鼎信新材料科技有限公司的固定资产类别、净残值率及使用年限如表 4-8 所示,请据此进行设置。

表 4-8　固定资产类别

类别编码	类别名称	净残值率/%	使用年限	计提属性	折旧方法	卡片样式
01	房屋及建筑物	4	20	正常计提	平均年限法(一)	含税卡片样式
02	办公设备	4	5	正常计提	平均年限法(一)	含税卡片样式
03	生产设备	4	10	正常计提	平均年限法(一)	含税卡片样式
04	交通运输设备	4	10	正常计提	平均年限法(一)	含税卡片样式

操作步骤

第一步,登录企业应用平台,执行"业务工作"|"财务会计"|"固定资产"|"设置"|"资产类别"命令,打开"资产类别"窗口。

第二步,单击"增加"按钮,输入类别名称、使用年限、净残值率、计提属性、折旧方法、卡片样式等,如图 4-31 所示。

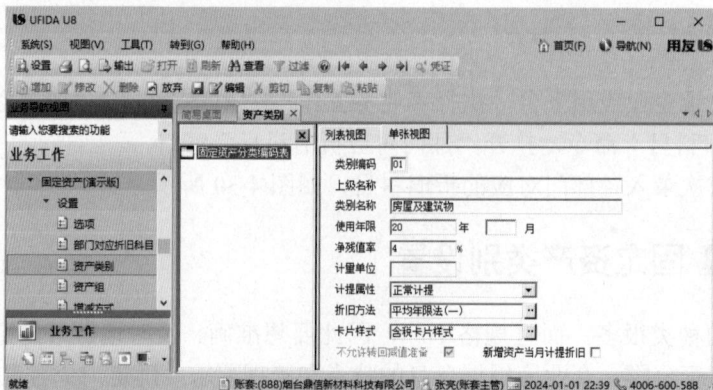

图 4-31　增加资产类别

第三步，单击"保存" 🖫 按钮。使用同样的方法，依次增加其他资产类别，如图 4-32 所示。

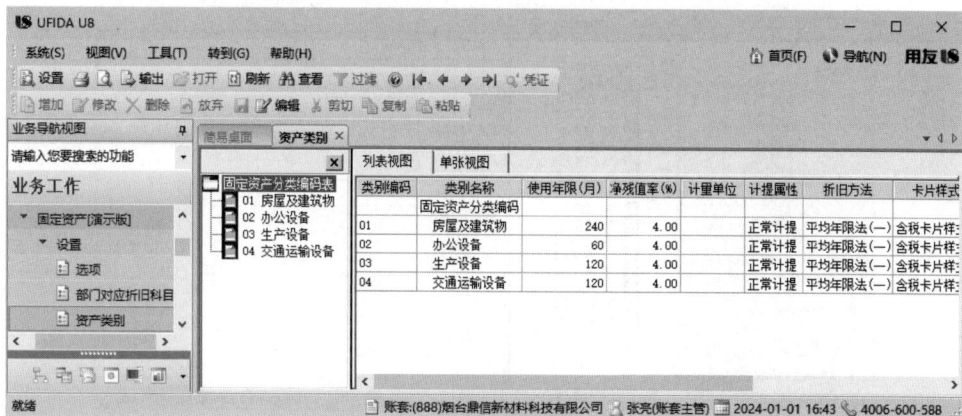

图 4-32 资产类别列表

【子任务 5】增减方式设置

用友 ERP-U8 V10.1 系统已经预设了常用的增减方式,这里设置增减方式对应入账科目,目的是在增加或减少固定资产生成凭证时，使系统自动带入对应的会计科目。

任务描述

烟台鼎信新材料科技有限公司的固定资产增减方式对应入账科目如表 4-9 所示,请据此进行设置。

表 4-9 固定资产增减方式对应入账科目

增加方式	对应入账科目	减少方式	对应入账科目
直接购入	银行存款——交行存款 100201	出售	固定资产清理 1606
投资者投入	实收资本 4001	盘亏	待处理财产损溢 1901
捐赠	营业外收入 6301	捐赠转出	固定资产清理 1606
在建工程转入	在建工程 1604	报废毁损	固定资产清理 1606

操作步骤

第一步，登录企业应用平台，执行"业务工作"|"财务会计"|"固定资产"|"设置"|"增减方式"命令，打开"增减方式"窗口。

第二步，单击"列表视图"选项，选中"直接购入"所在行，单击"修改"按钮，在"对应入账科目"栏选择或输入"100201"，如图 4-33 所示。

第三步，单击"保存"按钮 🖫，使用同样的方法继续设置其他增减方式对应入账科目。

高职高专互联网+新形态教材·财会系列

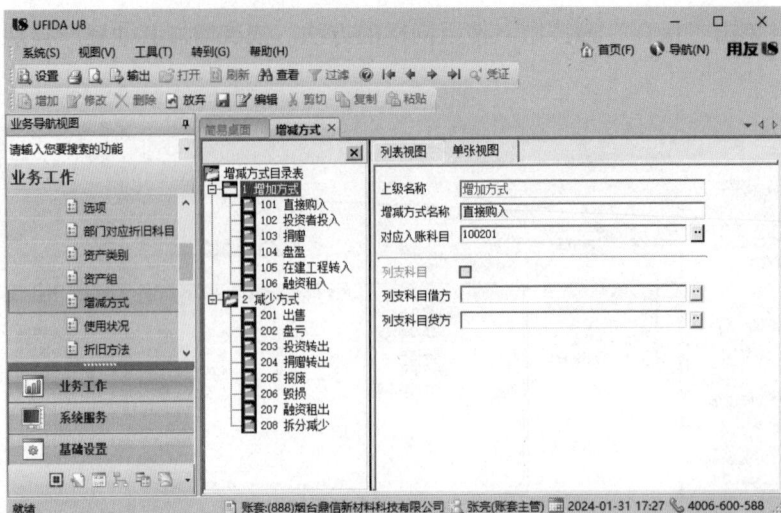

图 4-33　增减方式对应科目设置

【子任务 6】原始卡片录入

固定资产卡片是固定资产核算和管理的基础依据，为保证历史资料的连续性，在使用固定资产系统进行核算前，除了完成前面必要的基础工作外，还必须将建账日期以前的固定资产卡片录入系统中。

任务描述

烟台鼎信新材料科技有限公司的固定资产原始卡片如表 4-10 所示，请据此录入原始卡片。

表 4-10　固定资产原始卡片(使用状态：在用)

卡片编号	固定资产名称	类别编号	使用部门及比例	预计使用年限	开始使用日期	增加方式	原值	累计折旧
00001	办公楼	01	企业管理部	20	2020-3-16	在建工程转入	800 000.00	144 000.00
00002	厂房	01	注塑车间 50% 复合车间 50%	20	2020-3-16	在建工程转入	1 000 000.00	180 000.00
00003	台式电脑	02	企业管理部	5	2020-5-20	直接购入	6 000.00	4 128.00
00004	台式电脑	02	财务部	5	2020-5-20	直接购入	6 000.00	4 128.00
00005	台式电脑	02	采购部	5	2020-5-20	直接购入	6 000.00	4 128.00
00006	台式电脑	02	营销部	5	2020-5-20	直接购入	6 000.00	4 128.00
00007	台式电脑	02	仓储部	5	2020-5-20	直接购入	6 000.00	4 128.00
00008	打印机	02	财务部	5	2020-5-20	直接购入	3 500.00	2 408.00
00009	注塑机	03	注塑车间	10	2020-3-16	直接购入	300 000.00	108 000.00
00010	注塑机	03	注塑车间	10	2020-3-16	直接购入	300 000.00	108 000.00

续表

卡片编号	固定资产名称	类别编号	使用部门及比例	预计使用年限	开始使用日期	增加方式	原值	累计折旧
00011	拉挤设备	03	复合车间	10	2020-3-16	直接购入	320 000.00	115 200.00
00012	裁床	03	复合车间	10	2020-3-16	直接购入	120 000.00	43 200.00
00013	冲床	03	复合车间	10	2020-3-16	直接购入	100 000.00	36 000.00
00014	叉车	04	复合车间	10	2020-3-16	直接购入	72 000.00	25 920.00
00015	轿车	04	企业管理部	10	2020-8-20	直接购入	250 000.00	80 000.00
合计	—	—	—	—	—	—	3 295 500.00	863 368.00

操作步骤

第一步，登录企业应用平台，执行"业务工作"|"财务会计"|"固定资产"|"卡片"|"录入原始卡片"命令，打开"固定资产类别档案"窗口，双击"01 房屋及建筑物"所在行，打开"固定资产卡片"窗口。

第二步，根据任务要求录入固定资产各项信息，如图 4-34 所示，单击"保存"按钮。

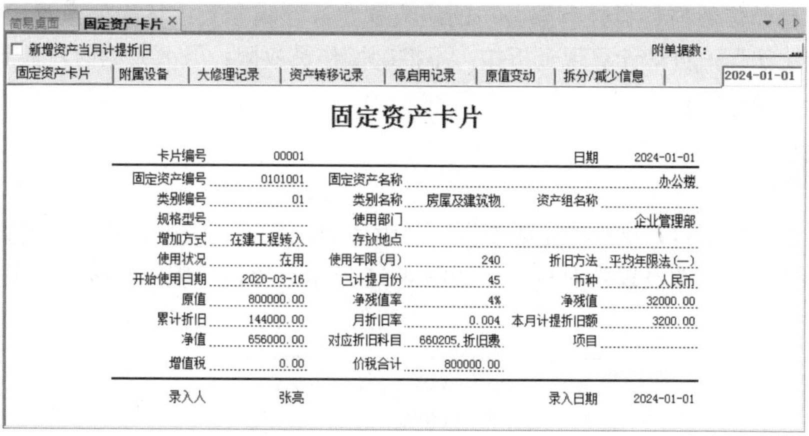

图 4-34　固定资产卡片录入

第三步，使用同样的方法，继续录入其他固定资产原始卡片。

任务 4　应收款管理系统初始设置

【任务目标】

知识目标：了解应收款管理系统的基本功能；掌握应收款管理系统初始设置的方法。

能力目标：能够熟练完成应收款管理系统的初始设置。

素质目标：提升风险意识和风险管理能力。

高职高专互联网＋新形态教材·财会系列

【任务重点难点】

- 基本科目设置。
- 期初余额录入。

应收款管理系统通过发票、其他应收单、收款单等单据的录入，对企业的往来账款进行综合管理，及时、准确地提供客户的往来账款余额资料，提供各种分析报表，如账龄分析、周转分析、欠款分析、坏账分析等，通过各种分析报表，帮助用户合理地进行资金调配，提高资金利用效率。应收款管理系统初始设置是指在使用应收账款管理系统之前进行的一系列设置和配置工作，包括选项设置、初始设置、期初余额录入。

【子任务 1】选项设置

在运行应收款管理系统之前，应设置该系统运行所需要的参数，以便系统根据所设定的选项进行相应的处理。

任务描述

设置烟台鼎信新材料科技有限公司的应收款业务控制参数：坏账处理方式为"应收账款余额百分比法"；自动计算现金折扣；不控制操作员权限；录入发票时，显示提示信息；其他选项保持系统默认。

操作步骤

登录企业应用平台，执行"业务工作"|"财务会计"|"应收款管理"|"设置"|"选项"命令，打开"账套参数设置"对话框，如图 4-35 所示。单击"编辑"按钮，根据任务要求设置相应参数。

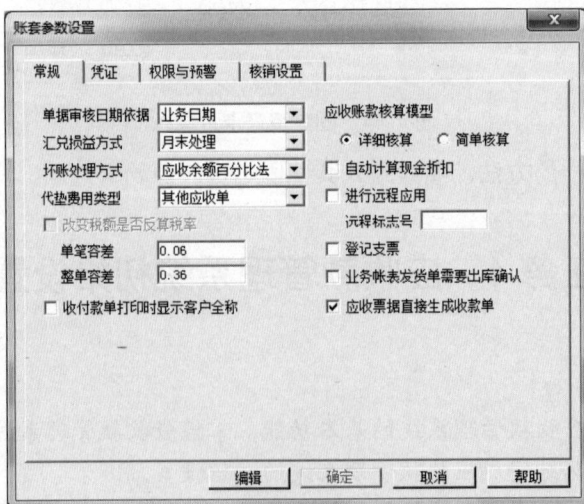

图 4-35　应收款管理系统选项设置

【子任务 2】初始设置

【子任务 2.1】基本科目设置

基本科目是指在核算应收款项时经常用到的科目，可以在此设置应收业务的常用科目，系统将依据制单规则在生成凭证时自动带入。

任务描述

烟台鼎信新材料科技有限公司的应收款管理系统基本科目如表 4-11 所示，请据此进行设置。

表 4-11　应收款管理系统基本科目

基础科目种类	科　目	基础科目种类	科　目
应收科目	应收账款 1122	税金科目	销项税额 22210102
预收科目	预收账款 2203	销售收入科目	主营业务收入 6001
银行承兑科目	应收票据 112101	票据费用科目	财务费用 660302

操作步骤

第一步，登录企业应用平台，执行"业务工作"|"财务会计"|"应收款管理"|"设置"|"初始设置"命令，打开"初始设置"窗口。

第二步，选择"设置科目"|"基本科目设置"，在打开的界面单击"增加"按钮，选择录入基础科目种类、对应科目及币种，操作结果如图 4-36 所示。

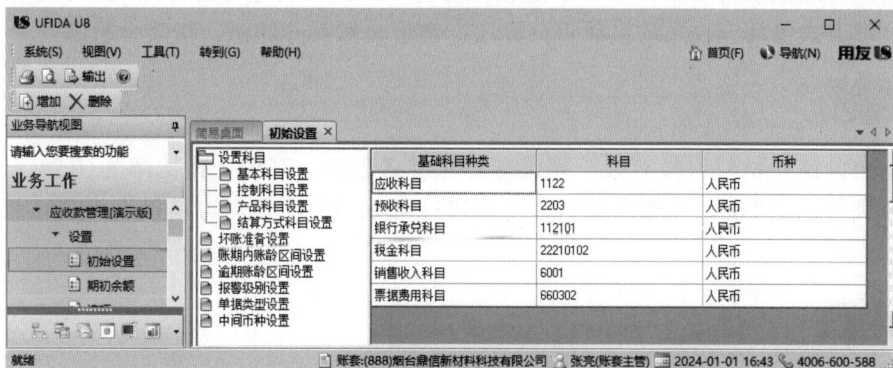

图 4-36　基本科目设置

【子任务 2.2】结算方式科目设置

任务描述

烟台鼎信新材料科技有限公司的结算方式科目如表 4-12 所示，请据此进行设置。

表 4-12　结算方式科目

结算方式	科　目
网银转账	银行存款——交行存款(100201)
现金支票	银行存款——交行存款(100201)
转账支票	银行存款——交行存款(100201)

操作步骤

结算方式科目设置方法同基本科目设置方法，此处不再赘述，操作结果如图 4-37 所示。

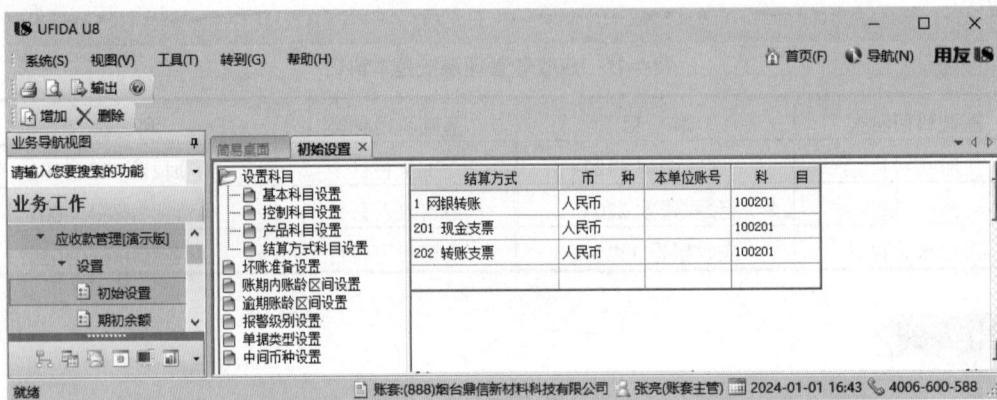

图 4-37　结算方式科目设置

【子任务 2.3】坏账准备设置

应收款管理系统可以根据发生的应收业务情况，提供自动计提坏账准备的功能。计提坏账的处理方式包括应收账款余额百分比法、销售余额百分比法、账龄分析法。

任务描述

为烟台鼎信新材料科技有限公司设置坏账准备参数，其中计提比率为 0.2%，坏账准备期初余额为 1 017.00，坏账准备科目为"1231 坏账准备"，对方科目为"6702 信用减值损失"。

操作步骤

在"初始设置"窗口，选择"坏账准备设置"选项，依次录入提取比率为"0.2%"，坏账准备期初余额为"1 017.00"，坏账准备科目为"1231"，对方科目为"6702"，单击"确定"按钮，如图 4-38 所示。

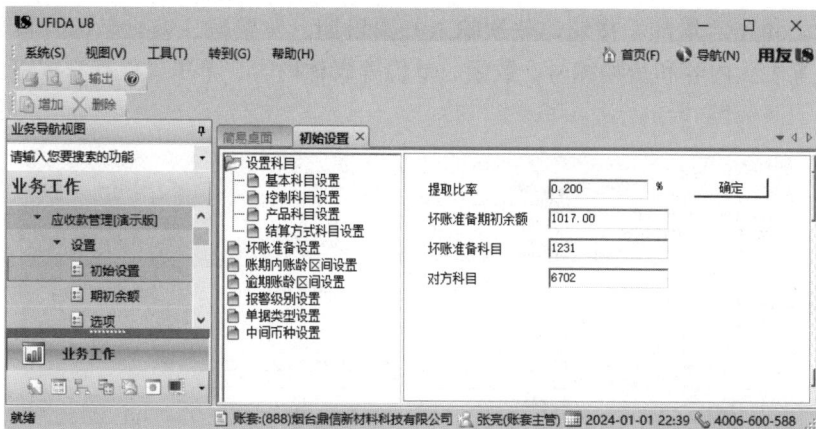

图 4-38　坏账准备设置

【子任务 3】期初余额录入

初次使用应收款管理系统时，要将启用该系统时未处理完的所有客户的应收账款、预收账款等数据录入到本系统，以便于以后的核销处理，并且作为期初建账的数据。

任务描述

烟台鼎信新材料科技有限公司 2024 年 1 月 1 日的应收款管理系统期初余额如表 4-13 所示，请据此录入应收账款期初余额。

表 4-13　应收款管理系统期初余额

单据类型	方向	开票日期	增值税发票号	客户名称	部门	业务员	科目编码	货物名称	数量	无税单价	价税合计
销售专用发票	借	2023-10-15	12796705	金源电子	营销部	娄潇	1122	注塑按键	300 000	0.50	169 500.00
销售专用发票	借	2023-11-18	10034645	华泰光电	营销部	娄潇	1122	复合片	20 000	15.00	339 000.00

操作步骤

第一步，登录企业应用平台，执行"业务工作"|"财务会计"|"应收款管理"|"设置"|"期初余额"命令，弹出"期初余额—查询"对话框。

第二步，单击"确定"按钮，打开"期初余额"窗口。

第三步，单击"增加"按钮，弹出"单据类别"对话框，设置单据名称为"销售发票"，单据类型为"销售专用发票"，方向为"正向"，如图 4-39 所示。

第四步，单击"确定"按钮，打开"销售专用发票"录入窗口。

图 4-39　选择单据类别

第五步，单击"增加"按钮，依次输入开票日期、发票号、客户名称、科目、销售部门、业务员等表头内容和货物编号、数量、单价等表体内容，单击"保存"按钮，如图4-40所示。

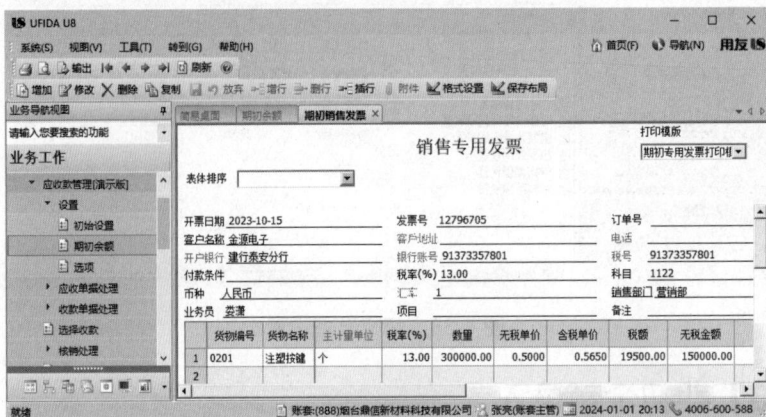

图 4-40 期初销售专用发票录入

第六步，继续单击"增加"按钮，增加应收账款其他期初余额，增加完毕后，返回到"期初余额"窗口，单击"刷新"按钮，如图4-41所示。

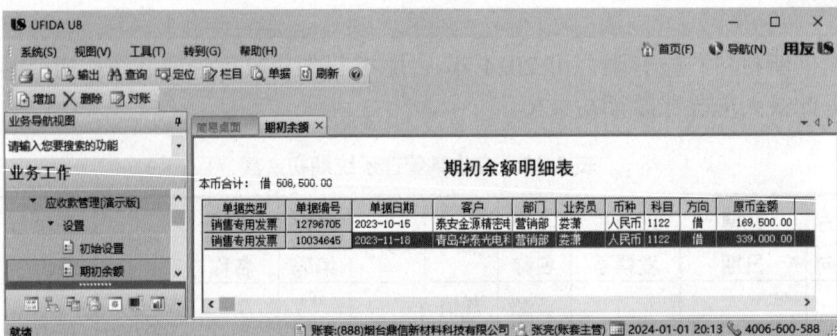

图 4-41 期初余额明细表

第七步，单击"对账"按钮，结果差额为0，表示对账成功，如图4-42所示。

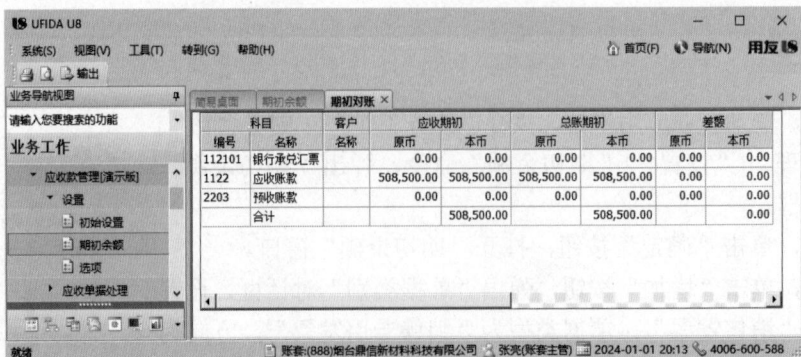

图 4-42 应收款期初对账

任务 5 应付款管理系统初始设置

【任务目标】

知识目标：了解应付款管理系统的基本功能；掌握应付款管理系统初始设置的方法。
能力目标：能够熟练完成应付款管理系统的初始设置。
素质目标：培养正确的财务管理意识和素养。

【任务重点难点】

- 基本科目设置。
- 期初余额录入。

应付款管理系统初始设置是指在使用应付款管理系统之前进行的一系列设置和配置工作，包括选项设置、初始设置、期初余额录入。

【子任务 1】选项设置

在运行应付款管理系统之前，应设置该系统运行所需要的参数，以便系统根据所设定的选项进行相应的处理。

任务描述

设置烟台鼎信新材料科技有限公司应付款业务控制参数：单据审核日期依据为"单据日期"；受控科目制单方式为"明细到供应商"；控制科目依据为"按供应商"；产品采购科目依据为"按存货分类"；不控制操作员权限；其他选项采用系统默认。

操作步骤

登录企业应用平台，执行"业务工作"|"财务会计"|"应付款管理"|"设置"|"选项"命令，打开"账套参数设置"对话框，如图 4-43 所示，单击"编辑"按钮，根据任务要求设置相应的控制参数。

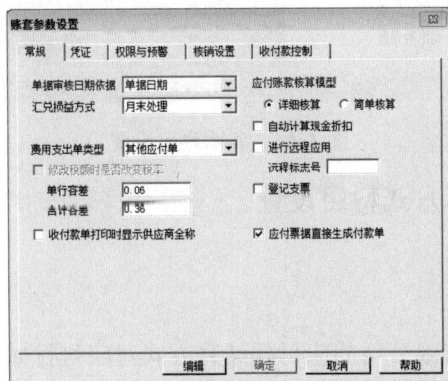

图 4-43 应付款管理系统选项设置

高职高专互联网+新形态教材·财会系列

【子任务 2】初始设置

【子任务 2.1】基本科目设置

基本科目是指在核算应付款项时经常用到的科目，可以在此设置应付业务的常用科目。

任务描述

烟台鼎信新材料科技有限公司的应付款管理系统基本科目如表 4-14 所示，请据此进行设置。

表 4-14　应付款管理系统基本科目

基础科目种类	科　目	基础科目种类	科　目
应付科目	一般应付款 220201	采购科目	在途物资 1402
预付科目	预付账款 1123	税金科目	进行税额 22210101

操作步骤

第一步，登录企业应用平台，执行"业务工作"|"财务会计"|"应付款管理"|"设置"|"初始设置"|"设置科目"|"基本科目设置"命令，打开"初始设置"窗口。

第二步，选择"设置科目"|"基本科目设置"选项，在打开的界面单击"增加"按钮，选择录入基础科目种类、对应科目及币种，操作结果如图 4-44 所示。

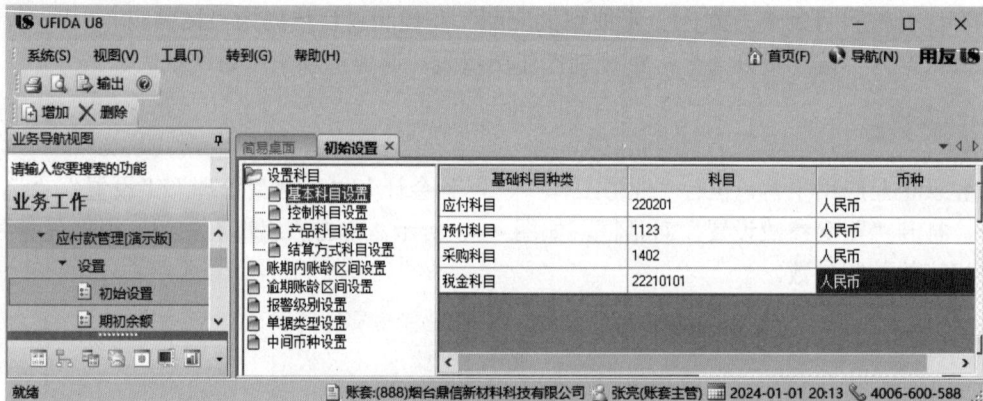

图 4-44　基本科目设置

【子任务 2.2】结算方式科目设置

任务描述

烟台鼎信新材料科技有限公司的应付款结算方式对应科目如表 4-15 所示，请据此进行设置。

表 4-15　结算方式对应科目

结算方式	科　　目	结算方式	科　　目
网银	银行存款——交行存款 100201	转账支票	银行存款——交行存款 100201
现金支票	银行存款——交行存款 100201		

操作步骤

结算方式科目设置方法同基本科目设置，此处不再赘述。

【子任务 3】期初余额录入

初次使用应付款管理系统时，应将启用该系统时未处理完的所有供应商的应付账款、预付账款、应付票据等数据录入到本系统，以便以后的核销处理，并且作为期初建账的数据。

任务描述

烟台鼎信新材料科技有限公司的应付款管理系统期初余额如表 4-16 所示，请据此录入应付款管理系统期初余额。

表 4-16　应付款管理系统期初余额

单据类型	方向	开票日期	增值税发票号	供应商名称	部门	业务员	科目编码	货物名称	数量	单价	价税合计
采购专用发票	贷	2023-10-20	88207165	日新材料	采购部	于力	220201	固化剂	2 000	32.00	72 320.00
采购专用发票	贷	2023-11-15	09682213	晶泰树脂	采购部	于力	220201	树脂	4 000	30.00	135 600.00

操作步骤

第一步，登录企业应用平台，执行"业务工作"|"财务会计"|"应付款管理"|"设置"|"期初余额"命令，弹出"期初余额—查询"对话框。

第二步，单击"确定"按钮，打开"期初余额明细表"窗口，单击"增加"按钮，弹出"单据类别"对话框，设置单据名称为"采购发票"，单据类型为"采购专用发票"，方向为"正向"。

第三步，单击"确定"按钮，打开"采购专用发票"录入窗口，单击"增加"按钮，依次录入发票号、开票日期、供应商、部门、业务员等表头内容和存货编码、数量、单价等表体内容，如图 4-45 所示。

第四步，单击"保存"按钮，然后再单击"增加"按钮，增加应付账款其他期初余额，增加完毕后，返回到"期初余额明细表"窗口，单击"刷新"按钮，如图 4-46 所示。

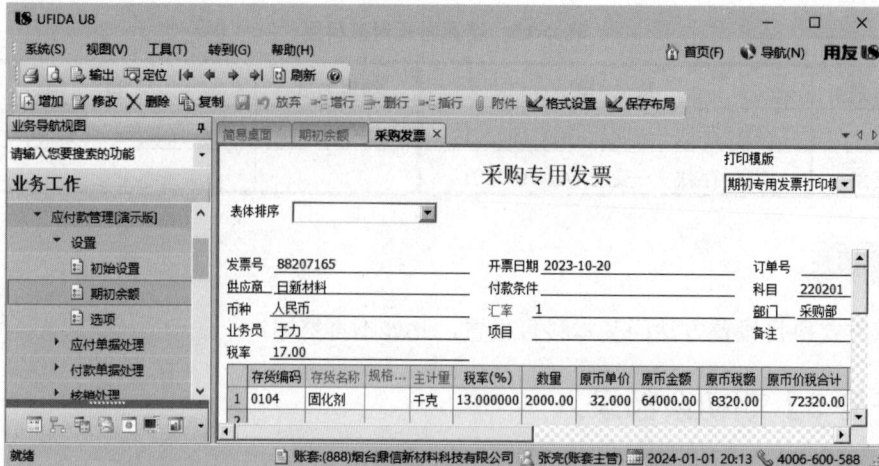

图 4-45　期初采购专用发票录入

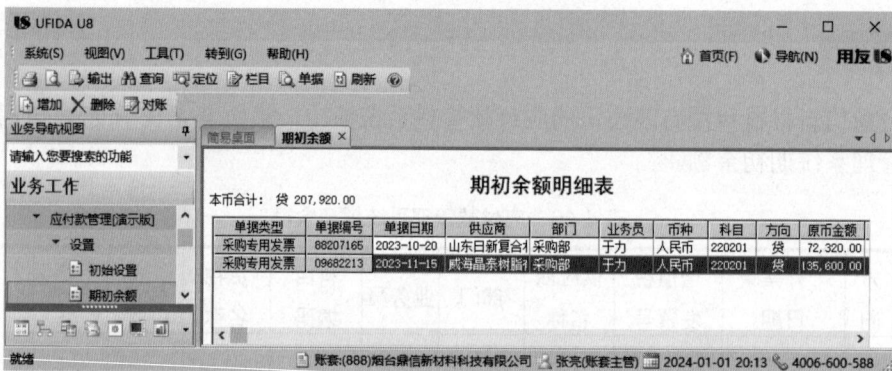

图 4-46　期初余额明细表

第五步，单击"对账"按钮，结果差额为 0，表示对账成功，如图 4-47 所示。

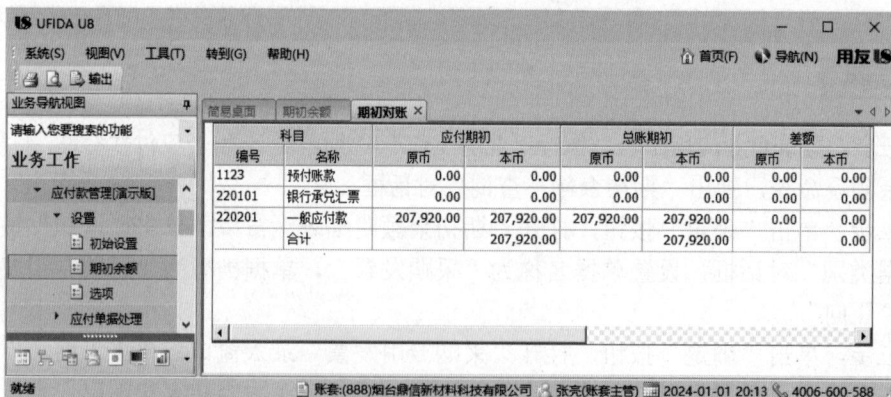

图 4-47　应付款期初对账

同 步 训 练

一、单项选择题

1. 在总账系统初始设置中，下列各项不属于系统参数设置内容的是(　　)。
   A. 凭证编号方式　　　　　　　　B. 记账规则
   C. 报表格式　　　　　　　　　　D. 凭证类别

2. 下列各项中属于固定资产系统参数设置内容的是(　　)。
   A. 原始卡片录入　　　　　　　　B. 折旧信息
   C. 与财务系统接口　　　　　　　D. 编码方式

3. 下列各项工作中不属于薪资管理系统初始设置范畴的是(　　)。
   A. 人员档案设置　　　　　　　　B. 工资账套参数设置
   C. 工资项目设置　　　　　　　　D. 录入工资数据

4. 工资项目的"增减项"为"其他"，则该工资项目的数据(　　)。
   A. 自动计入应发合计　　　　　　B. 自动计入扣款合计
   C. 既计入应发合计也计入扣款合计　　D. 既不计入应发合计也不计入扣款合计

5. 在固定资产系统初始设置中，首先需要进行的操作是(　　)。
   A. 资产卡片录入　　　　　　　　B. 折旧方法定义
   C. 系统初始化　　　　　　　　　D. 部门设置

二、多项选择题

1. 固定资产系统初始设置通常包括的内容有(　　)。
   A. 资产类别设置　　　　　　　　B. 部门对应折旧科目设置
   C. 资产卡片样式设计　　　　　　D. 系统参数配置

2. 工资项目中"扣款合计"的计算公式不包括(　　)。
   A. 代扣税　　　　　　　　　　　B. 社会保险费个人
   C. 交通补贴　　　　　　　　　　D. 缺勤天数

3. 应收款管理系统初始设置通常包括的内容有(　　)。
   A. 基本科目设置　　　　　　　　B. 账期内账龄区间设置
   C. 逾期账龄区间设置　　　　　　D. 坏账准备设置

4. 应付款管理系统初始设置中基本科目设置包括的内容有(　　)。
   A. 应付账款　　　　　　　　　　B. 应交税费——应交增值税(进项税额)
   C. 预付账款　　　　　　　　　　D. 在途物资

5. 以下属于薪资管理系统默认的工资项目，不能修改和删除的是(　　)。
   A. 应发工资　　　B. 实发合计　　　C. 扣款合计　　　D. 应发合计

微课视频

扫一扫，获取本项目相关微课视频。

032 总账系统选项设置	033 总账期初余额录入	034 工资账套建立
035 数据权限分配	036 人员附加信息设置	037 人员档案设置
038 工资项目设置	039 工资计算公式设置	040 扣税设置
041 固定资产账套初始化	042 部门对应折旧科目设置	043 资产类别设置
044 增减方式对应入账科目设置	045 原始卡片录入	046 应收款管理选项设置
047 应收款管理基本科目设置	048 坏账准备设置	049 应收款管理期初余额录入
050 应付款管理选项设置	051 应付款管理基本科目设置	052 应付款系统期初余额录入

项目 5
总账系统业务处理

【项目目标】

了解总账系统与其他系统之间的关系，掌握总账系统的主要功能和业务处理流程，掌握凭证填制、凭证审核、出纳签字、记账的基本方法，能够熟练完成填制凭证、审核凭证、出纳签字、凭证记账、凭证修改等工作任务，培养责任意识和严谨细致的工作作风。

【知识点与技能点】

任务	知识点	技能点
任务 1　总账系统认知	总账系统的主要功能， 总账系统与其他系统之间的关系， 总账系统业务处理流程	
任务 2　总账系统日常业务处理	填制凭证， 凭证作废与删除， 出纳签字， 审核凭证， 主管签字， 记账	填制凭证， 凭证作废与删除， 出纳签字与取消， 审核凭证与取消， 主管签字与取消， 记账与取消记账， 修改凭证

续表

任　务	知 识 点	技 能 点
任务 3　出纳管理	支票登记簿， 日记账， 银行对账	支票登记， 查询现金日记账， 查询银行存款日记账， 银行对账
任务 4　总账系统期末处理	转账定义， 转账生成， 对账， 结账， 总账， 余额表， 明细账， 多栏账， 客户往来辅助账， 个人往来账	自定义转账， 期间损益结转， 对账， 结账与反结账， 查询总账， 查询余额表， 查询明细账， 查询多栏账， 查询客户往来辅助账， 查询个人往来账

任务 1　总账系统认知

【任务目标】

知识目标：了解总账系统的主要功能；了解总账系统与其他系统的关系；掌握总账系统业务处理流程。

素质目标：培养统筹全局的工作能力。

【任务重点难点】

- 总账系统的主要功能。
- 总账系统与其他系统的关系。
- 总账系统业务处理流程。

【子任务 1】了解总账系统的主要功能

总账系统的主要功能一般包括凭证管理、出纳管理、账簿管理和期末处理等。

1. 总账系统的初始设置

初始设置是用户根据企业的需要建立总账处理规则和录入基础数据，是总账系统的基础工作，主要包括系统参数设置、部门设置、人员设置、会计科目设置、期初余额录入、凭证类型定义和结算方式设置等。

2. 凭证管理

凭证管理一般包括填制凭证、出纳签字、主管签字、审核凭证、查询凭证和凭证记账等内容。其主要任务是通过录入和处理各种记账凭证，完成记账工作。

3. 出纳管理

出纳管理为出纳人员提供了一个集成办公环境，以加强对现金及银行存款的管理。它主要提供支票登记簿功能，用来登记支票的领用情况；并可完成银行日记账、现金日记账的登记，随时给出最新资金日报表、余额调节表并进行银行对账。

4. 账簿管理

总账系统拥有强大的账簿管理功能，它不仅提供了包括总账、明细账、日记账等在内的基本核算账簿管理功能，还提供了包括客户往来辅助账、供应商往来辅助账、个人往来账、部门辅助账、项目辅助账等在内的辅助核算账簿管理功能。

5. 期末处理

期末处理主要包括完成月末自动转账处理、进行试算平衡、对账和结账及生成期末工作报告等工作。

【子任务 2】了解总账系统与其他系统的关系

总账系统是会计信息系统的一个子系统，是会计信息系统的实施基础和关键，是整个会计信息系统最基本和最重要的内容。它既可以独立运行，也可以同其他系统协同运转。其他财务和业务子系统有关资金的数据最终都要归集到总账系统中，以生成完整的会计账簿。

总账系统与其他系统的关系如图 5-1 所示。

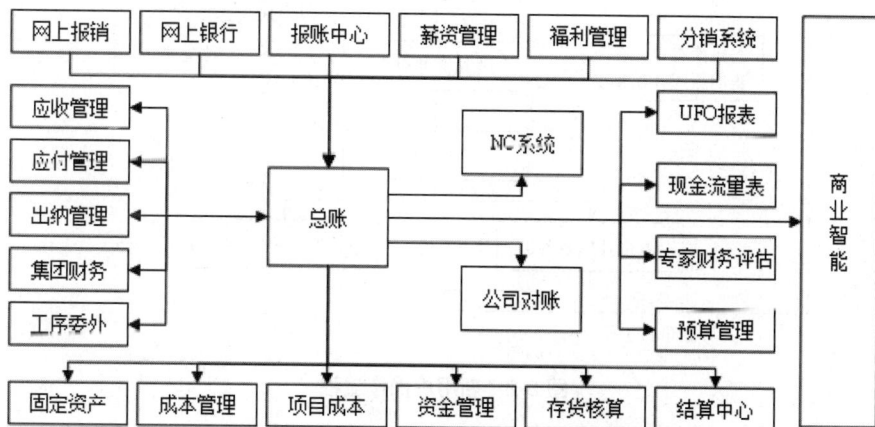

图 5-1　总账系统与其他系统的关系

【子任务 3】掌握总账系统业务处理流程

(1) 第一次使用总账时，操作流程如图 5-2 所示。

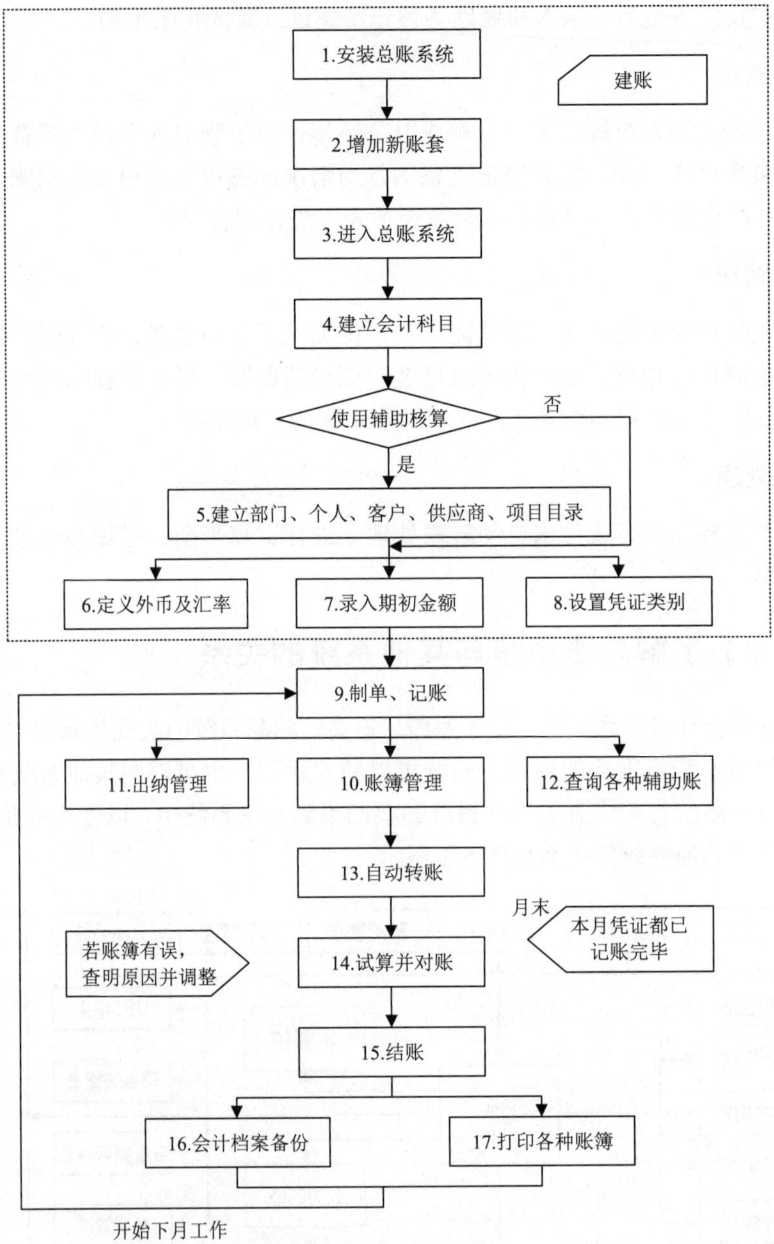

图 5-2 新用户操作流程

(2) 老用户使用以前的账套数据时，操作流程如图 5-3 所示。

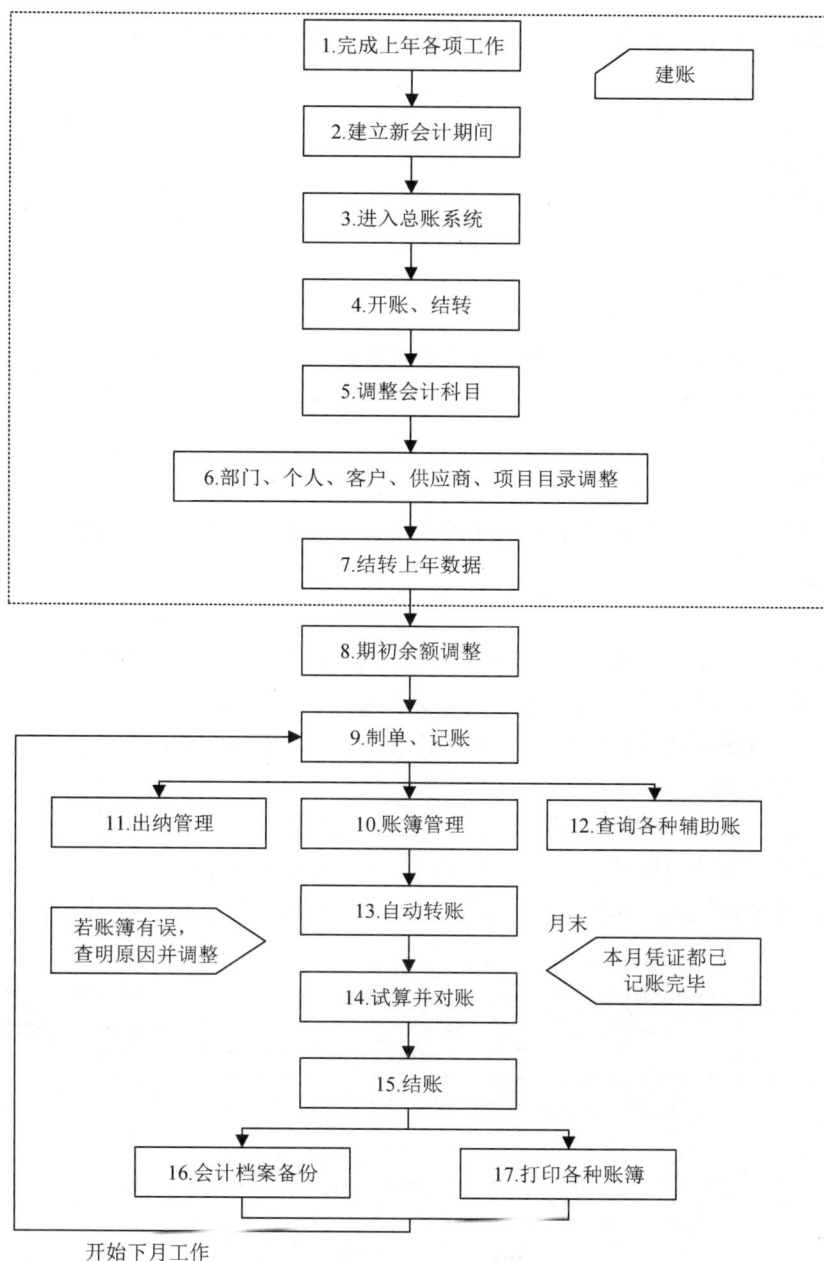

图 5-3   老用户操作流程

任务 2   总账系统日常业务处理

【任务目标】

知识目标：掌握凭证填制、审核、记账、修改、冲销、删除、查询等的操作方法。

能力目标：能够熟练完成凭证填制、审核、记账、修改、冲销、删除和查询等工作。

素质目标：培养客观公正、坚持准则的意识和严谨细致的工作作风。

【任务重点难点】

- 填制凭证。
- 修改凭证。

【子任务 1】填制凭证

记账凭证是总账系统处理的起点，也是所有数据查询的最主要来源。日常业务处理首先要从填制凭证开始。

任务描述

2024 年 1 月 2 日，企业管理部报销业务招待费 1 600 元，收到普通发票，现金付讫。

操作步骤

第一步，财务部 003 陈颖登录企业应用平台，执行"业务工作"|"财务会计"|"总账"|"凭证"|"填制凭证"命令，打开"填制凭证"窗口。

第二步，单击 按钮选择凭证类别为"记账凭证"，输入制单日期为"2024.01.02"，输入附单据数(此处略)。

第三步，在"摘要"栏输入摘要或单击"参照"按钮 调用常用摘要，在"科目名称"栏输入"660203"或单击科目名称栏的"参照"按钮选择"660203"。

第四步，按 Enter 键，弹出"辅助项"对话框，选择部门为"企业管理部"，如图 5-4 所示。

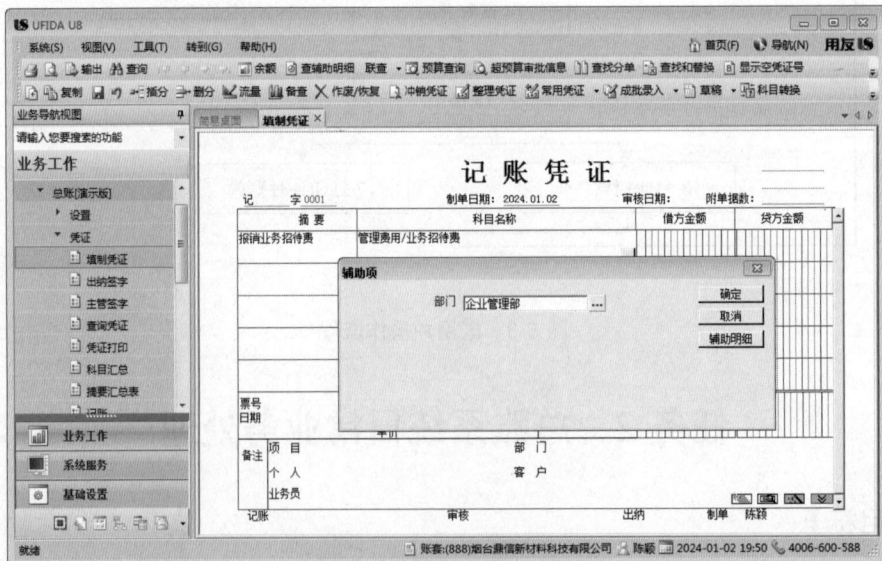

图 5-4 选择辅助核算部门

第五步，单击"确定"按钮，该辅助信息会在凭证下方的"备注"栏内显示，如图 5-5 所示。

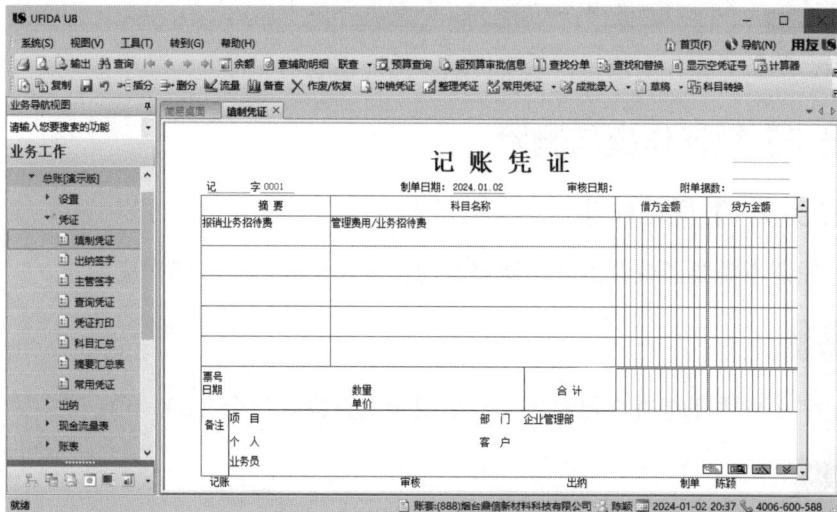

图 5-5　辅助信息在"备注"栏内显示

第六步，输入借方金额"1 600"，按 Enter 键后再按 Enter 键，系统自动复制上一行摘要，在"科目名称"栏单击"参照"按钮选择"1001"，输入贷方金额"1 600"或在"贷方金额"栏按"="，系统根据借贷平衡原理自动计算出借贷差额并显示，如图 5-6 所示。

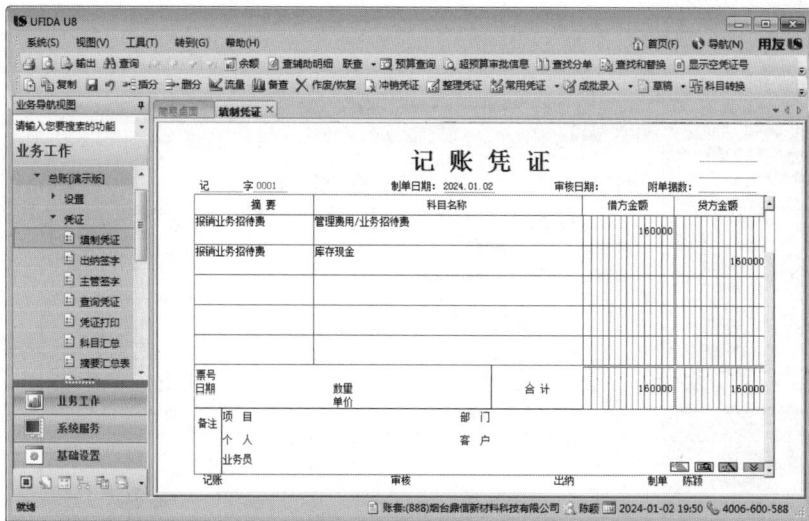

图 5-6　填制凭证信息

注意：(1) 凭证一旦保存，凭证类别和凭证编号则不能修改。

(2) 凭证中的会计科目必须是末级科目。

(3) 借贷金额不能为 0，红字以"−"号表示，每张凭证的借贷金额须相等。

(4) 空格键可以调整金额的借贷方向。

(5) 损益类科目除结转外，一律按科目性质的借贷方向记账，否则利润表不能获取其准确的数据。例如，"财务费用——利息收入"科目，因为财务费用的默认余额方向为借方，所以利息收入也应该录入在借方，用红字表示。涉及货币资金科目一般用正数记账，其他科目发生反向业务一般用负数表示。

第七步，单击"保存"按钮，系统提示"凭证已成功保存"。

【子任务 2】凭证作废与删除

【子任务 2.1】凭证作废

当某张凭证不需要了或者出现不便修改的错误时，就可以将其作废。

任务描述

作废记字 2 号凭证(1 月 2 日财务部开出现金支票提取现金 2 000 元)。

操作步骤

第一步，财务部 003 陈颖登录企业应用平台，执行"业务工作"|"财务会计"|"总账"|"凭证"|"填制凭证"命令，打开"填制凭证"窗口，通过 按钮找到要作废的凭证。

第二步，单击"作废/恢复"按钮，凭证左上角显示"作废"字样，表示该凭证已经作废，如图 5-7 所示。

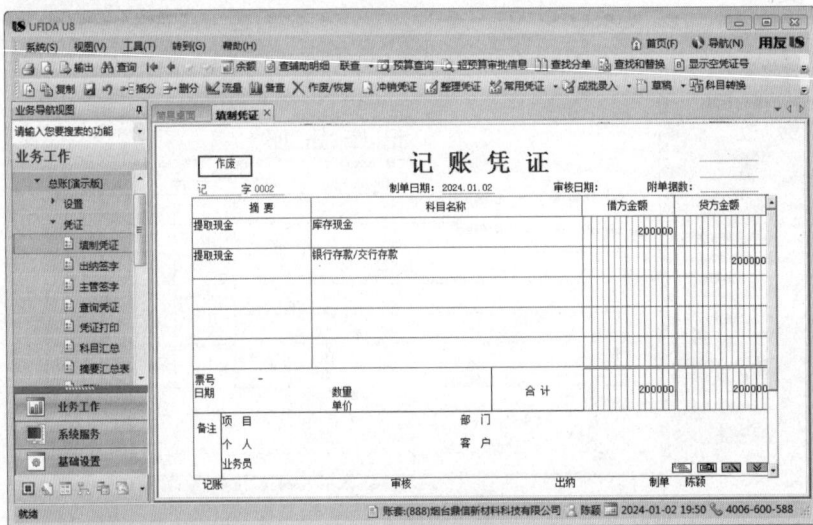

图 5-7　作废凭证

注意：(1) 作废凭证不能修改，也不能审核。

(2) 记账时，系统不对作废凭证进行数据处理，相当于一张空白凭证。

(3) 若当前凭证已作废，单击"作废/恢复"按钮后，可取消作废标志，将其恢复为有效凭证。

【子任务 2.2】凭证删除

若不想保留作废凭证，可以通过"整理凭证"功能，将其彻底删除，并对未记账凭证重新编号。

任务描述

删除记字 2 号凭证(2024 年 1 月 2 日财务部开出现金支票提取现金 2 000 元)。

操作步骤

第一步，在"填制凭证"窗口，单击"整理凭证"按钮，出现"凭证期间选择"对话框，如图 5-8 所示。

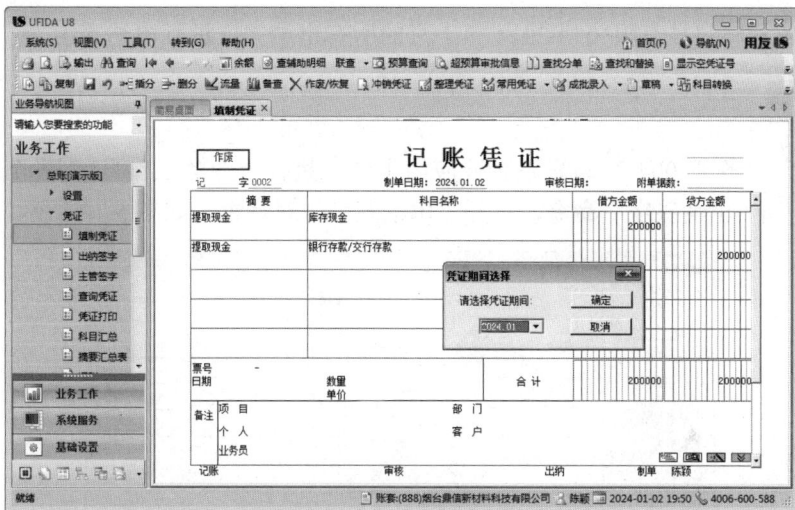

图 5-8　整理凭证

第二步，选择要整理的月份，单击"确定"按钮，打开"作废凭证表"对话框，在"删除"栏双击，显示"Y"标记，如图 5-9 所示。单击"确定"按钮后，系统便将凭证从数据库中删除，并弹出"是否还需整理凭证断号"的提示框，单击"是"按钮，对剩下的未记账凭证重新排号。

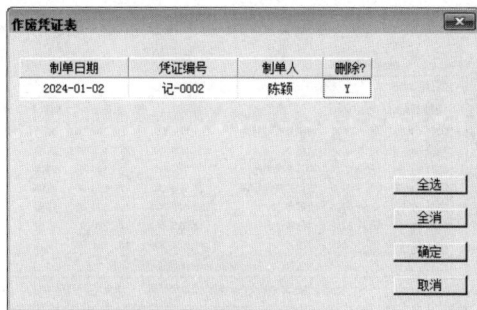

图 5-9　删除凭证

高职高专互联网＋新形态教材·财会系列

> **注意**: 若本月有凭证已记账，则本月最后一张已记账凭证之前的凭证将不能再进行凭证整理，只能对其后面的未记账凭证进行凭证整理。

【子任务 3】出纳签字

由于出纳凭证涉及企业现金的收入与支出，因此应加强对其管理。出纳人员可通过"出纳签字"功能对制单人填制的带有现金科目或银行存款科目的凭证进行检查核对，对于认为错误或有异议的凭证，应交与制单人修改后再核对；对于正确的凭证则发出"签字"指令，指令发出后凭证下方的"出纳"处会显示出纳的名字。

任务描述

对鼎信新材料科技有限公司 2024 年 1 月的所有出纳凭证进行出纳签字。

操作步骤

第一步，财务部 004 李媛登录企业应用平台，执行"业务工作"|"财务会计"|"总账"|"凭证"|"出纳签字"命令，打开"出纳签字"对话框，如图 5-10 所示。

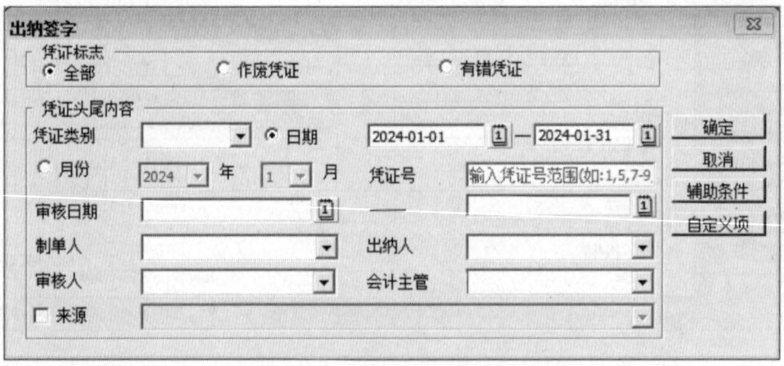

图 5-10 "出纳签字"对话框

第二步，单击"确定"按钮，进入"出纳签字列表"窗口，系统显示全部出纳凭证，如图 5-11 所示。

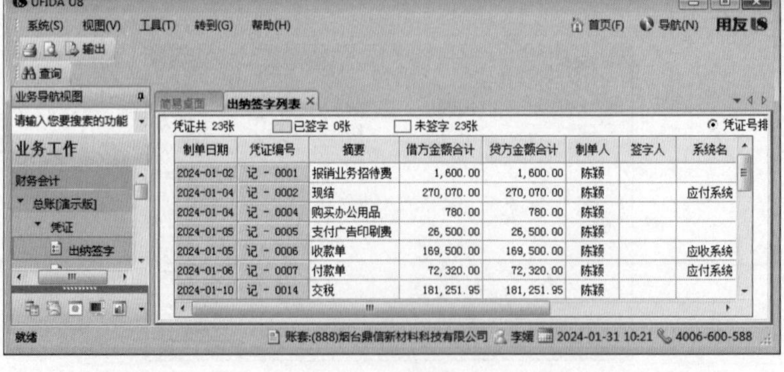

图 5-11 出纳签字列表

第三步，双击第一行记录，打开"出纳签字"窗口，系统会显示第一张出纳凭证，审核无误后，单击"签字"按钮，凭证下方的"出纳"处会自动签上当前操作员的姓名，表示签字成功，如图 5-12 所示。若想取消签字，则单击"取消"按钮即可。

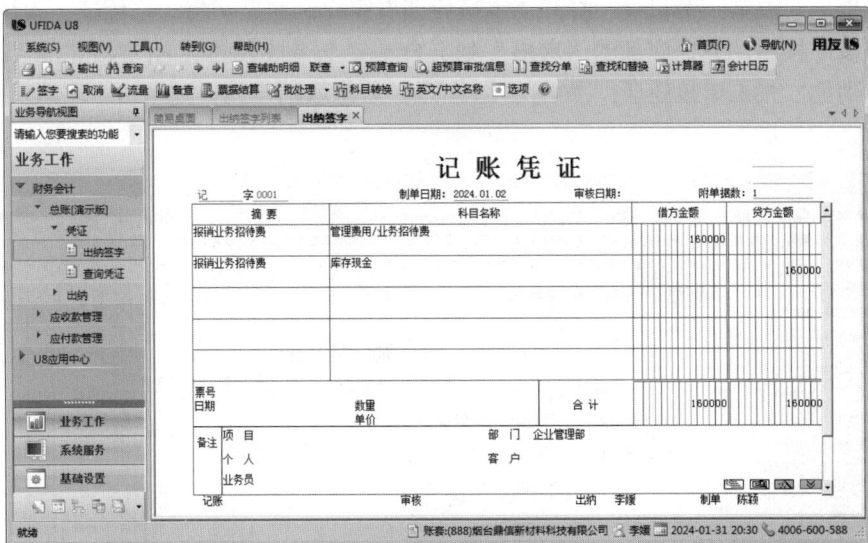

图 5-12 完成出纳签字

第四步，使用同样的方法，完成其他凭证的出纳签字。

注意：(1) 已签字的凭证不能被修改、删除，若想修改或删除，必须先取消签字。取消出纳签字只能由签字人自己进行。

(2) 凭证填制人和出纳签字人可以为同一个人。

(3) 在确认一批出纳凭证无错误时，可以使用"批处理"下的"成批出纳签字"选项，进行成批出纳签字。

【子任务 4】审核凭证

审核凭证是指由具有审核权限的操作员按照会计制度的规定，对制单人填制的记账凭证进行检查核对。主要检查记账凭证和原始凭证是否相符、使用的会计科目是否准确等，对于认为错误或有异议的凭证，应打上"出错"标记，写明出错原因并交与制单人修改后再审核；对于正确的凭证则发出"审核"指令，指令发出后凭证下方的"审核"处会显示审核人的名字。

任务描述

对烟台鼎信新材料科技有限公司 2024 年 1 月的凭证进行审核。

操作步骤

第一步，财务部 002 林静登录企业应用平台，执行"业务工作"|"财务会计"|"总

账"|"凭证"|"审核凭证"命令，打开"凭证审核"对话框。

第二步，凭证标志默认为"全部"，单击"确定"按钮，打开"凭证审核列表"窗口，系统显示全部凭证。

第三步，双击第一条记录，打开"审核凭证"窗口，并显示第一张凭证，审核无误后，单击"审核"按钮，凭证底部的"审核"处会自动签上审核人的姓名(审核完成后，系统会自动跳转到第二张未审核凭证)，如图 5-13 所示。若想取消审核，则单击"取消"按钮取消审核即可。

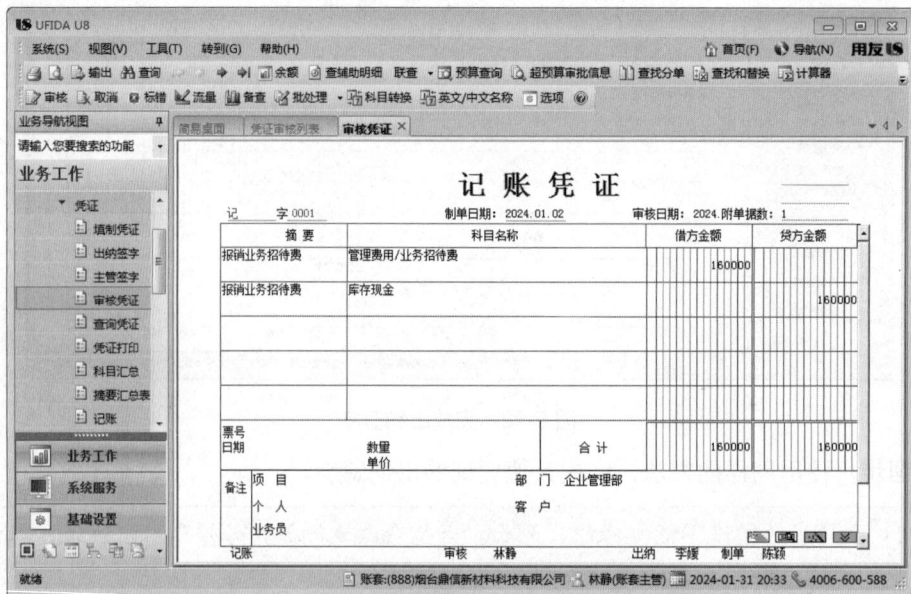

图 5-13　完成凭证审核

第四步，使用同样的方法，完成其他凭证的审核。

注意：(1) 制单人和审核人不能是同一个人。
(2) 已审核凭证不能被修改或删除，只有取消审核签字后才可以进行修改或删除。
(3) 单击"取消"按钮可取消审核签字，取消审核签字只能由审核人自己进行。
(4) 确认一批凭证无错误时，可以执行"批处理"下的"成批审核凭证"命令，进行成批审核签字。

【子任务 5】主管签字

许多企业为了加强对会计人员制单的管理，会采用"经主管会计签字后的凭证才有效"的管理模式。因此，系统提供了"主管签字"的核算方式，即其他会计人员制作的凭证必须经主管签字后才能记账。其使用前提是在"基础设置—选项"中选择"凭证必须经主管签字"选项。

主管签字的操作步骤与出纳签字、审核凭证类似，此处不再赘述。

【子任务 6】记账处理

凭证经审核签字后，即可用来登记总账、明细账、日记账、部门账、往来账、项目账及备查账等。记账是由具有记账权限的操作员发出"记账"指令，由计算机按照预先设计的记账程序自动进行合法性检查、科目汇总、登记账簿等操作。

【子任务 6.1】记账

任务描述

对烟台鼎信新材料科技有限公司 2024 年 1 月的所有已审核凭证进行记账。

操作步骤

第一步，财务部 002 林静登录企业应用平台，执行"业务工作"|"财务会计"|"总账"|"凭证"|"记账"命令，打开"记账"对话框，如图 5-14 所示。

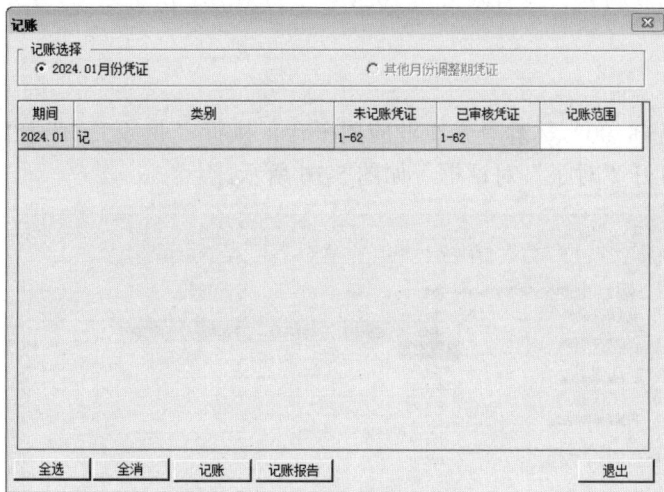

图 5-14　"记账"对话框

第二步，输入记账范围，此处可以输入连续编号，也可以输入不连续编号。记账范围为空时，系统默认所有凭证参与记账。

第三步，单击"记账"按钮，打开"期初试算平衡表"对话框，如图 5-15 所示。

第四步，单击"确定"按钮，系统开始记账，记账完成后，弹出"记账完毕"的提示信息。

注意：(1) 未审核的凭证不能记账。

(2) 第一次记账时，若期初余额试算不平衡不能记账。

(3) 已记账凭证无法在"填制凭证"窗口查询，但可在"查询凭证"窗口查询。

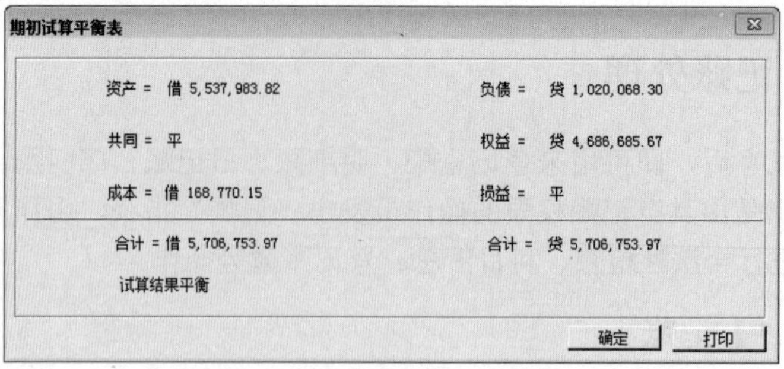

图 5-15　期初试算平衡表

【子任务 6.2】取消记账

记账后原则上不允许取消记账，确因某些原因需要取消记账的，可以使用"恢复记账前状态"功能，将本月已记账凭证恢复到未记账状态。

任务描述

取消烟台鼎信新材料科技有限公司 2024 年 1 月最近一次记账。

操作步骤

第一步，财务部 002 林静登录企业应用平台，执行"业务工作"|"总账"|"期末"|"对账"命令，打开"对账"对话框，如图 5-16 所示。

图 5-16　"对账"对话框

第二步，按 Ctrl+H 组合键，系统弹出"恢复记账前状态功能已被激活"提示框，如图 5-17 所示。

第三步，单击"确定"按钮，并关闭"对账"对话框，执行"总账"|"凭证"|"恢复记账前状态"命令，打开"恢复记账前状态"对话框，如图 5-18 所示。

第四步，选择恢复方式为"最近一次记账前状态"，单击"确定"按钮，系统提示"恢复记账完毕"。

图 5-17　"恢复记账前状态功能已被激活"提示框

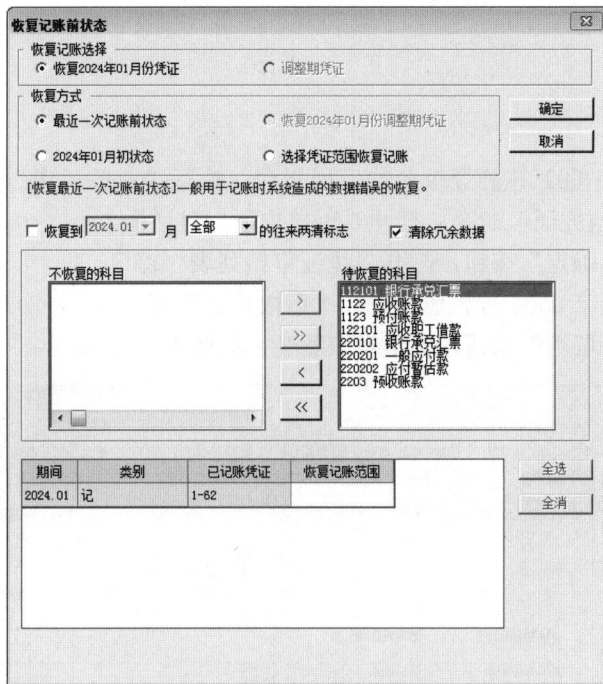

图 5-18 "恢复记账前状态"对话框

注意：(1) 只有账套主管才能取消记账。

(2) 已经结账的月份不能恢复记账前状态。

(3) 在期末对账界面，按 Ctrl+H 组合键，显示凭证菜单中的"恢复记账前状态"功能，再次按 Ctrl+H 组合键隐藏此菜单。

【子任务 7】修改凭证

总账系统中的错误凭证主要有以下四种情况：一是尚未审核的错误凭证；二是已审核未记账的错误凭证；三是已记账的错误凭证；四是外部系统传递到总账系统的错误凭证。尚未审核的凭证可通过"填制凭证"窗口直接修改；已经审核尚未记账的凭证应先取消审核再进行修改；已经记账的凭证原则上不允许修改，可以通过"红字冲销"或"蓝字补充登记"调整账簿，如果确因某些原因需要修改的，需先由账套主管恢复记账前状态、审核员取消审核，然后制单人再进行修改，该方法不会留下修改痕迹；外部系统传来的凭证不能在总账系统中进行修改，只能在生成该凭证的系统中进行修改。

【子任务 7.1】修改已审核凭证

任务描述

修改记字 4 号凭证(2024 年 1 月 4 日购买办公用品，修改报销部门为"企业管理部")。

操作步骤

1. 取消审核

第一步，财务部 002 林静登录企业应用平台，执行"业务工作"|"财务会计"|"总账"|"凭证"|"审核凭证"命令，打开"审核凭证"对话框。

第二步，单击"确定"按钮，打开"凭证审核列表"窗口。

第三步，双击记字 0004 号凭证，打开"审核凭证"窗口。

第四步，单击"取消"按钮，取消审核签字，如图 5-19 所示。

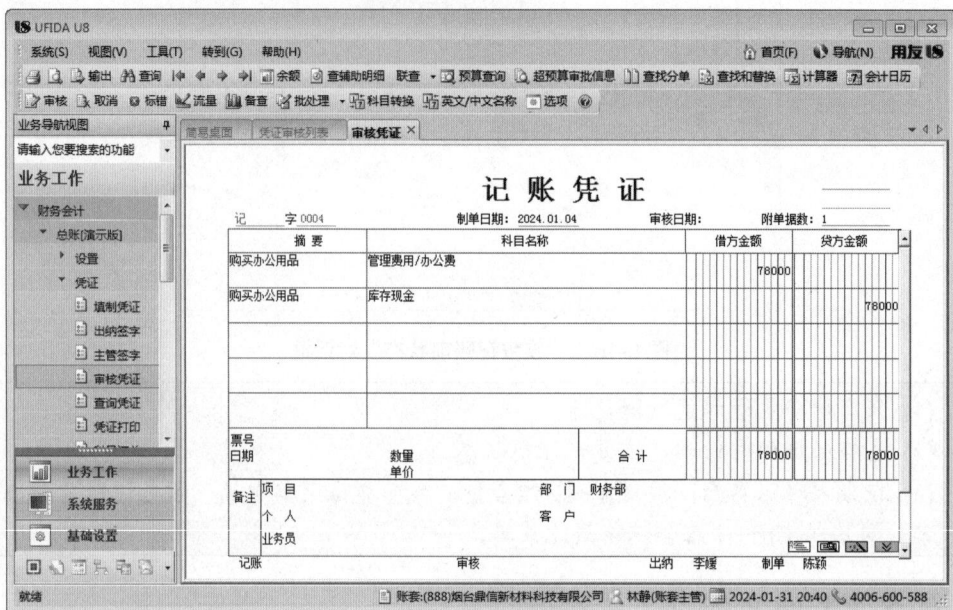

图 5-19　取消审核签字

2. 取消出纳签字

第一步，财务部 004 李媛登录企业应用平台，执行"业务工作"|"财务会计"|"总账"|"凭证"|"出纳签字"命令，打开"出纳签字"对话框。

第二步，单击"确定"按钮，打开"出纳签字列表"窗口。

第三步，双击记字 0004 号凭证，打开"出纳签字"窗口。

第四步，单击"取消"按钮，取消出纳签字，如图 5-20 所示。

3. 修改凭证

第一步，财务部 003 陈颖登录企业应用平台，执行"业务工作"|"财务会计"|"总账"|"凭证"|"填制凭证"命令，打开"填制凭证"窗口，通过 ⇤ ← → ⇥ 按钮找到要修改的凭证。

第二步，单击"管理费用"所在行分录，备注栏会显示管理费用对应的辅助信息，双击辅助信息，打开"辅助项"对话框，如图 5-21 所示。

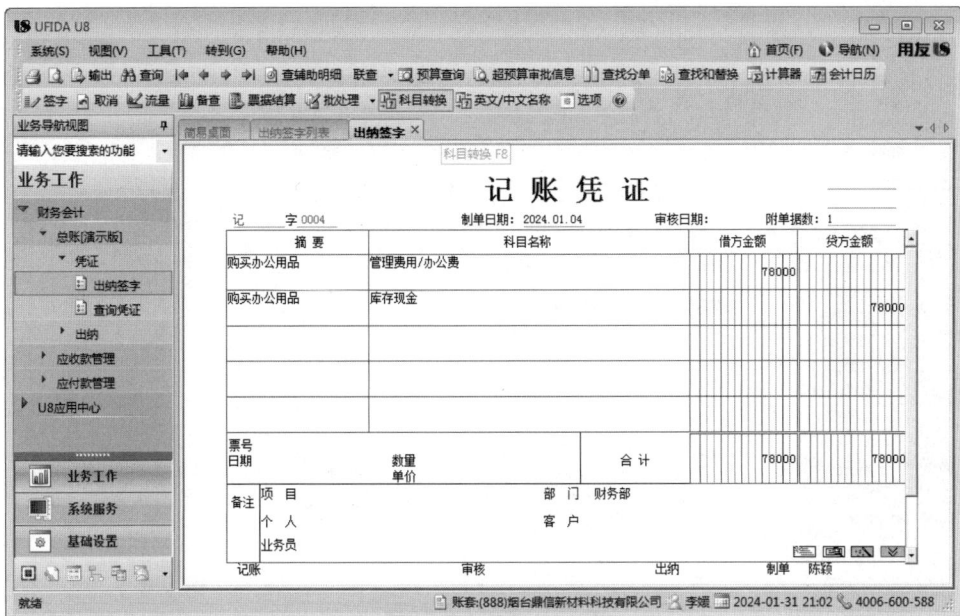

图 5-20 取消出纳签字

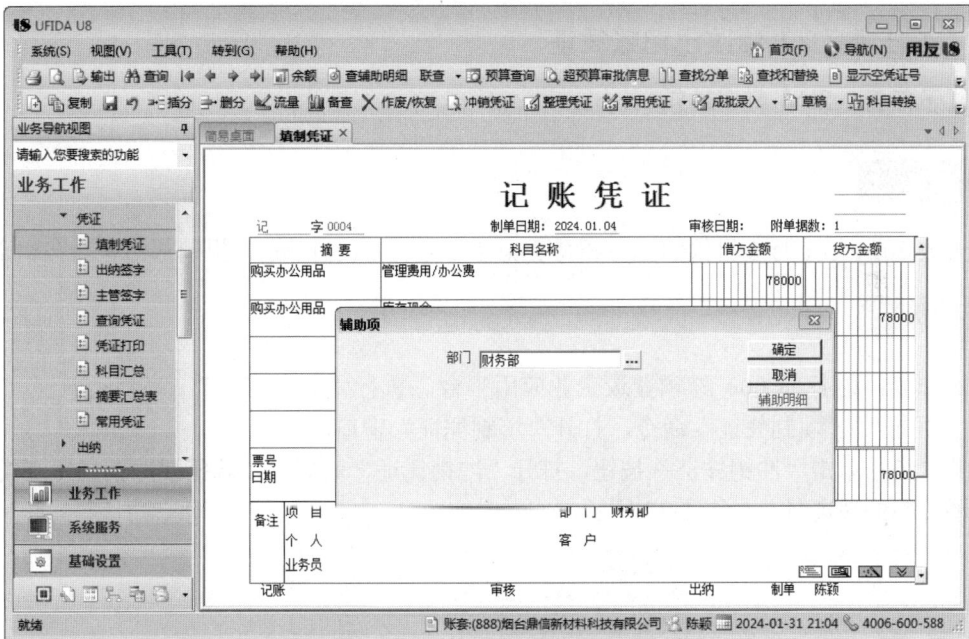

图 5-21 "辅助项"对话框

第三步，单击"参照"按钮，然后再单击"全部"按钮，系统显示全部部门，选择"企业管理部"并单击"确定"按钮，如图 5-22 所示，保存并退出。

高职高专互联网+新形态教材·财会系列

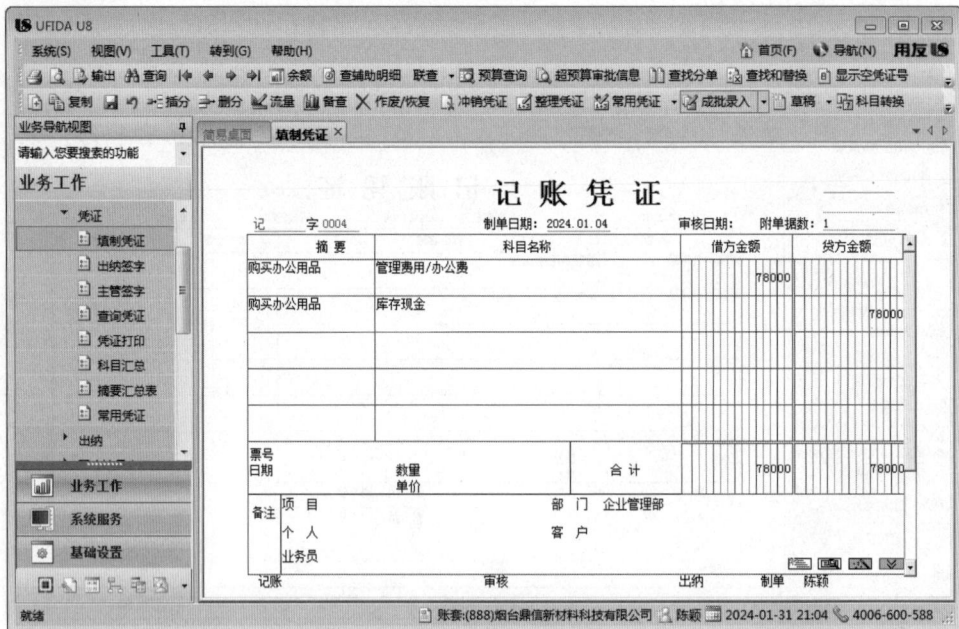

图 5-22　修改凭证

【子任务 7.2】修改已记账凭证

【子任务 7.2.1】红字冲销

任务描述

修改 2024 年 1 月 2 日报销业务招待费记字 1 号凭证(已记账)，报销部门应为营销部。

操作步骤

第一步，财务部 003 陈颖登录企业应用平台，执行"业务工作"|"财务会计"|"总账"|"凭证"|"填制凭证"命令，打开"填制凭证"窗口。

第二步，单击"冲销凭证"按钮，打开"冲销凭证"对话框，选择要冲销的凭证类别，输入要冲销的凭证号，如图 5-23 所示。

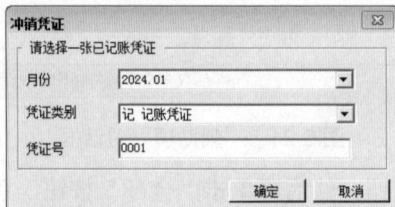

图 5-23　"冲销凭证"对话框

第三步，单击"确定"按钮，自动生成一张冲销凭证，如图 5-24 所示，单击"保存"按钮。

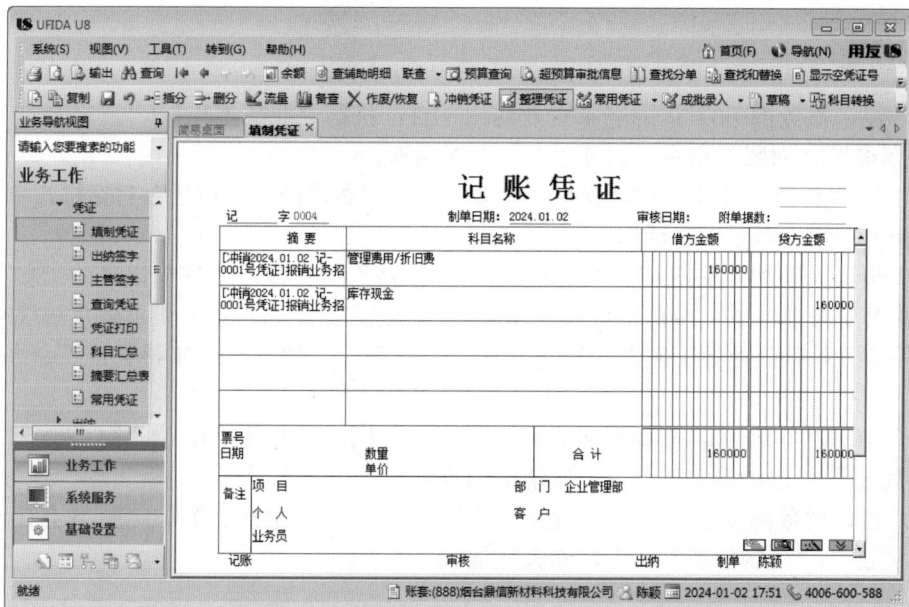

图 5-24 生成冲销凭证

第四步,单击"增加"按钮,填写一张正确的凭证,如图 5-25 所示。

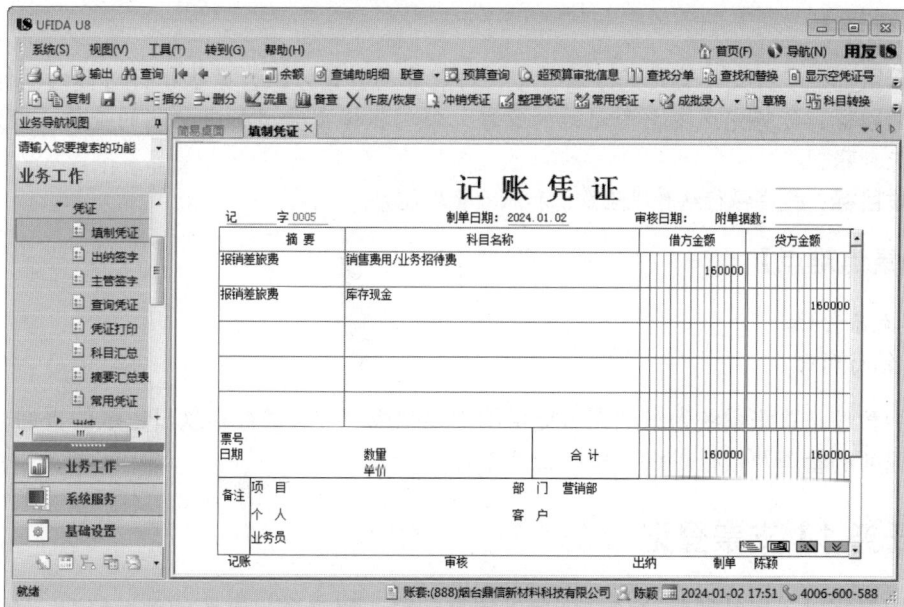

图 5-25 填写正确凭证

【子任务 7.2.2】无痕迹修改

任务描述

修改 2024 年 1 月 2 日报销业务招待费记字 1 号凭证(已记账),报销部门应为营销部。

操作步骤

第一步，财务部 002 林静登录企业应用平台，执行"业务工作"|"财务会计"|"总账"|"期末"|"对账"命令，打开"对账"对话框。

第二步，按 Ctrl+H 组合键，弹出"恢复记账前状态功能已被激活"对话框，单击"确定"按钮并关闭"对账"对话框。

第三步，执行"业务工作"|"财务会计"|"总账"|"凭证"|"恢复记账前状态"命令，打开"恢复记账前状态"窗口，可恢复到最近一次记账前状态，也可恢复到月初状态。

第四步，执行"业务工作"|"财务会计"|"总账"|"凭证"|"审核凭证"命令，取消审核。

第五步，财务部 004 李媛登录企业应用平台，执行"业务工作"|"财务会计"|"总账"|"凭证"|"出纳签字"命令，取消出纳签字。

第六步，财务部 003 陈颖登录企业应用平台，执行"业务工作"|"财务会计"|"总账"|"凭证"|"填制凭证"命令，修改凭证。

任务 3 出 纳 管 理

【任务目标】

知识目标：掌握支票登记的方法；掌握日记账的查询方法；掌握银行对账的操作流程。

能力目标：能够完成支票登记簿的管理；能够根据需要进行日记账的查询；能够熟练进行银行对账。

素质目标：提高银行结算风险意识和风险管理能力。

【任务重点难点】

- 支票登记。
- 银行对账。

出纳管理是总账系统为出纳人员提供的主要完成现金、银行存款日记账的查询、输出，支票登记簿的管理及银行对账工作的管理工具。

【子任务 1】支票登记

手工记账时，出纳通常要建立支票领用登记簿，用来登记支票的领用情况，而会计信息系统为出纳人员提供了"支票登记簿"功能，以供详细登记支票领用人、领用日期、支票用途、是否报销等情况。只有在"会计科目"中设置为银行账的科目才能使用"支票登记簿"功能。

任务描述

2024 年 1 月 2 日财务部领用现金支票一张，从银行提取现金 2 000 元，支票号为 32810062，请据此登记支票登记簿。

操作步骤

第一步，出纳员 004 李媛登录企业应用平台，执行"业务工作"|"财务会计"|"总账"|"出纳"|"支票登记簿"命令，打开"支票登记簿"窗口。

第二步，单击"增加"按钮，输入领用日期、领用部门、领用人、支票号、用途等内容，如图 5-26 所示。

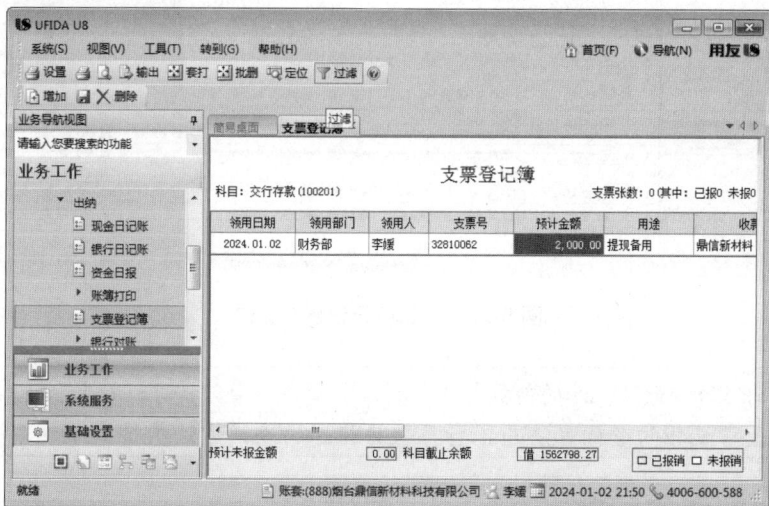

图 5-26　支票登记

注意：(1) 当需要使用"支票登记簿"功能时，请在"结算方式"设置中对需要使用支票登记簿的结算方式在"是否票据管理"选项前打"√"。

(2) 支票支出后，经办人持原始单据(发票)到财务部门报销，会计人员据此填制记账凭证，在系统中录入该凭证时，系统要求录入该支票的结算方式和支票号。在填制完成该凭证后，系统会自动在支票登记簿中将该号支票写上报销日期，则该号支票即为已报销。

(3) 支票登记簿中报销日期为空时，表示该支票未报销，否则系统认为该支票已报销。

【子任务 2】查询银行存款日记账

任务描述

查询烟台鼎信新材料科技有限公司 2024 年 1 月的银行存款日记账。

操作步骤

第一步，出纳员 004 李媛登录企业应用平台，执行"业务工作"|"财务会计"|"总账"|"出纳"|"银行日记账"命令，打开"银行日记账查询条件"对话框。

第二步，选择科目"100201 交行存款"，单击"确定"按钮，打开"银行日记账"窗口，如图 5-27 所示。

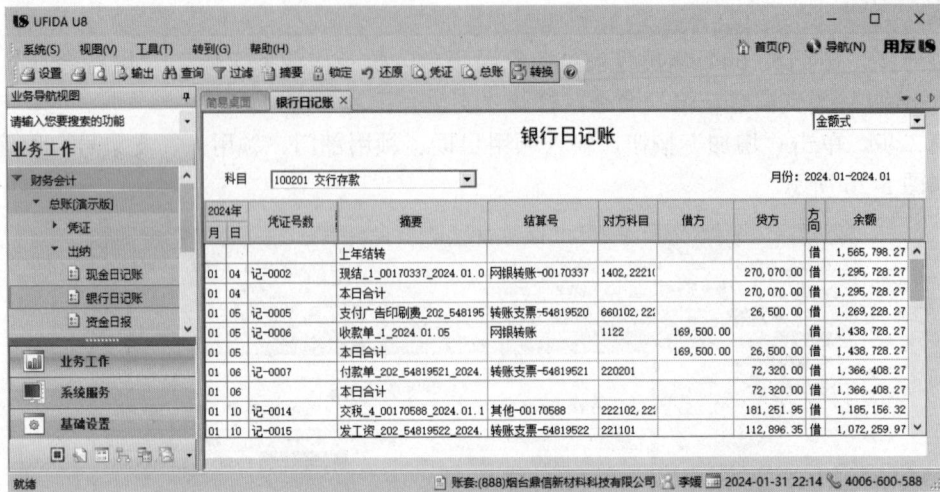

图 5-27　"银行日记账"窗口

> **注意：** (1) 查询银行存款日记账的前提是银行科目必须在"会计科目—指定科目"中预先指定。
>
> (2) 现金日记账的查询方法与银行存款日记账的查询方法类似，此处不再赘述。

【子任务 3】银行对账

银行对账是货币资金管理的主要内容。为了准确掌握银行存款的实际余额，了解实际可以动用的货币资金数额，企业必须定期将银行存款日记账和银行出具的对账单进行核对，并编制银行存款余额调节表。

【子任务 3.1】银行对账期初录入

第一次使用"银行对账"功能之前，必须先将单位日记账、银行对账单的期初余额及未达账项录入到系统中。银行对账期初的相关数据填写完成后，不要随意调整启用日期。

任务描述

烟台鼎信新材料科技有限公司 2024 年 1 月 1 日的银行对账期初资料：银行对账的启用日期为 2024 年 1 月 1 日；对账单余额方向为贷方；单位日记账期初余额为 1 565 798.27 元；对账单期初余额为 1 735 298.27 元；银行已收企业未收的未达账项为 169 500 元，时间为 2023 年 12 月 31 日，结算方式为网银转账，结算票号为 09921153。

操作步骤

第一步，出纳员 004 李媛登录企业应用平台，执行"业务工作"|"财务会计"|"总账"|"出纳"|"银行对账"|"银行对账期初录入"命令，打开"银行科目选择"对话框。

第二步，选择银行科目，单击"确定"按钮，打开"银行对账期初"对话框。

第三步，设置启用日期为 2024 年 1 月 1 日，单击"方向"按钮，调整对账单余额方向为贷方，输入单位日记账调整前余额"1 565 798.27"，输入银行对账单调整前余额"1 735 298.27"，如图 5-28 所示。

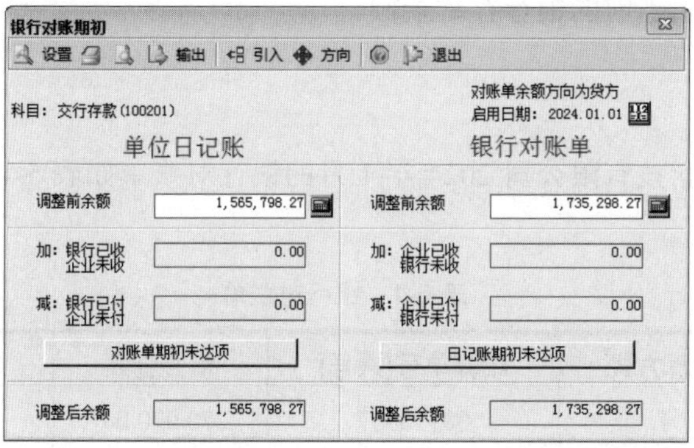

图 5-28　修改对账单余额方向及录入期初调整前余额

第四步，单击"对账单期初未达项"按钮，打开"银行方期初"窗口，单击"增加"按钮，输入对账单期初未达项信息，如图 5-29 所示。

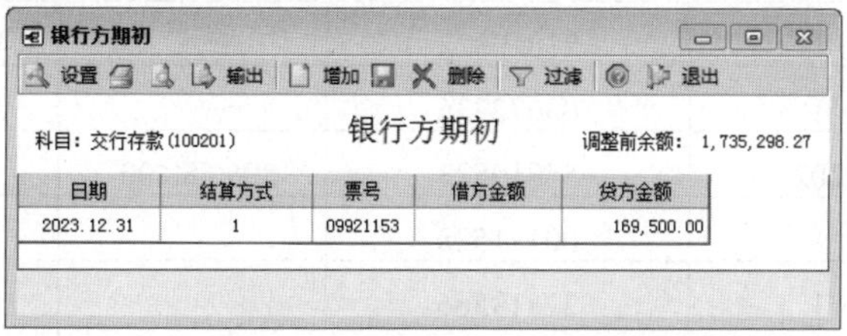

图 5-29　录入期初未达账项

注意：录入的银行对账单、单位日记账的期初未达项的发生日期不能大于等于此银行科目的启用日期。

第五步，单击"保存"按钮并退出，返回到"银行对账期初"对话框，系统自动计算单位日记账和银行对账单调整后的余额，如图 5-30 所示。

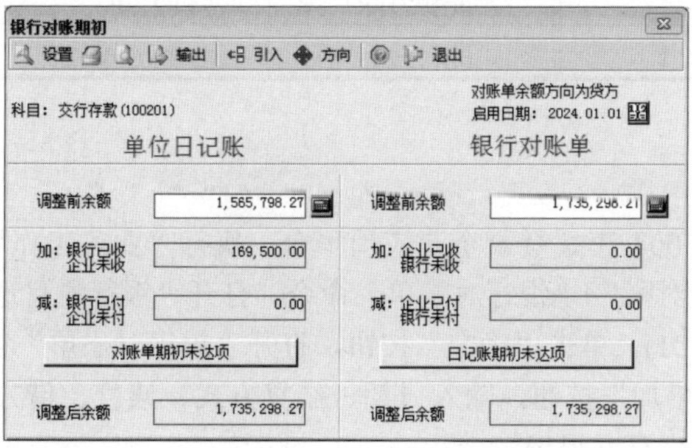

图 5-30　计算单位日记账和银行对账单调整后的余额

高职高专互联网+新形态教材·财会系列

【子任务 3.2】录入银行对账单

要使用计算机进行银行对账，每月月末对账前，必须将银行出具的对账单输入计算机中，或将对账单数据文件直接引入会计信息系统。每一笔业务的金额输入完毕后，按 Enter 键，系统会自动计算出当前的银行存款余额。

任务描述

烟台鼎信新材料科技有限公司 2024 年 1 月的银行对账单如表 5-1 所示，请据此录入银行对账单。

表 5-1　银行对账单

日　期	结算方式	结算单号(票号)	借方金额	贷方金额	余额
2024-01-04	1	00170337	270 070.00		
2024-01-05	202	54819520	26 500.00		
2024-01-06	202	54819521	72 320.00		
2024-01-10	1	00170588	181 251.95		
2024-01-10	202	54819522	112 896.35		
2024-01-10	1	21819322		423 750.00	
2024-01-15	1	03672736		282 500.00	
2024-01-15	202	54819523	205 580.00		
2024-01-16	1	00171528		1 695.00	
2024-01-17	1	21819566		50 000.00	
2024-01-18	1	00171525	6 780.00		
2024-01-22	202	54819524	20 000.00		
2024-01-24	1	00171501	500.00		
2024-01-26	1	21819678		204 750.00	
2024-01-27	1	00170448	565.00		
2024-01-31	301	00968133		165 961.69	
2024-01-31	1	00172188	54 822.95		
2024-01-31	1	00172283	27 320.40		

操作步骤

第一步，出纳员 004 李媛登录企业应用平台，执行"业务工作"|"财务会计"|"总账"|"出纳"|"银行对账"|"银行对账单"命令，打开"银行科目选择"对话框，选择科目"银行存款"(100201)，单击"确定"按钮，打开"银行对账单"窗口。

第二步，单击"增加"按钮，输入日期、结算方式、票号、借方金额、贷方金额等信息，如图 5-31 所示，保存并退出。

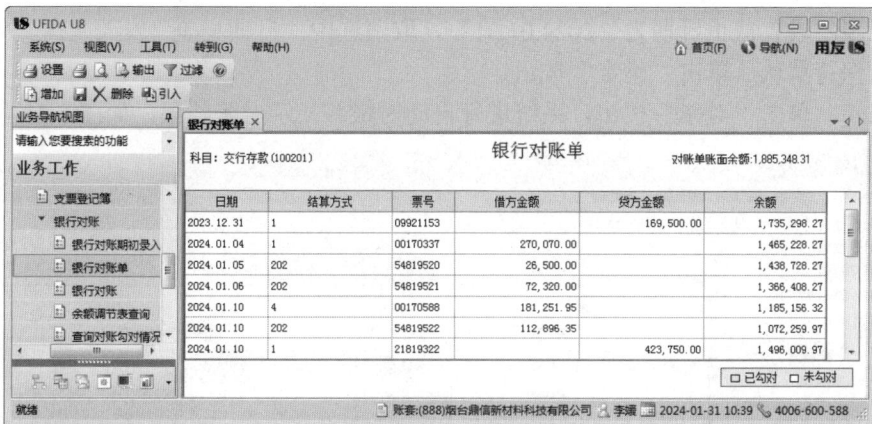

图 5-31   录入银行对账单

【子任务 3.3】银行对账

银行对账采用自动对账与手工对账相结合的方式。自动对账是计算机根据对账依据自动进行核对、勾销，对于已核对上的银行业务，系统将自动在银行存款日记账和银行对账单上打上两清标志、对账序号，并视为已达账项；对于两清栏中没有两清标志的记录，系统则视为未达账项。手工对账是对自动对账的补充，自动对账完成后，可能还有一些特殊的已达账没有对出来，而被视为未达账项，为了保证对账更彻底、正确，可用手工对账来进行调整。

任务描述

完成烟台鼎信新材料科技有限公司 2024 年 1 月的银行对账工作。

操作步骤

第一步，出纳员 004 李媛登录企业应用平台，执行"业务工作"|"财务会计"|"总账"|"出纳"|"银行对账"|"银行对账"命令，打开"银行科目选择"对话框，选择科目"交行存款"(100201)，默认系统"显示已达账"选项，单击"确定"按钮，打开"银行对账"窗口。

第二步，单击"对账"按钮，打开"自动对账"对话框，如图 5-32 所示。

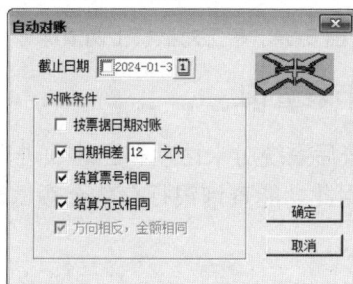

图 5-32   "自动对账"对话框

高职高专互联网＋新形态教材·财会系列

第三步，设置截止日期为"2024.01.31"，取消选中"日期相差 12 天之内"复选框，其他选项保持默认，单击"确定"按钮。

第四步，单击"对账"按钮，系统进行自动对账并显示对账结果，如图 5-33 所示。

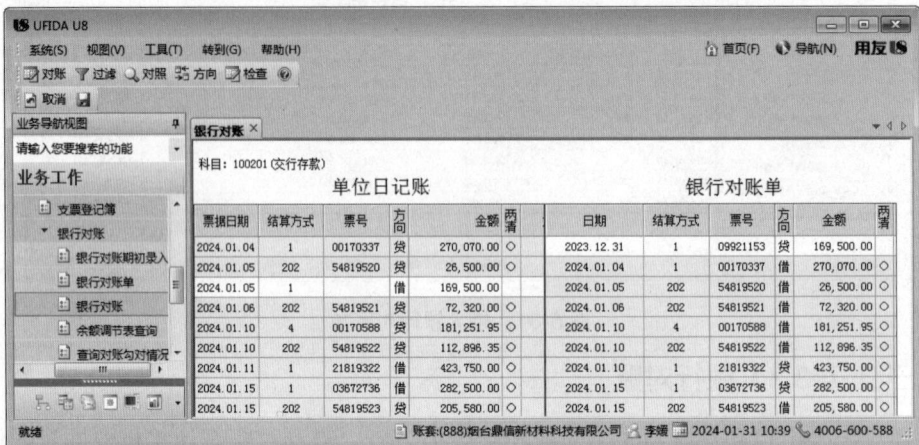

图 5-33　显示自动对账结果

第五步，自动对账后，如果银行对账单中某条记录同当前单位日记账中的记录相对应却未勾对上，应分别双击银行对账单和单位日记账的"两清"栏，系统会打上两清标志"√"，如图 5-34 所示。

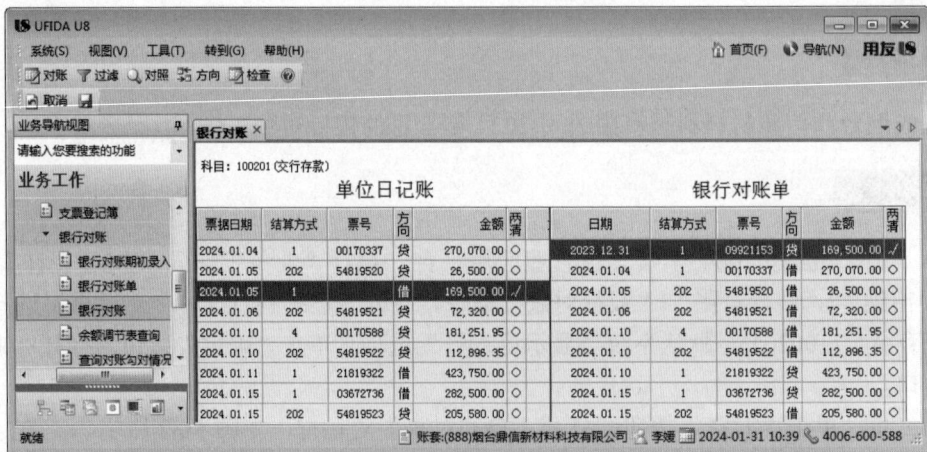

图 5-34　手工对账打上两清标志

【子任务 3.4】余额调节表查询

银行存款余额调节表是对账后系统对未达项和已达项进行自动汇总而生成的。在对银行账户进行两清勾对后，便可调用此功能查询银行存款余额调节表，以检查业务是否正确。

任务描述

查询烟台鼎信新材料科技有限公司 2024 年 1 月 31 日的银行存款余额调节表。

操作步骤

第一步，出纳员 004 李媛登录企业应用平台，执行"业务工作"|"财务会计"|"总账"|"出纳"|"银行对账"|"余额调节表查询"命令，打开"银行存款余额调节表"窗口，如图 5-35 所示。

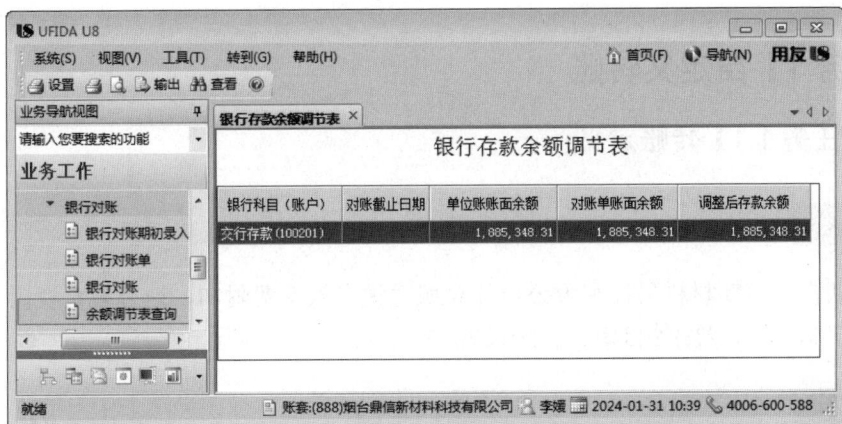

图 5-35　"银行存款余额调节表"窗口

第二步，单击"查看"按钮，可以查看详细的银行存款余额调节表，如图 5-36 所示。

图 5-36　银行存款余额调节表

任务 4　总账系统期末处理

【任务目标】

知识目标：掌握期末自动转账、对账、结账、反结账的方法；掌握各种账表的查询方法。

能力目标：能够独立完成自定义转账的转账定义与转账生成、期间损益的转账定义与转账生成、对账与期末结账的业务处理；能够根据需要查询相关账表。

素质目标：培养严谨细致的工作态度，强化规则意识。

【任务重点难点】

自定义转账。

期末处理是指会计人员在每个会计期末完成的会计处理工作,包括期末转账、对账、结账等业务。

【子任务 1】自定义转账

【子任务 1.1】转账定义

任务描述

完成烟台鼎信新材料科技有限公司计算城建税、教育费附加、地方教育费附加(分别按流转税的 7%、3%、2%)的自定义转账设置。

操作步骤

第一步,登录企业应用平台,执行"业务工作"|"总账"|"期末"|"转账定义"|"自定义转账"命令,打开"自定义转账设置"窗口。

第二步,单击"增加"按钮,打开"转账目录"对话框,输入转账序号、转账说明,选择凭证类别为"记账凭证",如图 5-37 所示。

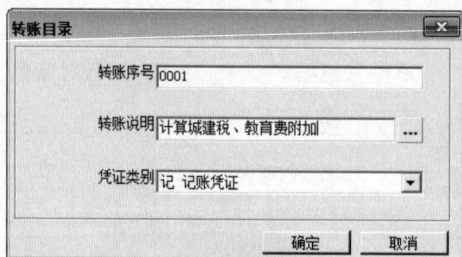

图 5-37　转账目录设置

第三步,单击"确定"按钮,单击"增行"按钮,输入科目编码"6403",方向为"借",双击"金额公式"栏,出现"参照"按钮,单击该按钮,打开"公式向导"对话框,如图 5-38 所示。

第四步,在"公式名称"列表中双击"取对方科目计算结果"选项,弹出编辑对话框,如图 5-39 所示。

第五步,设置科目为空,单击"完成"按钮,返回到"自定义转账设置"窗口。

第六步,单击"增行"按钮,使用同样的方法输入贷方科目"222105",设置方向为"贷"。

第七步,双击"金额公式"栏,出现"参照"按钮,单击该按钮,打开"公式向导"对话框。

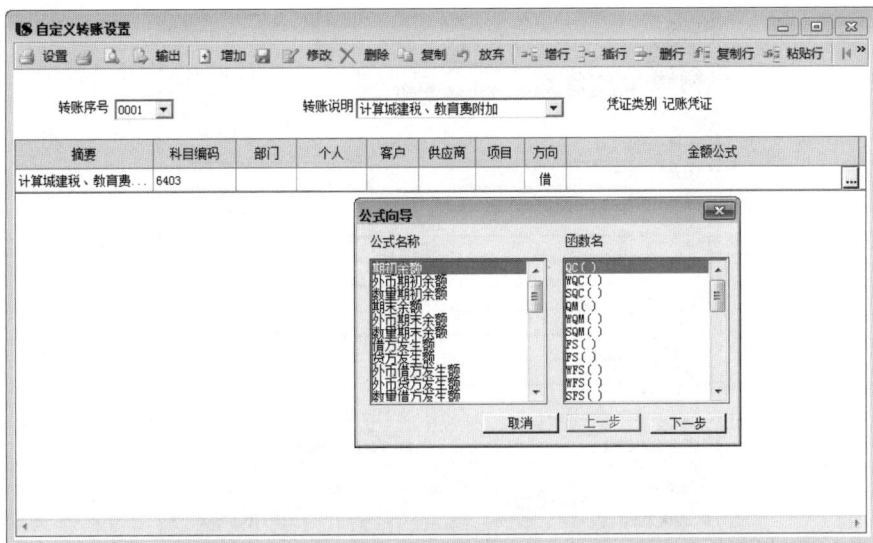

图 5-38　"公式向导"对话框

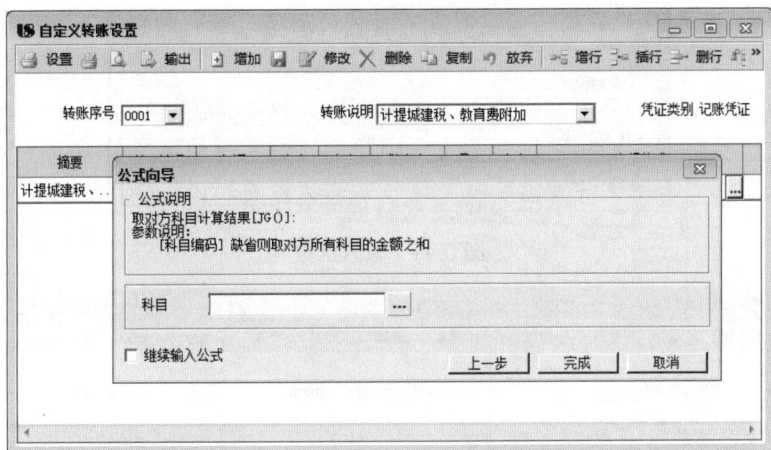

图 5-39　"取对方科目计算结果"编辑对话框

第八步，双击公式名称"贷方发生额"，输入科目"222102"，选中"继续输入公式"复选框，单击"*(乘)"按钮，如图 5-40 所示。

第九步，单击"下一步"按钮，在弹出的对话框中双击"常数"，输入常数"0.7"，如图 5-41 所示。

第十步，单击"完成"按钮，返回到"自定义转账设置"窗口，如图 5-42 所示。

第十一步，使用同样的方法输入贷方科目"222106"和"222107"，方向"贷"，设置金额公式分别为"FS(222102，月，贷)*0.03"和"FS(222102，月，贷)*0.02"，如图 5-43 所示。

注意：通常用户只需要在第一次使用财务软件时完成转账凭证定义，以后每月月末直接执行"转账生成"功能即可快速生成转账凭证，但如果遇到政策调整，如国家税务局"六税两费"优惠减免政策，可以在此调整计提比例。

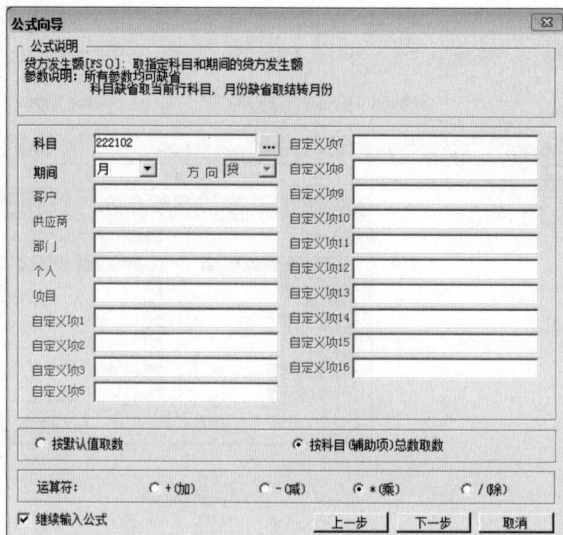

图 5-40　继续输入公式

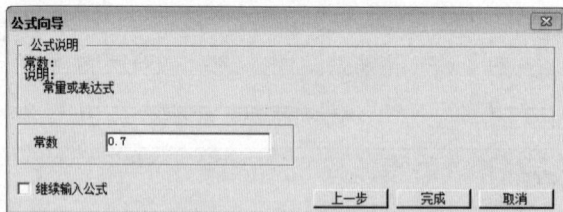

图 5-41　输入常数

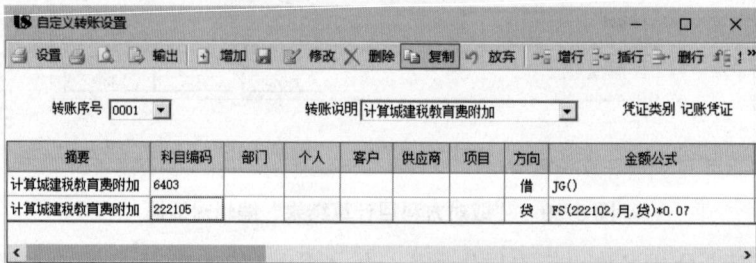

图 5-42　自定义转账设置

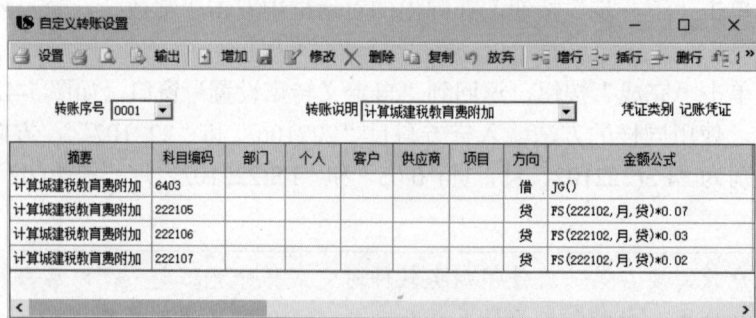

图 5-43　自定义转账设置完成

【子任务 1.2】转账生成

任务描述

生成烟台鼎信新材料科技有限公司 2024 年 1 月的计算城建税、教育费附加凭证。

操作步骤

第一步，财务部 003 陈颖登录企业应用平台，执行"业务工作"|"总账"|"期末"|"转账生成"命令，打开"转账生成"对话框。

第二步，选择结转月份"2024.01"，选择"自定义转账"单选按钮，双击"是否结转"栏会打上"Y"标志，如图 5-44 所示。

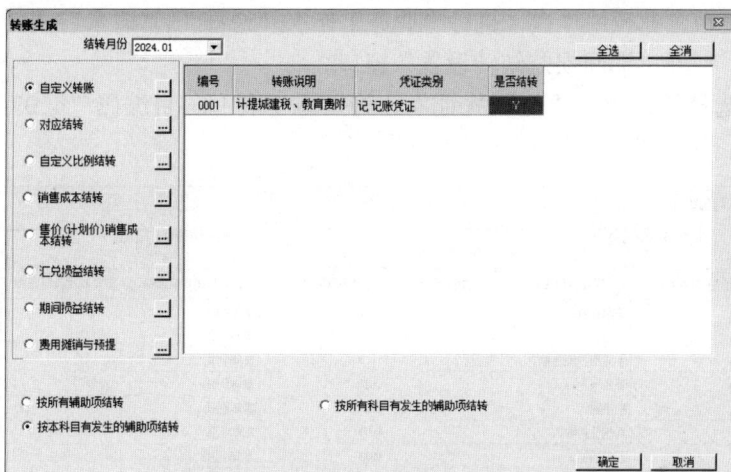

图 5-44　选择待结转凭证

第三步，单击"确定"按钮，生成结转凭证，如图 5-45 所示，单击"保存"按钮。

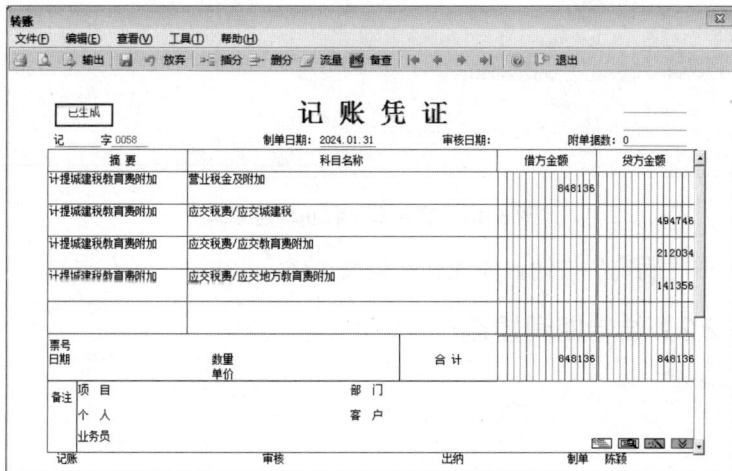

图 5-45　生成结转凭证

注意：在执行转账生成功能前，用户必须将所有相关联凭证登记入账。

【子任务 2】期间损益结转

【子任务 2.1】转账定义

任务描述

完成烟台鼎信新材料科技有限公司的期间损益结转设置。

操作步骤

第一步，登录企业应用平台，执行“业务工作”|“总账”|“期末”|“转账定义”|“期间损益”命令，打开“期间损益结转设置”窗口。

第二步，选择凭证类别“记账凭证”，输入本年利润科目编码“4103”，如图 5-46 所示。

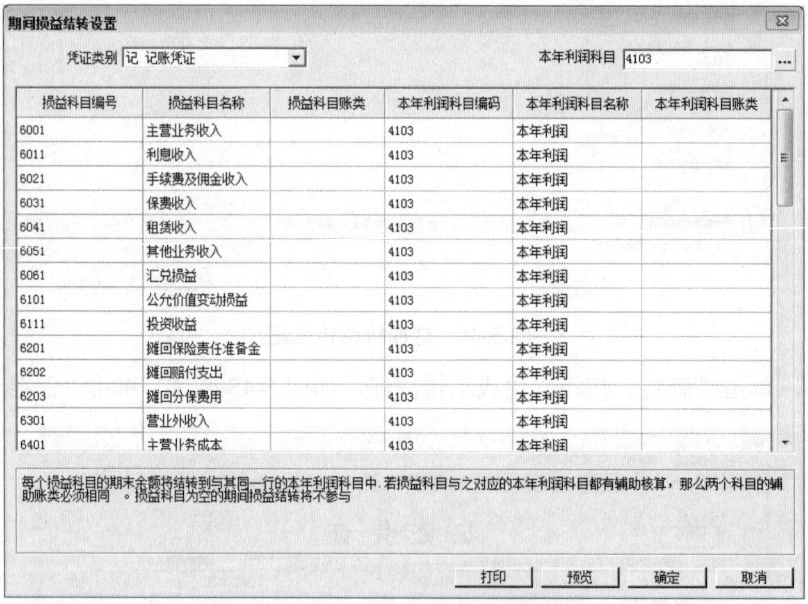
期间损益结转设置
凭证类别 记 记账凭证
本年利润科目 4103
损益科目编号 损益科目名称 损益科目账类 本年利润科目编码 本年利润科目名称 本年利润科目账类
6001 主营业务收入 4103 本年利润
6011 利息收入 4103 本年利润
6021 手续费及佣金收入 4103 本年利润
6031 保费收入 4103 本年利润
6041 租赁收入 4103 本年利润
6051 其他业务收入 4103 本年利润
6061 汇兑损益 4103 本年利润
6101 公允价值变动损益 4103 本年利润
6111 投资收益 4103 本年利润
6201 摊回保险责任准备金 4103 本年利润
6202 摊回赔付支出 4103 本年利润
6203 摊回分保费用 4103 本年利润
6301 营业外收入 4103 本年利润
6401 主营业务成本 4103 本年利润
每个损益科目的期末余额将结转到与其同一行的本年利润科目中．若损益科目与之对应的本年利润科目都有辅助核算，那么两个科目的辅助账类必须相同 。损益科目为空的期间损益结转将不参与
打印
预览
确定
取消

图 5-46　输入本年利润科目编码

第三步，单击“确定”按钮，完成转账定义。

【子任务 2.2】结转期间损益

任务描述

生成烟台鼎信新材料科技有限公司 2024 年 1 月的期间损益结转凭证。

操作步骤

第一步，财务部 003 陈颖登录企业应用平台，执行"业务工作"|"总账"|"期末"|"转账生成"命令，打开"转账生成"对话框，选择结转月份"2024.01"，选择"期间损益结转"单选按钮，在"类型"下拉列表框中选择类型为"收入"，单击"全选"按钮，如图 5-47 所示。

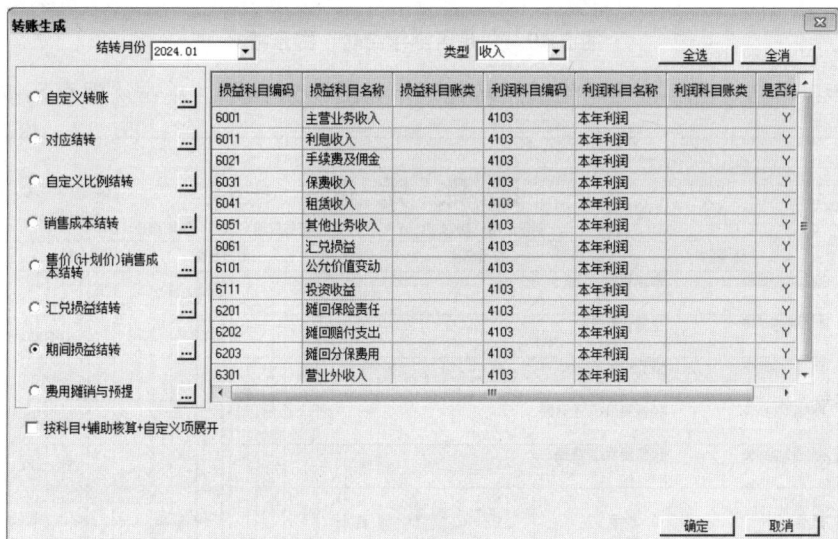

图 5-47　"转账生成"对话框

第二步，单击"确定"按钮，生成结转凭证，如图 5-48 所示，单击"保存"按钮。

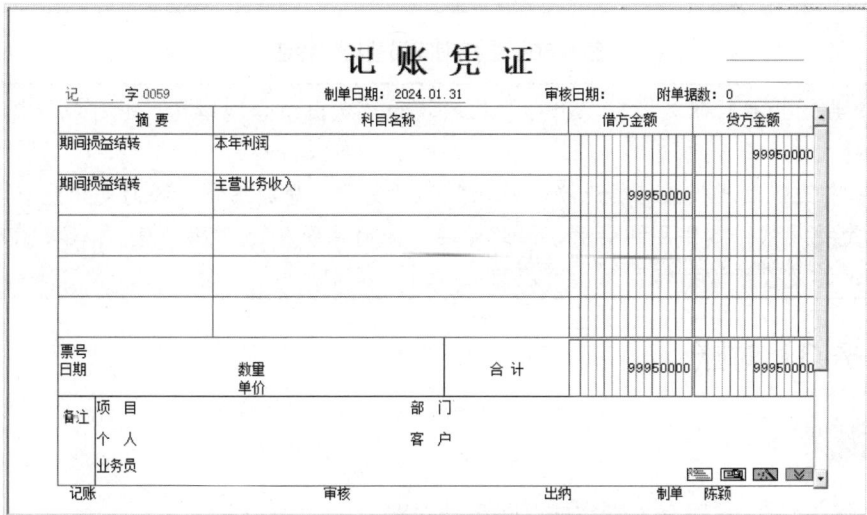

图 5-48　生成期间损益结转凭证

第三步，继续在"转账生成"对话框中"类型"下拉列表框中选择类型为"支出"，单击"全选"按钮，单击"确定"按钮，系统弹出"2024.01 月或之前有未记账凭证，是否

高职高专互联网＋新形态教材·财会系列

继续结转?"的提示信息,如图 5-49 所示。

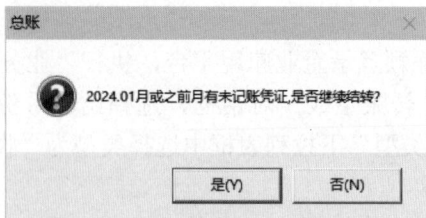

图 5-49 "是否继续结转"提示框

第四步,单击"是"按钮,生成结转凭证,如图 5-50 所示,单击"保存"按钮。

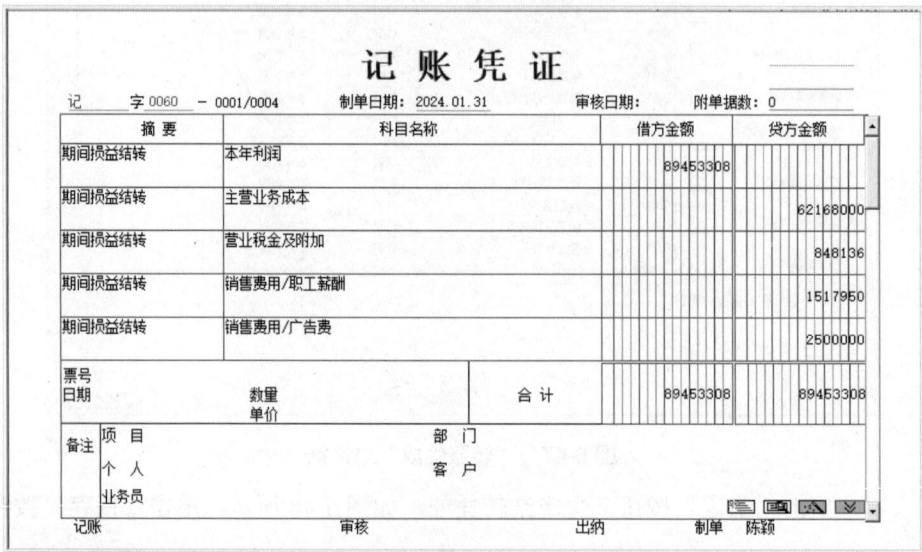

图 5-50 生成期间损益结转凭证

注意:(1) 期间损益转账类型可以选择"收入"和"支出"分别结转,也可以选择"全部"
合并生成一张凭证。
(2) 本案例期间损益结转选择"收入"和"支出"分别结转,因为支出结转本年利润
不受收入结转本年利润影响,因此结转支出时系统提示"2024.01 月或之前有未记账
凭证,是否继续结转?",可以单击"是"按钮。

【子任务 3】对账

任务描述

2024 年 1 月 31 日账套主管完成总账系统对账。

操作步骤

登录企业应用平台,执行"业务工作"|"总账"|"期末"|"对账"命令,打开"对账"

对话框，单击"选择"按钮，激活"对账"按钮，单击"对账"按钮，完成对账并显示对账结果。

【子任务 4】月末结账

任务描述

2024 年 1 月 31 日账套主管完成总账系统月末结账。

操作步骤

第一步，登录企业应用平台，执行"业务工作"|"总账"|"期末"|"结账"命令，打开"开始结账"对话框，系统显示"待结账月份：2024 年 01 月"，如图 5-51 所示。

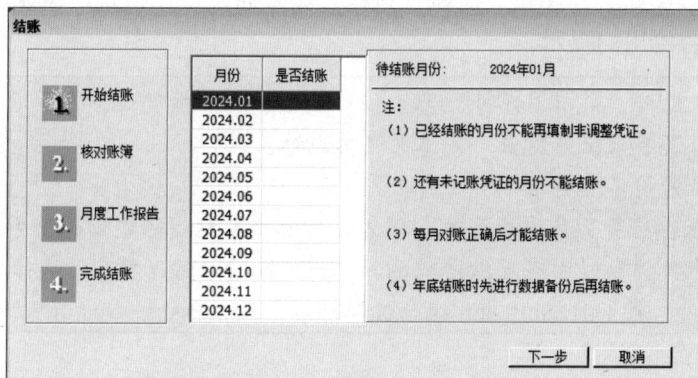

图 5-51　"开始结账"对话框

第二步，单击"下一步"按钮，打开"核对账簿"对话框，如图 5-52 所示。

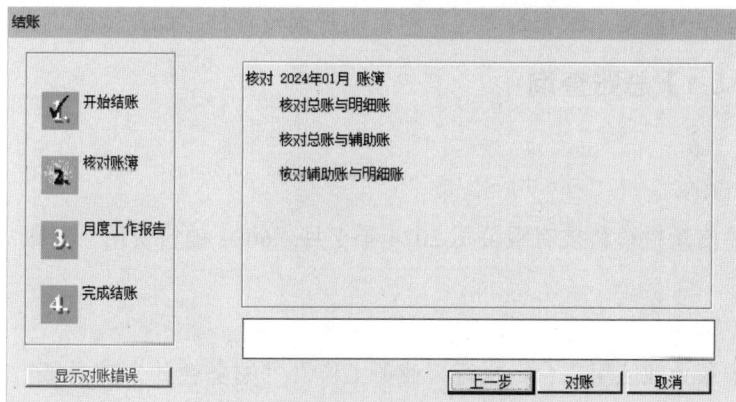

图 5-52　"核对账簿"对话框

第三步，单击"对账"按钮，系统对结账的月份进行账账核对。

第四步，对账完毕，单击"下一步"按钮，打开"月度工作报告"对话框，如图 5-53 所示。

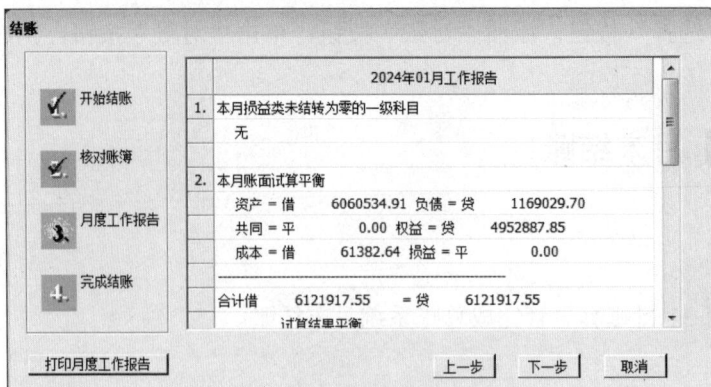

图 5-53　"月度工作报告"对话框

第五步，查看工作报告后，单击"下一步"按钮，打开"完成结账"对话框，显示"工作检查完成，可以结账"，单击"结账"按钮。如未通过工作检查，需返回上一步，认真查看月度工作报告给出的提示。

> 注意：(1) 上月未结账，则本月不能记账，但可以填制、审核凭证。
> (2) 若本月还有未记账凭证，则本月不能结账。
> (3) 已结账月份不能再填制凭证。
> (4) 如果账套启用了其他子系统，那么在其他子系统结账之前总账系统不能结账。
> (5) 反结账操作只能由有反结账权的人执行。在结账对话框中，选择要取消结账的最后一个月份，按 Ctrl+Shift+F6 组合键即可进行反结账。

【子任务 5】账表查询

系统提供了强大的账簿查询功能，使用户能够及时了解账簿信息并满足对账簿数据的统计、分析与打印的需要。账表查询包括科目账查询及各种辅助账簿查询。

【子任务 5.1】总账查询

任务描述

查询烟台鼎信新材料科技有限公司 2024 年 1 月"6601 销售费用"总账。

操作步骤

第一步，登录企业应用平台，执行"业务工作"|"财务会计"|"总账"|"账表"|"科目账"|"总账"命令，打开"总账查询条件"对话框，输入或选择"6601"，单击"确定"按钮，显示查询结果，如图 5-54 所示。

第二步，双击"当前合计"行或单击该行后再单击"明细"按钮，可以联查明细账，如图 5-55 所示。

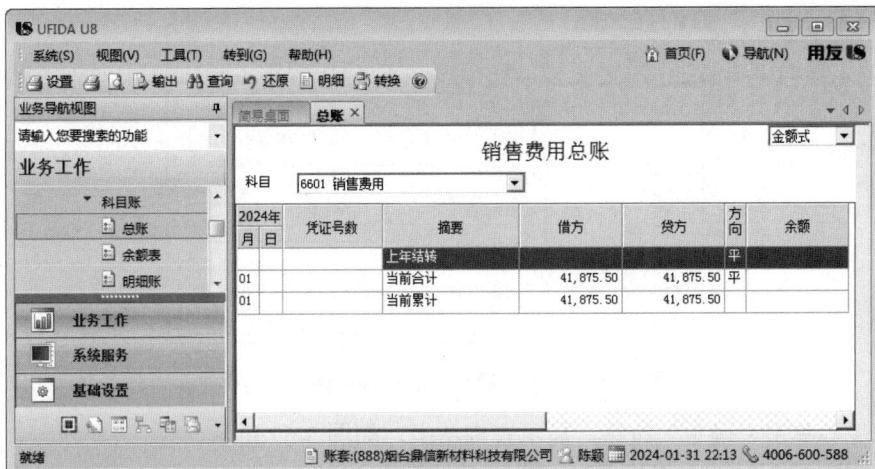

图 5-54　销售费用总账

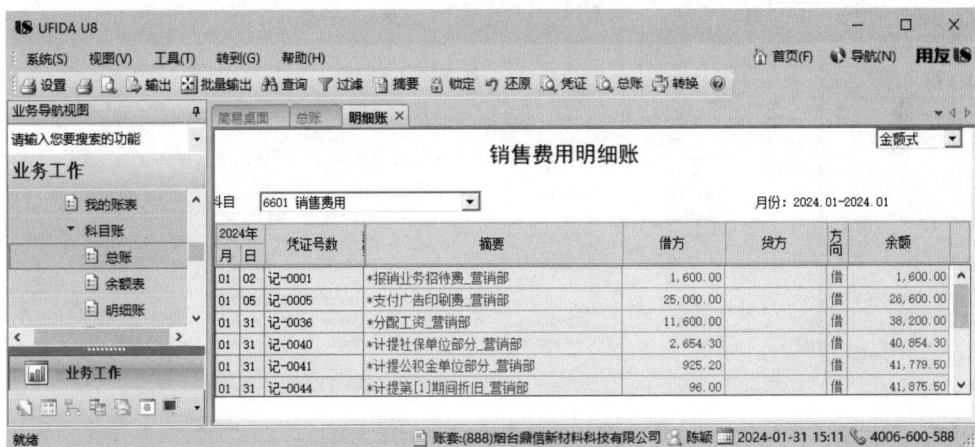

图 5-55　联查明细账

第三步，双击"分配工资—营销部"所在行或单击该行后再单击"凭证"按钮，可以联查相关记账凭证。

【子任务 5.2】余额表查询

任务描述

查询烟台鼎信新材料科技有限公司 2024 年 1 月余额表(包含未记账凭证)。

操作步骤

第一步，登录企业应用平台，执行"业务工作"|"财务会计"|"总账"|"账表"|"科目账"|"余额表"命令，打开"发生额及余额查询条件"对话框，输入或选择起止月份，选中"包含未记账凭证"复选框，如图 5-56 所示。

高职高专互联网＋新形态教材·财会系列

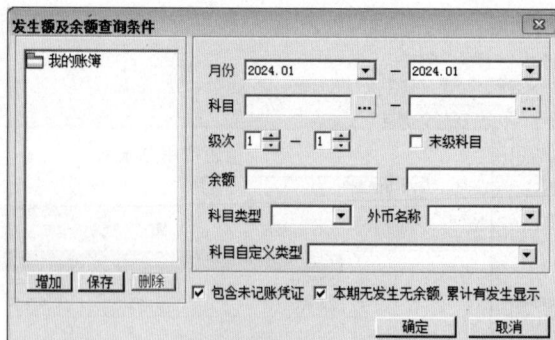

图 5-56 "发生额及余额查询条件"对话框

第二步，单击"确定"按钮，显示查询结果，如图 5-57 所示。

图 5-57 余额表(包含未记账凭证)

第三步，单击"累计"按钮，可以自动显示借贷方累计发生额，如图 5-58 所示。

发生额及余额表

月份：2024.01-2024.01

科目编码	科目名称	期初余额		本期发生		累计发生		期末余额	
		借方	贷方	借方	贷方	借方	贷方	借方	贷方
1001	库存现金	6,970.55		226.00	2,750.00	226.00	2,750.00	4,446.55	
1002	银行存款	1,565,798.27		1,298,156.69	978,606.65	1,298,156.69	978,606.65	1,885,348.31	
1121	应收票据			169,500.00	169,500.00	169,500.00	169,500.00		
1122	应收账款	508,500.00		706,750.00	976,250.00	706,750.00	976,250.00	239,000.00	
1221	其他应收款	2,000.00		1,776.00	2,000.00	1,776.00	2,000.00	1,776.00	
1231	坏账准备		1,017.00	100,000.00	99,461.00	100,000.00	99,461.00		478.00
1402	在途物资			439,100.00	439,100.00	439,100.00	439,100.00		
1403	原材料	378,600.00		452,100.00	364,659.60	452,100.00	364,659.60	466,040.40	
1405	库存商品	645,000.00		604,500.00	621,680.00	604,500.00	621,680.00	627,820.00	
1601	固定资产	3,295,500.00		6,000.00	12,000.00	6,000.00	12,000.00	3,289,500.00	
1602	累计折旧		863,368.00	8,448.00	19,432.00	8,448.00	19,432.00		874,352.00
1606	固定资产清理			1,776.00	1,776.00	1,776.00	1,776.00		

图 5-58 余额表(累计发生)

【子任务 5.3】明细账查询

任务描述

查询烟台鼎信新材料科技有限公司 2024 年 1 月"1601 固定资产"明细账。

操作步骤

登录企业应用平台,执行"业务工作"|"财务会计"|"总账"|"账表"|"科目账"|"明细账"命令,打开"明细账查询条件"对话框,默认选择"按科目范围查询",输入或选择"1601",单击"确定"按钮,显示查询结果,如图 5-59 所示。

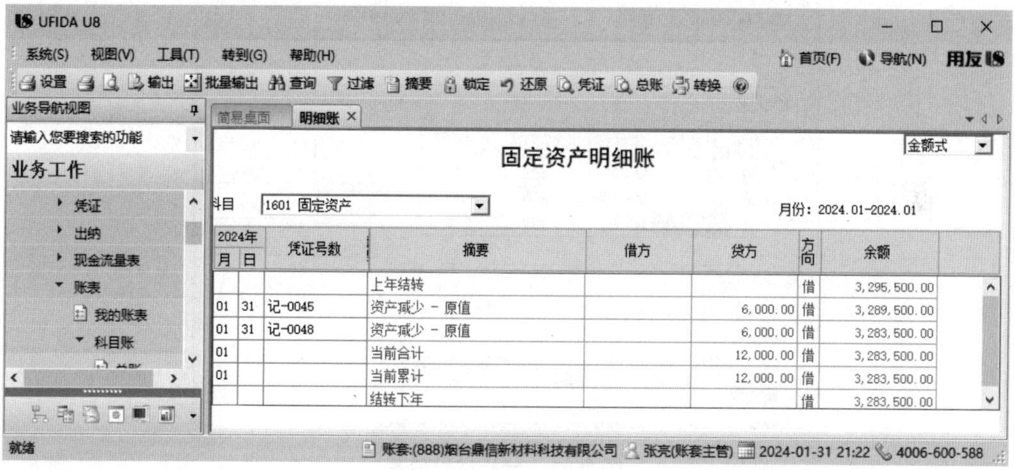

图 5-59　固定资产明细账

【子任务 5.4】多栏账查询

任务描述

查询烟台鼎信新材料科技有限公司 2024 年 1 月"222101 应交增值税"多栏账。

操作步骤

第一步,登录企业应用平台,执行"业务工作"|"财务会计"|"总账"|"账表"|"科目账"|"多栏账"命令,打开"多栏账"窗口。

第二步,单击"增加"按钮,打开"多栏账定义"对话框,输入或选择核算科目"222101应交增值税",显示多栏账名称为"应交增值税多栏账",单击"自动编制"按钮,选择各个栏目的分析方式为"余额",如图 5-60 所示。

第三步,单击"选项"按钮,选择"分析栏目前置"单选按钮,选择 22210101、22210103的方向为"借",如图 5-61 所示。

第四步,单击"确定"按钮,返回到"多栏账"窗口。

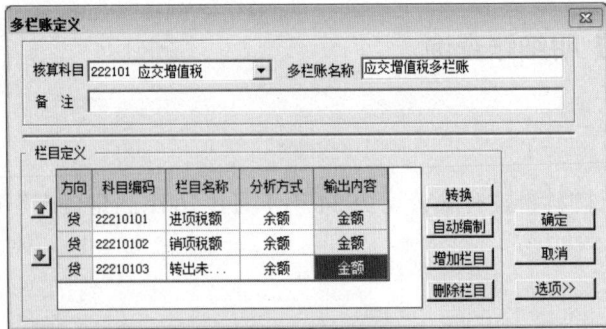

图 5-60　多栏账定义

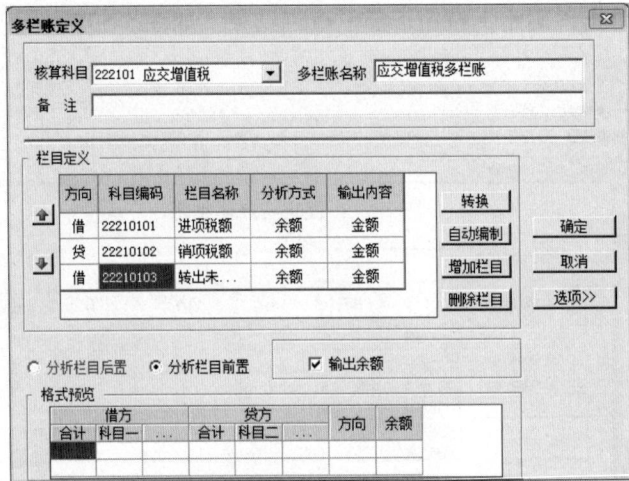

图 5-61　分析栏目前置

第五步，单击"查询"按钮，选择要查询的多栏账，输入查询起止月份。

第六步，单击"确定"按钮，显示查询结果，如图 5-62 所示。

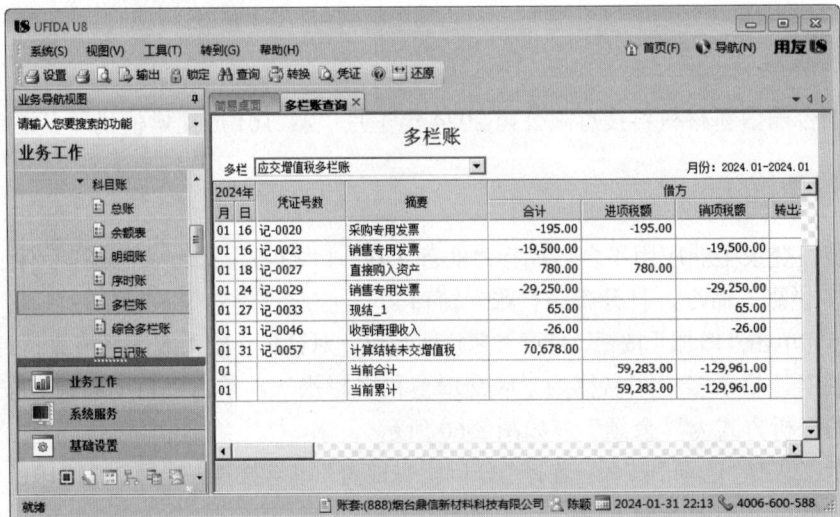

图 5-62　应交增值税多栏账

注意：(1) 自动编制是指系统将根据所选核算科目的下级科目自动编制多栏账分析栏目。例如：核算科目为 6602 管理费用，执行"自动编制"命令后，系统将自动把 6602 的下级科目设为多栏账分析栏目，分析方向与科目性质相同。

(2) 分析栏目前置是指将分析栏目放在余额列之前进行分析。

【子任务 5.5】客户往来辅助账查询

任务描述

查询烟台鼎信新材料科技有限公司 2024 年 1 月"1122 应收账款"客户科目余额表。

操作步骤

登录企业应用平台，执行"总账"|"账表"|"客户往来辅助账"|"客户往来余额表"|"客户科目余额表"命令，打开"客户科目余额表"对话框，输入或选择科目"1122"，单击"确定"按钮，显示查询结果，如图 5-63 所示。

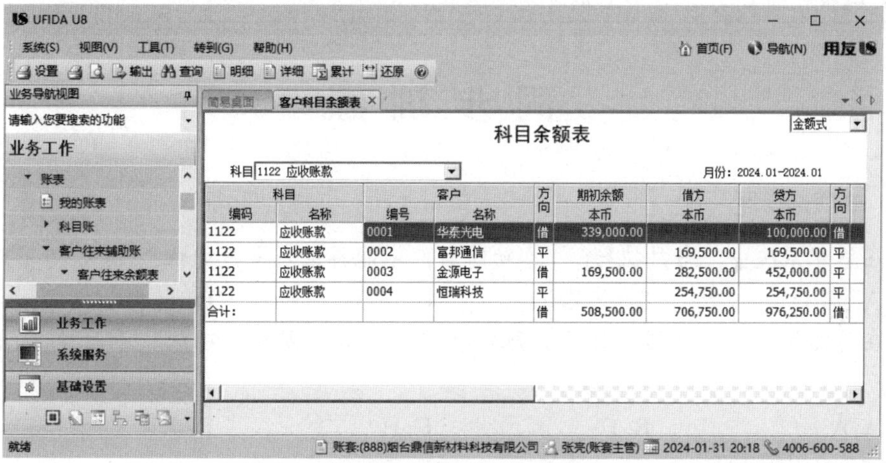

图 5-63　客户科目余额表

【子任务 5.6】个人往来账查询

任务描述

查询烟台鼎信新材料科技有限公司 2024 年 1 月"于力"的个人往来清理账。

操作步骤

登录企业应用平台，执行"业务工作"|"总账"|"账表"|"个人往来账"|"个人往来清理"命令，打开"个人往来两清条件"对话框，输入或选择个人"0301 于力"，单击"确定"按钮，显示查询结果，若有已达账项可以单击"勾对"按钮，如图 5-64 所示。

高职高专互联网+新形态教材·财会系列

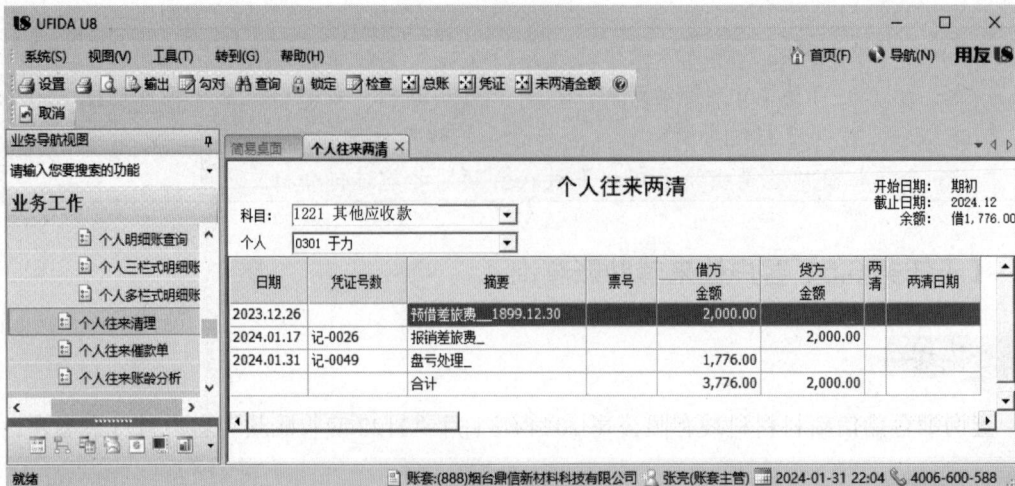

图 5-64　个人往来清理账表

> **注意：** 勾对是指将已达账项打上已结清的标记。例如，某个人上月借款1 000元，本月归还欠款1 000元，则两清就是在这两笔业务上同时打上标记，表示该往来业务已结清。系统提供自动勾对与手工勾对两种方式。

同 步 训 练

一、单项选择题

1. 在总账系统中，当月执行( )功能后，不能再录入当月凭证。
   A. 审核　　　　　B. 记账　　　　　C. 对账　　　　　D. 结账
2. 在总账系统中，激活"恢复记账前状态"功能，需在"对账"界面按 Ctrl+( )组合键。
   A. A　　　　　　B. F　　　　　　C. H　　　　　　D. J
3. 对于已作废的凭证，可以通过( )功能将其彻底删除。
   A. 凭证审核　　　B. 凭证记账　　　C. 凭证修改　　　D. 凭证整理
4. 凭证记账后不能进行的操作是( )。
   A. 修改期初余额　　　　　　　　　B. 指定现金及银行科目
   C. 继续填制凭证　　　　　　　　　D. 设置自定义转账凭证
5. 银行对账初始未达账项的日期必须( )银行对账系统启用日期。
   A. 早于　　　　　B. 晚于　　　　　C. 等于　　　　　D. 以上都可以

二、多项选择题

1. 填制记账凭证时，凭证保存后未审核未经出纳签字前，可以进行修改的是( )。
   A. 凭证编号　　　B. 凭证类别　　　C. 会计科目　　　D. 借贷金额
2. 银行对账工作一般包括的操作有( )。

A. 银行对账　　　　　　　　　B. 录入期初余额及未达账项

C. 手工录入银行存款日记账　　D. 录入银行对账单

3. 下列说法中正确的是(　　)。

A. 已记账的凭证不能在"填制凭证"窗口中查询

B. 凭证可以成批审核,也可以逐张审核

C. 凭证一经审核,就不能修改、删除

D. 每月可进行多次记账操作

4. 下列说法中正确的是(　　)。

A. 红字金额以负数形式输入

B. 若本月有凭证已记账,则本月最后一张已记账凭证之前的凭证将不能执行凭证整理

C. 录入借贷方金额时,如果方向不符,可按空格键调整金额方向

D. 第一次记账时,如果期初余额试算不平衡,不能记账

5. 通过总账系统"凭证—查询凭证"功能,可以查询到(　　)。

A. 有错凭证　　　　　　　　　B. 作废凭证

C. 未记账凭证　　　　　　　　D. 已记账凭证

📹 微课视频

扫一扫,获取本项目相关微课视频。

053 填制凭证	054 凭证作废与删除	055 出纳签字
056 审核凭证	057 记账	058 取消记账
059 银行对账	060 自定义转账设置	061 转账生成(自定义转账)
062 期间损益结转设置	063 转账生成(期间损益结转)	064 总系统账结账与反结账

高职高专互联网+新形态教材·财会系列

项目 6

薪资管理系统业务处理

【项目目标】

了解薪资管理系统与其他系统之间的关系，掌握薪资管理系统的业务流程，掌握工资计算及银行代发的设置方法，能熟练进行工资项目与公式的设置、计算和分摊工资的操作，具备在信息化环境下进行薪资管理的基本能力，培养数据思维，强调合法合规意识。

【知识点与技能点】

任 务	知 识 点	技 能 点
任务 1　薪资管理系统认知	薪资管理系统与其他系统的关系， 薪资管理系统的业务流程	
任务 2　薪资管理系统日常业务处理	工资变动， 个人所得税， 银行代发， 工资分摊(分摊设置与凭证生成)	工资的录入与计算， 个人所得税的计算， 银行代发设置， 工资分摊的操作
任务 3　薪资管理系统期末处理	结账与反结账， 账表查询及凭证查询的方法	结账与反结账的处理， 账表查询及凭证查询

任务 1　薪资管理系统认知

【任务目标】

知识目标：了解薪资管理系统与其他系统的关系；掌握薪资管理系统的业务处理流程。

素质目标：提升数据技能；培养全局思维。

【任务重点难点】

薪资管理系统的业务处理流程。

【子任务 1】了解薪资管理系统与其他系统的关系

薪资管理系统是用于工资核算和管理的模块，该子系统以职工个人的原始工资数据为基础，协助完成职工工资的计算、汇总，分配工资费用，计算个人所得税，同时可以查询、统计并打印各种工资表。

薪资管理系统用于进行工资核算，提取各种关于费用、工资、应交个人所得税等业务的记账凭证，并将其传递至总账系统，以便用户审核登记应付职工薪酬及相关成本费用账簿。此外，薪资管理系统还可以向成本核算子系统传递相关的工资合计数据。薪资管理系统与其他系统的关系如图 6-1 所示。

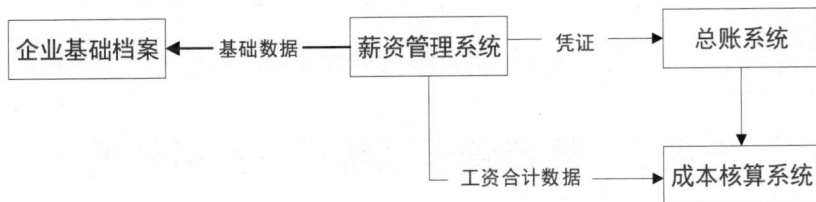

图 6-1　薪资管理系统与其他系统的关系

【子任务 2】掌握薪资管理系统业务流程

薪资管理系统的业务流程如图 6-2 所示。

高职高专互联网＋新形态教材·财会系列

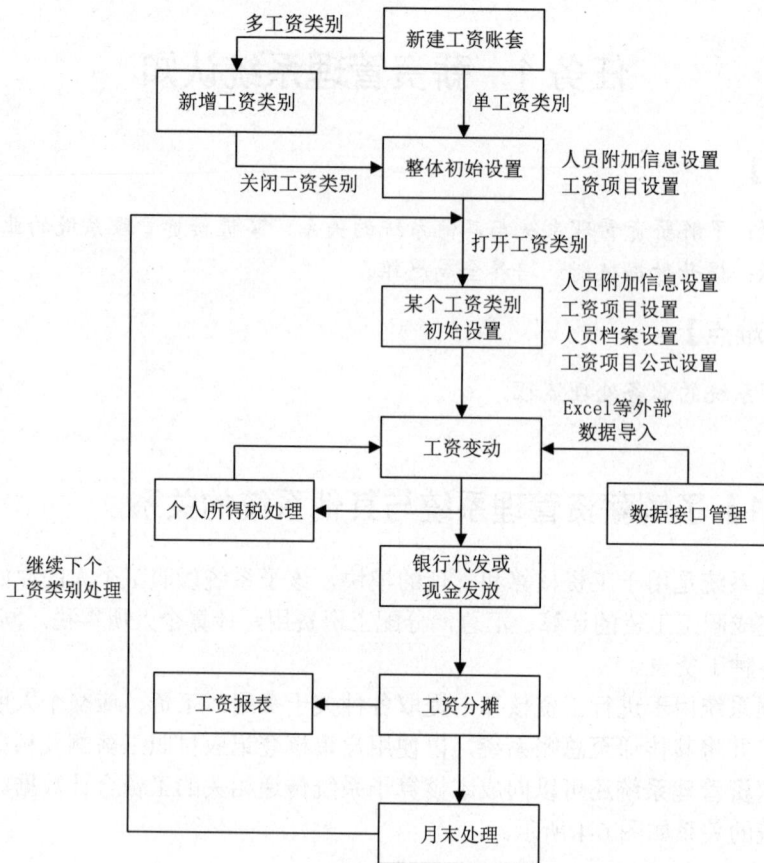

图 6-2　薪资管理系统业务流程

任务 2　薪资管理系统日常业务处理

【任务目标】

能力目标：能够准确录入工资数据并进行工资计算；能够熟练进行银行代发的设置；能够熟练完成工资分摊的操作。

素质目标：培养数据思维；强调合法合规意识。

【任务重点难点】

- 工资数据的录入及计算。
- 银行代发设置。
- 工资分摊。

薪资管理系统的日常业务处理主要包括计算并调整职工工资数据，并且根据这些数据发放工资，同时进行凭证填制等账务处理工作。

工资数据可以分为两种：固定数据和变动数据。固定数据一般比较稳定，数值很少变动，只在其发生变化的时候进行调整，平时不需要反复输入。常见的固定数据包括基本工资、岗位工资等。变动数据则需要在每次发放工资时根据实际情况进行调整，例如奖金、请假天数等。

【子任务 1】工资变动

【子任务 1.1】工资数据的录入及计算

任务描述

为烟台鼎信新材料科技有限公司增加 2024 年 1 月份在职人员工资数据，并进行计算与汇总，工资数据如表 6-1 所示。

表 6-1　工资数据

人员编号	人员姓名	部　门	基本工资	绩效工资	午餐补助	缺勤天数	缴存基数
0101	张亮	企业管理部	8 600	1 500	200		10 280.00
0201	林静	财务部	8 500	1 500	200	2	100 50.00
0202	陈颖	财务部	8 400	1 400	200		10 150.00
0203	李媛	财务部	8 300	1 300	200		10 100.00
0301	于力	采购部	8 300	1 400	200		10 050.00
0401	娄潇	营销部	8 600	1 500	200		10 280.00
0501	刘强	仓储部	8 300	1 300	200	1	10 030.00
0601	潘勇	注塑车间	8 400	1 700	200		10 150.00
0602	王倩	注塑车间	8 300	1 600	200		10 050.00
0603	赵辉	注塑车间	8 300	1 600	200		10 100.00
0604	冯喆	注塑车间	8 200	1 600	200		10 050.00
0701	周深	复合车间	8 400	1 700	200		10 200.00
0702	钟凯	复合车间	8 300	1 600	200		10 100.00
0703	王君	复合车间	8 300	1 600	200		10 060.00
0704	丁磊	复合车间	8 200	1 600	200		10 130.00
小计	—	—	125 400.00	22 900.00	3 000.00		151 780.00

操作步骤

第一步，财务部 003 陈颖登录企业应用平台，进入薪资管理系统。

第二步，执行"业务处理"|"工资变动"命令，打开"工资变动"窗口。

第三步，按照表 6-1 中的内容录入"基本工资""绩效工资""午餐补助"等数据，单击"计算"按钮，再单击"汇总"按钮，完成工资计算，结果如图 6-3 所示。

高职高专互联网＋新形态教材·财会系列

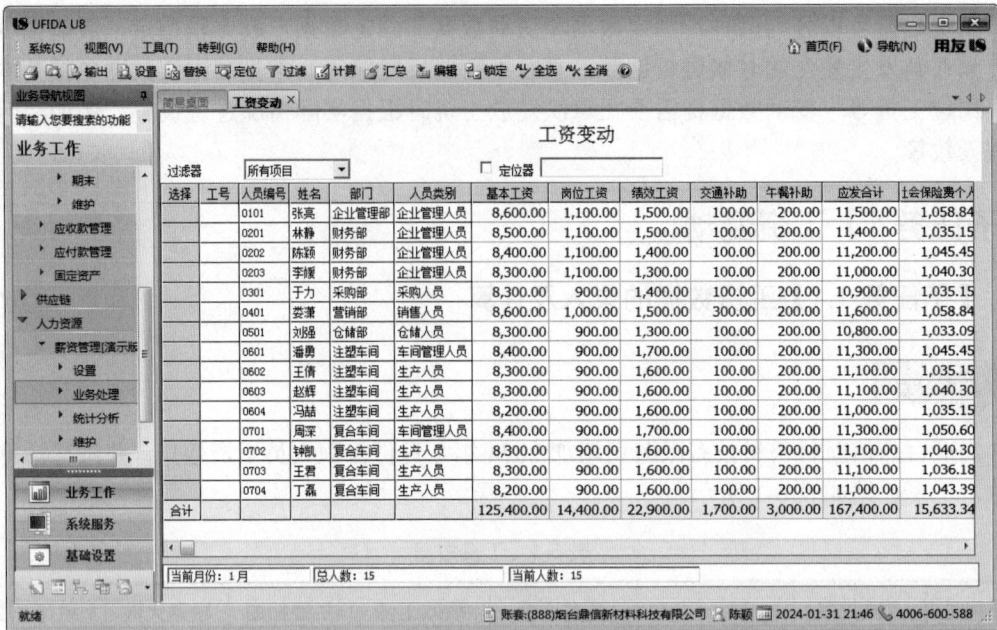

图 6-3　工资数据录入、计算并汇总

【子任务 1.2】批量编辑工资数据

任务描述

公司本期业绩有了较大提升，管理层决定将本期在职人员的"午餐补助"标准由 200元 / 人提升为 300 元 / 人。

操作步骤

第一步，财务部 003 陈颖登录企业应用平台，执行"业务工作"|"人力资源"|"薪资管理"|"业务处理"|"工资变动"命令，打开"工资变动"窗口，单击"全选"按钮，选中所有人员("人员编号"前出现"Y"标志，表示该信息已被选中)，如图 6-4 所示。

第二步，单击"替换"按钮，打开"工资项数据替换"对话框。如图 6-5 所示。在"将工资项目"下拉列表框中选择"午餐补助"并在"替换成"文本框中输入"300"，单击"确定"按钮，弹出"数据替换后将不可恢复，是否继续？"的提示信息，如图 6-6 所示。单击"是"按钮，弹出"15 条记录被替换，是否重新计算？"的提示信息，如图 6-7 所示。

第三步，单击"是"按钮，"午餐补助"数据被替换，如图 6-8 所示。

注意：薪资管理系统中的编辑器、过滤器、定位器等功能可以帮助用户提高工作效率，同学们可自行探索。

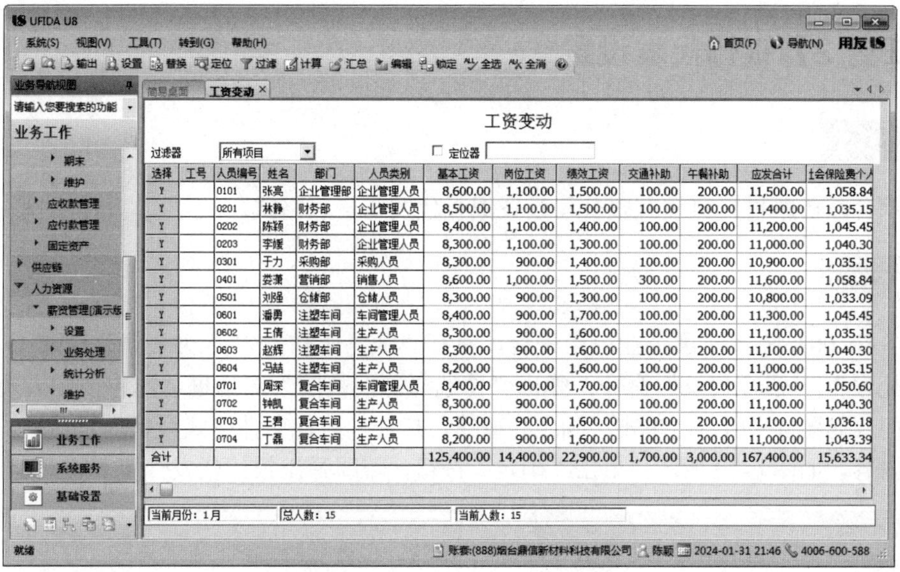

图 6-4　选中所有人员

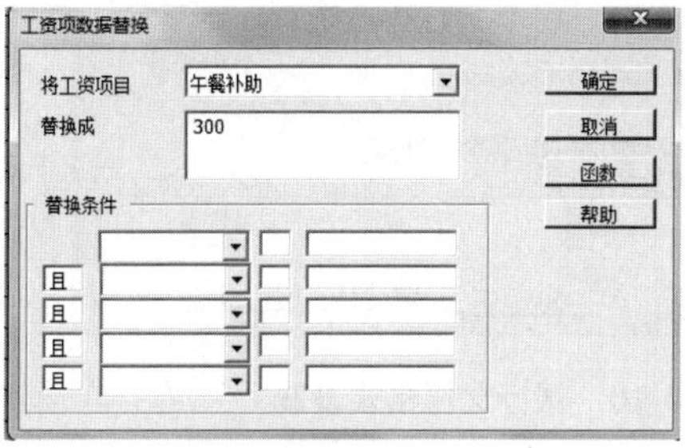

图 6-5　"工资项数据替换"对话框 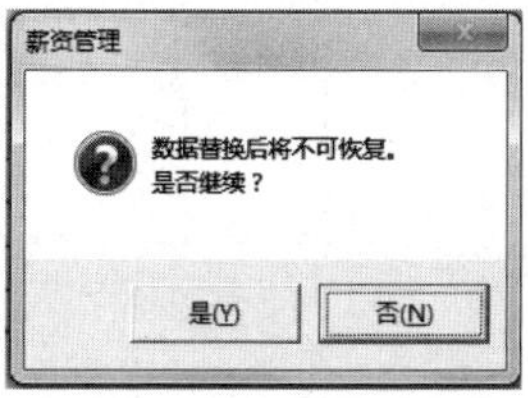　　　图 6-6　数据替换提示框 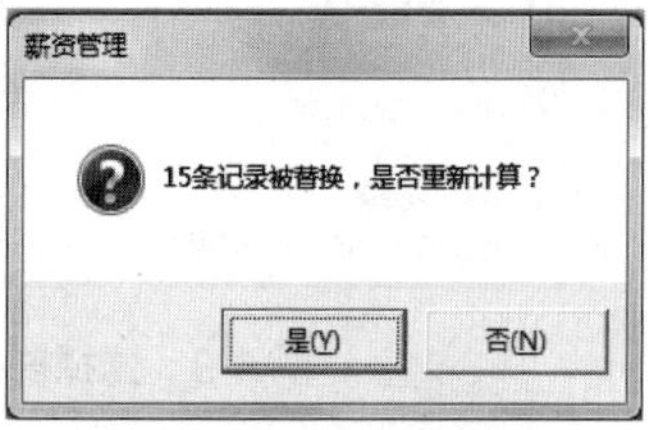　　　图 6-7　数据替换确认框

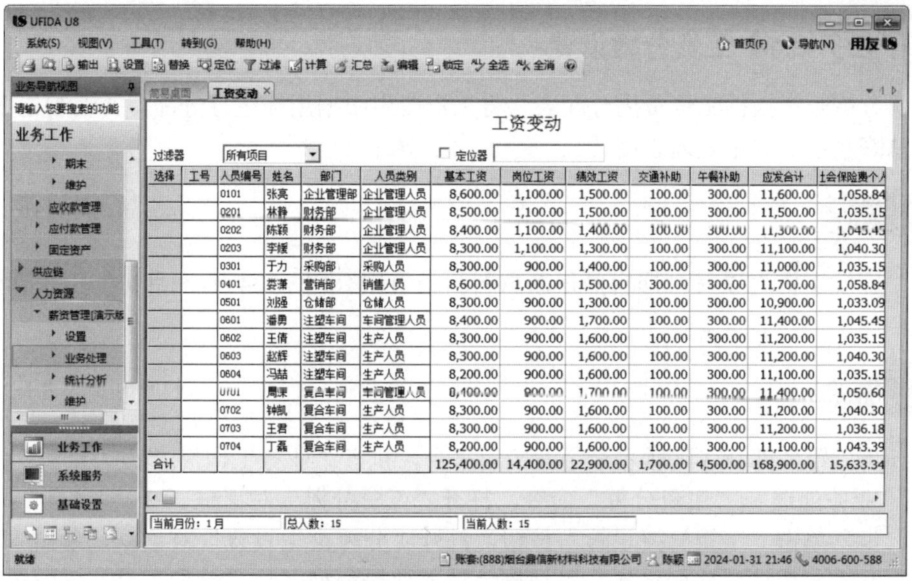

图 6-8　午餐补助数据被替换

高职高专互联网＋新形态教材·财会系列

【子任务 2】银行代发设置

任务描述

为烟台鼎信新材料科技有限公司设置银行代发工资表格式。

操作步骤

财务部 003 陈颖登录企业应用平台，执行"业务工作"|"人力资源"|"薪资管理"|"业务处理"|"银行代发"命令，弹出"请选择部门范围"对话框，选中在职人员所在的所有部门，如图 6-9 所示。单击"确定"按钮，打开"银行文件格式设置"对话框，录入相关数据内容，如图 6-10 所示。单击"确定"按钮，随即弹出银行代发一览表，此表可输出。

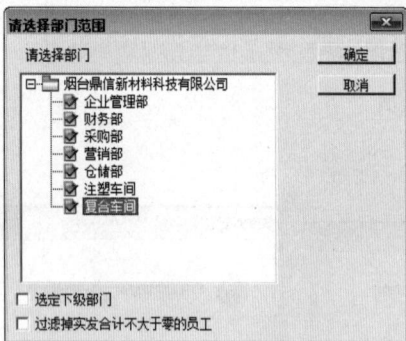

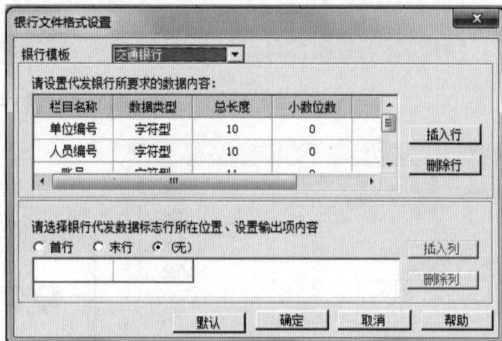

图 6-9 选择部门　　　　图 6-10 银行文件格式设置

【子任务 3】工资分摊

【子任务 3.1】工资分摊设置

工资分摊是指根据工资费用分配表，将工资费用根据用途进行分配，并编制记账凭证，传递到总账系统供登账处理之用。

任务描述

按"应发工资"项目对烟台鼎信新材料科技有限公司 2024 年 1 月份的工资费用进行分配。

操作步骤

第一步，财务部 003 陈颖登录企业应用平台，执行"业务工作"|"人力资源"|"薪资管理"|"业务处理"|"工资分摊"命令，打开"工资分摊"对话框。

第二步，单击"工资分摊设置"按钮，打开"分摊类型设置"对话框，单击"增加"按钮，打开"分摊计提比例设置"对话框，录入计提类型名称"分配工资"，设置分摊计提比例为 100%，如图 6-11 所示。

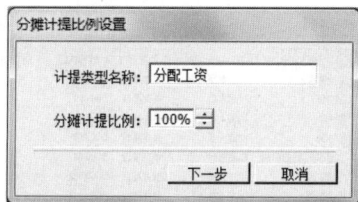

图 6-11　工资分摊计提比例设置

第三步，单击"下一步"按钮，打开"分摊构成设置"对话框，分别按照"部门名称""人员类别"和"工资项目"设置借方科目、贷方科目等内容，如图 6-12 所示。

部门名称	人员类别	工资项目	借方科目	借方项目大类	借方项目	贷方科目	贷方项目大类	贷方项目
企业管理部,财务部	企业管理人员	应发工资	660201			221101		
采购部	采购人员	应发工资	660201			221101		
营销部	销售人员	应发工资	660101			221101		
仓储部	仓储人员	应发工资	660201			221101		
注塑车间,复合车间	车间管理人员	应发工资	510101			221101		
注塑车间	生产人员	应发工资	50010102	生产成本	注塑按键	221101		
复合车间	生产人员	应发工资	50010102	生产成本	复合片	221101		

图 6-12　工资分摊设置(分配工资)

第四步，单击"完成"按钮，返回到"分摊类型设置"对话框。

任务描述

为烟台鼎信新材料科技有限公司的计提五险一金和代扣个人所得税进行工资分摊设置。其中，公司承担的养老保险、医疗(生育)保险、失业保险、工伤保险、住房公积金计提比例分别为 16%、7.8%、0.7%、1.32%、9%；职工个人承担的养老保险、医疗(生育)保险、失业保险、工伤保险、住房公积金计提比例分别为 8%、2%、0.3%、0、9%。

操作步骤

第一步，财务部 003 陈颖登录企业应用平台，执行"业务工作"|"人力资源"|"薪资管理"|"业务处理"|"工资分摊"命令，打开"工资分摊"对话框。

第二步，单击"工资分摊设置"按钮，打开"分摊类型设置"对话框，单击"增加"按钮，打开"分摊计提比例设置"对话框，录入计提类型名称"计提社保单位部分"，设置分摊计提比例为 25.82%，如图 6-13 所示。

第三步，单击"下一步"按钮，打开"分摊构成设置"对话框，分别按照"部门名称""人员类别"和"工资项目"设置借方科目、贷方科目等内容，如图 6-14 所示。

第四步，使用同样的方法，依次增加"计提公积金单位部分""结转代扣社会保险个人部分""结转代扣住房公积金个人部分""结转代扣个税"的分摊设置，如图 6-15～图 6-22 所示。

高职高专互联网+新形态教材·财会系列

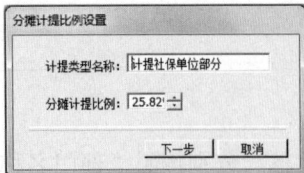

图6-13　分摊计提比例设置
(计提社保单位部分)

图6-14　分摊构成设置(计提社保单位部分)

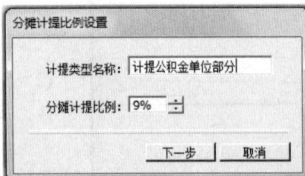

图6-15　分摊计提比例设置
(计提公积金单位部分)

图6-16　分摊构成设置(计提公积金单位部分)

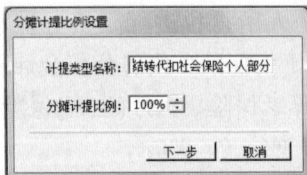

图6-17　分摊计提比例设置
(结转代扣社会保险个人部分)

图6-18　分摊构成设置(结转代扣社会保险个人部分)

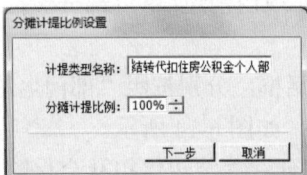

图6-19　分摊计提比例设置
(结转代扣住房公积金个人部分)

图6-20　分摊构成设置(结转代扣住房公积金个人部分)

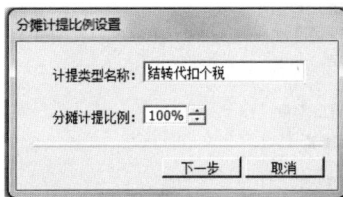

图 6-21 分摊计提比例设置
(结转代扣个税)

图 6-22 分摊构成设置(结转代扣个税)

第五步，设置完成后单击"返回"按钮，返回到"工资分摊"对话框，完成工资分摊设置，如图 6-23 所示。

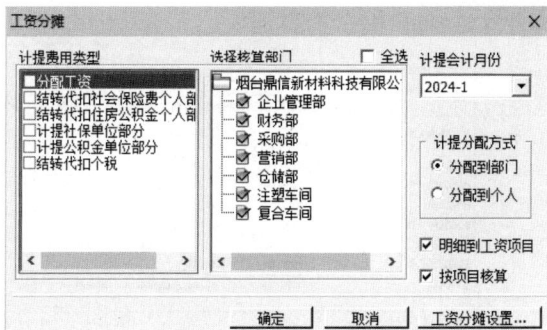

图 6-23 工资分摊

【子任务 3.2】生成工资分摊凭证

任务描述

根据工资分摊设置及工资数据，生成工资分摊凭证。

操作步骤

第一步，财务部 003 陈颖登录企业应用平台，执行"业务工作"|"人力资源"|"薪资管理"|"业务处理"|"工资分摊"命令，打开"工资分摊"对话框，选择计提费用类型为"分配工资"，在"选择核算部门"列表框中勾选所有部门，同时选中"明细到工资项目""按项目核算"复选框，如图 6-24 所示。

第二步，单击"确定"按钮，打开"工资分摊明细"窗口，选中"合并科目相同、辅助项相同的分录"复选框，如图 6-25 所示。

第三步，单击"制单"按钮，生成凭证，单击"保存"按钮，将生成的相应凭证传递到总账系统，如图 6-26 所示。

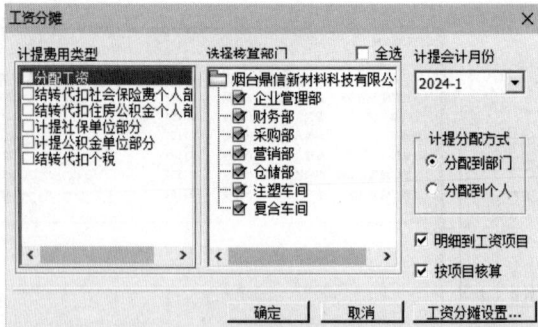

图 6-24 工资分摊(分配工资)

图 6-25 工资分摊明细(分配工资)

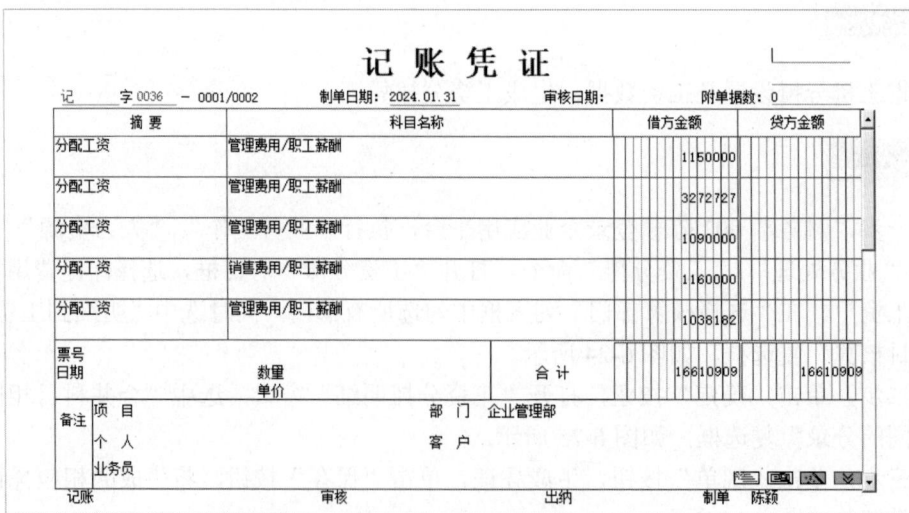

图 6-26 工资分摊凭证(分配工资)

任务描述

根据分摊设置及工资数据，依次生成社会保险、住房公积金和代扣个人所得税的分摊凭证。

其操作步骤与生成工资分摊凭证相同，这里不再赘述。生成的凭证如图 6-27～图 6-31 所示。

> **注意：** 薪资管理系统生成的记账凭证无法在总账系统中修改、删除和冲销，如需删除，可在薪资管理系统中执行“凭证查询”命令，在“凭证查询”窗口中删除。

记 账 凭 证

记 字 0040 － 0001/0002　　制单日期：2024.01.31　　审核日期：　　附单据数：0

摘 要	科目名称	借方金额	贷方金额
计提社保单位部分	管理费用/职工薪酬	265430	
计提社保单位部分	管理费用/职工薪酬	782346	
计提社保单位部分	管理费用/职工薪酬	259491	
计提社保单位部分	销售费用/职工薪酬	265430	
计提社保单位部分	管理费用/职工薪酬	258975	
票号 日期	数量 单价　　合 计	3918961	3918961

备注　项 目　　部 门　企业管理部
个 人　　客 户
业务员

记账　　审核　　出纳　　制单　陈颖

图 6-27　工资分摊凭证(计提社保单位部分)

记 账 凭 证

记 字 0041 － 0001/0002　　制单日期：2024.01.31　　审核日期：　　附单据数：0

摘 要	科目名称	借方金额	贷方金额
计提公积金单位部分	管理费用/职工薪酬	92520	
计提公积金单位部分	管理费用/职工薪酬	272700	
计提公积金单位部分	管理费用/职工薪酬	90450	
计提公积金单位部分	销售费用/职工薪酬	92520	
计提公积金单位部分	管理费用/职工薪酬	90270	
票号 日期	数量 单价　　合 计	1366020	1366020

备注　项 目　　部 门　企业管理部
个 人　　客 户
业务员

记账　　审核　　出纳　　制单　陈颖

图 6-28　工资分摊凭证(计提公积金单位部分)

记 账 凭 证

记 字 0037	制单日期: 2024.01.31	审核日期:	附单据数: 0
摘 要	科目名称	借方金额	贷方金额
结转代扣社会保险费个人	应付职工薪酬/工资	1563334	
结转代扣社会保险费个人	其他应付款/社会保险费		1563334
票号 日期	数量 单价	合 计 1563334	1563334
备注 项 目 个 人 业务员	部 门 客 户		
记账	审核	出纳	制单 陈颖

图 6-29　工资分摊凭证(结转代扣社会保险费个人部分)

记 账 凭 证

记 字 0038	制单日期: 2024.01.31	审核日期:	附单据数: 0
摘 要	科目名称	借方金额	贷方金额
结转代扣住房公积金个人	应付职工薪酬/工资	1366020	
结转代扣住房公积金个人	其他应付款/住房公积金		1366020
票号 日期	数量 单价	合 计 1366020	1366020
备注 项 目 个 人 业务员	部 门 客 户		
记账	审核	出纳	制单 陈颖

图 6-30　工资分摊凭证(结转代扣住房公积金个人部分)

记 账 凭 证

记 字	制单日期: 2024.01.31	审核日期:	附单据数: 0
摘 要	科目名称	借方金额	贷方金额
结转代扣个税	应付职工薪酬/工资	185446	
结转代扣个税	应交税费/应交个人所得税		185446
票号 日期	数量 单价	合 计 185446	185446
备注 项 目 个 人 业务员	部 门 客 户		
记账	审核	出纳	制单 陈颖

图 6-31　工资分摊凭证(结转代扣个税)

任务 3　薪资管理系统期末处理

【任务目标】

知识目标：了解薪资的账表类型与作用；掌握月末结账与反结账的方法。
能力目标：能够熟练完成薪资管理系统月末结账；能够根据需要查询相关账表。
素质目标：培养诚信守法意识；树立文化自信。

【任务重点难点】

- 薪资管理系统月末结账。
- 薪资管理系统账表查询。

【子任务 1】月末处理

月末处理是将当月数据经过处理后结转至下月。每月工资数据处理完毕后均可进行月末结转。在工资项目中，有些项目是变动的，每个月的数据均不相同，在进行月度工资处理时，需将其数据清零，然后再输入当月的数据。

任务描述

将 2024 年 1 月份工资数据中的"缺勤天数"清零，并将工资数据结转至下月。

操作步骤

第一步，登录企业应用平台，执行"业务工作"|"人力资源"|"薪资管理"|"业务处理"|"月末处理"命令，打开"月末处理"对话框，如图 6-32 所示。单击"确定"按钮，弹出提示信息，如图 6-33 所示。单击"是"按钮，弹出"是否选择清零项？"的提示信息，如图 6-34 所示。单击"是"按钮，进行期末处理。

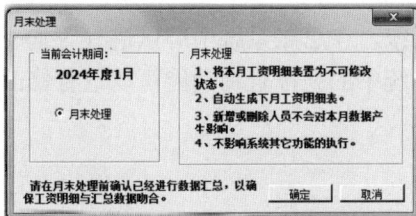

图 6-32　月末处理对话框　　图 6-33　月末处理提示　　图 6-34　是否清零提示

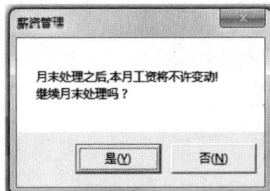

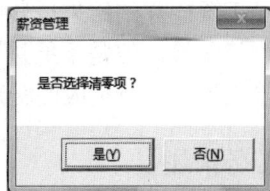

第二步，弹出"选择清零项目"对话框，选中"缺勤天数"变动项目，单击▷按钮，将其移动到右边的列表框中，如图 6-35 所示。再单击"确定"按钮，弹出提示信息"月末处理完毕！"，单击"确定"按钮，月末处理完成，如图 6-36 所示。

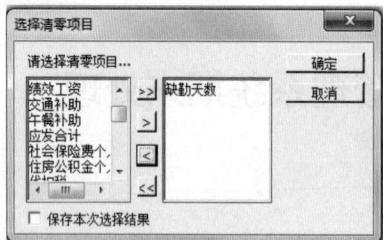

图 6-35　选择清零项目　　　　　图 6-36　月末处理完毕

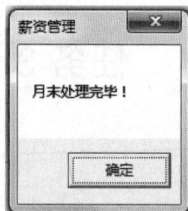

注意：(1) 在薪资管理系统执行月末处理后，发现还有一些业务或其他事项需要在已结账月进行账务处理，可以在本系统执行"业务处理"|"反结账"命令进行反结账。

(2) 有下列情况之一的，不允许进行反结账操作：①总账系统已结账。②本月分摊、计提凭证传输至总账系统后，如果总账系统已记账，操作人员需做红字冲销后，才能反结账。

【子任务 2】账表查询

工资数据处理结果最终以工资报表的形式呈现，薪资管理模块提供了主要的工资报表，报表的格式由会计软件提供。如果对会计软件提供的固定格式不满意，用户也可以自行设计。

1. 工资表

工资表主要用于发放和统计本月工资，包括工资发放表、工资汇总表等。用户可以对系统提供的工资表进行修改，使报表格式更符合企业的需要。

2. 工资分析表

工资分析表是以工资数据为基础，对按部门、人员等方式分类的工资数据进行分析和比较而产生的，供决策人员使用。

3. 工资凭证查询

工资核算的结果以转账凭证的形式传送到总账系统，在总账系统中可以进行查询、审核、记账等，但是不能进行修改和删除。工资管理系统中的凭证查询功能可以进行修改和删除工资系统所生成的转账凭证。

任务描述

查询烟台鼎信新材料科技有限公司 2024 年 1 月的工资发放条。

操作步骤

第一步，财务部 003 陈颖登录企业应用平台，执行"业务工作"|"人力资源"|"薪资管理"|"统计分析"|"账表"|"工资表"命令，打开"工资表"对话框，如图 6-37 所示。

选择要查看的"工资发放条",单击"查看"按钮,打开"选择分析部门"对话框,选择分析部门,如图6-38所示。

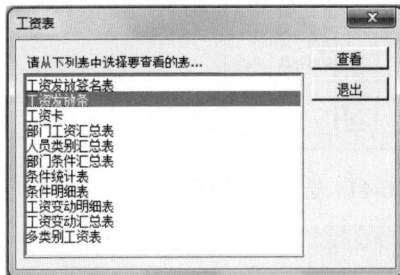

图 6-37 选择"工资发放条"　　　　图 6-38 选择分析部门

第二步,单击"确定"按钮,即可得到相应的查询结果,如图6-39所示。

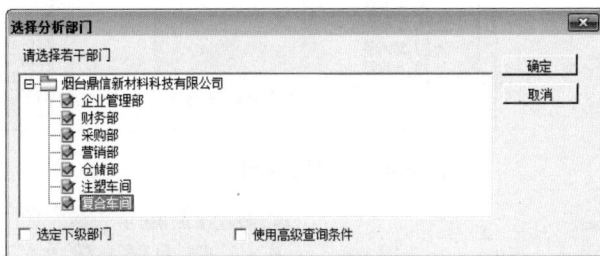

图 6-39 工资发放条

任务描述

查询烟台鼎信新材料科技有限公司2024年1月的工资分析表。

操作步骤

第一步,执行"业务工作"|"人力资源"|"薪资管理"|"统计分析"|"账表"|"工资分析表"命令,打开"工资分析表"对话框。

第二步,选择工资项目分析表,单击"确定"按钮,打开"请选择分析部门"对话框,选择分析部门,如图6-40所示。单击"确定"按钮,打开"分析表选项"对话框,选择工资项目,如图6-41所示。

第三步,单击"确定"按钮,打开"工资项目分析表(按部门)"窗口,如图6-44所示。

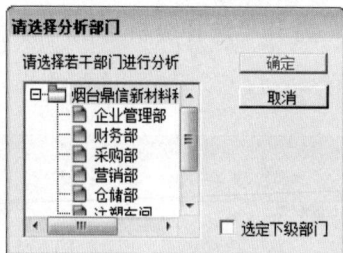

图 6-40 选择分析部门

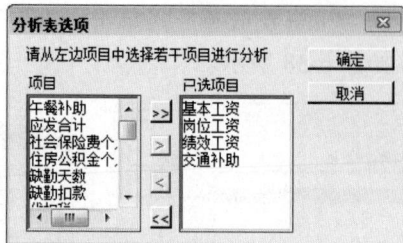

图 6-41 选择分析项目

图 6-42 工资项目分析

第四步,从"部门"下拉列表框中可选择部门进行查看。

任务描述

查询烟台鼎信新材料科技有限公司 2024 年 1 月的工资凭证。

操作步骤

第一步,执行"业务工作"|"人力资源"|"薪资管理"|"统计分析"|"凭证查询"命令,打开"凭证查询"对话框,如图 6-43 所示。

图 6-43 "凭证查询"对话框

第二步,选择一张要删除的凭证,单击"删除"按钮,即可删除一张未审核的凭证。

第三步,选择一张凭证,单击"单据"按钮,即可显示生成凭证的原始单据。

第四步，选择一张凭证，单击"冲销"按钮，即可对当前标志为"记账"的凭证进行红字冲销操作，自动生成与原凭证相同的红字凭证。

同 步 训 练

一、单项选择题

1. 薪资管理系统传递到总账系统中的凭证，不可以在总账系统中(　　)。
　　A. 查询　　　　　　B. 删除　　　　　　C. 审核　　　　　D. 记账

2. 薪资管理系统中，"凭证查询"是该系统(　　)的子菜单。
　　A. 基础设置　　　B. 统计分析　　　C. 数据维护　　　D. 业务处理

3. 在薪资管理系统中如果只想输入"交通补助"和"缺勤天数"两个工资项目的数据，利用系统提供的(　　)功能能够提高输入效率。
　　A. 页编辑　　　　B. 替换　　　　　C. 定位器　　　　D. 过滤器

4. 如果工资数据的变化具有规律性，可以使用(　　)功能进行成批数据变动。
　　A. 替换　　　　　B. 汇总　　　　　C. 修改　　　　　D. 批量

5. 下面说法正确的是(　　)。
　　A. 一个企业只能设置一个薪资类别
　　B. 应发工资是薪资管理系统的固定工资项目
　　C. 薪资项目一旦设置，就不能删除
　　D. 在薪资管理系统中，应先设置工资项目，再设置计算公式

二、多项选择题

1. 下面可以在薪资管理系统生成的记账凭证有(　　)。
　　A. 代扣个税　　　　　　　　　　B. 计提工会经费
　　C. 分配工资　　　　　　　　　　D. 发放工资

2. 下列工资数据，一般需要在月末处理中进行清零处理的是(　　)。
　　A. 基本工资　　　B. 缺勤天数　　　C. 代扣电费　　　D. 岗位工资

3. 在修改了某些数据、重新设置了计算公式，或者进行了数据替换等操作后，必须调用工资变动中的哪些功能以保证工资数据的正确? (　　)
　　A. 替换　　　　　B. 汇总　　　　　C. 计算　　　　　D. 筛选

4. 下列说法正确的是(　　)。
　　A. 如果修改了扣税设置，需要进入"工资变动"窗口重新计算个人所得税
　　B. 进行月末处理后，当月数据将不再允许变动
　　C. 薪资管理系统生成的记账凭证无法在总账系统中修改、删除和冲销
　　D. 工资分摊设置中单击"删除"按钮，可删除一个已设置的工资分配计提类型，已分配计提的类型不能删除，最后一个类型不能删除

5. 薪资管理系统的主要任务是(　　)。

A. 根据管理的需要提供有关的工资统计分析数据

B. 汇总分配工资费用和计提工会经费等

C. 及时、准确地输入工资原始数据，并计算职工工资

D. 根据相关工资费用数据生成相应的记账凭证

📹 微课视频

扫一扫，获取本项目相关微课视频。

065 工资数据录入　　　　066 工资分摊设置　　　　067 工资分摊凭证生成

项目 7

固定资产系统业务处理

【项目目标】

了解固定资产系统与其他系统的关系，了解固定资产系统的业务流程，掌握固定资产日常业务处理和期末对账、结账的方法，能对固定资产的增减变动进行熟练操作，具备在信息化环境下进行固定资产管理的基本能力，强化管理思维和资产安全意识，提升职业判断能力。

【知识点与技能点】

任 务	知 识 点	技 能 点
任务 1 固定资产系统认知	固定资产系统与其他系统的关系，固定资产系统的业务流程	
任务 2 固定资产系统日常业务处理	资产增加，资产减少，资产变动，资产盘点	资产增加业务处理，资产减少业务处理，资产变动业务处理，资产盘点业务处理
任务 3 固定资产系统期末处理	计提折旧，计提减值准备，对账的方法，结账与反结账的方法，账表查询的方法	计提折旧的处理，计提减值准备，对账，结账与反结账，账表查询

固定资产系统是会计信息系统的重要组成部分，以固定资产卡片和固定资产明细账为基础，具备台账管理、财务核算、折旧计提和分配、变动管理等功能。固定资产系统的主要功能是完成固定资产日常业务的核算和管理，生成固定资产卡片，反映固定资产的增加、减少、原值变化及其他变动，自动计提折旧费用，生成折旧费用分配凭证，同时输出一些相关的账表。

任务 1　固定资产系统认知

【任务目标】

知识目标：了解固定资产系统与其他系统的关系；掌握固定资产系统的业务流程。
素质目标：提升数据技能；培养全局思维。

【任务重点难点】

固定资产系统的业务流程。

【子任务 1】了解固定资产系统与其他系统的关系

固定资产系统与用友其他产品的接口主要涉及的是总账系统。本系统资产增加、资产减少、卡片修改(涉及原值或累计折旧时)、资产评估(涉及原值或累计折旧变化时)、原值变动、累计折旧调整、计提减值准备调整、转回减值准备调整、折旧分配、增值税调整都要将有关数据通过记账凭证的形式传输到总账系统，同时通过对账保持固定资产账目的平衡。

固定资产系统与其他系统的关系如图 7-1 所示。

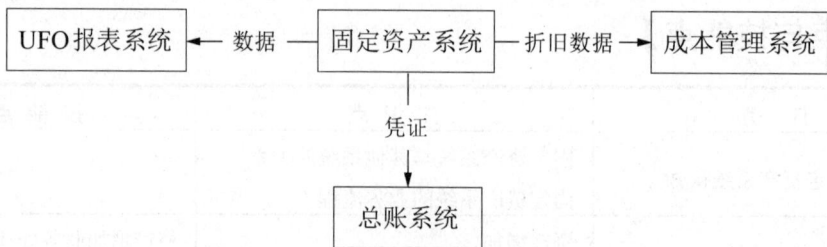

图 7-1　固定资产系统与其他系统的关系

【子任务 2】掌握固定资产系统业务流程

初次使用固定资产系统时，需要对该系统进行初始化设置。初始化设置包括设置控制参数、设置基础数据、录入原始卡片，操作者依据系统提示即可完成该操作。

固定资产的日常业务处理主要涉及固定资产卡片管理和固定资产的变动管理。

固定资产的期末处理包括计提本月折旧、月末结账以及对账。固定资产系统业务流程如图 7-2 所示。

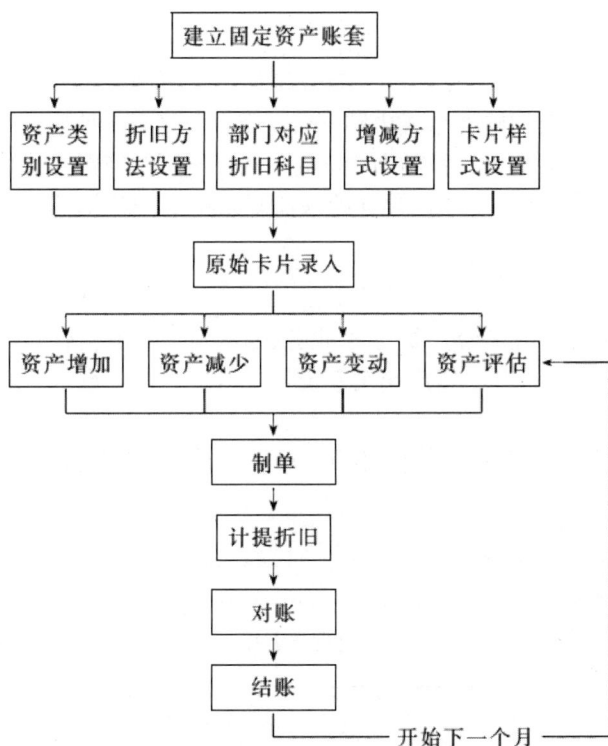

图 7-2　固定资产系统业务流程

任务 2　固定资产系统日常业务处理

【任务目标】

知识目标：掌握固定资产增加、减少、变动及盘点的处理方法。

能力目标：能够熟练进行固定资产增加、减少、变动及盘点的处理。

素质目标：强化管理思维，提升职业判断能力；提高资产安全意识。

【任务重点难点】

- 固定资产增加。
- 固定资产减少。
- 固定资产盘点。

【子任务 1】资产增加

资产增加的方式有多种，常见的资产增加方式有购买固定资产、在建工程转入等。当固定资产增加时，需要在固定资产系统中新增固定资产卡片，以登记固定资产台账、明细账。

任务描述

2024 年 1 月 18 日，公司购买台式电脑一台，交企业管理部使用，收到增值税专用发票一张，发票列明金额为 6 000 元，税额为 780 元，当日以网银转账方式付清，银行结算单号为 00171525。该电脑预计使用 5 年，预计净残值率为 4%，按平均年限法(一)计提折旧。

操作步骤

第一步，登录企业应用平台，执行"业务工作"|"财务会计"|"固定资产"|"卡片"|"资产增加"命令，打开"资产类别"窗口，双击"办公设备"所在行，打开"固定资产卡片"编辑窗口。

第二步，录入固定资产名称、使用部门、增加方式、使用状况、原值、税额、折旧方法等，如图 7-3 所示。

图 7-3　资产增加

第三步，单击"保存"按钮，弹出"数据成功保存"的提示信息，单击"确定"按钮，生成固定资产增加的凭证，如图 7-4 所示，保存并退出。(注意：如果选项设置中没有选中"业务发生后立即制单"复选框，则需到"批量制单"中生成凭证。)

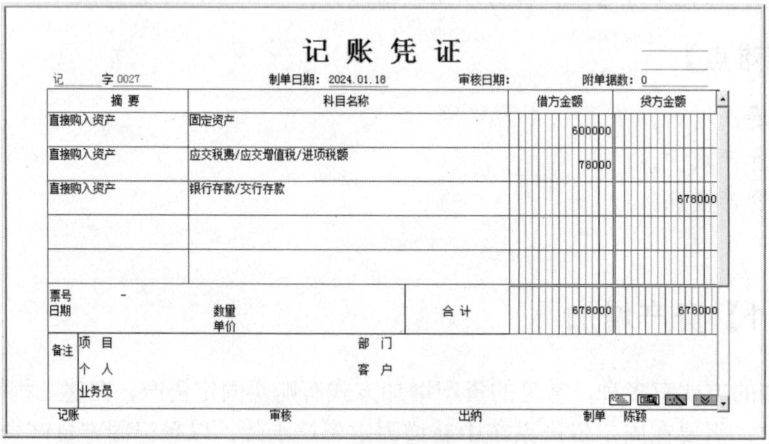

图 7-4　资产增加凭证

【子任务 2】资产减少

资产减少是指资产在使用过程中，由于报废、毁损、出售、盘亏等各种原因而退出企业，对这部分资产，需要在固定资产系统里做资产减少处理。

任务描述

2024 年 1 月 31 日，企业管理部卡片编号为 00003 的台式电脑因不能满足工作需要，将其报废，该电脑原价 6 000 元，已提折旧 4 224 元；出售收到 226 元现金，开出增值税专用发票一张，发票列明金额为 200 元，税额为 26 元；结转固定资产净损益。

操作步骤

第一步，登录企业应用平台，执行"业务工作"|"财务会计"|"固定资产"|"卡片"|"资产减少"命令，打开"资产减少"窗口，选择卡片编号"00003"，单击"增加"按钮，录入卡片减少的相关信息，如图 7-5 所示。(注意：在固定资产减少之前，必须先进行当期固定资产折旧的计提。)

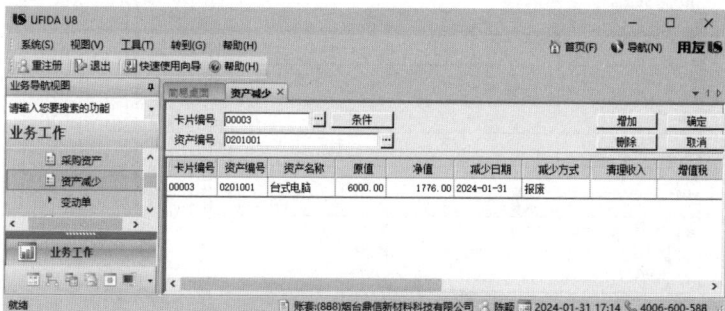

图 7-5　资产减少

第二步，单击"确定"按钮，弹出"所选卡片已经减少成功"的提示框。

第三步，单击"确定"按钮，生成固定资产减少的凭证，如图 7-6 所示，同时需要在总账系统中填制结转固定资产清理的相关会计凭证，如图 7-7、图 7-8 所示。

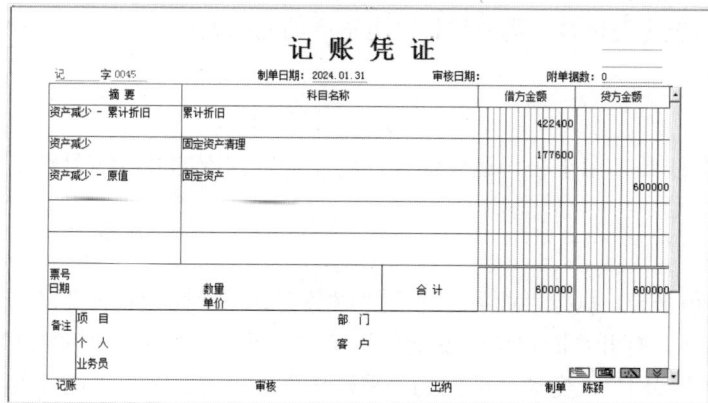

图 7-6　固定资产减少凭证

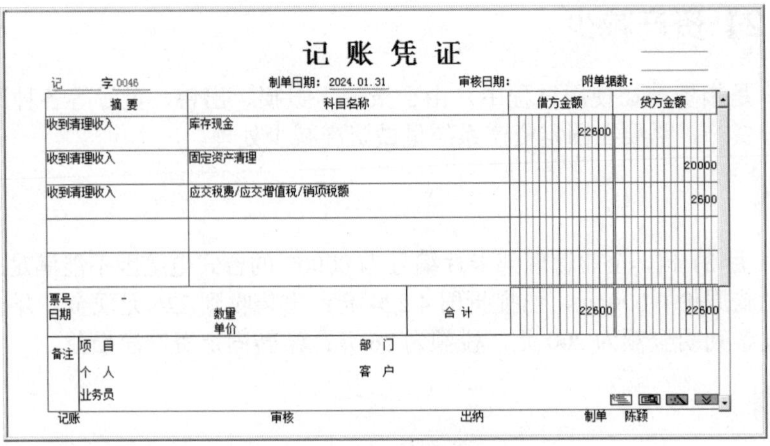

图 7-7　在总账系统录入清理收入凭证

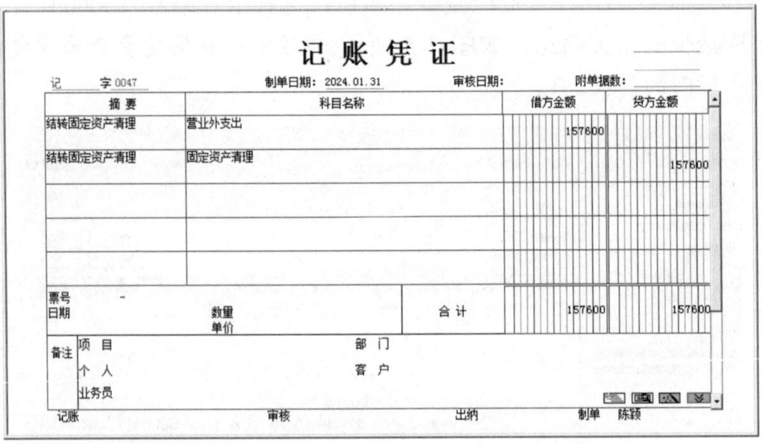

图 7-8　在总账系统录入结转清理净损益凭证

【子任务 3】资产变动

已经入账的固定资产，当使用部门、使用状况、存放地点、单价、使用年限、折旧方法和净残值(率)等发生变化时，需要进行固定资产的变动处理。

任务描述

2024 年 1 月 31 日，由于公司运营需要，将企业管理部的 00015 号轿车转移到采购部。

操作步骤

登录企业应用平台，执行"业务工作"|"财务会计"|"固定资产"|"卡片"|"变动单"|"部门转移"命令，打开"固定资产变动单"窗口，录入卡片编号"00015"，选择变动前部门为"企业管理部门"，变动后部门为"采购部"，变动原因为"业务需要"，单击"保存"按钮，如图 7-9 所示。

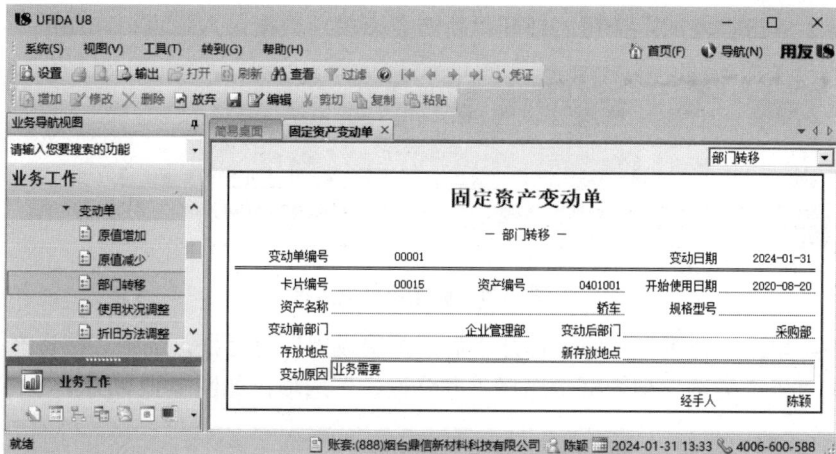

图 7-9　固定资产变动

【子任务 4】资产盘点

企业要定期对固定资产进行清查，至少每年清查一次，清查通过盘点来实现。固定资产盘点简称资产盘点，是在对固定资产进行实地清查后，将清查的实物数据录入固定资产系统与账面数据进行比对，并由系统自动生成盘点结果清单的过程。

任务描述

2024 年 1 月 31 日，对公司办公设备进行盘点，发现公司采购部的资产编号为 0203001 的台式电脑丢失，经查损失应由采购部于力负责赔偿，暂未收到赔偿款。

操作步骤

第一步，财务部 003 陈颖登录企业应用平台，执行"业务工作"|"财务会计"|"固定资产"|"卡片"|"资产盘点"命令，打开"资产盘点"窗口，如图 7-10 所示

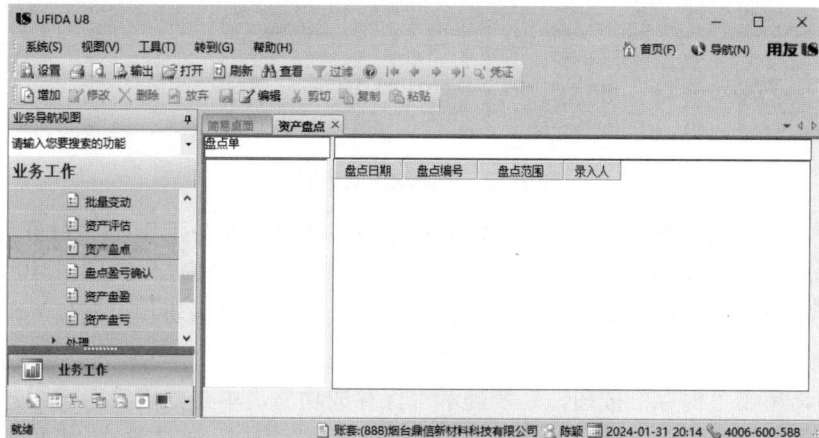

图 7-10　"资产盘点"窗口

第二步，单击"增加"按钮，打开"新增盘点单—数据录入"窗口，如图 7-11 所示。

图 7-11　新增资产盘点单

第三步，单击"范围"按钮，打开"盘点范围设置"对话框，选中"按资产类别盘点"复选框，在"资产类别"列表框中选择"办公设备"选项，如图 7-12 所示。

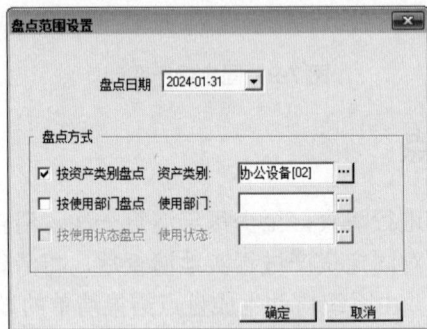

图 7-12　盘点范围设置

第四步，单击"确定"按钮，系统显示全部办公设备类固定资产，双击选中编号为"0203001"的固定资产，如图 7-13 所示，单击"删行"按钮，删除该固定资产，然后保存并退出。

图 7-13　删除缺失固定资产

第五步，账套主管 002 林静登录系统应用平台，执行"业务工作"|"财务会计"|"固定资产"|"卡片"|"盘点盈亏确认"命令，打开"盘盈盘亏确认"窗口，双击选中"02005001"资产，在"审核"栏选中"同意"，在"处理意见"栏录入"由责任人赔偿"，如图 7-14 所示。

第六步，单击"保存"按钮，系统提示"保存成功"，单击"确定"按钮并退出。

第七步，执行"资产盘亏"命令，打开"资产盘亏"窗口，双击选中"0203001"资产，如图 7-15 所示。

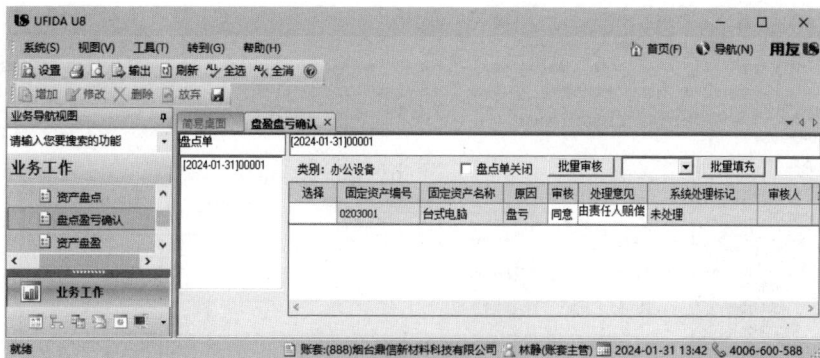

图 7-14　输入处理意见

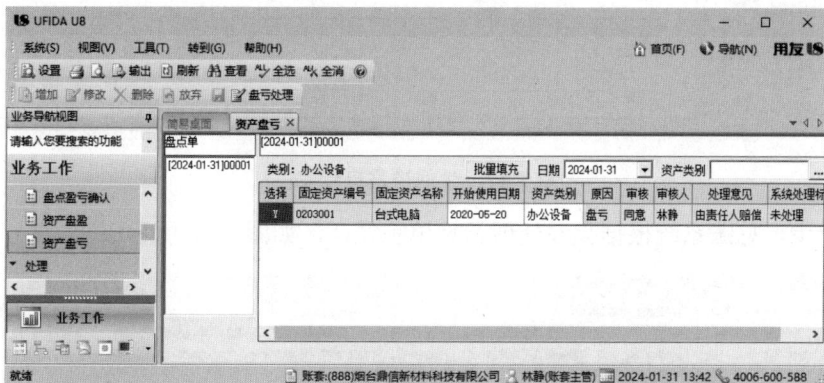

图 7-15　资产盘亏处理

第八步，单击"盘亏处理"按钮，打开"资产减少"窗口，在"减少方式"栏录入"盘亏"，如图 7-16 所示。

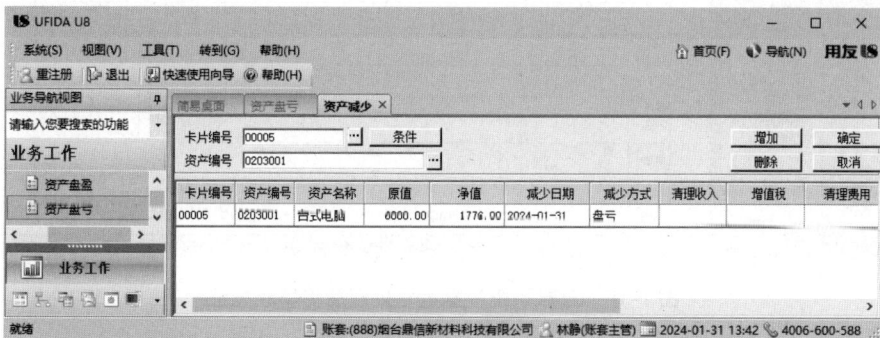

图 7-16　"资产减少"窗口

第九步，单击"确定"按钮，系统提示"所选卡片已经减少成功"，单击"确定"按钮。

第十步，财务部 003 陈颖执行"业务工作"|"财务会计"|"固定资产"|"处理"|"批量制单"命令，生成一张记账凭证，将"固定资产清理"科目修改为"待处理财产损溢"科目，如图 7-17 所示，然后保存凭证。

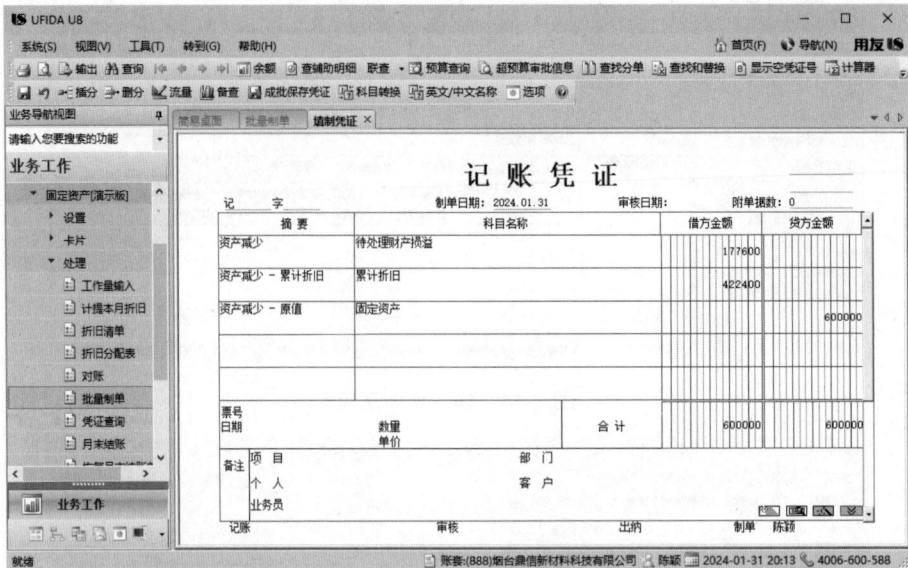

图 7-17　生成资产盘亏凭证

第十一步，总账系统根据盘亏处理意见填制凭证，如图 7-18 所示。

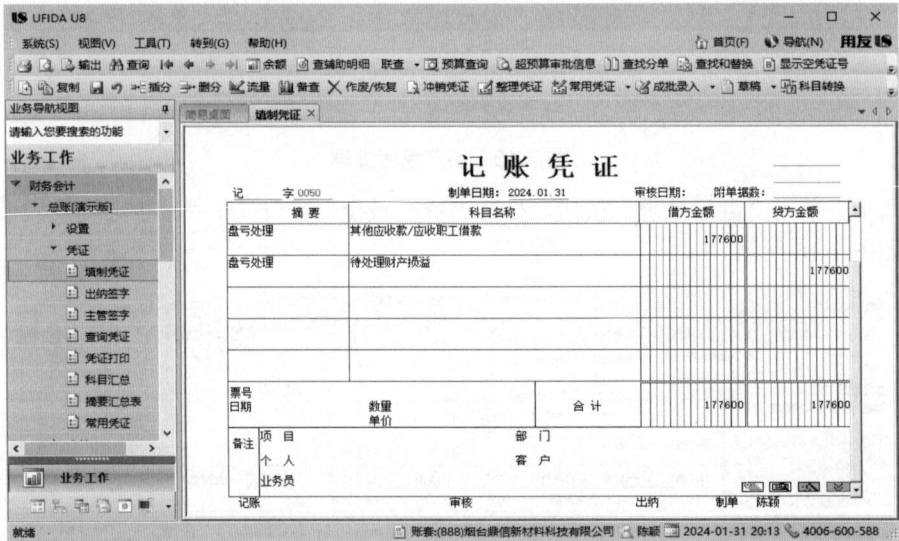

图 7-18　总账系统根据盘亏处理意见填制凭证

任务 3　固定资产系统期末处理

【任务目标】

　　知识目标：了解固定资产账表类型与作用；掌握固定资产折旧计提的方法；掌握月末对账、结账与反结账的方法。

能力目标：能够熟练完成固定资产系统折旧处理；能够熟练完成固定资产系统月末结账；能够根据需要查询相关账表。

素质目标：培养严格遵守会计工作规范的意识。

【任务重点难点】

计提折旧。

固定资产系统期末业务处理的工作主要有：计提折旧、计提减值准备、对账、月末结账与账表查询等。

【子任务 1】计提折旧

计提折旧是固定资产系统的主要功能之一。系统每期计提折旧一次，根据录入系统的资料自动计算每项资产的折旧，并自动生成折旧分配表，然后制作记账凭证，将本期的折旧费用自动登账。

任务描述

2024 年 1 月 31 日，会计人员计提本月固定资产折旧，计提折旧后查看折旧清单并制单。

操作步骤

第一步，登录企业应用平台，执行“业务工作”|“财务会计”|“固定资产”|“处理”|“计提本月折旧”命令，系统弹出提示信息“是否要查看折旧清单？”，单击“是”按钮，系统弹出提示信息“本操作将计提本月折旧，并花费一定时间，是否要继续？”单击“是”按钮，进行折旧计提。

第二步，计提折旧完成后弹出“折旧清单”窗口，如图 7-19 所示。

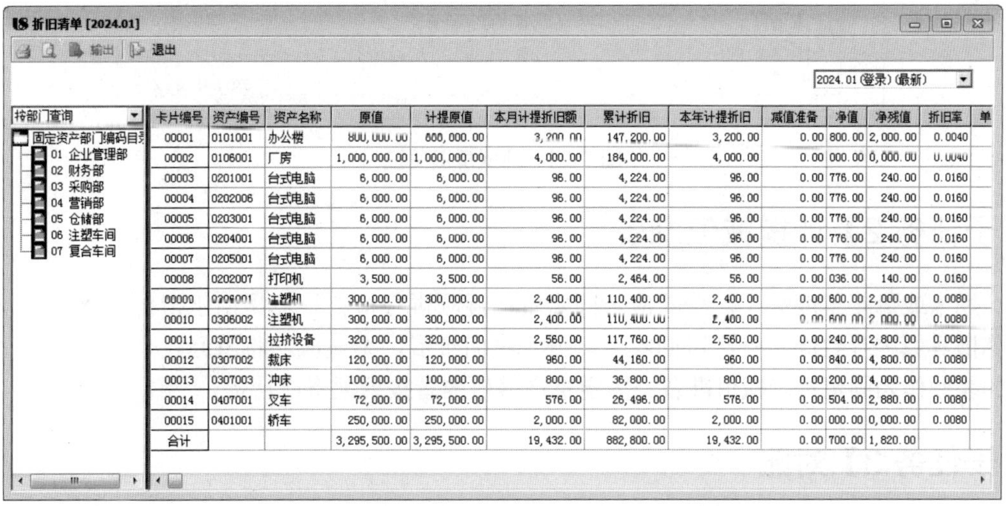

卡片编号	资产编号	资产名称	原值	计提原值	本月计提折旧额	累计折旧	本年计提折旧	减值准备	净值	净残值	折旧率	单
00001	0101001	办公楼	800,000.00	800,000.00	3,200.00	147,200.00	3,200.00	0.00	800.00	2,000.00	0.0040	
00002	0106001	厂房	1,000,000.00	1,000,000.00	4,000.00	184,000.00	4,000.00	0.00	000.00	0,000.00	0.0040	
00003	0201001	台式电脑	6,000.00	6,000.00	96.00	4,224.00	96.00	0.00	776.00	240.00	0.0160	
00004	0202006	台式电脑	6,000.00	6,000.00	96.00	4,224.00	96.00	0.00	776.00	240.00	0.0160	
00005	0203001	台式电脑	6,000.00	6,000.00	96.00	4,224.00	96.00	0.00	776.00	240.00	0.0160	
00006	0204001	台式电脑	6,000.00	6,000.00	96.00	4,224.00	96.00	0.00	776.00	240.00	0.0160	
00007	0205001	台式电脑	6,000.00	6,000.00	96.00	4,224.00	96.00	0.00	776.00	240.00	0.0160	
00008	0202007	打印机	3,500.00	3,500.00	56.00	2,464.00	56.00	0.00	036.00	140.00	0.0160	
00009	0306001	注塑机	300,000.00	300,000.00	2,400.00	110,400.00	2,400.00	0.00	600.00	2,000.00	0.0080	
00010	0306002	注塑机	300,000.00	300,000.00	2,400.00	110,400.00	2,400.00	0.00	600.00	2,000.00	0.0080	
00011	0307001	拉挤设备	320,000.00	320,000.00	2,560.00	117,760.00	2,560.00	0.00	240.00	2,800.00	0.0080	
00012	0307002	裁床	120,000.00	120,000.00	960.00	44,160.00	960.00	0.00	840.00	4,800.00	0.0080	
00013	0307003	冲床	100,000.00	100,000.00	800.00	36,800.00	800.00	0.00	200.00	4,000.00	0.0080	
00014	0407001	叉车	72,000.00	72,000.00	576.00	26,496.00	576.00	0.00	504.00	2,880.00	0.0080	
00015	0401001	轿车	250,000.00	250,000.00	2,000.00	82,000.00	2,000.00	0.00	000.00	0,000.00	0.0080	
合计			3,295,500.00	3,295,500.00	19,432.00	882,800.00	19,432.00	0.00	700.00	1,820.00		

图 7-19　折旧清单

第三步，单击"退出"按钮，再单击"确定"按钮，打开"折旧分配表"窗口，如图 7-20 所示。

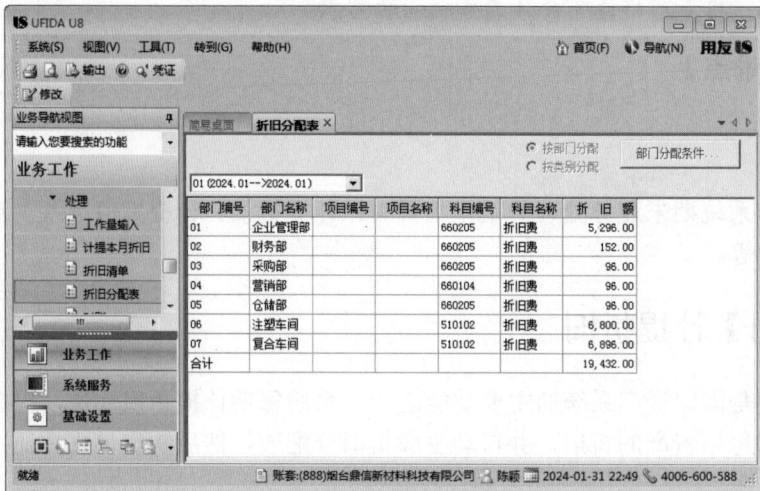

图 7-20　"折旧分配表"窗口

第四步，单击"凭证"按钮，即可生成记账凭证并传至总账系统中，如图 7-21 所示。

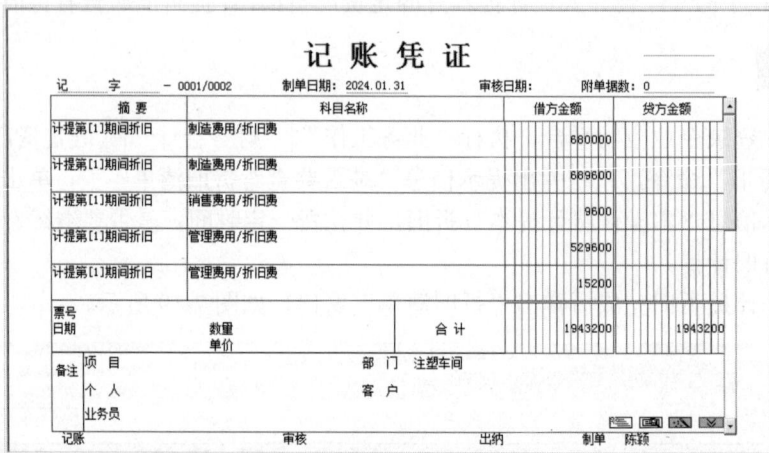

图 7-21　计提折旧凭证

【子任务 2】计提减值准备

期末或每年年度终了，企业应对固定资产逐项进行检查。如果由于市价持续下跌或技术陈旧等原因导致固定资产可回收金额低于账面价值，企业应当将可回收金额低于账面价值的差额作为固定资产减值准备。固定资产减值准备按单项资产计提。

【子任务 3】对账

固定资产系统在运行过程中，应保证本系统管理的固定资产的价值和账务系统中固定资产科目的数值相等。而两个系统的资产价值是否相等，通过执行本系统提供的对账功能来判定，对账操作不限制执行的时间，任何时候均可进行对账。

任务描述

2024 年 1 月 31 日，会计人员对当月固定资产进行对账处理。

操作步骤

登录企业应用平台，执行"业务工作"|"财务会计"|"固定资产"|"处理"|"对账"命令，系统自动核对固定资产、累计折旧两个科目，并显示对账结果，如果对账结果不平衡，则要查找原因，调整后重新对账。

【子任务 4】月末结账

固定资产系统完成本月全部制单业务后，可以进行月末结账，月末结账每月只能进行一次，结账后当期数据不能修改。结账后，如果发现结账前的数据有误，可通过系统提供的"恢复月末结账前状态"功能反结账，然后再进行相应的修改。

任务描述

2024 年 1 月 31 日，当月业务全部处理完毕，对固定资产进行月末结账处理。

操作步骤

登录企业应用平台，执行"业务工作"|"财务会计"|"固定资产"|"处理"|"月末结账"命令，打开"月末结账"窗口，单击"开始结账"按钮，系统弹出提示信息"月末结账成功完成！"，单击"确定"按钮，完成结账。

> **注意：** (1) 在固定资产系统完成了本月全部制单业务后，可以进行月末结账。月末结账每月进行一次，结账后当期数据不能修改。
> (2) 本期不结账，将不能处理下期的数据；结账前一定要进行数据备份，否则数据一旦丢失，将造成无法挽回的损失。

【子任务 5】账表查询

在进行了固定资产日常业务处理后，系统会根据业务内容直接生成相应的固定资产账簿如部门、类别明细账、固定资产登记簿和固定资产总账等。

任务描述

查询烟台鼎信新材料科技有限公司 2024 年 1 月的固定资产总账。

操作步骤

第一步，登录企业应用平台，执行"业务工作"|"财务会计"|"固定资产"|"账表"|"我的账表"命令，打开"报表"窗口，继续执行"账簿"|"固定资产总账"命令，打开"条件—固定资产总账"对话框，选择"类别名称"为"03 生产设备"、"部门名称"为"注塑车间"。

第二步，单击"确定"按钮，打开"固定资产总账"窗口，如图 7-22 所示。

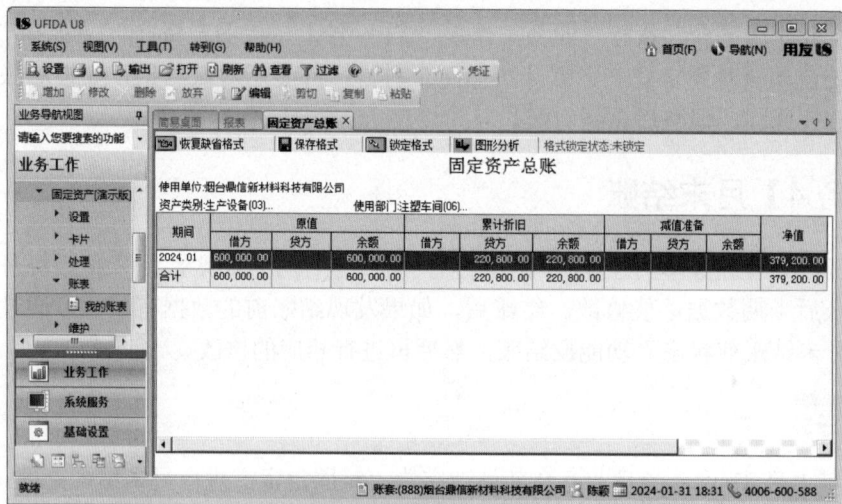

图 7-22 固定资产总账

任务描述

查询烟台鼎信新材料科技有限公司 2024 年 1 月的固定资产明细账。

操作步骤

第一步，登录企业应用平台，执行"业务工作"|"财务会计"|"固定资产"|"账表"|"我的账表"命令，打开"报表"窗口，继续执行"账簿"|"(部门、类别)明细账"命令，打开"条件—(部门、类别)明细账"对话框，选择类别名称为"02 办公设备"、部门名称为"企业管理部"，选中"显示使用状况和部门"复选框，如图 7-23 所示。

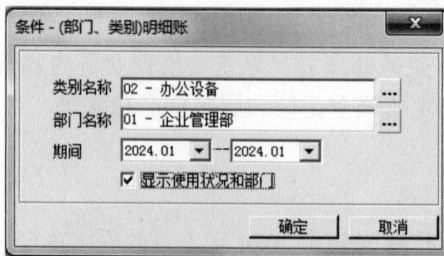

图 7-23 选择类别、部门

第二步，单击"确定"按钮，打开"(部门、类别)明细账"窗口，如图 7-24 所示。

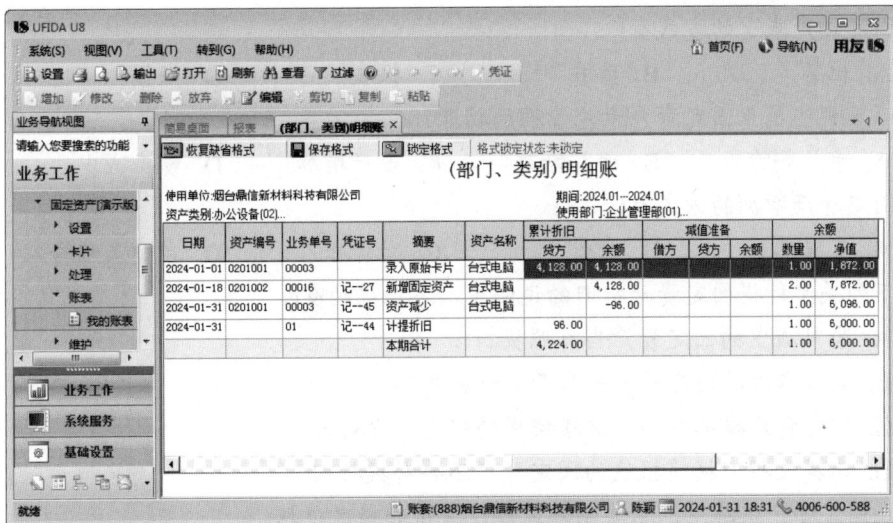

图 7-24　部门、类别明细账

使用同样的方法查询(单个)固定资产明细账、固定资产(部门)折旧计提汇总表等账表。

同 步 训 练

一、单项选择题

1. 固定资产在使用过程中，总会由于多种原因如毁损、盘亏等退出企业，该业务在系统中通过(　　)功能来处理。

　　A. 原值减少　　　　B. 部门转移　　　　C. 资产减少　　　　D. 使用状况调整

2. 固定资产系统在进行资产减少时必须先处理的业务是(　　)。

　　A. 资产变动　　　　B. 资产增加　　　　C. 计提折旧　　　　D. 以上都不对

3. 在固定资产系统的卡片中，能够唯一确定每项资产的数据项是(　　)。

　　A. 资产名称　　　　B. 资产编号　　　　C. 类别编号　　　　D. 规格型号

4. 在固定资产系统中，能够确定固定资产是否计提折旧的数据项是(　　)。

　　A. 资产名称　　　　B. 资产原值　　　　C. 折旧方法　　　　D. 使用状况

5. 下列关于固定资产系统结账的描述不正确的是(　　)。

　　A. 结账后当期所有数据不能修改

　　B. 月末结账每月可多次进行

　　C. 对账操作不限制执行的时间，任何时候均可进行对账

　　D. 固定资产系统在结账前要完成全部业务凭证的编制

二、多项选择题

1. 固定资产减少的方式有( )。

    A. 出售   B. 盘亏   C. 报废   D. 毁损

2. 以下哪些属于固定资产卡片管理的功能?( )

    A. 卡片删除   B. 卡片修改   C. 资产增加   D. 资产减少

3. 固定资产增加的方式有( )。

    A. 直接购买   B. 盘盈   C. 融资租入   D. 在建工程转入

4. 下列关于计提固定资产折旧的说法中,不正确的有( )。

    A. 当月减少的固定资产当月照提折旧

    B. 当月增加的固定资产当月开始计提折旧

    C. 固定资产提足折旧后继续使用的仍需计提折旧

    D. 未提足折旧提前报废的固定资产不再补提折旧

5. 在固定资产系统中,需要制单或修改凭证的情况包括( )。

    A. 资产增加   B. 资产减少   C. 资产盘盈   D. 计提折旧

微课视频

扫一扫,获取本项目相关微课视频。

068 资产增加 9   069 资产减少   070 资产盘点

071 盈亏盘点确认   072 填制盘亏确认凭证   073 填制盘亏处理凭证

074 计提折旧

项目 8

供应链初始设置

【项目目标】

了解供应链初始设置的重要性，了解供应链各子系统的数据关系，能够根据需要进行供应链各系统的参数设置，能够熟练完成供应链各子系统期初数据录入，培养统筹全局的意识和团队协作的能力。

【知识点与技能点】

任 务	知 识 点	技 能 点
任务 1　供应链管理系统认知	供应链管理系统概述，供应链各子系统之间的数据关系	
任务 2　销售管理系统初始设置	选项，期初数据	选项设置，期初数据录入
任务 3　采购管理系统初始设置	选项，期初数据	选项设置，期初数据录入，采购期初记账
任务 4　存货核算系统初始设置	选项，期初数据，科目设置	选项设置，期初数据录入，存货期初记账，存货科目设置，对方科目设置
任务 5　库存管理系统初始设置	选项，期初数据	选项设置，期初数据录入

任务 1　供应链管理系统认知

【任务目标】

知识目标：了解供应链管理的重要性和作用；了解供应链各子系统之间的数据关系。

素质目标：提升数据技能；培养全局思维。

【任务重点难点】

供应链各子系统之间的数据关系。

【子任务 1】供应链管理系统概述

供应链管理系统是用友 ERP-U8 V10.1 管理软件的重要组成部分，它突破了会计核算软件单一财务管理的局限，通过集成化的解决方案，帮助企业实现从财务管理到企业业财一体化的全面管理，实现了物流、信息流、资金流管理的统一。企业可以通过供应链管理系统的应用，优化供应链流程，降低运营成本，提高交付效率。同时业财一体化的实施可以确保企业在供应链管理中实现财务信息的准确记录和分析，为企业的决策提供有力支持，促进企业实现可持续发展。

【子任务 2】了解供应链各子系统之间的数据关系

供应链管理系统主要包括采购管理、销售管理、库存管理和存货核算等子系统，因此企业的采购部门、销售部门、仓库、财务部门等都会涉及供应链的业务处理，各个部门工作间的延续性是通过单据在不同部门间的传递来完成，如果缺乏对供应链管理各子系统数据关系的了解，那么就无法实现部门间的协调配合，从而影响工作效率。

供应链各子系统之间的数据关系如图 8-1 所示

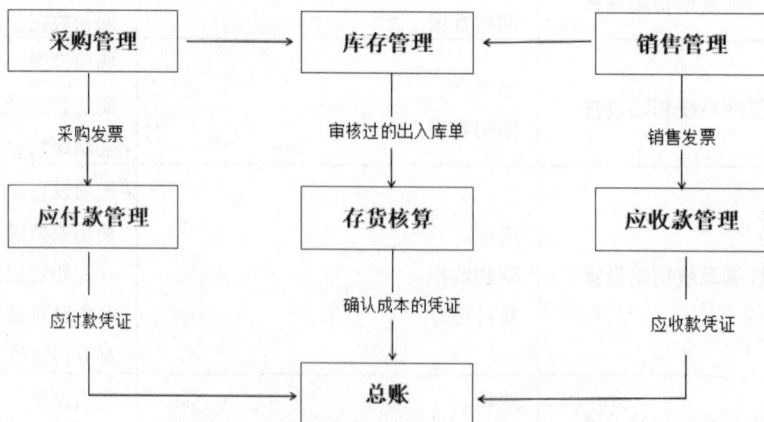

图 8-1　供应链各子系统之间的数据关系

任务 2 销售管理系统初始设置

【任务目标】

知识目标：了解销售管理系统初始设置的主要内容；掌握销售管理系统初始设置的方法。

能力目标：能够根据需要完成销售管理系统的初始设置。

素质目标：培养统筹全局的能力和严谨细致的工作态度。

【任务重点难点】

销售管理系统期初数据录入。

【子任务 1】选项设置

系统选项也称系统参数、业务处理控制参数，是指在企业业务处理过程中所使用的各种控制参数。系统参数的设置将决定用户使用系统的业务流程、业务模式和数据流向。

用户在进行选项设置之前，一定要详细了解选项开关对业务处理流程的影响，并结合企业的实际业务需要进行设置。由于有些选项在日常业务开始后不能随意更改，所以用户需要在业务开始前进行全盘考虑。

任务描述

烟台鼎信新材料科技有限公司销售管理系统控制参数设置：有委托代销业务；有分期收款业务；销售生成出库单；报价不含税；新增退货单、新增发票参照订单生成；订单自动关闭的条件为出库完成；其他设置由系统默认。

操作步骤

登录企业应用平台，执行"业务工作"|"供应链"|"销售管理"|"设置"|"销售选项"命令，打开"销售选项"对话框，根据任务要求进行设置，如图 8-2 所示。

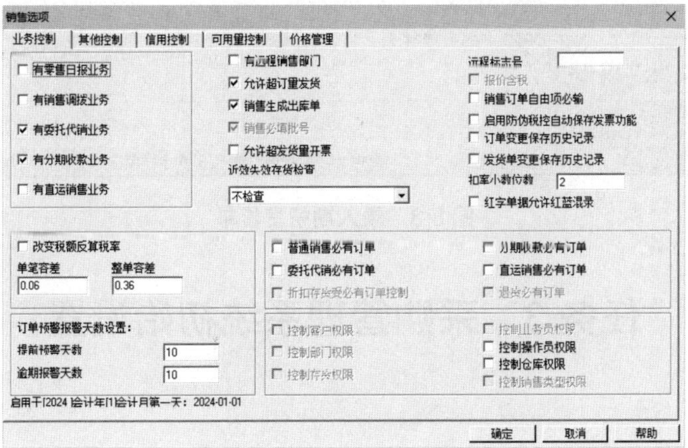

图 8-2 销售选项设置

高职高专互联网+新形态教材·财会系列

【子任务 2】期初数据录入

销售管理系统的期初数据包括两部分：一是期初发货单，二是期初委托代销发货单。期初发货单可处理建账日之前已经发货、出库，尚未开发票的业务，包括普通销售发货单、分期收款发货单。期初委托代销发货单可以录入启用日前已经发生但未完全结算的委托代销发货单。

任务描述

烟台鼎信新材料科技有限公司的销售期初数据如表 8-1 所示，请据此录入期初数据。

表 8-1 销售期初数据(仓库：产成品库)

单据名称	单据类型	出库时间	客户名称	业务员	货物名称	数 量	单位成本	金 额
发货单	普通销售	2023-12-28	富邦通信	楼潇	注塑按键	20 000	0.50	10 000.00

操作步骤

第一步，登录企业应用平台，执行"业务工作"|"供应链"|"销售管理"|"设置"|"期初录入"|"期初发货单"命令，打开"期初发货单"窗口。

第二步，单击"增加"按钮，依次录入发货日期、业务类型、销售类型、客户简称等表头信息及仓库名称、存货编码、存货名称等表体信息，如图 8-3 所示，然后保存并审核。

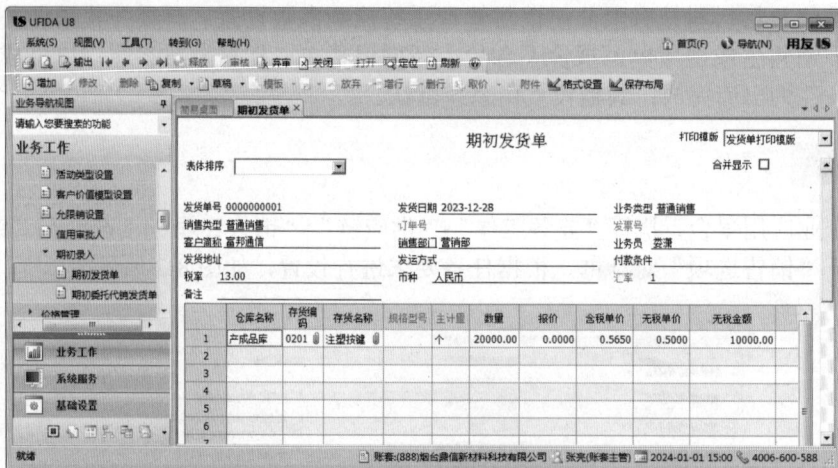

图 8-3 录入期初发货单

任务 3 采购管理系统初始设置

【任务目标】

知识目标：了解采购管理系统初始设置的主要内容；掌握采购管理系统初始设置的方法。

能力目标：能够根据需要完成采购管理系统初始设置。

素质目标：培养统筹全局的能力和严谨细致的工作态度。

【任务重点难点】

采购管理系统期初数据录入。

【子任务 1】选项设置

任务描述

烟台鼎信新材料科技有限公司采购管理系统控制参数设置：采购单据默认税率为 13%；订单自动关闭的条件为入库完成；其他设置由系统默认。

操作步骤

登录企业应用平台，执行"业务工作"|"供应链"|"采购管理"|"设置"|"采购选项"命令，打开"采购系统选项设置"对话框，根据任务要求进行设置，如图 8-4 所示。

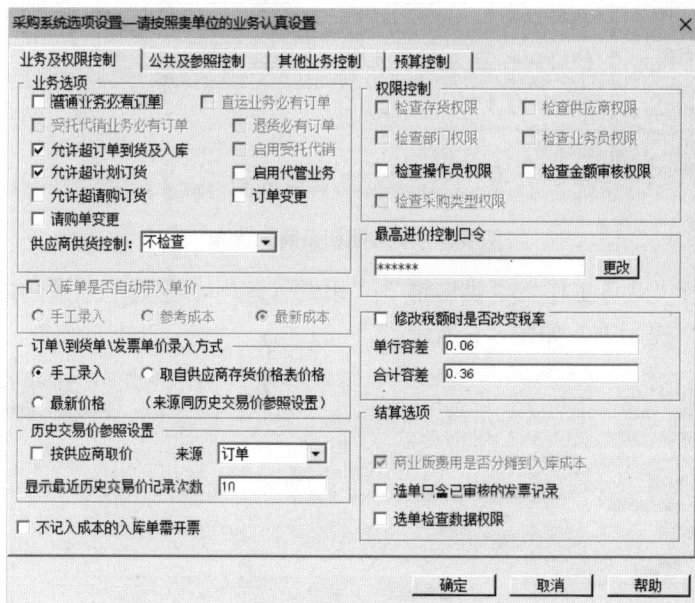

图 8-4　采购选项设置

【子任务 2】期初数据录入

任务描述

烟台鼎信新材料科技有限公司的采购期初数据如表 8-2 所示，请据此录入期初数据。

表 8-2　采购期初数据(仓库：原材料库)

单据名称	单据类型	入库时间	供应商名称	业务员	货物名称	数　量	单位成本	金　额
入库单	生产采购	2023-12-26	圣泰包装	于力	纱	2 000	9.00	18 000.00

操作步骤

第一步，登录企业应用平台，执行"业务工作"|"供应链"|"采购管理"|"采购入库"|"采购入库单"命令，打开"期初采购入库单"窗口。

第二步，单击"增加"按钮，依次录入入库日期、仓库、供货单位、采购类型、入库类别等表头信息及存货编码、存货名称等表体信息并保存，如图 8-5 所示。

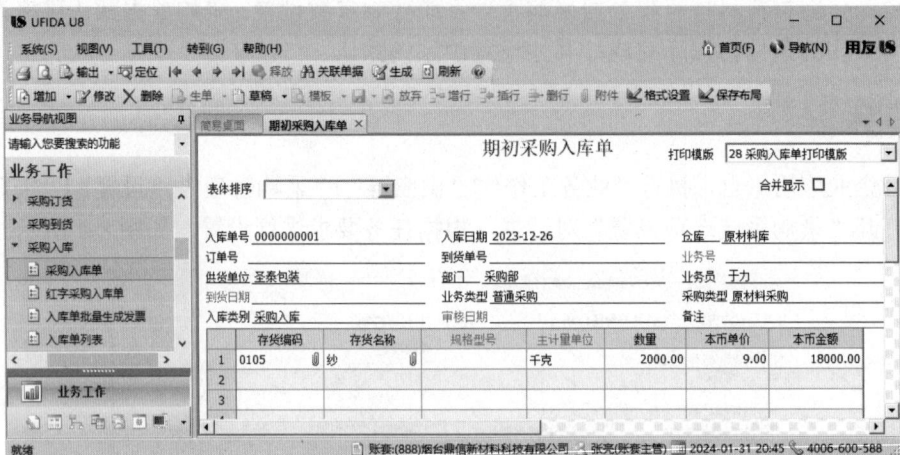

图 8-5　录入期初采购入库单

第三步，执行"业务工作"|"供应链"|"采购管理"|"设置"|"采购期初记账"命令，弹出"期初记账"提示框，如图 8-6 所示。

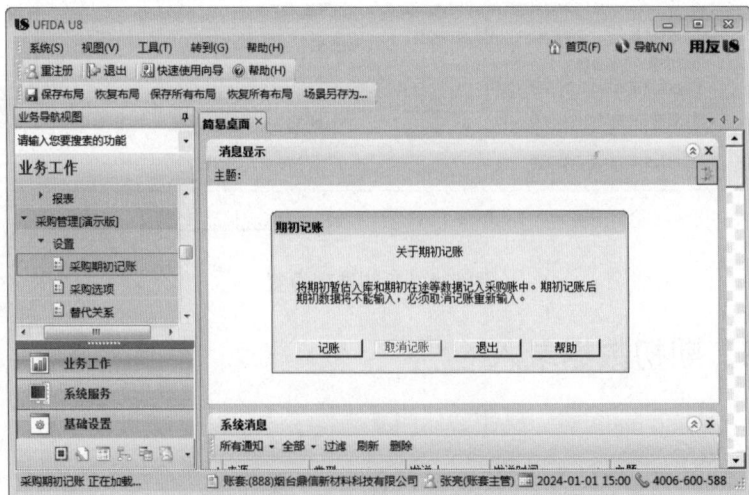

图 8-6　"期初记账"提示

第四步，单击"记账"按钮，系统弹出"期初记账完毕"的提示信息。

> **注意：**(1) 没有期初数据时，也必须进行采购期初记账，否则无法进行日常业务处理。
>
> (2) 采购管理系统期初数据包括以下三个方面。
>
> ① 期初暂估入库：将启用采购管理系统时，没有取得采购发票，而不能进行采购结算的入库单输入系统，以便取得发票后进行采购结算。
>
> ② 期初在途存货：将启用采购管理系统时，已取得采购发票，但货物没有入库，而不能进行采购结算的发票输入系统，以便货物入库并填制入库单后进行采购结算。
>
> ③ 期初受托代销商品：将启用采购管理系统时，没有与供货单位结算完的受托代销入库记录输入系统，以便在受托代销商品销售后，能够进行受托代销结算。

任务 4 存货核算系统初始设置

【任务目标】

知识目标：了解存货核算系统初始设置的主要内容；掌握存货核算系统初始设置的方法。

能力目标：能够根据需要完成存货核算系统初始设置。

素质目标：培养统筹全局的能力和严谨细致的工作态度。

【任务重点难点】

- 存货核算系统选项设置。
- 存货核算系统期初数据录入。

【子任务 1】选项设置

任务描述

烟台鼎信新材料科技有限公司存货核算系统控制参数设置：核算方式为"按仓库核算"；暂估方式为"单到回冲"；销售成本核算方式为"销售发票"；委托代销成本核算方式为"按发出商品核算"；结算单价与暂估单价不一致时需要调整出库成本；其他设置由系统默认。

操作步骤

登录企业应用平台，执行"业务工作"|"供应链"|"存货核算"|"初始设置"|"选项录入"命令，打开"选项录入"对话框，根据任务要求进行设置，如图 8-7 所示。

> **注意：**初建账套时，用户可以选择按仓库核算、按部门核算、按存货核算。如果是按仓库核算，则按仓库在仓库档案中设置计价方式，并且每个仓库单独核算出库成本；如

果是按部门核算，则按部门在仓库档案中设置计价方式，并且相同所属部门的各仓库统一核算出库成本；如果是按存货核算，则按用户在存货档案中设置计价方式进行核算。系统默认按仓库核算。

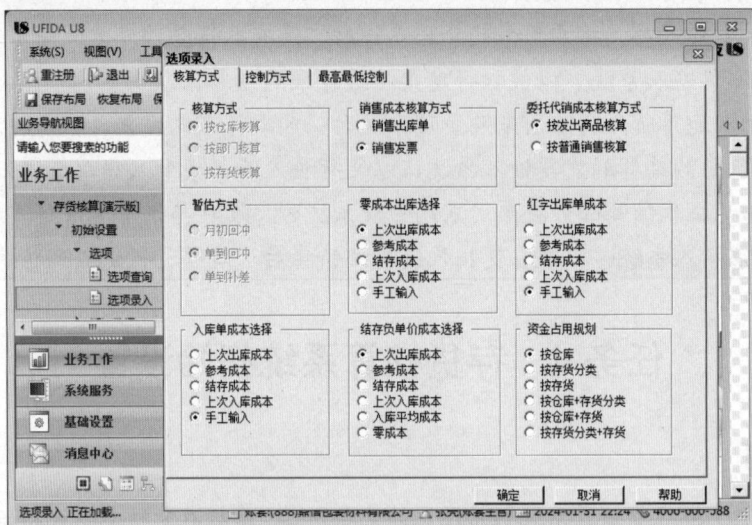

图 8-7　存货核算选项设置

【子任务 2】期初数据录入

任务描述

烟台鼎信新材料科技有限公司的存货及库存系统期初数据如表 8-3 所示，请据此录入期初数据。

表 8-3　存货及库存系统期初数据

存货名称	计量单位	数　量	单　价	金　额	科目编码
原材料					
ABS 塑胶粒	千克	4 000	15.00	60 000.00	1403
TPE 塑胶粒	千克	1 100	60.00	66 000.00	1403
树脂	千克	2 500	30.00	75 000.00	1403
固化剂	千克	1 800	32.00	57 600.00	1403
纱	千克	12 000	10.00	120 000.00	1403
小计	—	—	—	378 600.00	—
产成品	—	—	—	—	—
注塑按键	个	850 000	0.33	280 500.00	1405
复合片	个	40 500	9.00	364 500.00	1405
小计	—	—	—	645 000.00	—

操作步骤

第一步，登录企业应用平台，执行"业务工作"|"供应链"|"存货核算"|"初始设置"|"期初数据"|"期初余额"命令，打开"期初余额"窗口。

第二步，选择仓库，单击"增加"按钮，依次输入存货编码、存货名称、数量、单价等，如图 8-8 所示。

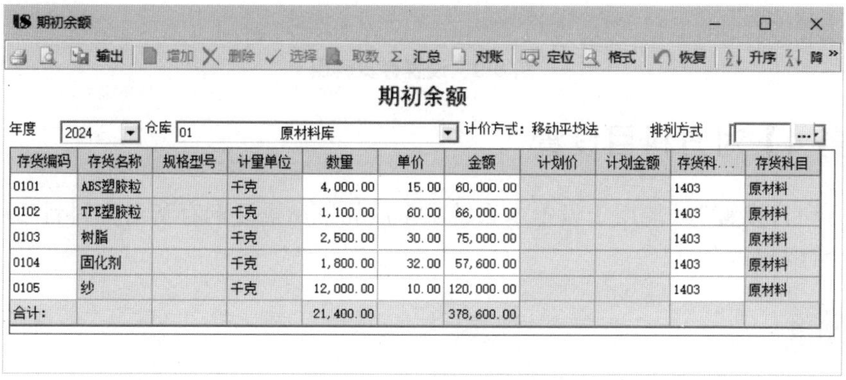

图 8-8　录入存货期初余额

第三步，"原材料库"与"产成品库"所有存货期初数据录入完成后，单击"记账"按钮，系统提示"期初记账成功"，完成期初记账工作。

【子任务 3】存货科目设置

存货核算系统是供应链管理系统与财务系统联系的桥梁，各种存货的购进、销售及其他出入库业务，均在存货核算系统中生成凭证，并传递到总账。为了快速、准确地完成制单操作，应事先设置凭证上的相关会计科目，否则系统生成凭证时无法自动带出会计科目。"存货科目设置"功能用于设置本系统生成凭证所需要的存货科目。

任务描述

烟台鼎信新材料科技有限公司的存货科目如表 8-4 所示，请据此进行存货科目设置。

表 8-4　存货科目

仓库编码	仓库名称	存货分类编码	存货分类名称	存货科目编码	存货科目名称
01	原材料库	01	原材料	1403	原材料
02	产成品库	02	产成品	1405	库存商品

操作步骤

登录企业应用平台，执行"业务工作"|"供应链"|"存货核算"|"初始设置"|"科目设置"|"存货科目"命令，打开"存货科目"窗口，录入存货科目，如图 8-9 所示。

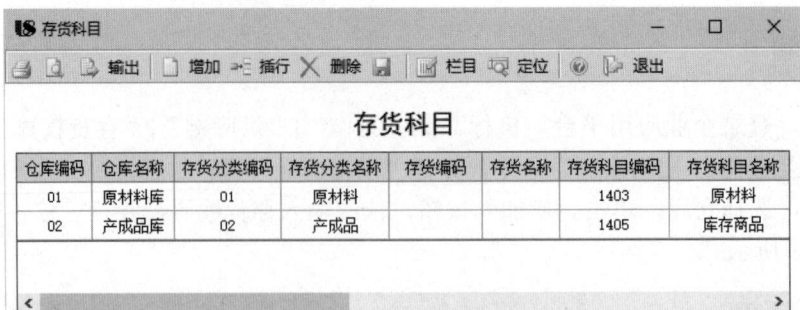

图 8-9　设置存货科目

【子任务 4】对方科目设置

"对方科目设置"功能用于设置本系统中生成凭证所需要的存货对方科目(即收发类别)所对应的会计科目。

任务描述

烟台鼎信新材料科技有限公司的对方科目如表 8-5 所示，请据此进行对方科目设置。

表 8-5　对方科目

收发类别编码	收发类别名称	对方科目编码	对方科目名称
101	采购入库	1402	在途物资
102	产成品入库	50010101	直接材料
201	生产领用	50010101	直接材料
202	销售出库	6401	主营业务成本

操作步骤

登录企业应用平台，执行"业务工作"|"供应链"|"存货核算"|"初始设置"|"科目设置"|"对方科目"命令，打开"对方科目"窗口，录入对方科目，如图 8-10 所示。

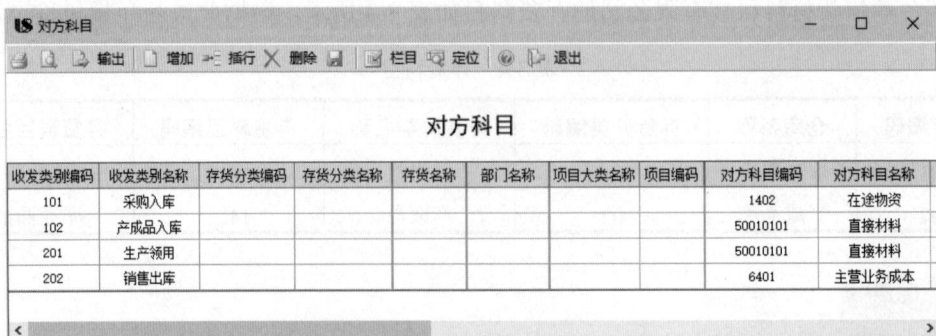

图 8-10　设置对方科目

任务 5 库存管理系统初始设置

【任务目标】

知识目标：了解库存管理系统初始设置的主要内容；掌握库存管理系统初始设置的方法。

能力目标：能够根据需要完成库存系统初始设置。

素质目标：培养统筹全局的能力和严谨细致的工作态度。

【任务重点难点】

库存管理系统期初数据录入。

【子任务 1】选项设置

任务描述

烟台鼎信新材料科技有限公司库存管理系统控制参数设置：有委托代销业务；由库存生成销售出库单；有最高最低库存控制；允许超预计可用量出库；出入库检查可用量；其他设置由系统默认。

操作步骤

登录企业应用平台，执行"业务工作"|"供应链"|"库存管理"|"初始设置"|"选项"命令，打开"库存选项设置"窗口，根据任务要求进行设置，如图 8-11 所示。

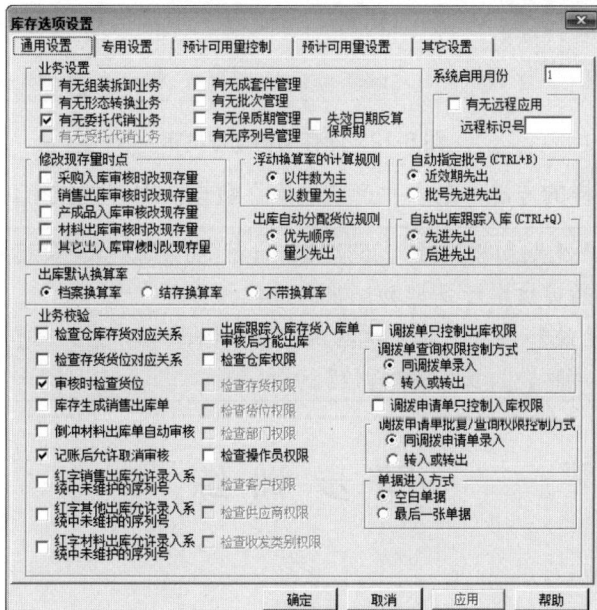

图 8-11 库存选项设置

【子任务 2】期初数据录入

任务描述

库存管理系统的期初数据同存货核算系统期初数据，如表 8-3 所示，请据此录入期初数据。

操作步骤

第一步，登录企业应用平台，执行"业务工作"|"供应链"|"库存管理"|"初始设置"|"期初结存"命令，打开"库存期初数据录入"窗口。

第二步，选择仓库"(01)原材料库"，依次单击"修改""取数""保存""批审"按钮，弹出"批量审核完成"提示框，如图 8-12 所示。

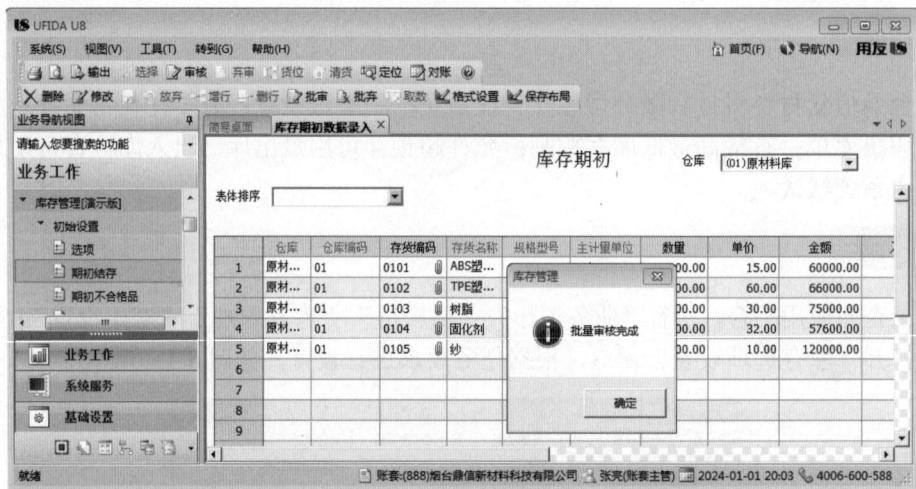

图 8-12　库存期初数据批审

第三步，使用同样的方法，录入"产成品库"数据，保存并批审。

注意：(1) 库存管理系统期初数据录入必须执行审核(批审)命令，审核后的数据才为有效数据，期初结存的审核实际是期初记账的过程。

(2) 库存管理系统和存货核算系统共用期初数据，可以在任一子系统先录入数据，另一子系统通过"取数"功能获取数据。

同 步 训 练

一、单项选择题

1. 销售管理系统的期初数据不包括(　　)。

A. 期初普通销售发货单　　　　　　B. 期初分期收款发货单

C. 期初委托代销发货单　　　　　　D. 期初销售发票

2. 以下对于库存期初数据的描述错误的是(　　)。

A. 账簿都应有期初数据，以保证其数据的连贯性

B. 初次使用库存管理系统时，应先输入全部存货的期初数据

C. 如系统中已有上年数据，在结转上年数据后，上年度各存货结存自动结转本年

D. 库存管理系统与存货核算系统的期初数据，必须分别录入不能相互取数

3. 关于存货期初数据，说法不正确的是(　　)。

A. 只有采购管理系统期初记账后，存货期初数据才可以记账

B. 存货没有期初数据，不允许期初记账

C. 正常单据记账后，不允许恢复存货期初记账

D. 存货核算系统填制了出入库调整单后，不允许恢复存货期初记账

4. 存货对方科目设置是在(　　)系统中完成的。

A. 库存管理　　　B. 存货核算　　　C. 销售管理　　　D. 采购管理

5. 下面关于存货期初数据的描述不正确的是(　　)。

A. 存货期初记账后不能再输入期初数据

B. 存货期初数据可以从库存管理系统期初取数

C. 存货期初数据应在库存管理系统中输入

D. 可以在存货核算系统中录入存货期初数据

二、多项选择题

1. 存货核算系统支持以下哪种核算方式?(　　)

A. 按仓库核算　　　　　　　　　　B. 按发票核算

C. 按部门核算　　　　　　　　　　D. 按存货核算

2. 采购管理系统期初数据包括(　　)。

A. 期初在途数据　　　　　　　　　B. 期初暂估数据

C. 期初受托代销数据　　　　　　　D. 期初委托代销数据

3. 期初余额录入结束后，需要执行期初记账的系统是(　　)。

A. 销售管理系统　　　　　　　　　B. 采购管理系统

C. 库存管理系统　　　　　　　　　D. 存货核算系统

4. 存货核算系统参数设置中，可选的暂估方式包括(　　)。

A. 单到回冲　　　B. 单到补差　　　C. 月初回冲　　　D. 月末回冲

5. 下列说法正确的是(　　)。

A. 期初发货单按照正常发货单录入，发货日期小于系统启用日期

B. 期初发货单不影响现存量、可用量、待出库数等数据

C. 采购管理系统没有期初数据时，不需执行期初记账

D. 存货科目设置是系统生成凭证带出科目的依据

📹 微课视频

扫一扫，获取本项目相关微课视频。

075 销售选项设置	076 销售期初余额录入	077 采购选项设置
078 采购期初余额录入	079 采购期初记账	080 存货选项设置
081 存货系统期初余额录入	082 存货科目设置	083 对方科目设置
084 库存选项设置	085 库存系统期初余额录入	

项目 9

采购与应付款管理系统业务处理

【项目目标】

了解采购和应付款管理系统与其他子系统的关系，掌握采购与应付款管理系统的功能和操作流程，能够熟练处理企业日常发生的各种采购与应付业务，从而提升信息化大环境下的业务处理能力，培养全局思维、创新意识和团队合作精神。

【知识点与技能点】

任 务	知 识 点	技 能 点
任务 1　普通采购业务认知	普通采购业务的类型， 普通采购业务主要活动节点， 普通采购业务流程， 普通采购业务应用	
任务 2　普通采购业务处理	单货同行现付采购业务， 单货同行赊购业务， 单货不同行采购业务	请购单填制与审核， 采购订单填制与审核， 到货单填制与审核， 采购发票与货运发票的填制， 运费分摊， 采购结算， 采购现付， 确认应付账款， 确认采购成本， 付款单填制与审核制单， 付款核销， 采购暂估

任　务	知 识 点	技 能 点
任务 3　采购退货业务处理	结算前退货， 结算后退货	采购退货单填制与审核， 红字入库单填制与审核， 红字发票填制， 付款单切换收款单填制与审核
任务 4　采购与应付款管理系统 期末处理	期末处理， 账表查询	期末结账， 查询账表

采购环节是供应链的起始环节，采购活动是企业生产经营活动的开始，企业根据市场的需求生成生产计划，然后结合库存的情况及管理要求再生成采购计划。

采购业务根据企业的应用结合在 ERP 系统中的流程设置，一般分为普通采购、受托代销采购、直运采购、代管采购、固定资产采购等业务类型，其中普通采购是企业中最常见的采购类型，适合于大多数企业的日常采购。

任务 1　普通采购业务认知

【任务目标】

知识目标：了解普通采购业务的类型；熟悉普通采购业务的主要活动节点；掌握普通采购业务的流程；掌握普通采购业务的应用。

素质目标：提升数据技能；培养全局思维。

【任务重点难点】

- 普通采购业务的流程。
- 普通采购业务的应用。

【子任务 1】了解普通采购业务类型

根据发票和货物到达企业的时间不同，普通采购业务可分为单货同行和单货不同行业务。所谓单货同行是指采购发票和采购的货物同时或在同一会计期间到达企业；单货不同行是指采购发票和采购的货物不在同一会计期间到达企业。单货不同行业务根据发票和货物到达时间的先后又可以分为货到票未到和票到货未到两种。不同采购业务类型在用友 ERP-U8 V10.1 中的处理方式会有所不同，但都会涉及采购管理、库存管理、存货核算、应付款管理等诸多子系统。

【子任务 2】了解普通采购业务主要活动节点

无论是哪一种采购业务类型，大致都会包含以下几个活动节点：请购、订货、到货、入库、采购发票、采购结算、确认负债(付款)、确认采购成本和付款及核销。

1. 请购

请购是指企业内部向采购部门提出采购申请，或采购部门汇总企业内部采购需求列出采购清单。请购是采购业务处理的起点，用于描述和生成采购的需求，如采购什么货物、采购多少、何时使用、谁使用等内容；同时，也可为采购订单提供建议内容。

这个节点涉及的原始单据是采购请购单。采购请购单是可选单据，用户可以根据业务需要选用。

2. 订货

订货是通过采购订单来体现的。采购订单是企业与供应商之间签订的采购合同、购销协议等，主要内容包括采购什么货物、采购多少、由谁供货，什么时间到货、到货地点、运输方式、价格、运费等。它可以是企业采购合同中关于货物的明细内容，也可以是一种订货的口头协议。通过对采购订单的管理，可以帮助企业实现采购业务的事前预测、事中控制和事后统计。

这个节点涉及的原始单据是采购订单。采购订单也是可选单据，但如果系统参数设置了采购必有订单时，则订单必须录入系统。

采购订单可以手工录入，也可以参照请购单、销售订单等生成；采购订单可以修改、删除、审核、弃审、变更、关闭、打开；已审核未关闭的采购订单可以参照生成采购到货单、采购入库单、采购发票。

3. 到货

到货是采购订货和采购入库的中间环节，一般由采购业务员根据供方通知或送货单填写，确认对方所送货物、数量、价格等信息，以入库通知单的形式传递到仓库作为保管员收货的依据。

这个节点涉及的原始单据是采购到货单。采购到货单是可选单据，用户可以根据业务需要选用；但启用"质量管理"时，对于需要报检的存货，必须使用采购到货单。

采购到货单可以手工新增，也可以参照采购订单生成，但采购必有订单时，采购到货单不可手工新增；采购到货单可以修改、删除；采购到货单可以参照生成到货退回单、入库单；采购到货单可以只录入数量，不录入单价、金额。

4. 入库

入库是通过采购到货、质量检验环节，对合格到货的存货进行入库验收。当采购管理系统与库存管理系统集成使用时，入库业务需在库存管理系统中进行处理。

这个节点涉及的原始单据是采购入库单。在采购管理业务中，采购入库处理是必须的。

5. 采购发票

采购发票是供应商开出的销售货物的凭证，系统将根据采购发票确认采购成本，并据以登记应付账款。企业在收到供货单位的发票后，如果没有收到供货单位的货物，可以对发票压单处理，待货物到达后，再输入系统做报账结算处理；也可以先将发票输入系统，以便实时统计在途货物。采购发票按业务性质分为蓝字发票和红字发票；按发票类型分为增值税专用发票和普通发票。增值税专用发票的单价为无税单价；普通发票包括增值税普通发票、废旧物资收购凭证、农副产品收购凭证、其他收据，这些发票的单价、金额都是含税的。

6. 采购结算

采购结算也称采购报账，是指采购核算人员根据采购入库单、采购发票核算采购入库成本。采购结算的结果是采购结算单，它是记载采购入库单记录与采购发票记录对应关系的结算对照表。

采购结算从操作处理上分为自动结算、手工结算两种方式。

自动结算是由系统自动将符合结算条件的采购入库单记录和采购发票记录进行结算。

手工结算适用于不能自动结算的采购业务，如采购过程中涉及运杂费则必须使用手工结算方式先将运杂费分摊到采购成本中再完成结算，采购过程中发生的溢余短缺也需要使用手工结算方式进行处理。

7. 确认负债

确认负债是往来会计在应付款管理系统中对前期采购业务中系统传递过来的采购发票进行审核并依据要求确认负债或者直接付款并生成会计凭证。

8. 确认采购成本

确认采购成本是成本会计在存货核算系统中对前期采购业务中已经完成采购结算的入库单据进行账簿登记并生成会计凭证。

9. 付款及核销

付款单据处理主要是对结算单据进行管理，包括付款单、收款单的录入、审核。应付款管理系统的付款单用来记录企业付给供应商的款项，款项性质包括应付款、预付款、其他费用等。其中应付款、预付款性质的付款单将与发票、应付单进行核销勾对。在一张付款单中，若选择表体记录的款项类型为应付款，则该款项的性质为冲销应付款；若选择表体记录的款项类型为预付款，则该款项的用途为形成预付款；若选择表体记录的款项类型为其他费用，则该款项的用途为其他费用。录入付款单时需要指定其款项用途，如果同一张付款单包含不同用途的款项，应在表体中分行显示。对于不同用途的款项，系统提供的后续业务处理方式不同。

对于冲销应付账款以及形成预付款的款项，需要进行核销处理，即将付款单与其对应的采购发票或应付单进行核销勾对，以冲销债务。对于其他费用用途的款项则不需要进行核销。单据核销的作用是建立付款与应付款的核销记录，监督应付款及时核销，加强往来款项的管理。

【子任务3】掌握普通采购业务流程

(1) 请购部门填制采购请购单。

(2) 采购部门根据采购请购单进行比价。

(3) 采购部门填制采购订单。

(4) 采购部门将采购订单发送给供应商，供应商进行送货。

(5) 货物到达企业后，对收到的货物进行清点，参照采购订单填制采购到货单。

(6) 经过仓库的质检和验收，参照采购订单或采购到货单填制采购入库单。

(7) 取得供应商的发票后，采购部门填制采购发票。

(8) 采购部门进行采购结算。

(9) 将采购入库单报财务部门的成本会计进行存货核算，将采购发票等票据报应付账会计进行应付账款核算。

普通采购业务流程如图 9-1 所示。

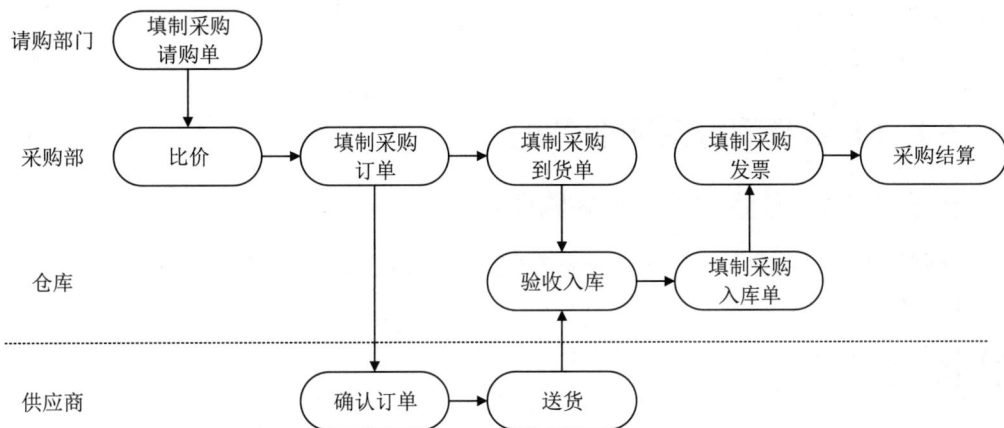

图 9-1　普通采购业务流程

【子任务4】掌握普通采购业务的应用

1. 单货同行

当货物及其采购发票同时到达企业时，首先检验发票与货物是否一致。

如果单货一致，可以先填制采购发票，再填制采购入库单，及时进行采购结算；也可以先填制采购入库单，再参照入库单生成发票，用户可选择自动进行采购结算。

如果单货不一致，可以暂不入库或暂不报账结算；也可以区分损耗原因，报有关领导批准后做有损耗的采购结算。

2. 单货不同行

货到单未到：当货物先到，而采购发票未到达企业时，企业可根据实际入库数量填制采购入库单，做暂估入库；待取得发票后，再输入发票进行报账结算。

单到货未到：当采购发票先到，而货物未到达企业时，可以不输入发票做压单处理，等货到时再填制入库单、发票；也可以输入发票做在途货物处理。如果想要及时掌握在途货物情况，就应及时输入发票。

任务 2 普通采购业务处理

【任务目标】

能力目标：能够准确识别采购业务的类型；能够熟练完成单货同行采购业务、单货不同行采购业务的处理。

素质目标：理解岗位职责、强化业务技能；培养团队协作和沟通能力。

【任务重点难点】

- 单货同行现付采购业务处理。
- 单货同行赊购业务处理。
- 单货不同行采购业务处理。

【子任务 1】单货同行采购业务处理

【子任务 1.1】单货同行现付采购业务处理

单货同行现付采购业务是指采购业务在收到货票时立即付款，在应付款管理系统中直接生成付款凭证。

任务描述

2024 年 1 月 2 日，根据计划，公司与烟台永鑫包装材料有限公司签订购货合同，采购树脂 2 500kg，固化剂 2 000kg，纱 10 000kg。要求 4 日到货。

4 日，收到以上材料并验收入库，随货收到增值税专用发票，发票号为 32367627，发票上列明树脂 2 500kg，不含税单价 30 元；固化剂 2 000kg，不含税单价 32 元；纱 10 000kg，不含税单价 10 元；增值税率为 13%，货款当日通过网银转账付清，银行结算号为 00170337。

操作步骤

1. 录入请购单

采购部 005 于力登录企业应用平台，执行"业务工作"|"供应链"|"采购管理"|"请购"|"请购单"命令，打开"采购请购单"窗口，单击"增加"按钮，依次录入表头和表体相关项目，如图 9-2 所示，然后保存并审核。

注意：需求日期必须录入，不可为空，需求日期要大于等于请购单单据日期。

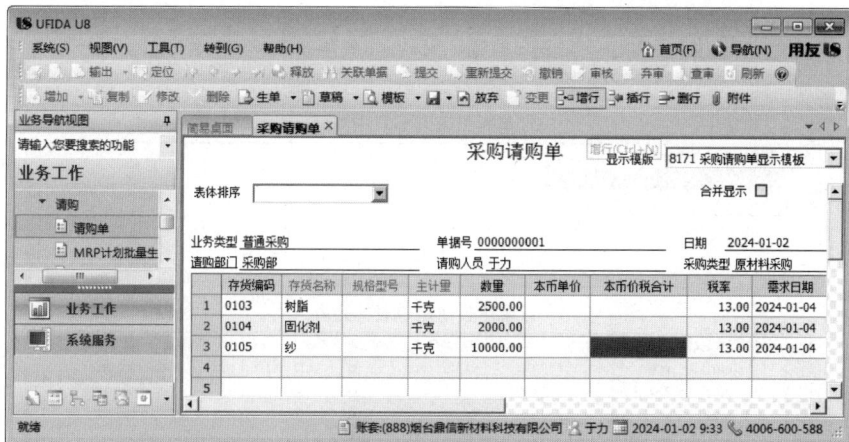

图 9-2　录入采购请购单

2. 录入采购订单

第一步，采购部 005 于力登录企业应用平台，执行"业务工作"|"供应链"|"采购管理"|"采购订货"|"采购订单"命令，打开"采购订单"窗口。

第二步，单击"增加"按钮，选择"生单"下的"请购单"选项，如图 9-3 所示。

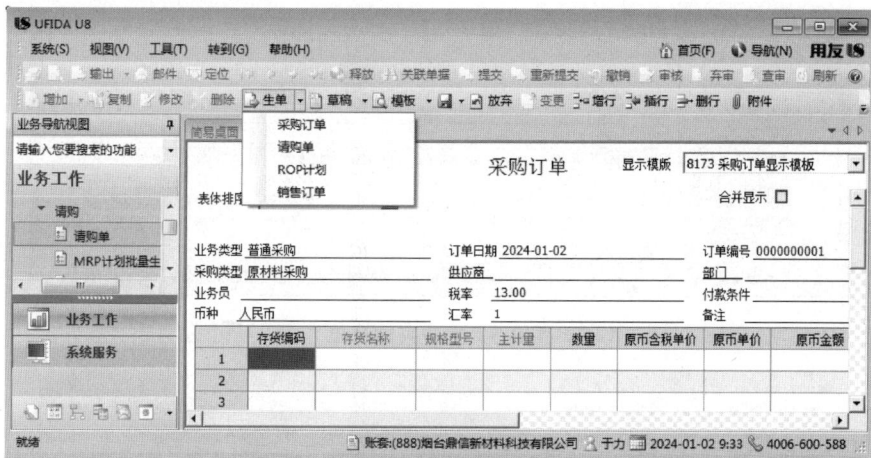

图 9-3　选择生单

第三步，系统弹出"采购请购单列表过滤"对话框，单击"确定"按钮，打开"拷贝并执行"窗口，选择拷贝请购单表头、表体项目，如图 9-4 所示。

第四步，单击"确定"按钮，生成采购订单，补充完整表头、表体相关项目，如图 9-5 所示，然后保存并审核。

3. 录入到货单

第一步，采购部 005 于力登录企业应用平台，执行"业务工作"|"供应链"|"采购管理"|"采购到货"|"到货单"命令，打开"到货单"窗口，单击"增加"按钮，选择"生单"下的"采购订单"选项，如图 9-6 所示。

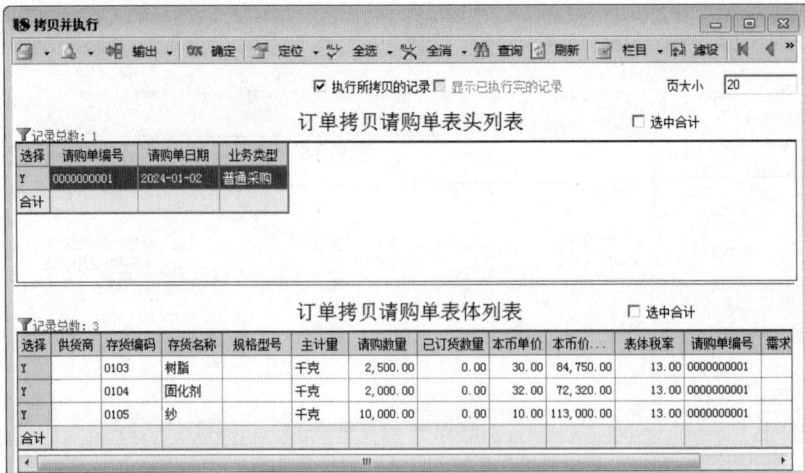

图 9-4　订单拷贝请购单列表

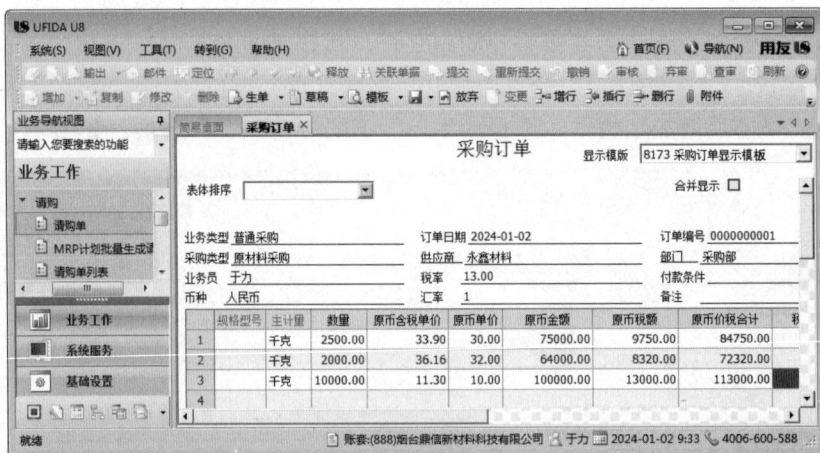

图 9-5　生成采购订单

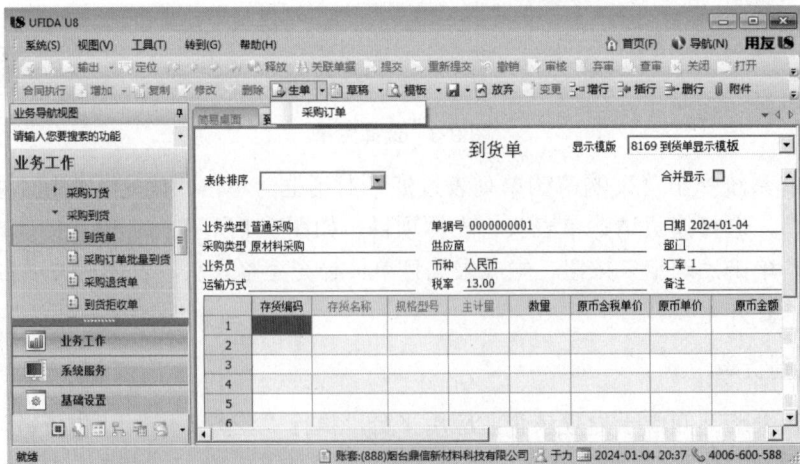

图 9-6　选择生单

第二步，系统弹出"采购订单列表过滤"窗口，单击"确定"按钮，打开"拷贝并执行"窗口，选择拷贝订单表头、表体项目，如图 9-7 所示。

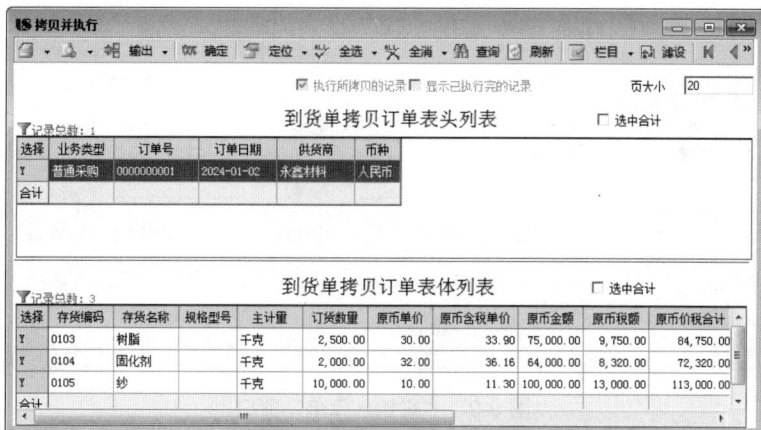

图 9-7　到货单拷贝订单列表

第三步，单击"确定"按钮，生成到货单，如图 9-8 所示，检查表头、表体相关项目，保存并审核。

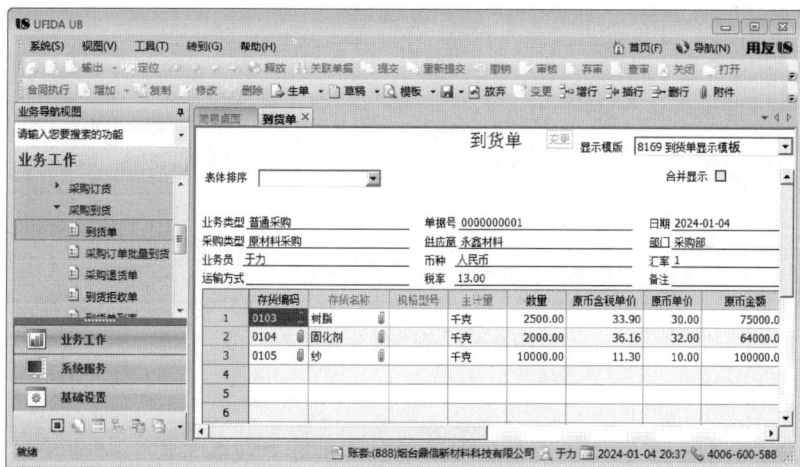

图 9-8　生成到货单

4. 录入采购入库单

第一步，仓储部 007 刘强登录企业应用平台，执行"业务工作"|"供应链"|"库存管理"|"入库业务"|"采购入库单"命令，打开"采购入库单"窗口，如图 9-9 所示。

第二步，选择"生单"下的"采购到货单(蓝字)"选项，弹出"采购到货单列表"对话框，单击"确定"按钮，打开"到货单生单列表"窗口，选择拷贝到货单表头、表体项目，如图 9-10 所示。

第三步，单击"确定"按钮，生成采购入库单，选择仓库为"原材料库"，如图 9-11 所示，保存并审核。

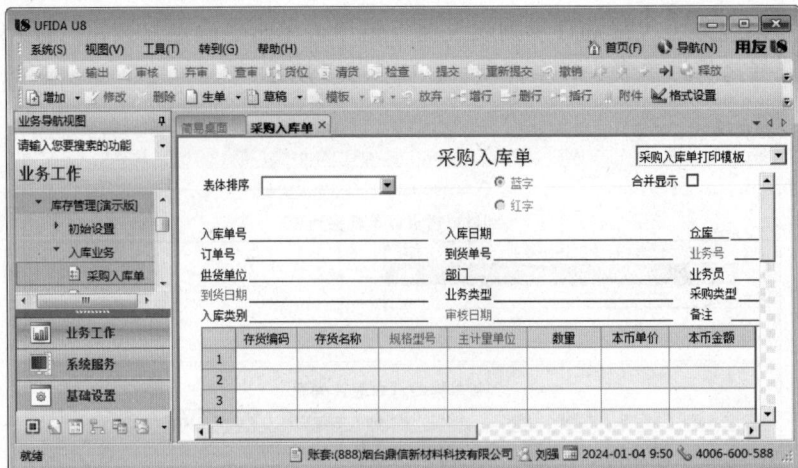

图 9-9 "采购入库单"窗口

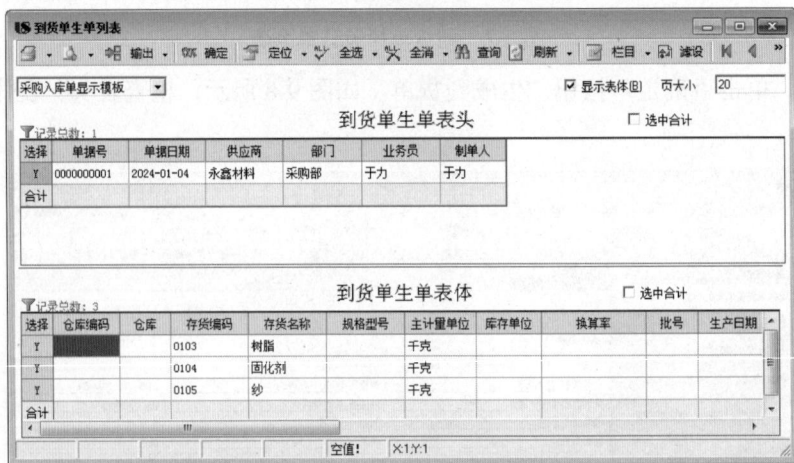

图 9-10 到货单生单列表

5. 录入发票

第一步，采购部 005 于力登录企业应用平台，执行"业务工作"|"供应链"|"采购管理"|"采购发票"|"专用采购发票"命令，打开"专用发票"窗口。

第二步，单击"增加"按钮，选择"生单"下的"入库单"选项，打开"采购入库单列表过滤"对话框，单击"确定"按钮，打开"拷贝并执行"窗口，选择拷贝入库单表头、表体项目，如图 9-12 所示。

第三步，单击"确定"按钮，生成专用发票，输入发票号"32367627"并保存，如图 9-13 所示。

6. 采购结算

采购部 005 于力在"专用发票"窗口单击"结算"按钮，由系统自动将符合结算条件的采购入库单记录和此张采购发票记录进行结算，如图 9-14 所示。

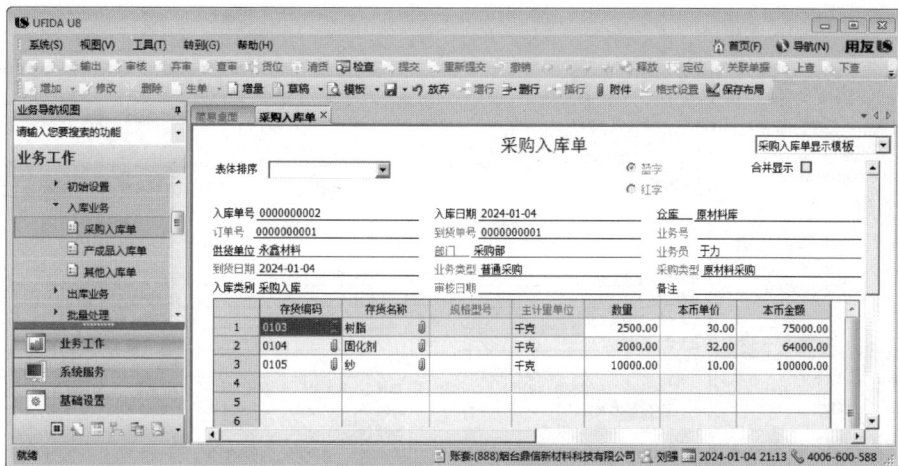

图 9-11　生成采购入库单

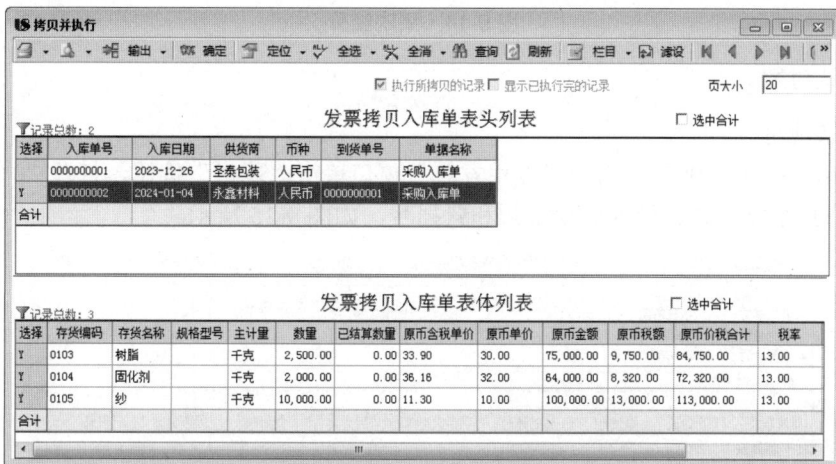

图 9-12　发票拷贝入库单列表

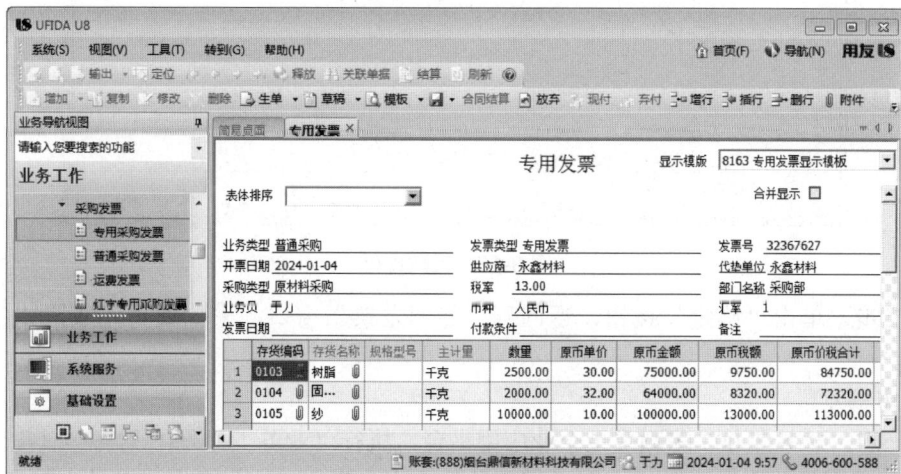

图 9-13　生成发票并补录发票号

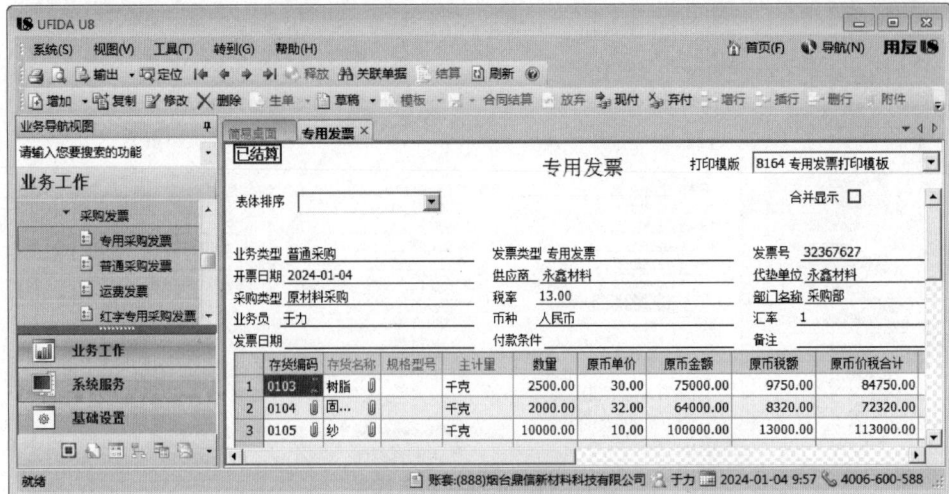

图 9-14　采购结算

7．确认付款

1）发票现付

第一步，采购部 005 于力在"专用发票"窗口单击"现付"按钮，打开"采购现付"对话框，选择结算方式、录入原币金额和票据号，如图 9-15 所示。

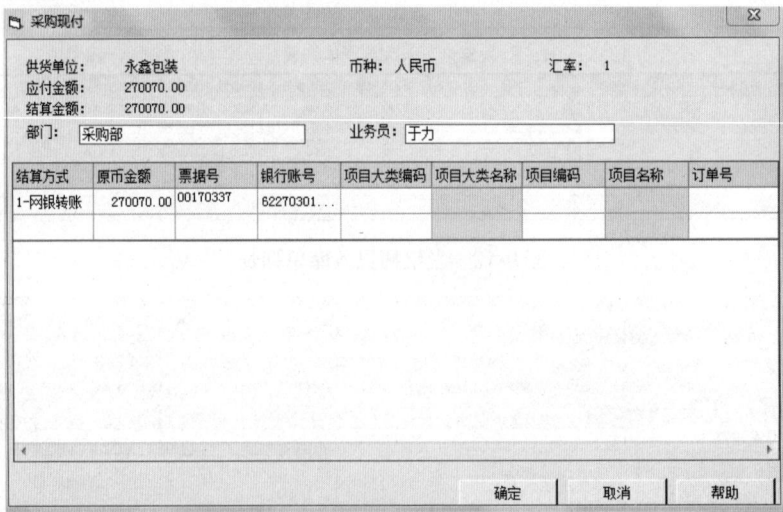

图 9-15　采购现付

第二步，单击"确定"按钮，返回到"专用发票"窗口，采购现付完成，如图 9-16 所示。

2）审核发票

第一步，财务部 003 陈颖登录企业应用平台，执行"业务工作"|"财务会计"|"应付款管理"|"应付单据处理"|"应付单据审核"命令，弹出"应付单查询条件"对话框，如图 9-17 所示。

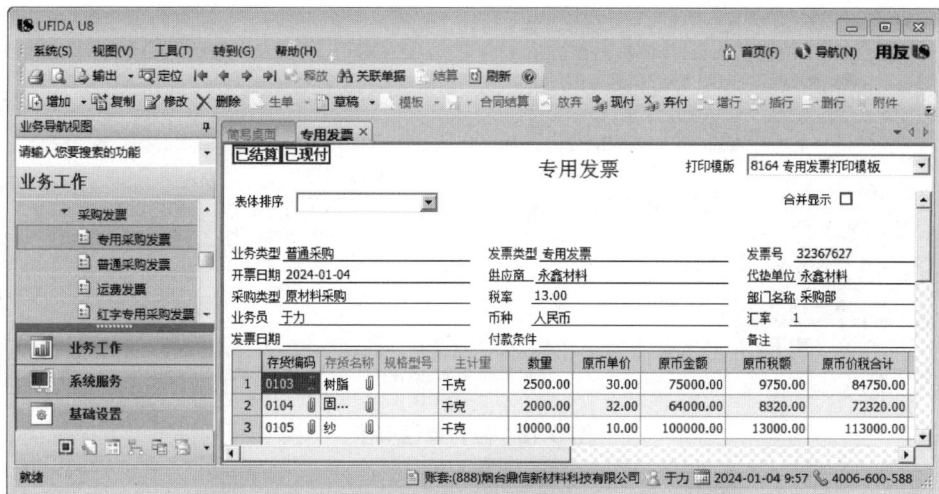

图 9-16 采购现付完成

图 9-17 "应付单查询条件"对话框

注意：包含已现结发票是指包含已现付过的发票，已整单报销是指已经和采购入库单完成结算的发票。

第二步，选中"包含已现结发票"复选框，单击"确定"按钮，打开"单据处理"窗口，如图 9-18 所示。

第三步，双击"选择"栏，选择列表中显示的单据，单击"审核"按钮。

3) 生成凭证

第一步，财务部 003 陈颖登录企业应用平台，执行"业务工作"|"供应链"|"应付款管理"|"制单处理"命令，弹出"制单查询"对话框，如图 9-19 所示。

高职高专互联网+新形态教材·财会系列

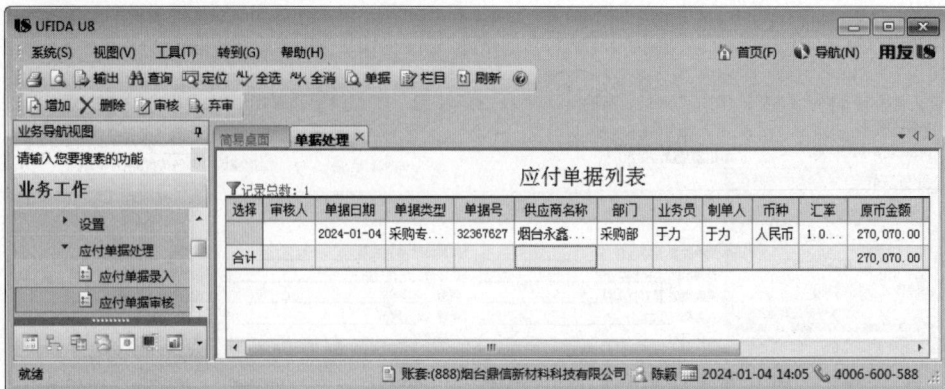

图 9-18　应付单据审核

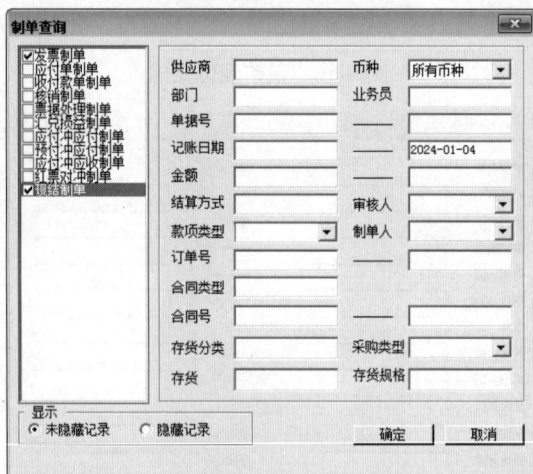

图 9-19　"制单查询"对话框

　　第二步，选择"现结制单"选项，单击"确定"按钮，打开"制单"窗口，如图 9-20 所示。

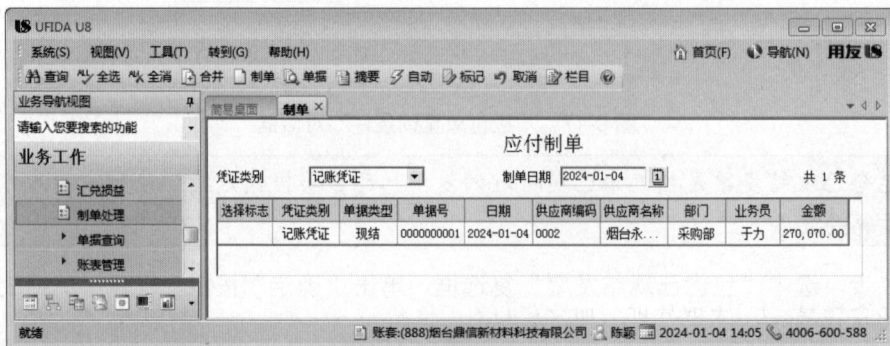

图 9-20　应付制单

　　第三步，依次单击"全选""制单"按钮，生成并保存凭证，如图 9-21 所示。

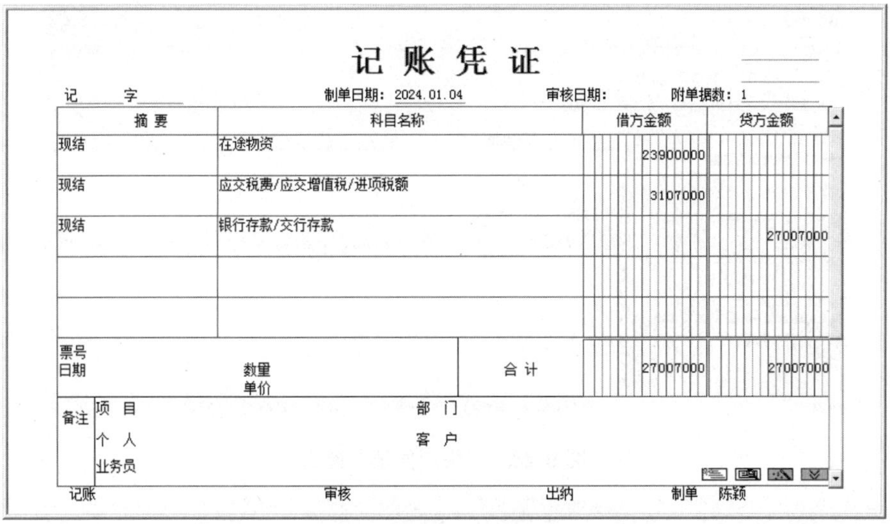

图 9-21　生成凭证(采购现付)

8. 确认采购成本

1) 正常单据记账

财务部 003 陈颖登录企业应用平台，执行“业务工作”|“供应链”|“存货核算”|“业务核算”|“正常单据记账”命令，弹出“查询条件选择”对话框，单击“确定”按钮，打开“未记账单据一览表”窗口，如图 9-22 所示，依次单击“全选”“记账”按钮，系统提示“记账成功”。

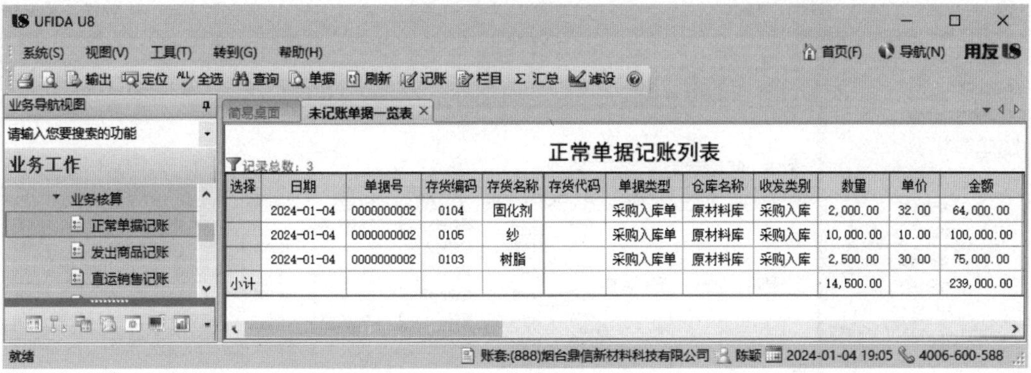

选择	日期	单据号	存货编码	存货名称	存货代码	单据类型	仓库名称	收发类别	数量	单价	金额
	2024-01-04	0000000002	0104	固化剂		采购入库单	原材料库	采购入库	2,000.00	32.00	64,000.00
	2024-01-04	0000000002	0105	纱		采购入库单	原材料库	采购入库	10,000.00	10.00	100,000.00
	2024-01-04	0000000002	0103	树脂		采购入库单	原材料库	采购入库	2,500.00	30.00	75,000.00
小计									14,500.00		239,000.00

图 9-22　正常单据记账

2) 生成凭证

第一步，财务部 003 陈颖登录企业应用平台，执行“业务工作”|“供应链”|“存货核算”|“财务核算”|“生成凭证”命令，打开“生成凭证”窗口，如图 9-23 所示。

第二步，单击“选择”按钮，弹出“查询条件”对话框，单击“确定”按钮，打开“选择单据”窗口，如图 9-24 所示。

第三步，单击“选择”栏选中要生成凭证的单据，单击“确定”按钮，返回到“生成凭证”窗口，如图 9-25 所示。

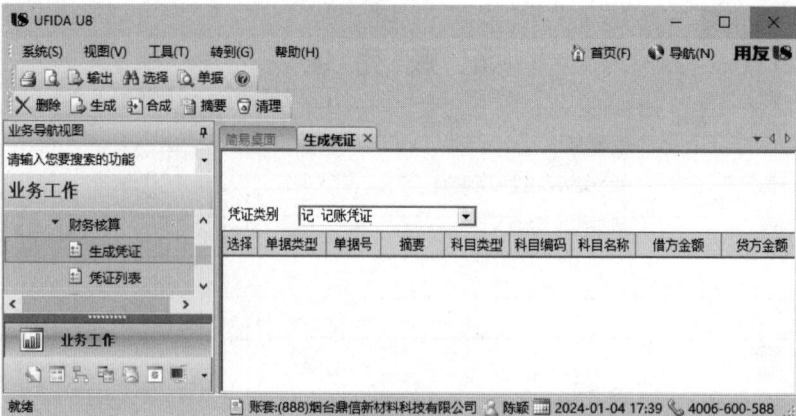

图 9-23 "生成凭证"窗口

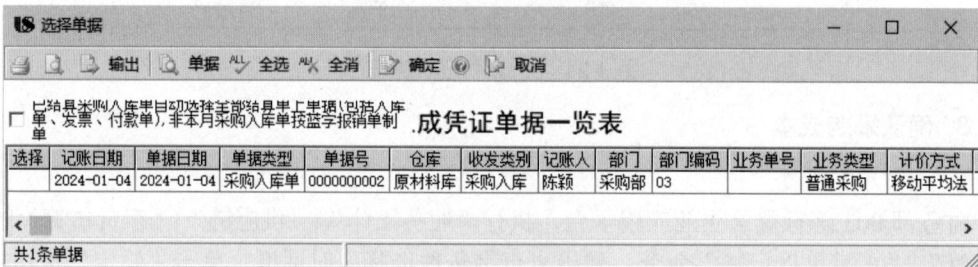

图 9-24 "选择单据"窗口

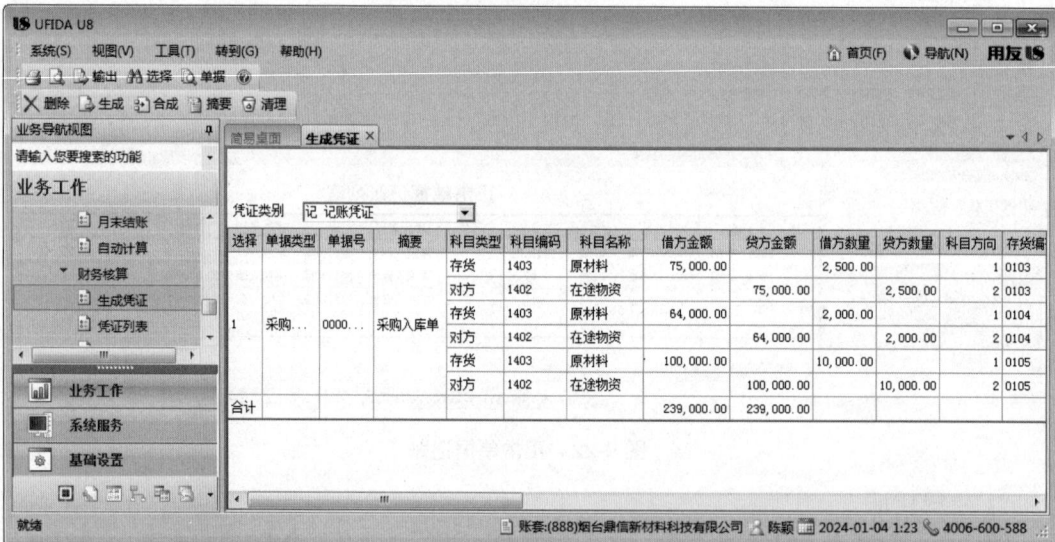

图 9-25 返回到"生成凭证"窗口

第四步,单击"合成"按钮,生成并保存凭证,如图 9-26 所示。

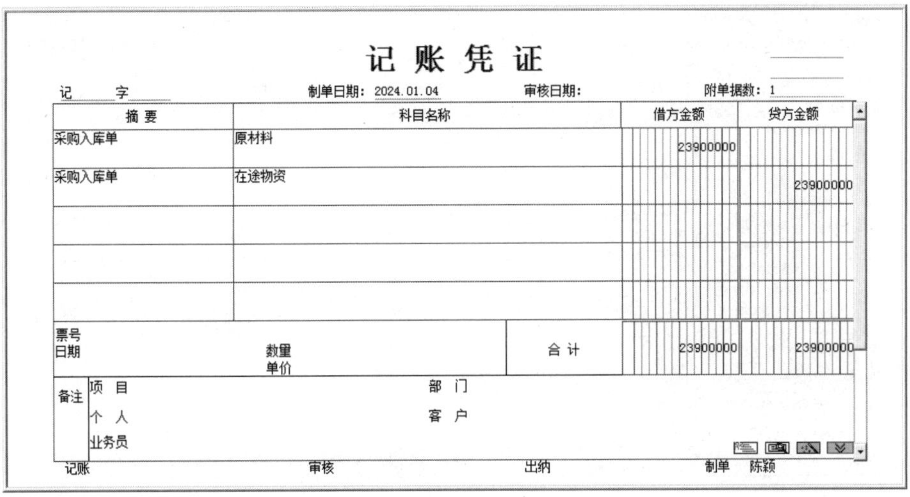

记 账 凭 证

记　　字　　　制单日期：2024.01.04　　　审核日期：　　　附单据数：1

摘要	科目名称	借方金额	贷方金额
采购入库单	原材料	23900000	
采购入库单	在途物资		23900000
票号 日期	数量 单价 合计	23900000	23900000

备注　项　目　　　部　门
　　　个　人　　　客　户
　　　业务员

记账　　审核　　出纳　　制单　陈颖

图 9-26　生成凭证(采购入库)

【子任务 1.2】单货同行赊购业务处理

单货同行赊购业务是指采购业务在收到货票时没有立即付款，在应付款管理系统中确认为应付账款，后续按合同约定在付款期内付款。

任务描述

2024 年 1 月 7 日，公司根据计划需要采购 ABS 塑胶颗粒 4 000kg 和 TPE 塑胶颗粒 2 000kg，提出采购申请。8 日与大连奥新塑胶有限公司签订采购合同，要求 9 日到货。

9 日，收到以上材料并验收入库，随货收到增值税专用发票和运费发票，增值税专用发票号为 65567589，发票上列明 ABS 塑胶颗粒 4 000kg，不含税单价 15 元，TPE 塑胶颗粒 2 000kg，不含税单价 60 元；运费增值税专用发票号为 10810336，发票上列明运费 2 000 元(不含税价)，由供应商代垫；货款暂欠。

15 日，签发转账支票(支票号 54819521)，支付材料采购款 205 580.00 元

操作步骤

该笔任务的请购单、采购订单、到货单、采购入库单和采购专用发票的录入方式可参照子任务 1.1 的步骤，下面的步骤从录入运费发票开始。

1. 录入运费发票

采购部 005 于力登录企业应用平台，执行“业务工作”|“供应链”|“采购管理”|“采购发票”|“专用采购发票”命令，打开“专用发票”窗口，单击“增加”按钮，依次录入表头、表体项目并保存，如图 9-27 所示。

2. 运费分摊和采购结算

第一步，采购部 005 于力继续执行“业务工作”|“供应链”|“采购管理”|“采购结算”|“手工结算”命令，打开“手工结算”窗口，如图 9-28 所示。

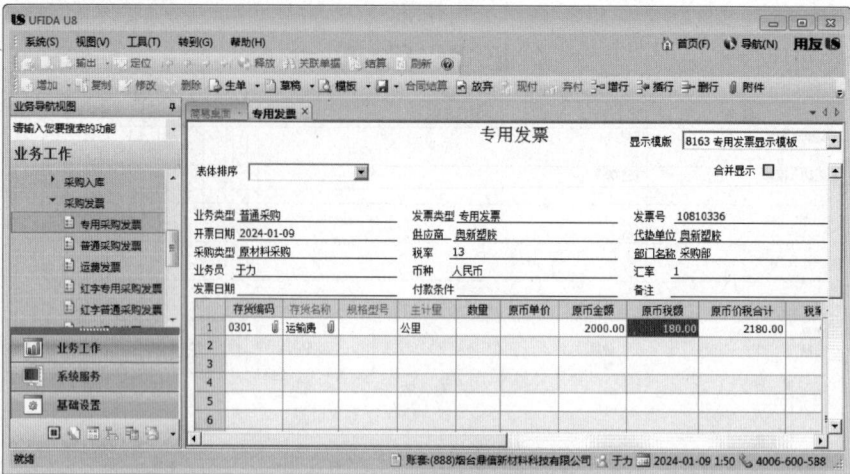

图 9-27　录入运费发票

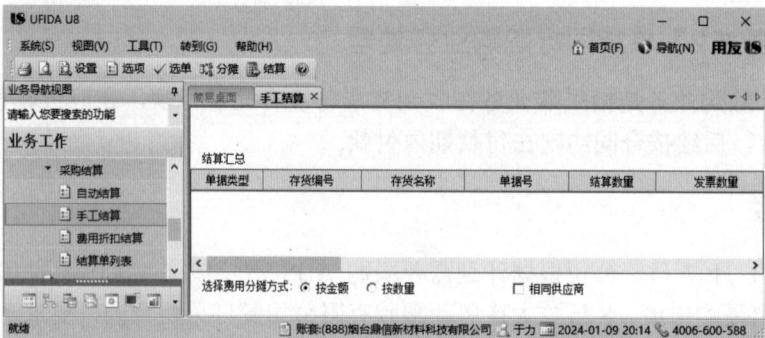

图 9-28　"手工结算"窗口

第二步，单击"选单"按钮，打开"结算选单"窗口，单击"查询"按钮，打开"查询条件选择"对话框，单击"确定"按钮，返回到"结算选单"窗口，选中匹配的发票和入库单，如图 9-29 所示。

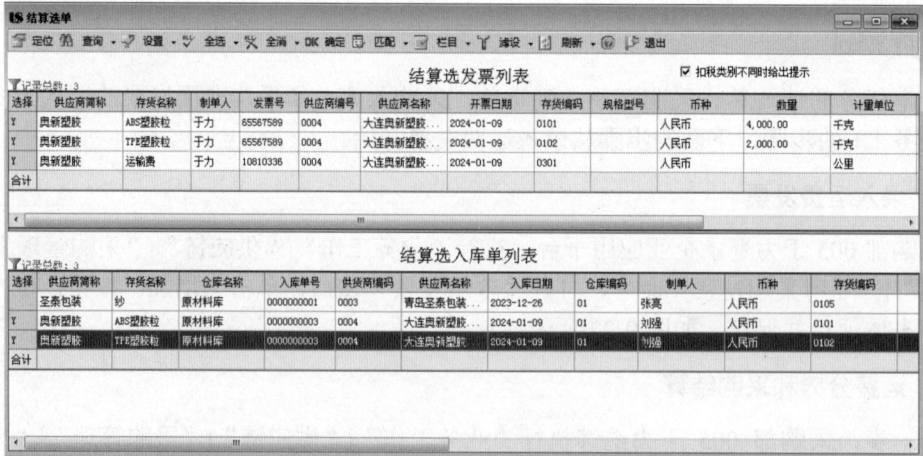

图 9-29　选择匹配的发票和入库单

第三步，单击"确定"按钮，返回到"手工结算"窗口，如图 9-30 所示。

图 9-30　返回到"手工结算"窗口

第四步，选择费用分摊方式为"按数量"，依次单击"分摊""是"按钮，完成费用分摊，在"手工结算"窗口单击"结算"按钮，完成结算。

3. 确认负债

1) 审核发票

财务部 003 陈颖登录企业应用平台，执行"业务工作"|"财务会计"|"应付款管理"|"应付单据处理"|"应付单据审核"命令，弹出"应付单查询条件"对话框，单击"确定"按钮，打开"单据处理"窗口，单击"全选"和"审核"按钮，如图 9-31 所示。

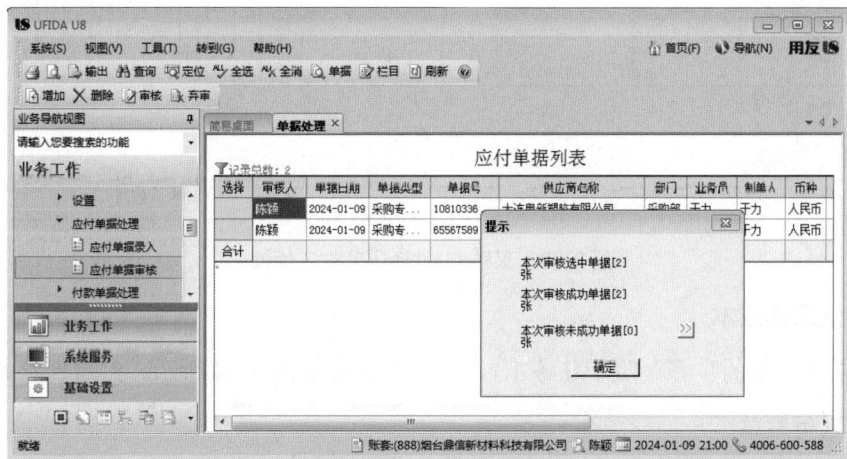

图 9-31　审核发票

2) 生成凭证

第一步，财务部 003 陈颖登录企业应用平台，执行"业务工作"|"财务会计"|"应付

高职高专互联网+新形态教材·财会系列

款管理"|"制单处理"命令，弹出"制单查询"对话框，选择"发票制单"选项，单击"确定"按钮，打开"制单"窗口，如图 9-32 所示。

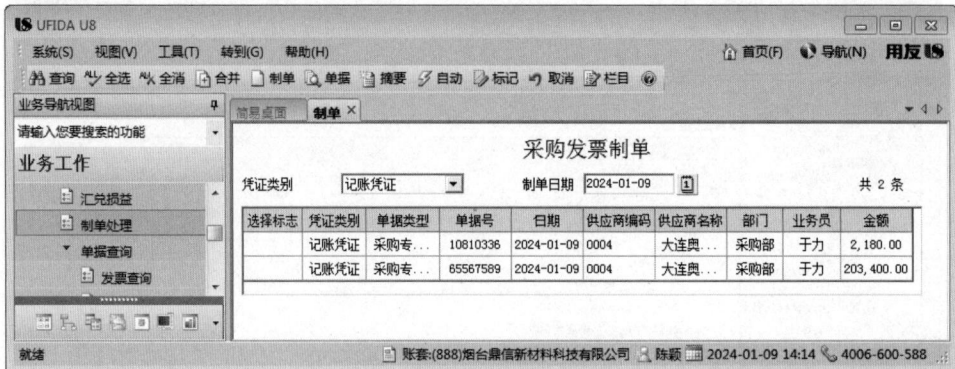

图 9-32　制单处理

第二步，依次单击"合并"和"制单"按钮，生成凭证，如图 9-33 所示，然后保存并退出。

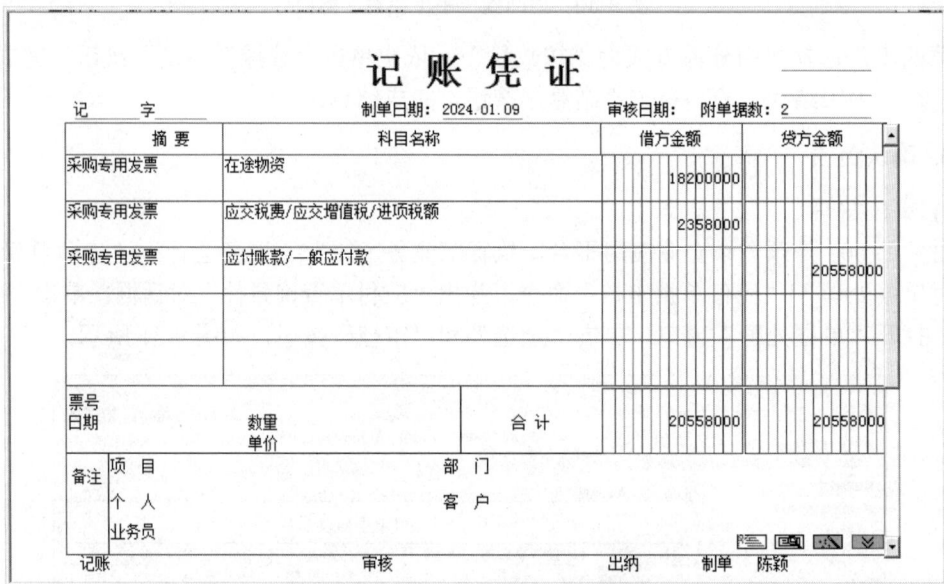

图 9-33　采购制单(确认采购应付款)

4. 确认采购成本

确认采购成本的步骤参照子任务 1.1，生成的凭证如图 9-34 所示，然后保存并退出。

5. 录入付款单

第一步，财务部 004 李媛登录企业应用平台，执行"业务工作"|"财务会计"|"应付款管理"|"付款单据处理"|"付款单录入"命令，打开"收付款单录入"窗口。

第二步，单击"增加"按钮，依次录入表头、表体项目并保存，如图 9-35 所示。

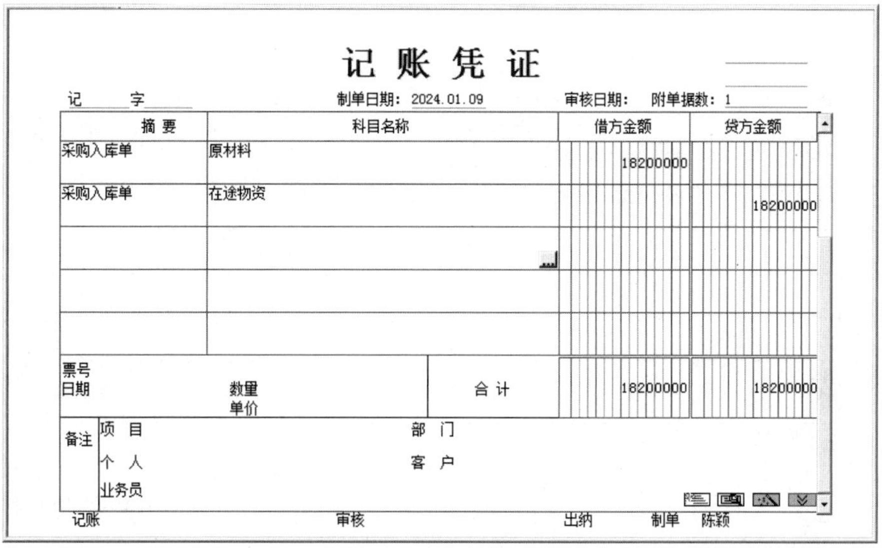

图 9-34　采购制单(确认采购入库成本)

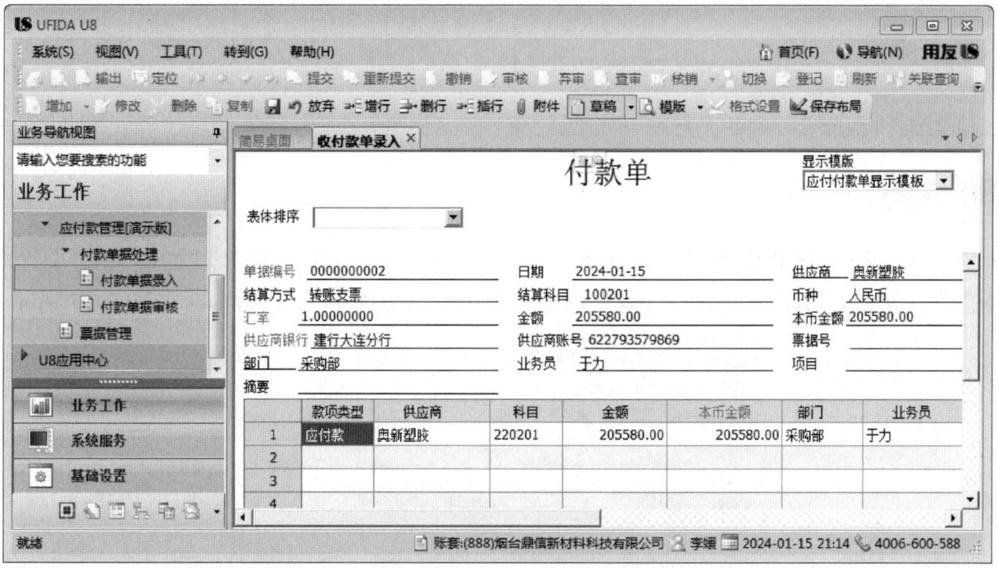

图 9-35　录入付款单

第三步，财务部 003 陈颖审核付款单，生成并保存凭证，如图 9-36 所示。

注意： 如果同类付款业务发生量较大，可以在审核付款单后不立即制单，而是在制单处理的收付款单制单中选择合并制单。

6. 核销处理

核销处理是指用户日常进行的付款核销应付款的工作。

系统提供了两种核销处理方式：自动核销和手工核销。

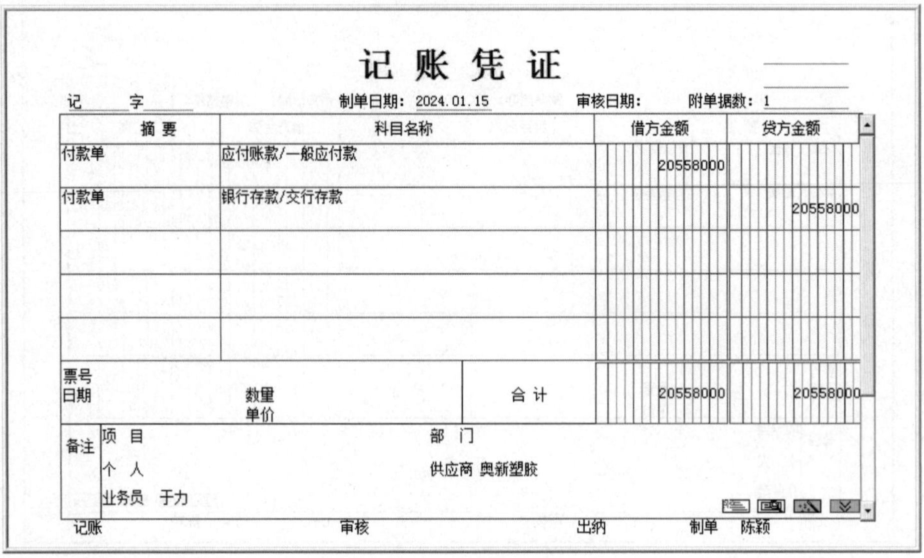

图 9-36　生成凭证(采购付款)

任务描述

核销奥新塑胶 2024 年 1 月 9 日的应付款。

操作步骤

第一步，财务部 003 陈颖登录企业应用平台，执行"业务工作"|"财务会计"|"应付款管理"|"核销处理"|"手工核销"命令，打开"核销条件"对话框，如图 9-37 所示。

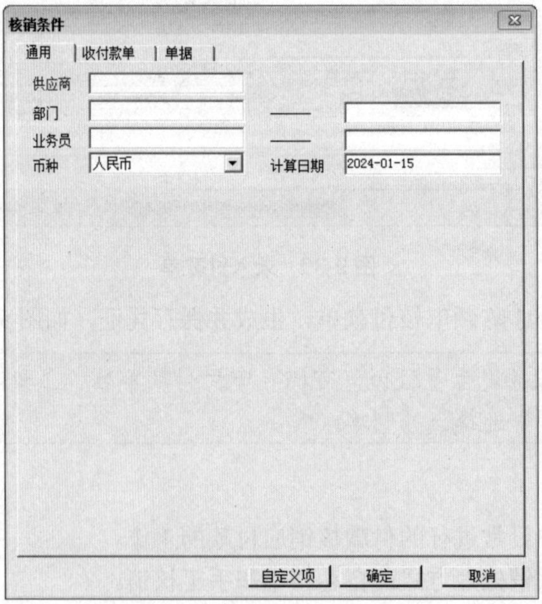

图 9-37　"核销条件"对话框

第二步，选择供应商为奥新塑胶，单击"确定"按钮，进入"单据核销"窗口。

第三步，在需要核销的付款单和待核销的发票"本次结算"栏中分别录入核销金额，如图 9-38 所示。单击"保存"按钮，完成核销。

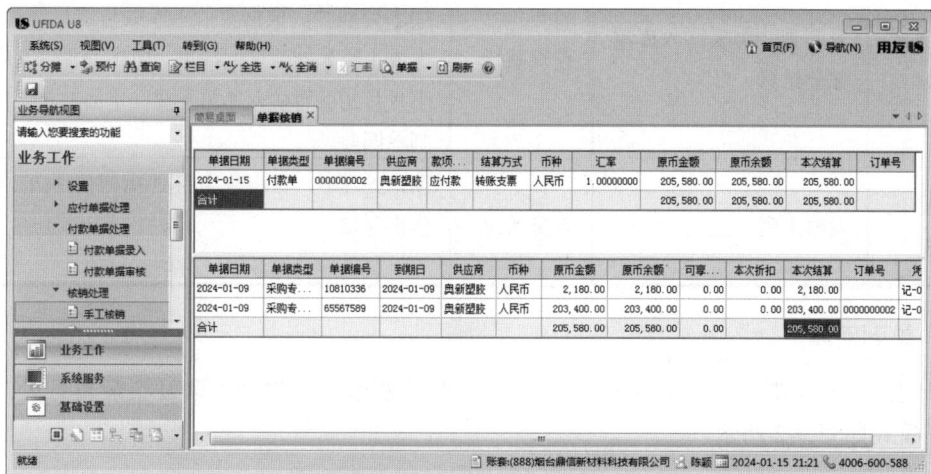

图 9-38　录入核销金额

【子任务 2】单货不同行采购业务处理

【子任务 2.1】货到票未到业务处理

【子任务 2.1.1】暂估结算

存货暂估是外购入库的货物发票未到，在无法确定实际的采购成本时，财务人员期末暂时按估计价格入账，后续按照选择的暂估处理方式进行回冲或者补差处理。

暂估结算处理系统提供月初回冲、单到回冲、单到补差三种方式。

1. 月初回冲

月初回冲是指月初时系统自动生成红字回冲单，具体处理模式如表 9-1 所示。

表 9-1　月初回冲处理模式

业务类型	业务描述	系统模块	处 理
暂估业务	采购业务先到货，发票未到，本月处理	存货系统	暂估入库单记账，生成凭证 借：存货 　　贷：应付账款——应付暂估款
	采购业务先到货，发票未到，下月处理	存货系统	下月月初生成红字回冲单，生成凭证 借：存货 (红字) 　　贷：应付账款——应付暂估款(红字)
下月第一种情况	发票到，与采购入库单完全结算	存货系统	进行暂估处理，生成蓝字回冲单(报销)制单 借：存货 　　贷：在途物资

高职高专互联网＋新形态教材·财会系列

业务类型	业务描述	系统模块	处理
下月第二种情况	发票到，与采购入库单部分结算	存货系统	暂估处理时，生成已结算的蓝字回冲单。 期末处理时，根据暂估入库数与结算数的差额生成未结算的蓝字回冲单，即作为暂估入库单。 下月月初就暂估入库单生成红字回冲单。 制单同前。
下月第三种情况	发票未到	存货系统	期末处理后，根据蓝字回冲单(暂估)制单。 借：存货 　　贷：应付账款——暂估应付款

2. 单到回冲

单到回冲是指对于上月暂估业务，本月初不做处理，在收到采购发票后再行处理，具体处理模式如表 9-2 所示。

表 9-2　单到回冲处理模式

业务类型	业务描述	系统模块	处理
暂估业务	采购业务先到货，发票未到，本月处理	存货系统	暂估入库单记账，生成凭证 借：存货 　　贷：应付账款——应付暂估款
下月第一种情况	采购业务先到货，发票未到	存货系统	不需处理
下月第二种情况	发票到，与采购入库单完全结算	存货系统	进行暂估处理，生成红字回冲单制单 借：存货(红字) 　　贷：应付账款——应付暂估款(红字) 生成蓝字回冲(报销)单制单 借：存货 　　贷：在途物资
下月第三种情况	发票到，与采购入库单部分结算	存货系统	暂估处理时，如果结算单对应的暂估入库单本月未生成红字回冲单，则根据结算单对应的暂估入库单生成红字回冲单，根据结算数量、结算单价、结算金额生成已结算的蓝字回冲单。 暂估处理时，如果结算单对应的暂估入库单本月已生成红字回冲单，则根据结算数量、结算单价、结算金额生成已结算的蓝字回冲单。 期末处理时，根据暂估入库数与结算数的差额生成未结算的蓝字回冲单，即作为暂估入库单。

3. 单到补差

单到补差是指报销处理时，系统自动生成一笔调整单，调整金额为实际金额与暂估金额的差额，具体处理模式如表 9-3 所示。

表 9-3　单到补差处理模式

业务类型	业务描述	系统模块	处 理
暂估业务	采购业务先到货，发票未到，本月处理	存货系统	暂估入库单记账，生成凭证 借：存货 　　贷：应付账款
下月第一种情况	采购业务先到货，发票未到	存货系统	不需处理
下月第二种情况	发票到，与采购入库单完全结算	存货系统	进行暂估处理，生成调整单 减少 借：存货(红字) 　　贷：应付账款(红字) 增加 借：存货 　　贷：应付账款

任务描述

烟台鼎信新材料科技有限公司的暂估处理方式为单到回冲。2023 年 12 月 26 日从青岛圣泰包装材料有限公司采购的纱 2 000 千克已验收入库，月底时未收到发票，暂估入库。2024 年 1 月 9 日，收到圣泰包装开出的增值税专用发票一张，发票上列明纱的单价为 9.80元(不含税)，增值税税率为 13%，发票号为 35452127，进行暂估报销处理，确认采购成本和应付账款。

操作步骤

1. 录入发票

采购部 005 于力登录采购管理系统录入采购专用发票，其操作方法在前面单货同行采购业务中已经介绍过，这里不再重复。需要注意的是，这里发票生单参照的入库单是期初采购入库单，该单据期初已经录入系统了。因为期初采购入库单中的单价是暂估单价，和发票上的不一致，所以发票生成后需要修改单价，修改完后如图 9-39 所示。

2. 采购结算

采购部 005 于力在"专用发票"窗口直接单击"结算"按钮，系统自动搜索符合结算条件的采购入库单记录，和此张采购发票完成结算。

3. 确认负债

财务部 003 陈颖在应付款管理系统中审核发票，生成并保存凭证，如图 9-40 所示。

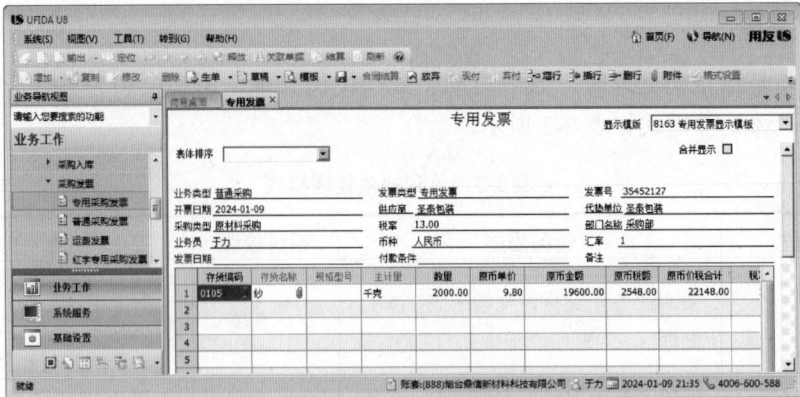

图 9-39　生成采购专用发票并修改单价

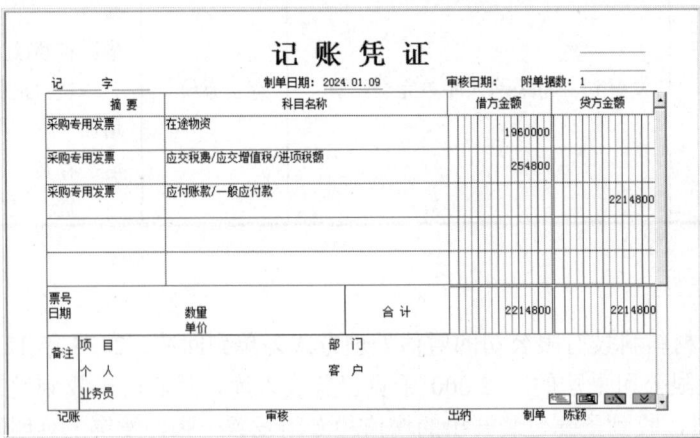

图 9-40　生成凭证(确认采购应付款)

4. 结算成本处理

第一步，财务部 003 陈颖登录企业应用平台，执行"业务工作"|"供应链"|"存货核算"|"业务核算"|"结算成本处理"命令，弹出"暂估处理查询"对话框。

第二步，选中"原材料库"复选框，单击"确定"按钮，打开"结算成本处理"窗口，如图 9-41 所示。

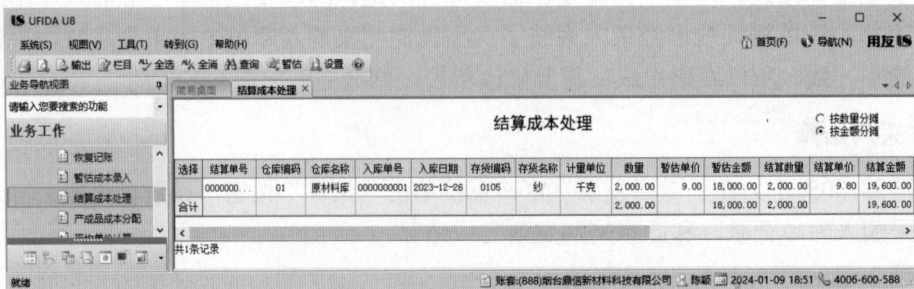

图 9-41　"结算成本处理"窗口

第三步，选中结算单，单击"暂估"按钮，系统提示"暂估处理完成"。

5. 生成凭证

第一步，财务部003陈颖登录企业应用平台，执行"业务工作"|"供应链"|"存货核算"|"财务核算"|"生成凭证"命令，打开"生成凭证"窗口，单击工具栏中的"选择"按钮，弹出"查询条件"对话框，在此单击"确定"按钮，打开"选择单据"窗口，如图9-42所示。

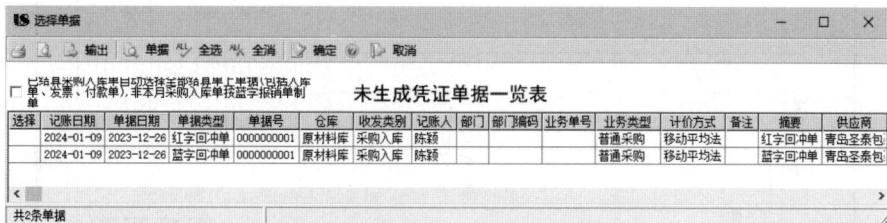

图9-42　选择需生成凭证的单据

第二步，选中需生成凭证的单据类型"红字回冲单"和"蓝字回冲单"，然后单击"确定"按钮，返回"生成凭证"窗口，如图9-43所示。

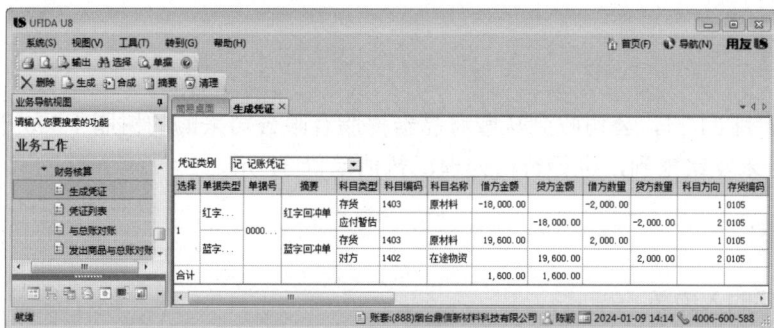

图9-43　"生成凭证"窗口

第三步，单击"生成"按钮，生成两张凭证，检查并单击"成批保存凭证"按钮保存凭证，如图9-44和图9-45所示。

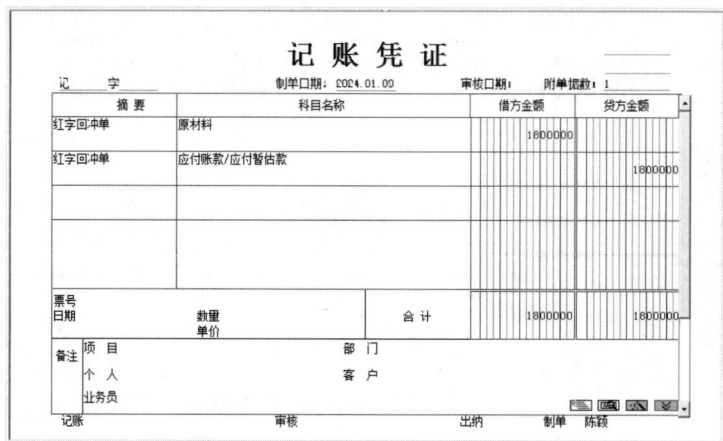

图9-44　生成凭证(回冲暂估入库)

高职高专互联网+新形态教材·财会系列

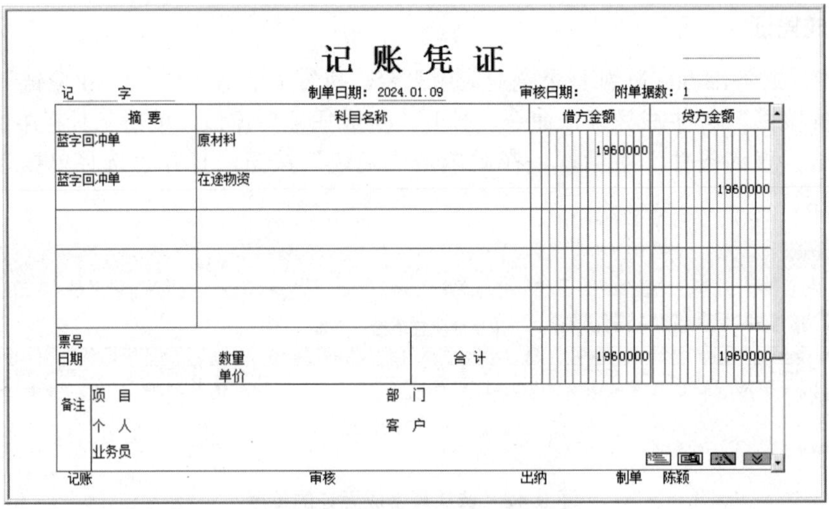

记账凭证

记 字　　制单日期：2024.01.09　　审核日期：　　附单据数：1

摘要	科目名称	借方金额	贷方金额
蓝字回冲单	原材料	1960000	
蓝字回冲单	在途物资		1960000
票号 日期	数量 单价 合计	1960000	1960000

备注　项　目　　部　门
　　　个　人　　客　户
　　　业务员

记账　审核　出纳　制单　陈颖

图 9-45　生成凭证(确认入库成本)

【子任务 2.1.2】暂估成本录入

任务描述

2024 年 1 月 31 日，公司收到从威海晶泰树脂有限公司采购的树脂 1 000 千克，材料已验收入库，月末发票未到，进行暂估处理，暂估单价 31 元。

操作步骤

1. 录入采购入库单

仓储部 007 刘强登录企业应用平台，执行“业务工作”|“供应链”|“库存管理”|“入库业务”|“采购入库单”命令，打开“采购入库单”窗口，录入、保存并审核入库单，如图 9-46 所示。

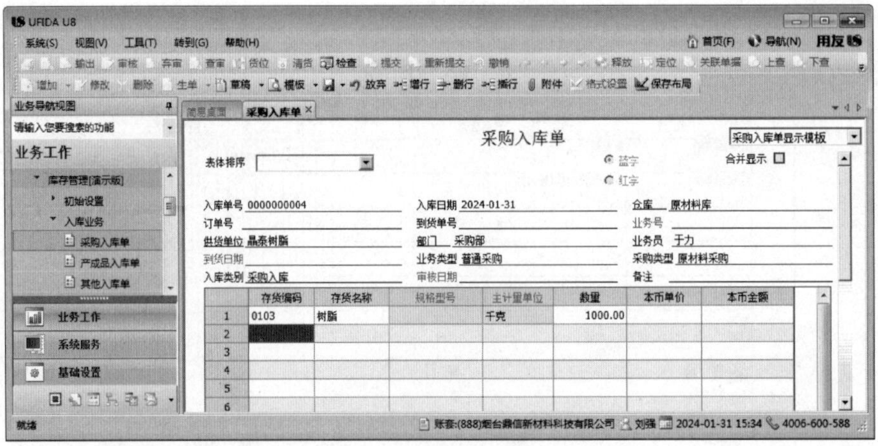

图 9-46　录入采购入库单

2. 录入暂估单价

财务部 003 陈颖登录企业应用平台，执行“业务工作”|“供应链”|“存货核算”|“业务核算”|“暂估成本录入”命令，打开“暂估成本录入”窗口，录入暂估单价并保存，如图 9-47 所示。

单据日期	单据号	仓库	存货编码	计量单位	存货名称	业务类型	采购类型	供应商	入库类别	数量	单价	金额
2024-01-31	0000000005	原材料库	0103	千克	树脂	普通采购	原材料采购	威海晶泰...	采购入库	1,000.00	31.00	31,000.00
合计										1,000.00		31,000.00

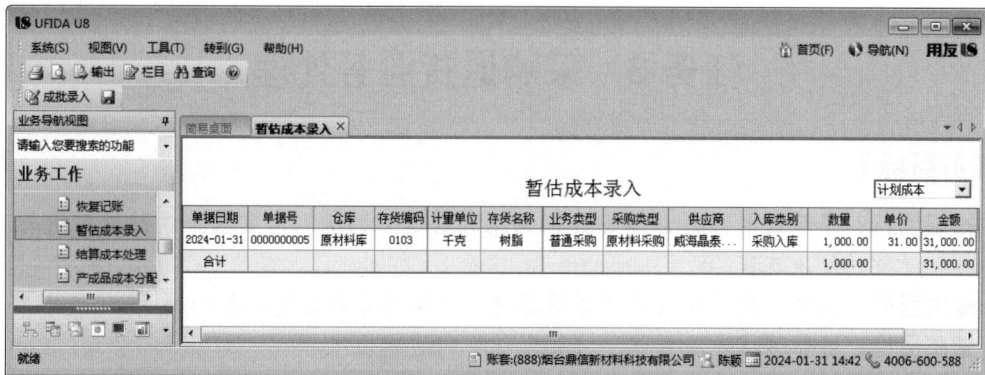

图 9-47　暂估成本录入

3. 正常单据记账

财务部 003 陈颖登录企业应用平台，执行“业务工作”|“供应链”|“存货核算”|“业务核算”|“正常单据记账”命令，对入库单记账。

4. 生成凭证

财务部 003 陈颖登录企业应用平台，执行“业务工作”|“供应链”|“存货核算”|“财务核算”|“生成凭证”命令，生成凭证，如图 9-48 所示。

记账凭证

记　字　　制单日期：2024.01.31　　审核日期：　　附单据数：1

摘要	科目名称	借方金额	贷方金额
采购入库单	原材料	3100000	
采购入库单	应付账款/应付暂估款		3100000
票号 日期	数量 单价 合计	3100000	3100000

备注　项目　部门　个人　客户　业务员

记账　审核　出纳　制单　陈颖

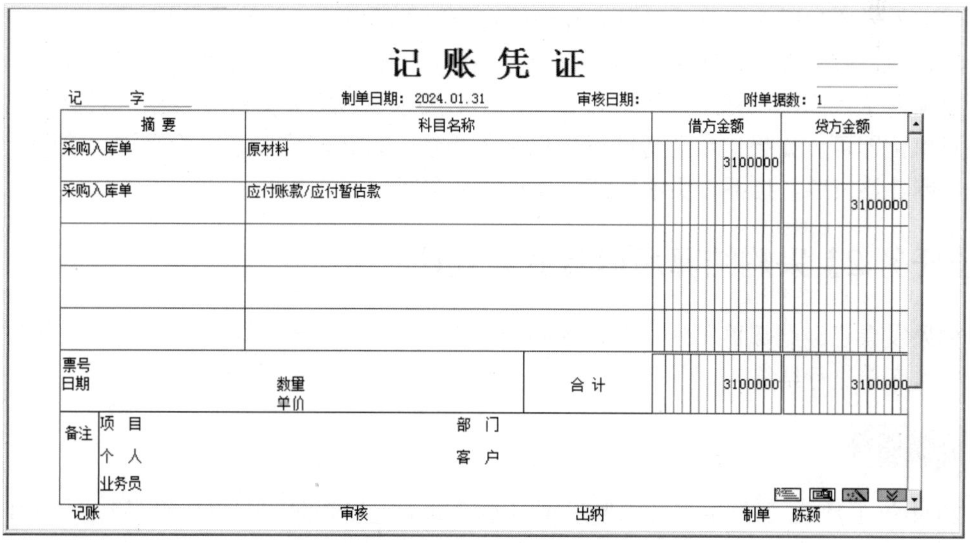

图 9-48　生成凭证(暂估入库)

【子任务 2.2】票到货未到业务处理

企业在收到供货单位的发票后，如果没有收到供货单位的货物，可以对发票进行压单处理，待货物到达后，再输入系统做报账结算处理；也可以先将发票输入系统，以便实时统计在途货物。

任务 3　采购退货业务处理

【任务目标】

知识目标：了解采购结算前退货和采购结算后退货的区别；掌握采购结算前退货和采购结算后退货的处理流程。

能力目标：能够熟练完成采购结算前退货、采购结算后退货业务的处理。

素质目标：培养诚信守法意识；培养合作与沟通能力。

【任务重点难点】

- 采购结算前退货业务处理。
- 采购结算后退货业务处理。

【子任务 1】采购结算前退货业务处理

货物入库后因某种原因需要退货，由采购业务员填退货通知单，仓库负责实物退库。

如果未收到供货方发票，此种业务的处理是：先参照原到货单或订单生成采购退货单，然后根据采购退货单生成红字入库单，再把红字入库单与原入库单结算；如果是部分退货，则将红字入库单和原入库单及退货后收到的对应数量的发票进行结算，冲抵原入库单数据。

退货前已收到发票，如果发票没有录入系统，不论货物是否办理了入库手续，即不论是否已输入了入库单，都可以不进行处理，不必要求供应商开具红字发票，只需将发票退给供货单位即可。如果该项业务的发票已录入系统，那么若该发票还没有进行采购结算，则可以删除该发票，也不必要求供应商开具红字发票。

【子任务 2】采购结算后退货业务处理

如果发票已经结算再发生退货，则必须要求供应商开具红字发票，并录入系统与相应的红字入库单进行结算。

任务描述

2024 年 1 月 16 日，生产部门发现 1 月 9 日向大连奥新塑胶有限公司采购的 ABS 塑胶颗粒有 100 千克有质量问题，经双方协商予以退货，并通过网银转账退款，结算单号为 00171528，大连奥新塑胶有限公司开具红字专用发票一张，发票号为 65567592。

操作步骤

1. 录入采购退货单

第一步，采购部 005 于力登录企业应用平台，执行"业务工作"|"供应链"|"采购管理"|"采购到货"|"采购退货单"命令，打开"采购退货单"窗口。

第二步，单击"增加"按钮，选择"生单"下的"到货单"选项，打开"查询条件选择"对话框，单击"确定"按钮，打开"拷贝并执行"窗口，选择拷贝需要退货的到货单表头、表体项目。

第三步，单击"确定"按钮，生成采购退货单，检查表头、表体相关项目，修改退货数量，如图 9-49 所示，保存并审核。

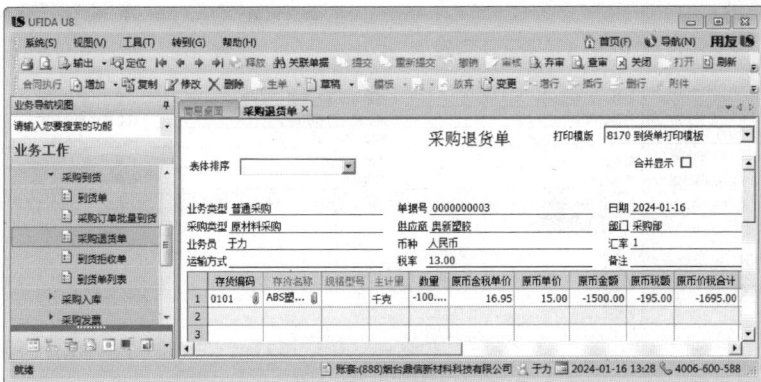

图 9-49　采购退货单

2. 录入红字入库单

仓储部 007 刘强登录企业应用平台，执行"业务工作"|"供应链"|"库存管理"|"入库业务"|"采购入库单"命令，打开"采购入库单"窗口，选择"生单"下的"采购到货单(红字)"选项，打开"查询条件选择"对话框，单击"确定"按钮，返回到"采购入库单"窗口，并生成红字入库单，录入仓库，保存并审核，如图 9-50 所示。

图 9-50　录入红字入库单

3. 录入红字发票

第一步，采购部 005 于力登录企业应用平台，执行"业务工作"|"供应链"|"采购管理"|"采购发票"|"红字专用采购发票"命令，打开"专用发票"窗口。

第二步，单击"增加"按钮，选择"生单"下的"入库单"选项，拷贝生成红字发票，录入发票号并保存红字发票，如图 9-51 所示。(注意：详细步骤参照本项目任务 2 子任务 1.1 中录入发票步骤。)

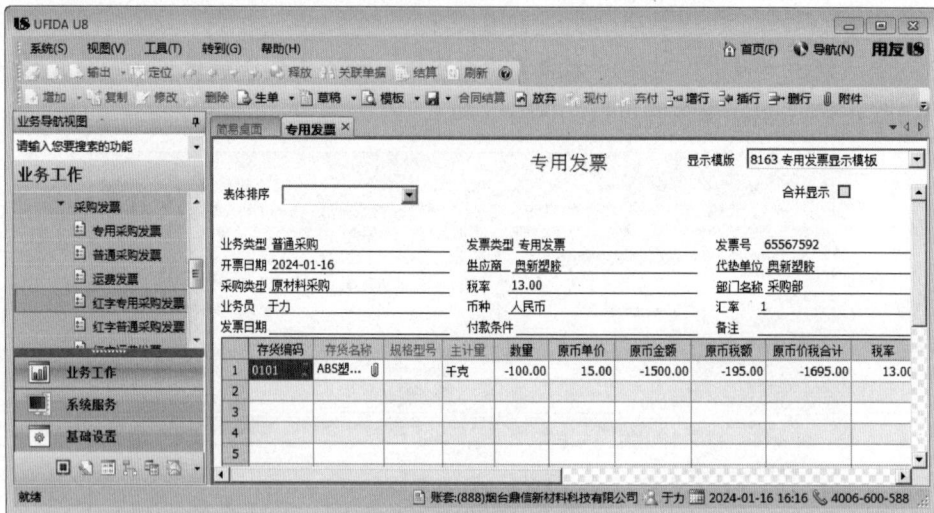

图 9-51　录入红字发票

4. 采购结算

采购部 005 于力在"专用发票"窗口单击"结算"按钮，系统自动将符合结算条件的采购入库单记录和此张采购发票记录进行结算，如图 9-52 所示。

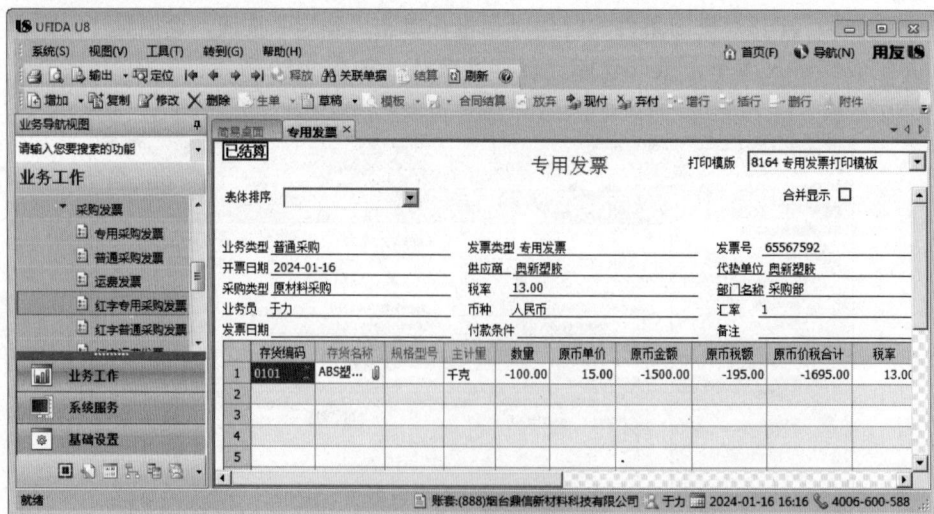

图 9-52　采购结算

5. 确认应付款

财务部 003 陈颖登录企业应用平台，执行"业务工作"|"财务会计"|"应付款管理"|"应付单据处理"|"应付单据审核"命令，审核红字发票，生成并保存凭证，如图 9-53 所示。

记 账 凭 证

记　　字	制单日期：2024.01.16	审核日期：	附单据数：1

摘 要	科目名称	借方金额	贷方金额
采购专用发票	在途物资	150000	
采购专用发票	应交税费/应交增值税/进项税额	19500	
采购专用发票	应付账款/一般应付款		169500
票号 日期	数量 单价　　　　　合 计	169500	169500
备注	项　目　　　　　　　　部　门 个　人　　　　　　　　客　户 业务员		

记账	审核	出纳	制单　陈颖

图 9-53　生成凭证(冲销采购应付款)

6. 确认采购成本

财务部 003 陈颖对红字入库单执行"正常单据记账"命令和"生成凭证"命令，生成并保存红字凭证，如图 9-54 所示。

7. 录入付款单

第一步，财务部 004 李媛登录企业应用平台，执行"业务工作"|"财务会计"|"应付款管理"|"付款单据处理"|"付款单据录入"命令，打开"收付款单录入"窗口，如图 9-55 所示。

高职高专互联网＋新形态教材·财会系列

记 账 凭 证

记　　字	制单日期：2024.01.16	审核日期：	附单据数：1

摘 要	科目名称	借方金额	贷方金额
采购入库单	原材料	150000	000
采购入库单	在途物资		150000
票号 日期	数量 单价　　　　　合 计	150000	150000
备注	项　目　　　　　　　　部　门 个　人　　　　　　　　客　户 业务员		

记账	审核	出纳	制单　陈颖

图 9-54　生成凭证(冲销采购入库成本)

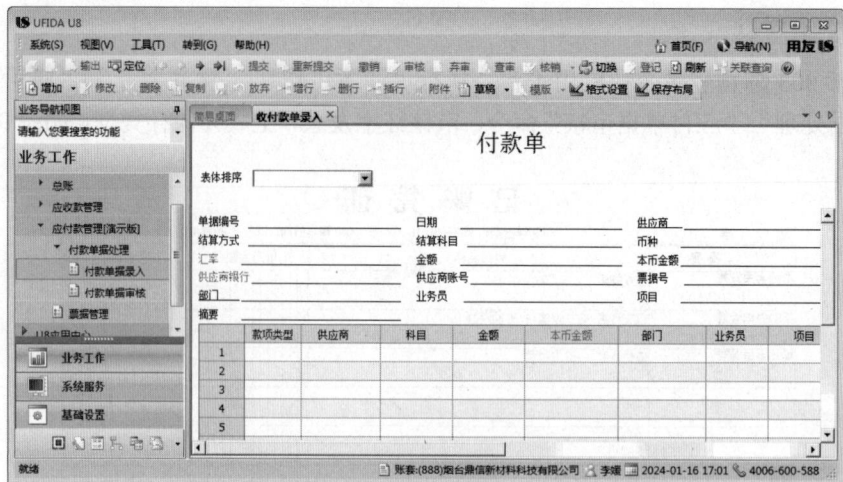

图 9-55　"收付款单录入"窗口

第二步，单击"切换"按钮，转换成"收款单"。

第三步，单击"增加"按钮，依次录入表头、表体项目并保存，如图 9-56 所示。

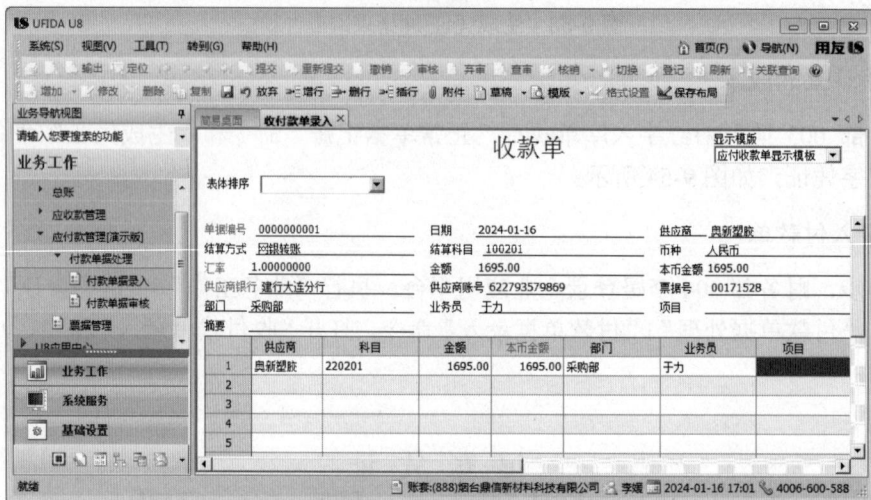

图 9-56　录入红字收款单

第四步，财务部 003 陈颖审核红字收款单并生成凭证，修改"银行存款/交行存款"科目的贷方红字为借方蓝字，如图 9-57 所示，然后保存凭证。

8. 核销处理

财务部 003 陈颖登录企业应用平台，执行"业务工作"|"财务会计"|"应付款管理"|"付款单据处理"|"付款单据录入"命令，打开"收付款单录入"窗口，找到需要核销的付款单，单击"核销"按钮，选择核销条件，在需要核销的付款单和待核销的发票"本次结算"栏中分别录入核销金额"1 695"，如图 9-58 所示，单击"保存"按钮，完成核销。

图 9-57　生成凭证(确认收款)

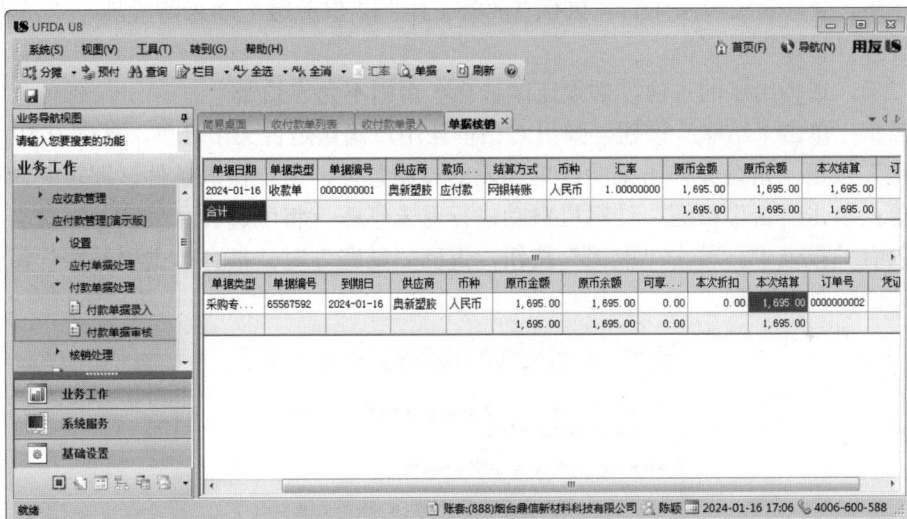

图 9-58　核销处理

任务 4　采购与应付款管理系统期末处理

【任务目标】

知识目标：了解采购账表的类型与作用；掌握月末结账的顺序。

能力目标：能够熟练完成采购与应付款管理系统月末结账；能够根据需要查询相关账表。

素质目标：培养持续改进与学习的能力；培养责任意识与担当精神。

【任务重点难点】

- 采购与应付款管理系统月末结账。
- 采购与应付款管理系统账表查询。

【子任务 1】月末结账

【子任务 1.1】采购管理系统月末结账

月末结账是逐月将每月的单据数据封存，并将当月的采购数据记入有关账表中。

任务描述

2024 年 1 月 31 日，烟台鼎信新材料科技有限公司进行采购期末结账。

操作步骤

第一步，登录企业应用平台，执行"业务工作"|"供应链"|"采购管理"|"月末结账"命令，打开"结账"对话框。

第二步，选择结账的月份，必须连续选择，否则不允许结账。

第三步，单击"结账"按钮，弹出对话框让用户确认是否关闭订单，如图 9-59 所示。单击"是"按钮，系统会弹出采购订单列表的过滤条件，用户输入条件，即可关闭符合条件的订单；单击"否"按钮，计算机自动进行月末结账，将所选各月采购单据按会计期间分月记入有关报表中；单击"取消"按钮，返回"结账"对话框。单击"结账"按钮，计算机自动进行月末结账。

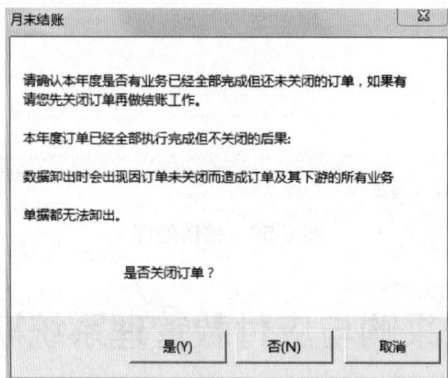

图 9-59　确认是否关闭订单

第四步，月末结账后，可逐月取消结账。选中已结账最后月份，单击"取消结账"按钮，则取消该月的月末结账。

注意：(1) 月末结账之前一定要进行数据备份，否则一旦发生错误，将造成无法挽回的损失。

(2) 结账前用户应检查本会计月的工作是否已全部完成，只有在当前会计月所有工作全部完成的前提下，才能进行月末结账，否则会遗漏某些业务。

(3) 不允许跳月结账，只能从未结账的第一个月逐月结账；不允许跳月取消月末结账，只能从最后一个月逐月取消。

(4)《采购管理系统》月末结账后，才能进行《库存管理系统》《存货核算系统》《应付款管理系统》的月末结账。如果《采购管理系统》要取消月末结账，必须先取消《库存管理系统》《存货核算系统》《应付款管理系统》的月末结账。如果《库存管理系统》《存货核算系统》《应付款管理系统》的任何一个系统不能取消月末结账，那么也不能取消《采购管理系统》的月末结账。

【子任务 1.2】应付款管理系统月末结账

如果确认本月的各项业务已处理完，可以执行月末结账功能。当执行了月末结账功能后，该月将不能再进行任何处理。

任务描述

2024 年 1 月 31 日，烟台鼎信新材料科技有限公司进行应付款管理期末结账。

操作步骤

第一步，登录企业应用平台，执行"业务工作"|"财务会计"|"应付款管理"|"期末处理"|"月末结账"命令，打开"月末处理"对话框。

第二步，双击"结账标志"栏，选择结账月份，如图 9-60 所示。

第三步，单击"下一步"按钮，系统将列示月末结账的检查结果，如图 9-61 所示，单击其中任意一项，可查看其详细信息，单击"取消"按钮，取消此次操作。

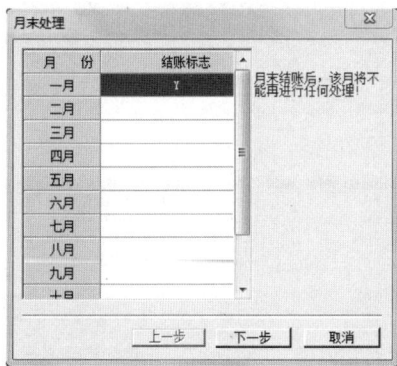

图 9-60 选择结账月份   图 9-61 月末结账检查

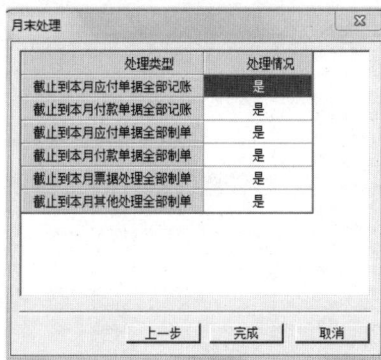

第四步，单击"完成"按钮，完成结账。

【子任务 2】账表查询

【子任务 2.1】采购管理系统账表查询

采购管理系统提供对采购业务各阶段、多因素、全方位的查询，主要包括各种采购统计表的查询、各种采购账簿的查询和各种采购分析表等。

1. 到货明细表

到货明细表可以按照到货单查询存货的到货、入库明细。烟台鼎信新材料科技有限公司 2024 年 1 月的到货明细表如图 9-62 所示。

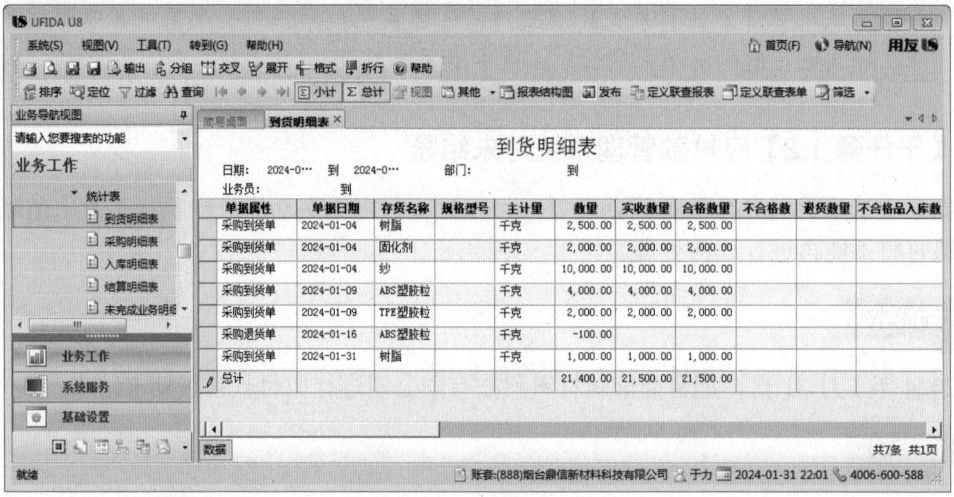

到货明细表

日期: 2024-0··· 到 2024-0··· 部门: 到
业务员: 到

单据属性	单据日期	存货名称	规格型号	主计量	数量	实收数量	合格数量	不合格数	退货数量	不合格品入库数
采购到货单	2024-01-04	树脂		千克	2,500.00	2,500.00	2,500.00			
采购到货单	2024-01-04	固化剂		千克	2,000.00	2,000.00	2,000.00			
采购到货单	2024-01-04	纱		千克	10,000.00	10,000.00	10,000.00			
采购到货单	2024-01-09	ABS塑胶粒		千克	4,000.00	4,000.00	4,000.00			
采购到货单	2024-01-09	TPE塑胶粒		千克	2,000.00	2,000.00	2,000.00			
采购退货单	2024-01-16	ABS塑胶粒		千克	-100.00					
采购到货单	2024-01-31	树脂		千克	1,000.00	1,000.00	1,000.00			
总计					21,400.00	21,500.00	21,500.00			

共7条 共1页

图 9-62 到货明细表

2. 采购明细表

采购明细表用于查询发票的明细情况，包括数量、价税、费用、损耗等信息。烟台鼎信新材料科技有限公司 2024 年 1 月的采购明细表如图 9-63 所示。

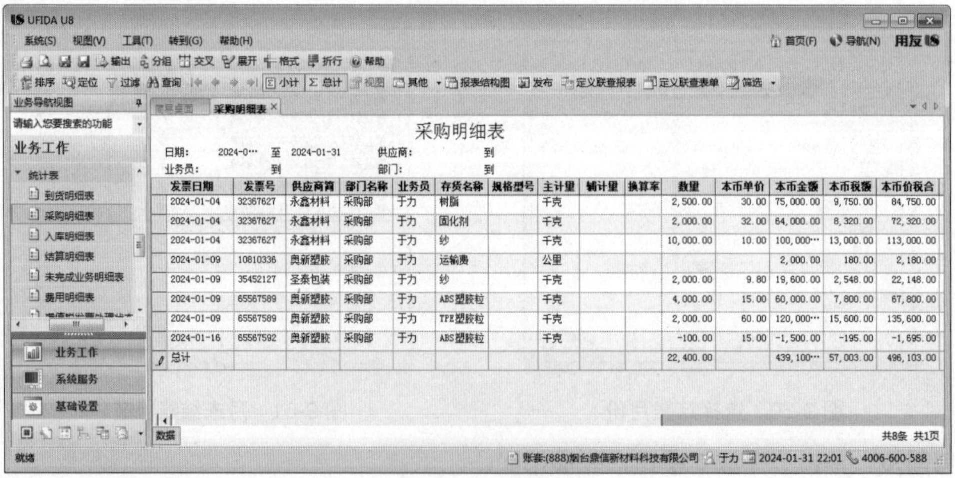

采购明细表

日期: 2024-0··· 至 2024-01-31 供应商: 到
业务员: 到 部门: 到

发票日期	发票号	供应商简	部门名称	业务员	存货名称	规格型号	主计量	辅计量	换算率	数量	本币单价	本币金额	本币税额	本币价税合
2024-01-04	32367627	永鑫材料	采购部	于力	树脂		千克			2,500.00	30.00	75,000.00	9,750.00	84,750.00
2024-01-04	32367627	永鑫材料	采购部	于力	固化剂		千克			2,000.00	32.00	64,000.00	8,320.00	72,320.00
2024-01-04	32367627	永鑫材料	采购部	于力	纱		千克			10,000.00	10.00	100,000···	13,000.00	113,000.00
2024-01-09	10810336	奥新塑胶	采购部	于力	运输费		公里					2,000.00	180.00	2,180.00
2024-01-09	35452127	圣泰包装	采购部	于力	纱		千克			2,000.00	9.80	19,600.00	2,548.00	22,148.00
2024-01-09	65567589	奥新塑胶	采购部	于力	ABS塑胶粒		千克			4,000.00	15.00	60,000.00	7,800.00	67,800.00
2024-01-09	65567589	奥新塑胶	采购部	于力	TPE塑胶粒		千克			2,000.00	60.00	120,000···	15,600.00	135,600.00
2024-01-16	65567592	奥新塑胶	采购部	于力	ABS塑胶粒		千克			-100.00	15.00	-1,500.00	-195.00	-1,695.00
总计										22,400.00		439,100···	57,003.00	496,103.00

共8条 共1页

图 9-63 采购明细表

3. 入库明细表

入库明细表用于查询采购入库单的明细情况。烟台鼎信新材料科技有限公司 2024 年 1 月入库明细表如图 9-64 所示。

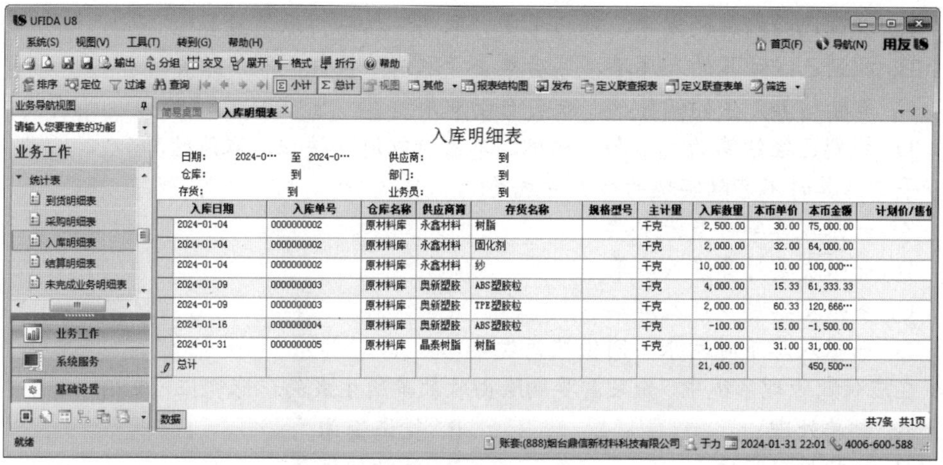

入库日期	入库单号	仓库名称	供应商简	存货名称	规格型号	主计量	入库数量	本币单价	本币金额	计划价/售价
2024-01-04	0000000002	原材料库	永鑫材料	树脂		千克	2,500.00	30.00	75,000.00	
2024-01-04	0000000002	原材料库	永鑫材料	固化剂		千克	2,000.00	32.00	64,000.00	
2024-01-04	0000000002	原材料库	永鑫材料	纱		千克	10,000.00	10.00	100,000…	
2024-01-09	0000000003	原材料库	奥新塑胶	ABS塑胶粒		千克	4,000.00	15.33	61,333.33	
2024-01-09	0000000003	原材料库	奥新塑胶	TPE塑胶粒		千克	2,000.00	60.33	120,666…	
2024-01-16	0000000004	原材料库	奥新塑胶	ABS塑胶粒		千克	-100.00	15.00	-1,500.00	
2024-01-31	0000000005	原材料库	晶泰树脂	树脂		千克	1,000.00	31.00	31,000.00	
总计							21,400.00		450,500…	

图 9-64　入库明细表

【子任务 2.2】应付款管理系统账表查询

1. 业务账表查询

通过账表查询，可以及时了解一定期间内期初应付款结存汇总情况，应付款发生、付款发生的汇总情况、累计情况及期末应付款结存汇总情况；还可以了解各个供应商期初应付款结存明细情况，应付款发生、付款发生的明细情况、累计情况及期末应付款结存明细情况，能及时发现问题，加强对往来款项的监督管理。

2. 统计分析

通过统计分析，可以按用户定义的账龄区间，进行一定期间内应付款账龄分析、付款账龄分析、往来账龄分析，了解各个应付款周转天数、周转率，了解各个账龄区间内应付款、付款及往来情况，能及时发现问题，加强对往来款项的监督管理。

3. 科目账表查询

可在此从不同角度进行科目账表的查询。

科目余额表，用于查询应付受控科目各个供应商的期初余额、本期借方发生额合计、本期贷方发生额合计、期末余额。

科目明细账，用于查询供应商往来科目下各个往来供应商的往来明细账。

同 步 训 练

一、单项选择题

1. 普通采购业务中的采购结算单是由以下哪两种单据结算生成？(　　)

   A. 采购发票和采购入库单　　B. 采购发票和产成品入库单

   C. 采购订单与销售订单　　D. 采购到货单与采购入库单

2. 采购结算完毕后发现结算错误，需要取消结算，应如何处理？(　　)

    A. 找到已经结算的发票，然后单击"取消"按钮，取消结算

    B. 找到已经结算的入库单，然后单击"取消"按钮，取消结算

    C. 删除结算产生的结算单，就会自动取消结算

    D. 找到已经结算的发票和入库单，单击"取消"按钮，取消结算

3. 手工结算时不可以实现的结算方式是(　　)。

    A. 一张入库单对多张发票

    B. 一张发票对多张入库单

    C. 多张发票对多张入库单

    D. 一张入库单对两张不同供应商发票

4. 在应付款管理系统中，如果需要删除由收款单所生成的记账凭证，应在(　　)中完成。

    A. 制单处理　　　　　　　　　　B. 凭证查询

    C. 收款单据审核　　　　　　　　D. 收款单据录入

5. 采购运费的分摊方式有(　　)。

    A. 按费用分摊和按存货分摊　　　　B. 按金额分摊和按存货分摊

    C. 按数量分摊和按金额分摊　　　　D. 按费用分摊和按数量分摊

二、多项选择题

1. 采购与应付款管理系统可以录入的主要单据有(　　)。

    A. 采购发票　　　　B. 付款单　　　　C. 运费发票　　　　D. 结算单

2. 如果采购管理系统同库存管理系统集成应用，关于采购入库单下面说法错误的是(　　)。

    A. 可以在采购管理系统中增加，也可以在库存管理系统中增加

    B. 只能在库存管理系统中增加、修改，在采购管理系统中只能查询

    C. 只能在库存管理系统中增加，可以在采购管理系统中修改

    D. 只能在采购管理系统中增加采购入库单

3. 在应付款管理系统中，取消操作的类型包括(　　)。

    A. 取消记账　　　　　　　　　　B. 取消核销

    C. 取消预付冲应付　　　　　　　D. 取消票据处理

4. 以下不属于采购管理系统自动结算模式的是(　　)。

    A. 入库单和发票　　　　　　　　B. 红蓝发票

    C. 采购发票和运费发票　　　　　D. 红蓝入库单

5. 以下关于采购现付说法正确的是？(　　)

    A. 无论是否做采购结算，都可以进行现付

    B. 已审核记应付账的采购发票不能进行现付

    C. 已现付的采购发票记账后不能取消现付

    D. 系统支持全额现付，不支持部分现付

微课视频

扫一扫，获取本项目相关微课视频。

086 请购单填制与审核

087 采购订单填制与审核

088 采购到货单填制与审核

089 采购入库单填制与审核

090 填制采购专用发票

091 采购结算-自动结算

092 采购现付

093 确认采购付款

094 确认采购成本

095 填制运费发票

096 采购结算-手工结算

097 确认采购应付款

098 确认采购成本(含运费)

099 付款单录入审核制单

100 核销处理

101 发票录入与结算(暂估报销处理)

102 确认采购应付款(暂估报销处理)

103 结算成本处理

104 生成凭证(暂估报销处理)

105 填制采购暂估入库单

106 暂估成本录入

107 确认暂估成本

108 填制采购退货单

109 填制红字采购入库单

110 红字专用发票

111 采购结算(退货)

112 确认采购应付款(退货)

113 确认采购成本(退货)

114 录入付款单审核制单(退货)

项目 10

销售与应收款管理系统业务处理

【项目目标】

了解销售和应收款管理系统与其他子系统的关系，掌握销售与应收款管理系统的功能和操作流程，能够熟练处理企业日常发生的各种销售与应收业务，从而提升信息化大环境下的业务处理能力，培养全局思维和团队合作意识。

【知识点与技能点】

任 务	知 识 点	技 能 点
任务 1　普通销售业务认知	普通销售业务的类型， 普通销售业务的主要活动节点， 普通销售业务的流程， 普通销售业务的应用	
任务 2　普通销售业务处理	开票直接发货销售现结业务， 先发货后开票销售业务， 票据结算业务， 预收货款业务， 代垫费用业务， 预收冲应收业务， 坏账处理业务	报价单填制与审核， 销售订单填制与审核， 销售发票的填制、现结与复核， 发货单的查看， 销售出库单的审核， 应收单据审核， 确认销售收入， 票据填制、审核与贴现， 代垫费用单的填制与审核， 预收冲应收， 坏账发生， 计提坏账准备

续表

任　务	知 识 点	技 能 点
任务 3　销售退货业务处理	开票前退货， 开票后退货	红字专用销售发票的填制与审核， 查看退货单
任务 4　销售与应收款管理系统期末处理	月末处理， 账表查询	月末结账， 查询账表

　　销售是企业生产经营成果的实现过程，是企业经营活动的中心。销售管理系统是用友 ERP 供应链的重要组成部分，提供了报价、订货、发货、开票的完整销售流程，支持普通销售、委托代销、分期收款、直运、零售等多种类型的销售业务，其中普通销售模式是企业最常见的销售类型，适合于大多数企业的日常销售，并可对销售价格和信用进行实时监控。用户可根据实际情况对系统进行定制，构建自己的销售业务管理平台。

任务 1　普通销售业务认知

【任务目标】

　　知识目标：了解普通销售业务的类型；熟悉普通销售业务的主要活动节点；掌握普通销售业务的流程；掌握普通销售业务的应用。

　　素质目标：提升数据技能，培养全局思维。

【任务重点难点】

- 普通销售业务的流程。
- 普通销售业务的应用。

【子任务 1】了解普通销售业务类型

　　根据开票和发货时间先后，普通销售业务可分为开票直接发货和先发货后开票两种模式。开票直接发货是指根据销售订单或其他销售合同，向客户开具销售发票，客户根据发票到指定仓库提货。开票直接发货业务只适用于普通销售。先发货后开票是指根据销售订单或其他销售合同，向客户发出货物，发货之后根据发货单开具发票。先发货后开票业务不仅适用于普通销售，也适用于分期收款、委托代销等多种销售业务。不同销售业务类型在用友 ERP-U8 V10.1 环境下的处理方式会有所不同，但基本都会涉及销售管理、库存管理、存货核算、应收款管理等诸多子系统。

【子任务 2】了解普通销售业务主要活动节点

　　无论是哪一种销售业务类型大致都包含以下几个活动节点：报价、订货、发货、开票、确认收入、确认销售成本、销售出库等。

1. 销售报价

销售报价是企业向客户提供货品、规格、价格、结算方式等信息,双方达成协议后,销售报价单转为有效力的销售合同或销售订单。企业可以针对不同客户、不同存货、不同批量提出不同的报价、扣率。销售报价单是可选单据,用户可根据业务的实际需要选用。

2. 销售订货

销售订货是指由购销双方确认的客户的要货需求的过程。用户根据销售订单组织货源,并对订单的执行进行管理、控制和追踪。

销售订单是反映由购销双方确认的客户要货需求的单据,它可以是企业销售合同中关于货物的明细内容,也可以是一种订货的口头协议。销售订单对应于企业的销售合同中订货明细部分的内容,但不能完全代替销售合同,没有关于合同中付款内容的描述。

销售订单可以手工增加,也可以参照销售报价单生成;销售订单可以修改、删除、审核、弃审、关闭、打开,已审核未关闭的销售订单可以变更;已审核未关闭的销售订单可以参照生成销售发货单、销售发票;销售订单是可选单据,但系统选项设置为必有订单时,销售订单必须录入。

3. 销售发货

销售发货是企业履行与客户签订的销售合同或销售订单,将货物发往客户的行为,是销售业务的执行阶段。

发货单是销售方给客户发货的凭据,是销售发货业务的执行载体。无论工业企业还是商业企业,发货单都是销售管理的核心单据。

发货有以下两种模式。

(1) 先发货后开票模式:发货单由销售部门根据销售订单填制或手工输入,客户通过发货单取得货物所有权。发货单经过审核后,可以生成销售发票、生成销售出库单。

> **注**:必有订单业务模式,销售发货单不可手工新增,只能参照生成。

(2) 开票直接发货模式:发货单由销售发票产生,发货单可以浏览,不能进行修改、删除、弃审等操作,但可以关闭、打开;销售出库单根据自动生成的发货单生成。

4. 销售开票

销售开票是在销售过程中企业给客户开具销售发票及其所附清单的过程,它是销售收入确认、销售成本计算、应交销售税金确认和应收账款确认的依据,是销售业务的重要环节。

5. 确认收入

确认收入是往来会计在应收款管理系统中对前期销售业务中系统传递过来的销售发票进行审核并依据要求确认收入或者直接收款并生成会计凭证。

6. 确认销售成本

确认销售成本是成本会计在存货核算系统中对前期销售业务中已经完成审核的发票或者出库单据进行业务账簿登记,完成期末处理生成会计凭证。

7. 销售出库

销售出库业务是库存管理系统的主要工作之一，销售出库单是销售出库业务的主要凭据，与销售管理系统集成使用时，销售出库单可参照销售发货单、销售发票等生成。

8. 收款及核销

收款处理主要是对结算单据进行管理，包括收款单、付款单的录入、审核。应收款管理系统的收款单用来记录企业所收到的客户款项，款项性质包括应收款、预收款、销售定金、现款结算、其他费用等。

核销指用户日常进行的收款核销应收款的工作。单据核销的作用是收回客户款项核销该客户应收款的处理，建立收款与应收款的核销记录，监督应收款及时核销，加强往来款项的管理。

【子任务 3】掌握普通销售业务流程

(1) 销售部门制订销售计划。
(2) 销售人员按照销售计划，与客户签订销售合同或协议。
(3) 销售部门根据销售协议填制销售订单。
(4) 销售部门参照销售订单填制销售发货单。
(5) 仓库部门参照销售发货单填制销售出库单。
(6) 销售部门根据销售发货单填制发票。
(7) 将销售发票传到财务部门进行收款结算。
(8) 根据存货成本计价方式结转销售成本。

普通销售业务流程如图 10-1 所示。

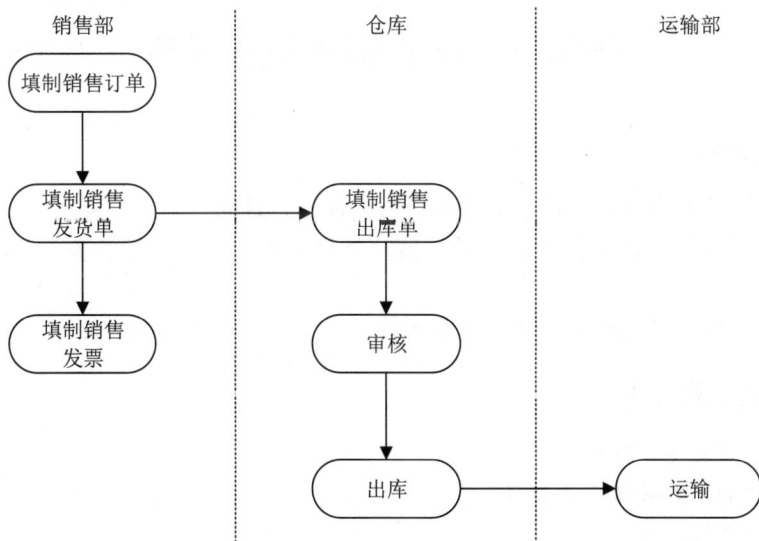

图 10-1　普通销售业务流程

【子任务4】掌握普通销售业务应用

(1) 开票直接发货：参照销售订单生成发票，发票复核时生成发货单、出库单。
开票直接发货业务流程如图10-2所示。

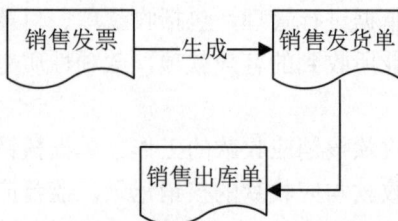

图10-2　开票直接发货业务流程

(2) 先发货后开票：参照销售订单生成发货单，参照发货单生成发票、出库单。
先发货后开票业务流程如图10-3所示。

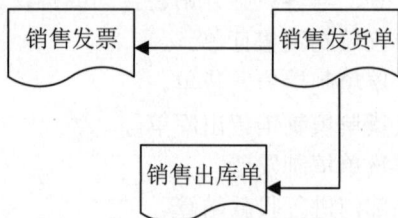

图10-3　先发货后开票业务流程

任务2　普通销售业务处理

【任务目标】

能力目标：能够准确识别销售业务的类型；能够熟练完成开票直接发货销售现结业务、先发货后开票销售业务、票据结算业务、预收货款业务、代垫费用业务、预收冲应收业务及坏账处理。

素质目标：理解岗位职责、强化业务技能；培养团队协作和沟通能力。

【任务重点难点】

- 开票直接发货销售现结业务处理。
- 先发货后开票销售业务处理。
- 预收冲应收业务处理。

【子任务 1】开票直接发货销售现结业务处理

销售现结业务是指销售业务在开票时收款，在应收款管理系统中直接生成收款凭证。

任务描述

2024 年 1 月 10 日，青岛华泰光电科技有限公司(简称：华泰光电)拟采购复合片 25 000 个，报价每个 15 元(不含税)。11 日与华泰光电签订销售合同，销售复合片 25 000 个，每个 15 元(不含税)，当日开出增值税专用发票一张，发票号为 65889103，并按合同规定发货。同日，收到华泰光电网银转账 423 750 元，银行结算单号为 21819322，结清货税款。

操作步骤

1. 录入销售报价单

第一步，营销部 006 娄潇登录企业应用平台，执行"业务工作"|"供应链"|"销售管理"|"销售报价"|"销售报价单"命令，打开"销售报价单"窗口。

第二步，单击"增加"按钮，依次录入表头、表体相关项目，保存并审核，如图 10-4 所示。

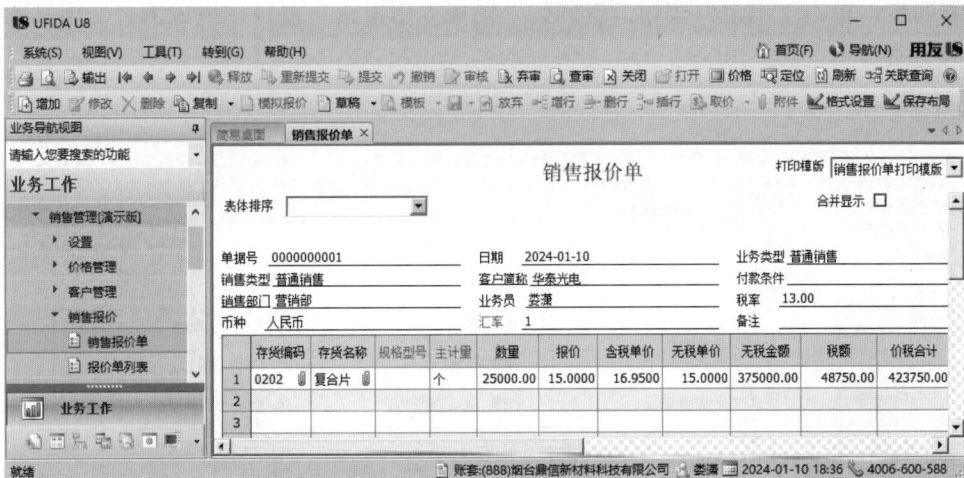

图 10-4　录入销售报价单

2. 录入销售订单

第一步，营销部 006 娄潇登录企业应用平台，执行"业务工作"|"供应链"|"销售管理"|"销售订货"|"销售订单"命令，打开"销售订单"窗口，单击"增加"按钮，选择"生单"下的"报价"选项，弹出"查询条件选择"对话框，单击"确定"按钮，弹出"参照生单"窗口，选择要参照的报价单。

第二步，单击"确定"按钮，生成销售订单，如图 10-5 所示。然后检查、保存并审核。

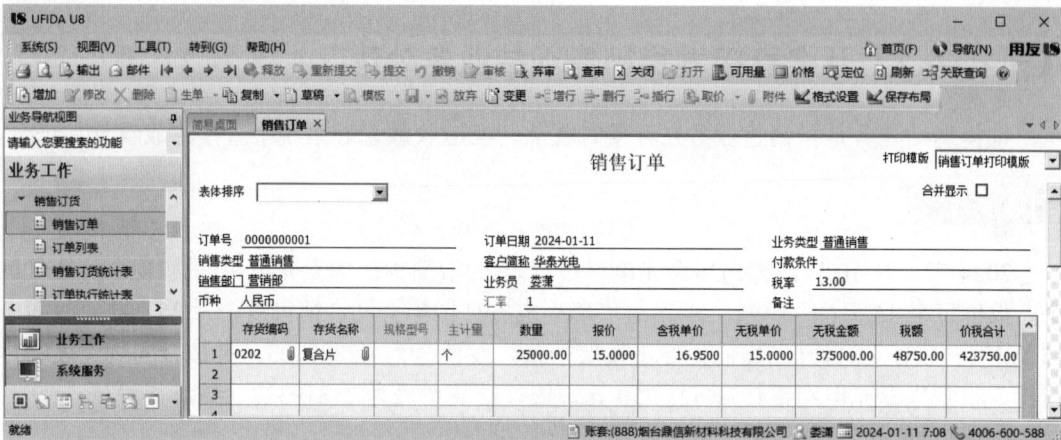

图 10-5　生成销售订单

3. 销售开票

第一步，营销部 006 娄潇登录企业应用平台，执行"业务工作"|"供应链"|"销售管理"|"销售开票"|"销售专用发票"命令，打开"销售专用发票"窗口。

第二步，单击"增加"按钮，弹出"查询条件选择——参照订单"对话框。

第三步，单击"确定"按钮，打开"参照生单"窗口，选择要参照的订单。

第四步，单击"确定"按钮，返回到"销售专用发票"窗口，生成销售专用发票，如图 10-6 所示。

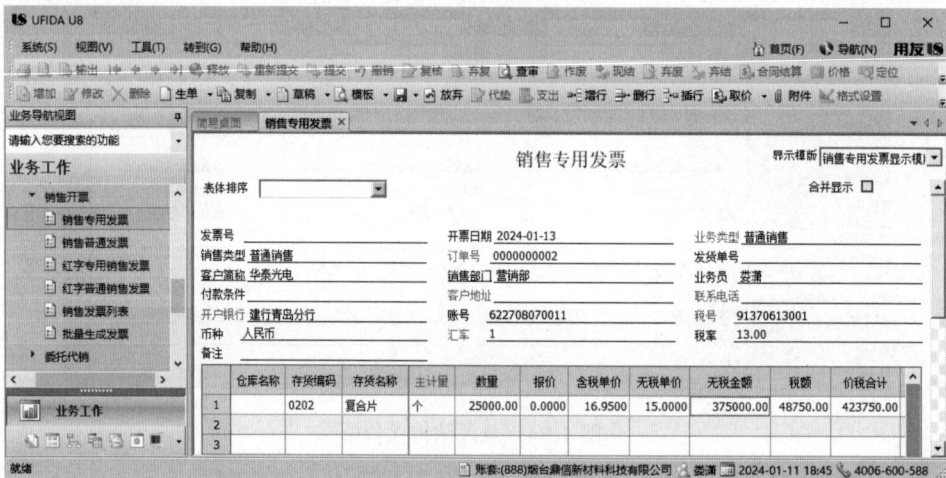

图 10-6　生成销售专用发票

第五步，补充录入表头项目发票号为"65889103"，表体项目选择仓库为"产成品库"，单击"保存"按钮。

4. 发票现结与复核

第一步，营销部 006 娄潇在销售专用发票上单击"现结"按钮，打开"现结"对话框选择结算方式，输入原币金额和票据号，如图 10-7 所示。

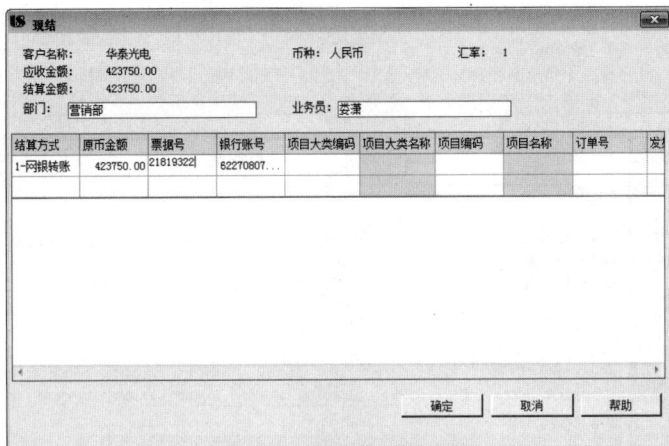

图 10-7　"现结"对话框

第二步，单击"确定"按钮，返回"销售专用发票"窗口，单击"复核"按钮，如图 10-8 所示。

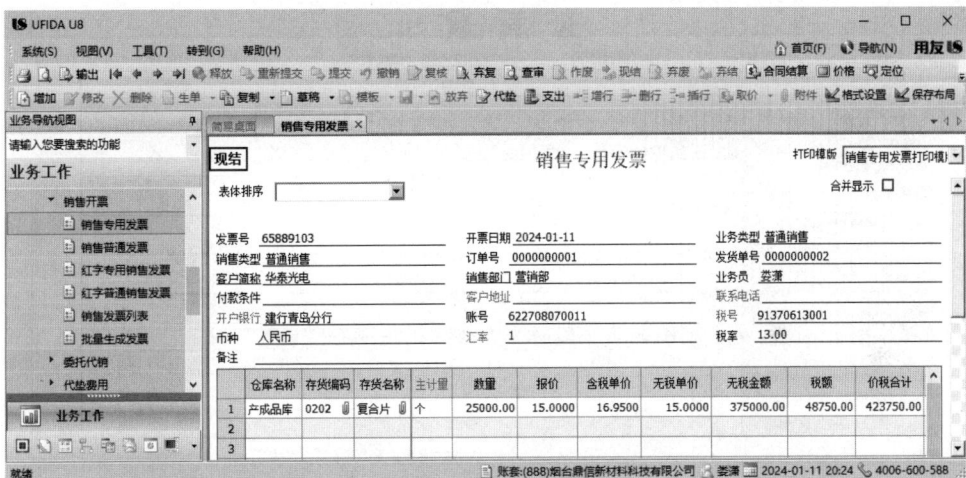

图 10-8　销售发票现结完成

5. 查看发货单

开票即发货模式下，开票后系统自动生成已审核的发货单。

第一步，营销部 006 娄潇登录企业应用平台，执行"业务工作"|"供应链"|"销售管理"|"销售发货"|"发货单"命令，打开"发货单"窗口。

第二步，单击功能区域的"➡|"按钮，找到已经自动生成的发货单进行查看，如图 10-9 所示。

6. 审核销售出库单

开票即发货模式下，开票后系统自动生成销售出库单。

第一步，仓储部 007 刘强登录企业应用平台，执行"业务工作"|"供应链"|"库存管理"|"出库业务"|"销售出库单"命令，打开"销售出库单"窗口。

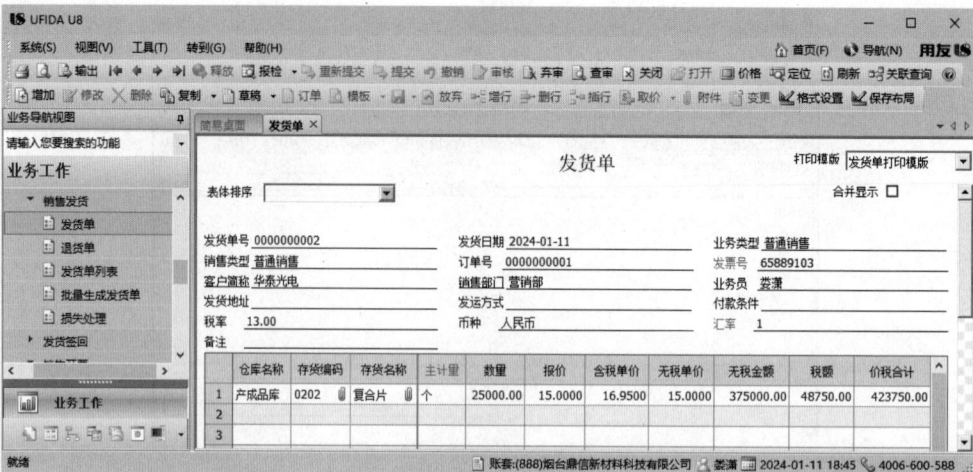

图 10-9　查看发货单

第二步，单击功能区域的"➡️▏"按钮，找到已经自动生成的销售出库单，如图 10-10 所示。检查表头、表体相关项目是否需要补充(或修改)，然后单击"审核"按钮。

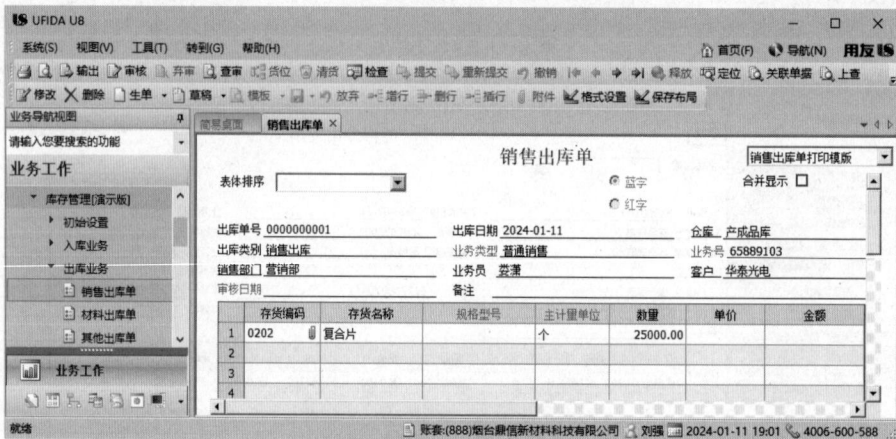

图 10-10　审核销售出库单

7. 确认收入

1) 审核发票

第一步，财务部 003 陈颖登录企业应用平台，执行"业务工作"|"财务会计"|"应收款管理"|"应收单据处理"|"应收单据审核"命令，弹出"应收单查询条件"对话框。

第二步，选中"包含已现结发票"复选框，单击"确定"按钮，打开"单据处理"窗口，如图 10-11 所示。

第三步，双击"选择"栏，选中列表中显示的单据，单击"审核"按钮。

2) 生成凭证

第一步，财务部 003 陈颖登录企业应用平台，执行"业务工作"|"财务会计"|"应收款管理"|"制单处理"命令，弹出"制单查询"对话框，然后选中"现结制单"选项，单击"确定"按钮，打开"制单"窗口，如图 10-12 所示。

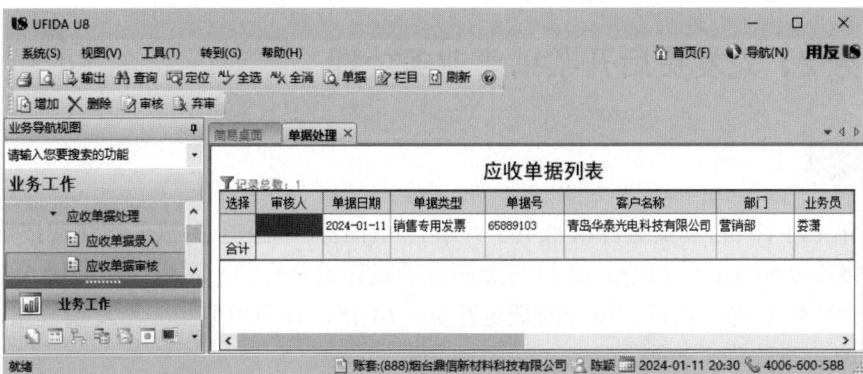

图 10-11　应收单据列表

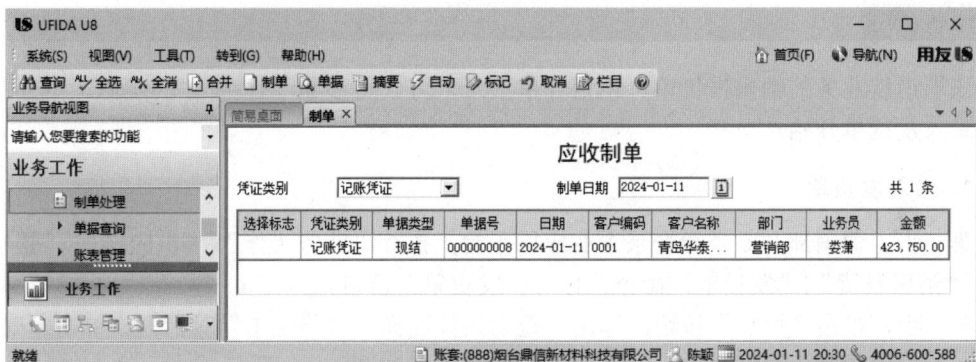

图 10-12　应收制单

第二步，依次单击"全选""制单"按钮，生成并保存凭证，如图 10-13 所示。

8. 确认销售成本

由于成本仓库的计价方式是"全月平均法"，销售成本需要在月末进行计算结转。

图 10-13　生成凭证(销售现结)

【子任务 2】先发货后开票销售业务处理

任务描述

2024 年 1 月 12 日,泰安金源精密电子有限公司(简称:金源电子)拟采购注塑按键 500 000 个, 每个报价 0.50 元(不含税)。13 日与金源电子签订销售合同, 销售注塑按键 500 000 个, 每个 0.50 元(不含税), 当日, 按合同规定发货。14 日, 开出增值税专用发票一张, 发票号为 65889101, 货款尚未收到。

15 日, 收到金源电子网银转来的购买注塑按键货款 282 500 元, 银行结算号为 03672736。

操作步骤

该笔销售业务的销售报价单、销售订单的录入方式可参照子任务 1 的步骤, 下面的步骤从录入发货单开始。

1. 录入发货单

第一步, 营销部 006 娄潇登录企业应用平台, 执行 "业务工作" | "供应链" | "销售管理" | "销售发货" | "发货单" 命令, 打开 "发货单" 窗口。

第二步, 单击 "增加" 按钮, 弹出 "查询条件选择—参照生单" 对话框。单击 "确定" 按钮, 打开 "参照生单" 窗口, 选中要参照的订单, 如图 10-14 所示。

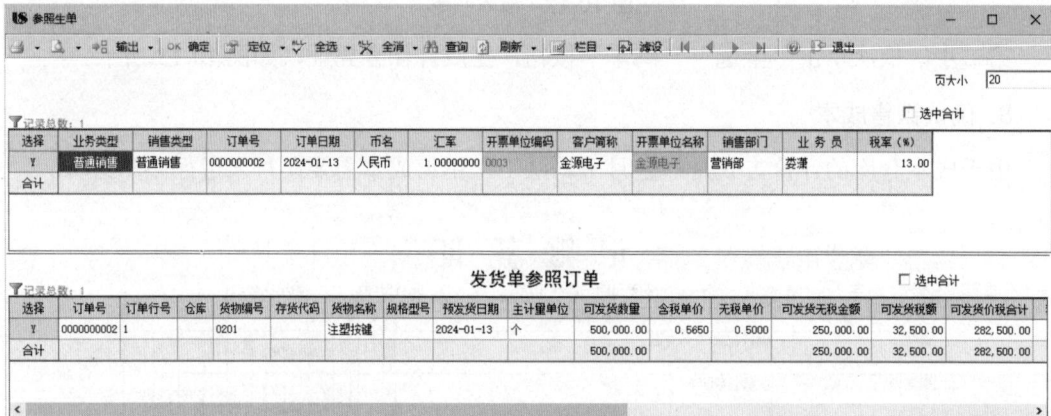

图 10-14 发货单参照生单

第三步, 单击 "确定" 按钮, 生成发货单, 检查表头、表体相关项目, 补充完整, 保存并审核, 如图 10-15 所示。

2. 审核销售出库单

先发货后开票模式下, 发货单审核后系统自动生成销售出库单。

销售出库单审核方式可参照子任务 1 的步骤。

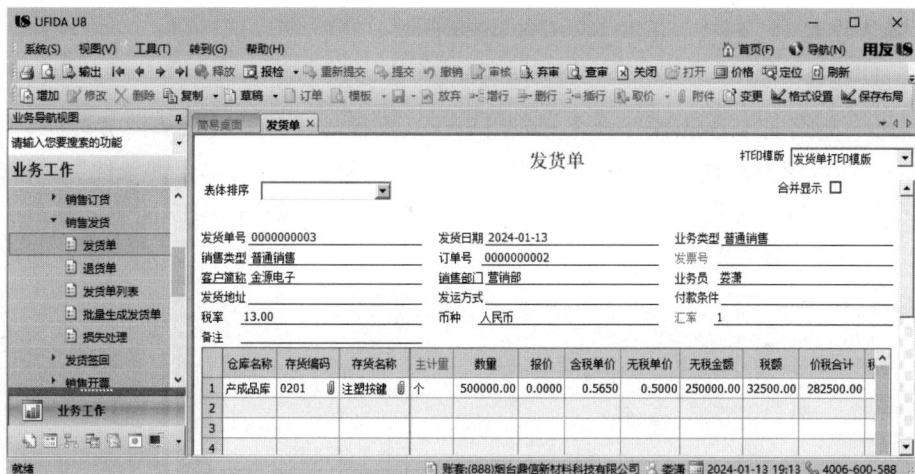

图 10-15　审核发货单

3. 销售开票

第一步，营销部 006 娄潇登录企业应用平台，执行"业务工作"|"供应链"|"销售管理"|"销售开票"|"销售专用发票"命令，打开"销售专用发票"窗口。

第二步，单击"增加"按钮，弹出"查询条件选择—参照订单"对话框，单击"取消"按钮。

> **注意**：在销售管理系统选项设置中，系统默认新增发票参照订单，先发货后开票模式下，发票必须参照发货单生成。

第三步，选择"生单"下的"发货单"选项，弹出"查询条件选择—参照发货单"对话框，单击"确定"按钮，打开"参照生单"窗口，系统自动过滤出发货单，选择要参照的发货单，单击"确定"按钮，生成销售专用发票，如图 10-16 所示。

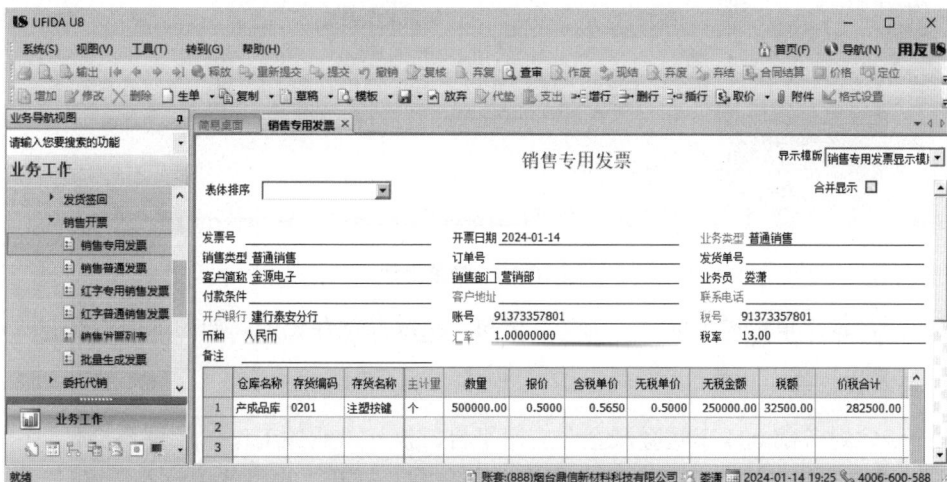

图 10-16　生成销售专用发票

第四步，补充录入表头项目"发票号为 65889101"，保存并复核。

高职高专互联网+新形态教材·财会系列

会计信息系统应用(用友 ERP-U8 V10.1)(微课版)

4. 确认收入

1) 审核发票

第一步，财务部 003 陈颖登录企业应用平台，执行"业务工作"|"财务会计"|"应收款管理"|"应收单据处理"|"应收单据审核"命令，弹出"应收单查询条件"对话框。

第二步，单击"确定"按钮，打开"单据处理"窗口，如图 10-17 所示，双击"选择"栏，选中单据并审核。

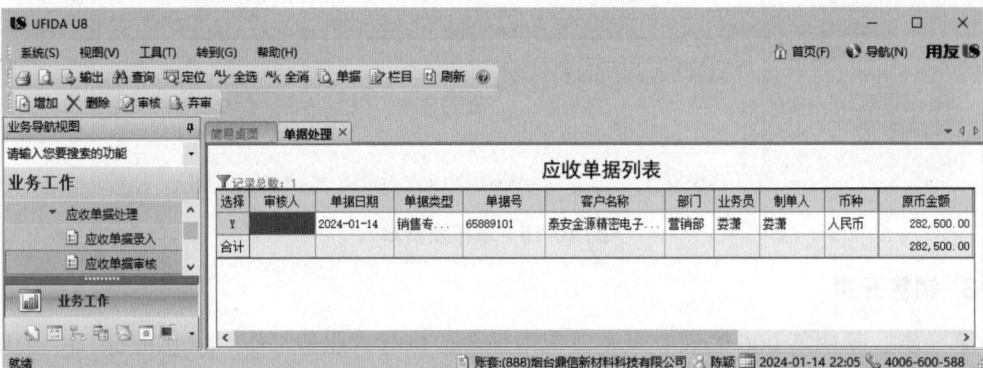

图 10-17　应收单据审核

2) 生成凭证

第一步，财务部 003 陈颖登录企业应用平台，执行"业务工作"|"财务会计"|"应收款管理"|"制单处理"命令，弹出"制单查询"对话框。

第二步，单击"确定"按钮，打开"制单"窗口，如图 10-18 所示。

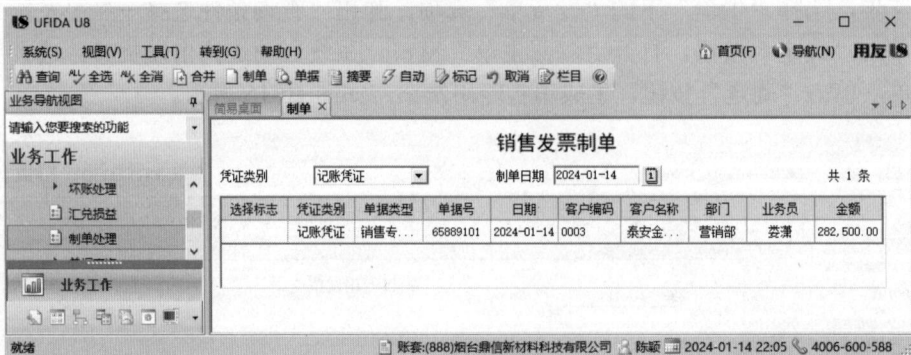

图 10-18　制单处理

第三步，依次单击"全选""制单"按钮，生成并保存凭证，如图 10-19 所示。

5. 录入收款单

第一步，财务部 004 李媛登录企业应用平台，执行"业务工作"|"财务会计"|"应收款管理"|"收款单据处理"|"收款单据录入"命令，打开"收付款单录入"窗口。

第二步，单击"增加"按钮，依次录入表头、表体项目并保存，如图 10-20 所示。

第三步，财务部 003 陈颖审核收款单，生成并保存凭证，如图 10-21 所示。

248

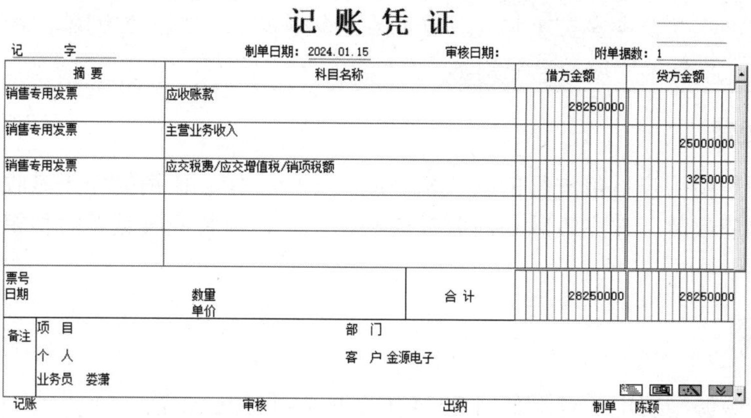
记 账 凭 证
记　　字
制单日期：2024.01.15
审核日期：
附单据数：1
摘要
科目名称
借方金额
贷方金额
销售专用发票
应收账款
28250000
销售专用发票
主营业务收入
25000000
销售专用发票
应交税费/应交增值税/销项税额
3250000
票号
日期
数量
单价
合 计
28250000
28250000
备注
项 目
部 门
个 人
客 户 金源电子
业务员 娄潇
记账
审核
出纳
制单 陈颖

图 10-19　生成凭证(确认应收款)

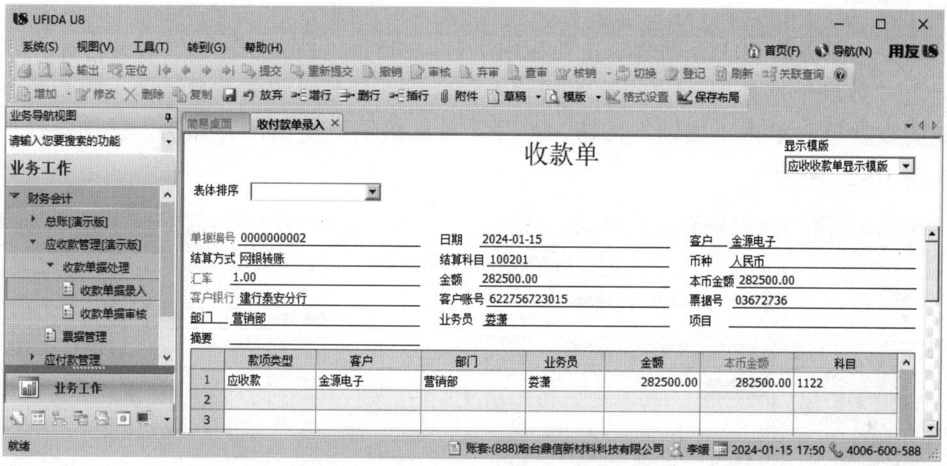
UFIDA U8
收付款单录入
收款单
显示模版
应收收款单显示模版
表体排序
单据编号 0000000002
日期 2024-01-15
客户 金源电子
结算方式 网银转账
结算科目 100201
币种 人民币
汇率 1.00
金额 282500.00
本币金额 282500.00
客户银行 建行泰安分行
客户账号 622756723015
票据号 03672736
部门 营销部
业务员 娄潇
项目
摘要
款项类型
客户
部门
业务员
金额
本币金额
科目
1 应收款 金源电子 营销部 娄潇 282500.00 282500.00 1122
账套:(888)烟台鼎信新材料科技有限公司
李媛
2024-01-15 17:50
4006-600-588

图 10-20　录入收款单

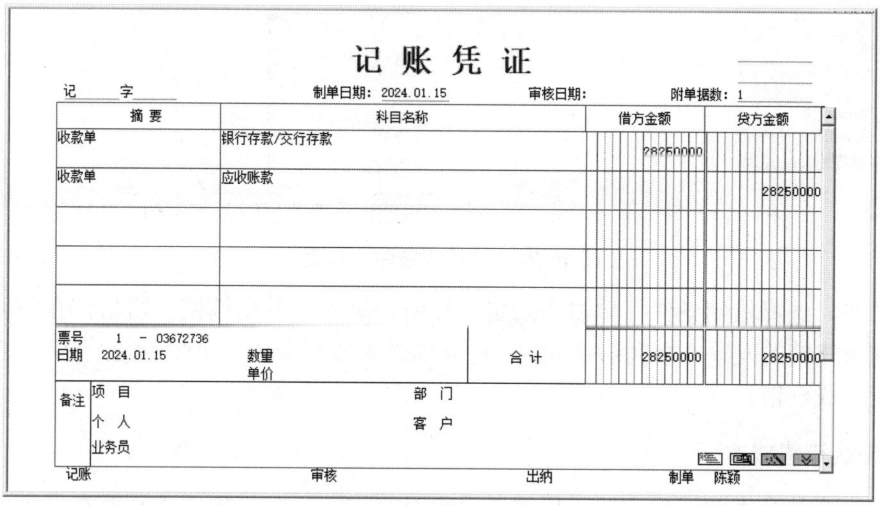
记 账 凭 证
记　　字
制单日期：2024.01.15
审核日期：
附单据数：1
摘要
科目名称
借方金额
贷方金额
收款单
银行存款/交行存款
28250000
收款单
应收账款
28250000
票号 1 － 03672736
日期 2024.01.15
数量
单价
合 计
28250000
28250000
备注
项 目
部 门
个 人
客 户
业务员
记账
审核
出纳
制单 陈颖

图 10-21　生成收款凭证

> **注意：** 如果同类收款业务发生量较大，可以在收款单审核后不立即制单，而是在制单处理的收付款单制单中选择合并制单。

6. 核销处理

核销处理是指用户日常进行的收款核销应收款的工作。核销的作用是收回客户款项后核销该客户的应收款、建立收款与应收款的核销记录，监督应收款及时核销，加强往来款项的管理。

任务描述

核销泰安金源精密电子有限公司 2024 年 1 月 14 日的应收款。

操作步骤

第一步，财务部 003 陈颖登录企业应用平台，执行"业务工作"|"财务会计"|"应收款管理"|"收款单据处理"|"收款单据录入"命令，打开"收付款单录入"窗口，找到需要核销的收款单，单击"核销"按钮，打开"单据核销"窗口，并弹出"核销条件"对话框，如图 10-22 所示。

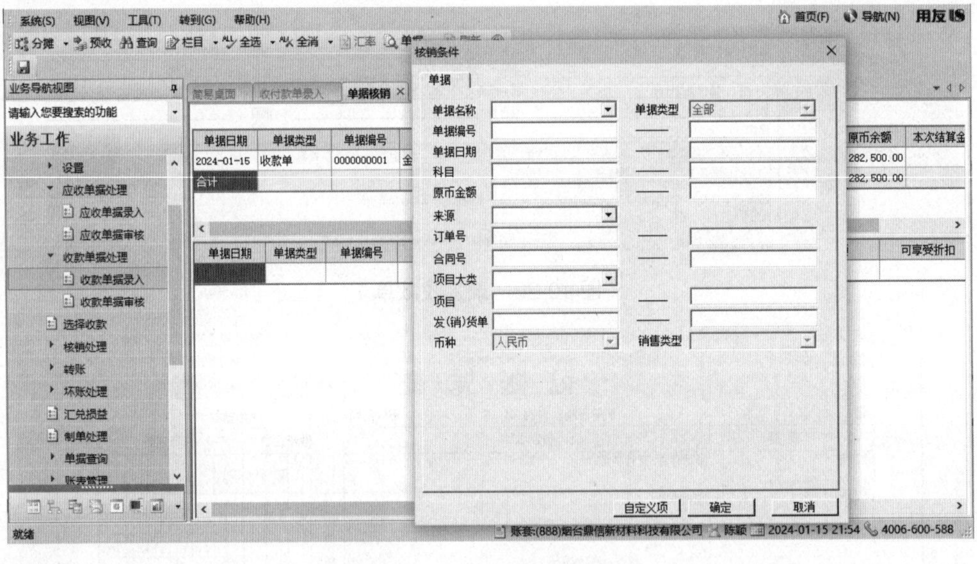

图 10-22 "核销条件"对话框

第二步，选择核销条件，单击"确定"按钮，进入"单据核销"窗口，在需要核销的收款单和待核销的发票"本次结算金额"栏分别录入核销金额，如图 10-23 所示。单击"保存"按钮完成核销。

7. 确认销售成本

由于产成品仓库的计价方式采用的是"全月平均法"，销售成本需要在月末进行计算结转。

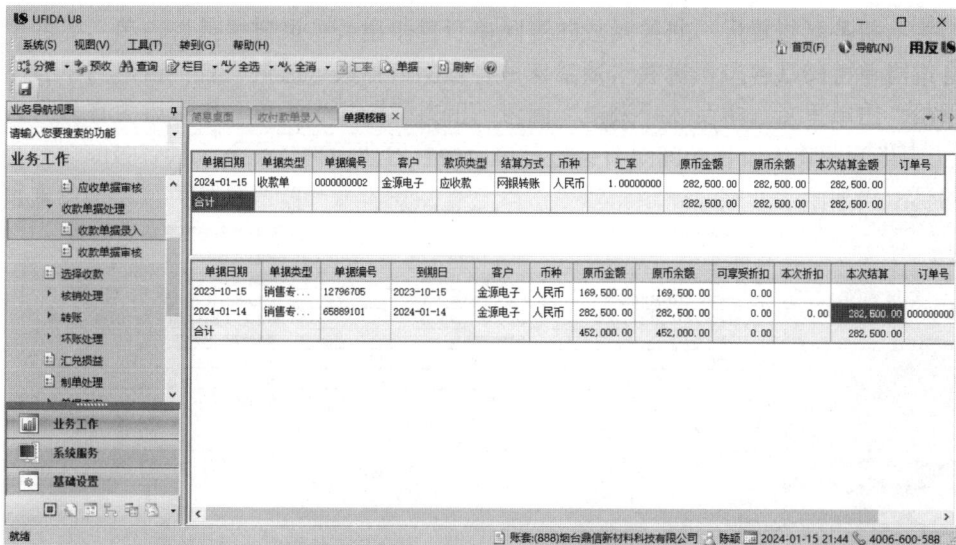

图 10-23　录入核销金额

注意：开票即发货也可以按先发货后开票模式操作。

【子任务 3】票据结算

在企业的实际销售业务结算中，当收到银行承兑汇票或商业承兑汇票时，可在应收款管理系统的票据管理中，录入该汇票并形成应收票据，也可以在票据管理中根据实际需要进行票据的贴现、背书、到期结算等处理。

任务描述

2024 年 1 月 16 日，公司与烟台富邦通信签订销售合同，销售注塑按键 300 000 个，每个 0.50 元(不含税)，当日按合同规定发货并开出增值税专用发票一张，发票号为 65889102，同日收到电子银行承兑汇票一张，票据号为 00968133，汇票到期日为 2024 年 7 月 16 日。

2024 年 1 月 31 日将银行承兑汇票贴现，贴现率为 4.5%。

操作步骤

该笔销售业务既可以用开票直接发货模式也可以用先发货后开票模式操作，操作方式可参照子任务 1 和子任务 2 的步骤，下面重点介绍票据处理业务。

1. 票据增加

第一步，财务部 004 李媛登录企业应用平台，执行"业务工作"|"财务会计"|"应收款管理"|"票据管理"命令，弹出"查询条件选择"对话框，单击"确定"按钮，打开"票据管理"窗口。

第二步，单击"增加"按钮，打开"应收票据"窗口，然后依次录入票据信息，单击"保存"按钮，如图 10-24 所示。

高职高专互联网+新形态教材·财会系列

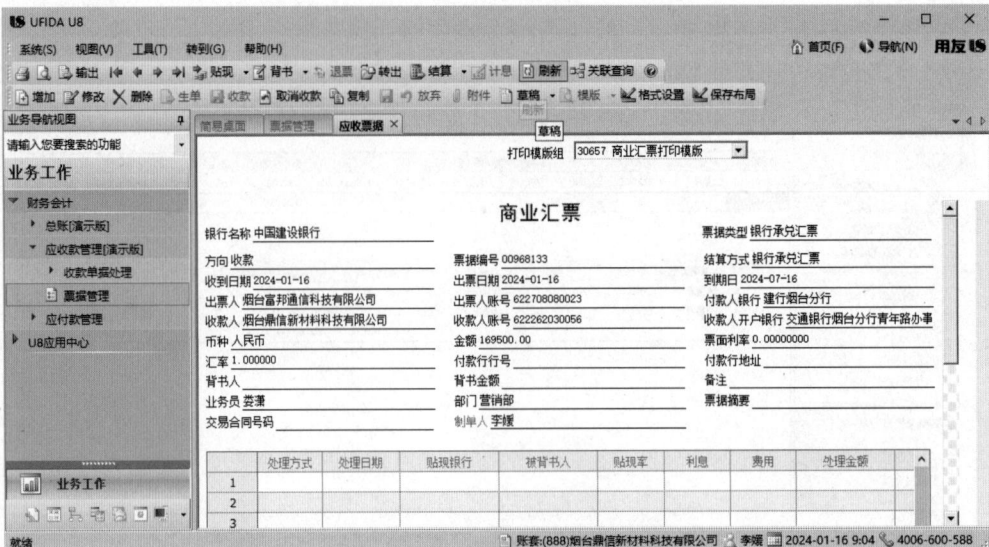

图 10-24　录入商业汇票

2. 票据审核、制单与核销

第一步，财务部 003 陈颖登录企业应用平台，执行"业务工作"|"财务会计"|"应收款管理"|"收款单据处理"|"收款单据审核"命令，打开"收付款单列表"窗口，如图 10-25 所示。

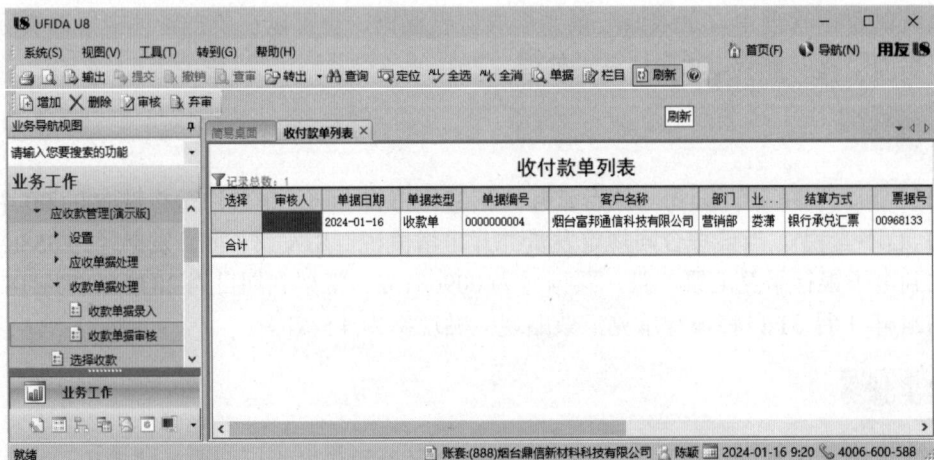

图 10-25　"收付款单列表"窗口

第二步，双击待审核收款单所在行，打开"收付款单录入"窗口，如图 10-26 所示。

第三步，单击"审核"按钮，弹出"是否立即制单？"的提示信息，单击"是"按钮，生成并保存凭证，如图 10-27 所示。

第四步，关闭"填制凭证"窗口，在"收付款单录入"窗口单击"核销"按钮，完成自动核销。

图 10-26　"收付款单录入"窗口

图 10-27　生成凭证(票据制单)

3. 票据贴现

第一步，财务部 004 李媛登录企业应用平台，执行"业务工作"|"财务会计"|"应收款管理"|"票据管理"命令，打开"票据管理"窗口。

第二步，双击"选择"栏选中票据，单击"贴现"按钮，弹出"票据贴现"对话框，录入贴现日期、贴现率等信息，如图 10-28 所示，单击"确定"按钮完成贴现。

4. 填制凭证

财务部 003 陈颖登录企业应用平台，执行"业务工作"|"财务会计"|"应收款管理"|"制单处理"命令，打开"制单查询"窗口，选择"票据处理制单"选项，生成并保存凭证，如图 10-29 所示。

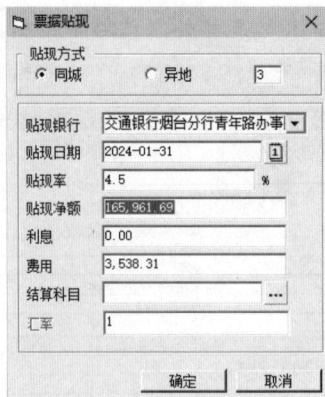

图 10-28 票据贴现

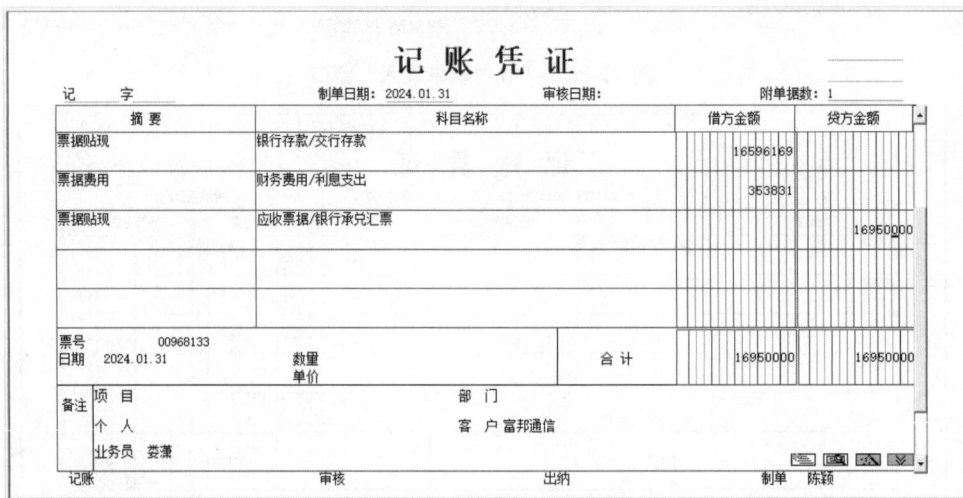

图 10-29 生成凭证(票据贴现)

【子任务 4】预收货款

任务描述

2024 年 1 月 17 日，公司与恒瑞科技签订销售合同，对方通过网银转账预付部分货款 50 000 元，银行结算单号为 21819566。

操作步骤

第一步，财务部 004 李媛登录企业应用平台，执行"业务工作"|"财务会计"|"应收款管理"|"收款单据处理"|"收款单据录入"命令，打开"收付款单录入"窗口。

第二步，单击"增加"按钮，依次录入表头、表体项目并保存，如图 10-30 所示。(注意：表体款项类型为"预收款")

第三步，财务部 003 陈颖登录企业应用平台，执行"业务工作"|"财务会计"|"应收

款管理"|"收款单据处理"|"收款单据审核"命令，审核收款单，生成并保存凭证，如图 10-31 所示。

图 10-30　收款单录入

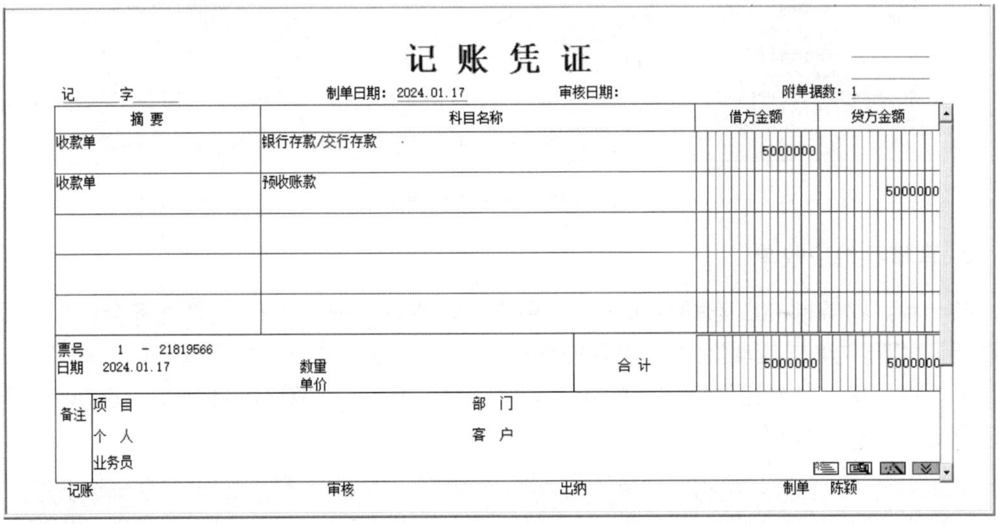

图 10-31　生成凭证(确认预收款)

【子任务 5】代垫费用

在企业的销售业务中，代垫费用是指随货物销售所发生的，不通过发票处理而形成的，暂时代垫将来需向客户收取的费用项目，如运杂费、保险费等。

任务描述

2024 年 1 月 24 日，按合同向恒瑞科技发出复合片 15 000 个，每个 15 元(不含税)，当日开出增值税专用发票一张，发票号为 65889104，同时代垫铁路运费 500 元，以网银转账(银行结算号为 00171501)的方式支付给市火车站，货款暂未收到。

操作步骤

该笔销售业务既可以用开票直接发货模式也可以用先发货后开票模式操作，操作方式可以参照子任务 1 和子任务 2 的步骤，下面重点介绍代垫费用业务处理。

1. 填制代垫费用单

销售部 006 娄潇登录企业应用平台，执行"业务工作"|"供应链"|"销售管理"|"代垫费用"|"代垫费用单"命令，打开"代垫费用单"窗口，单击"增加"按钮，依次录入表头和表体相关项目，保存并审核，如图 10-32 所示。

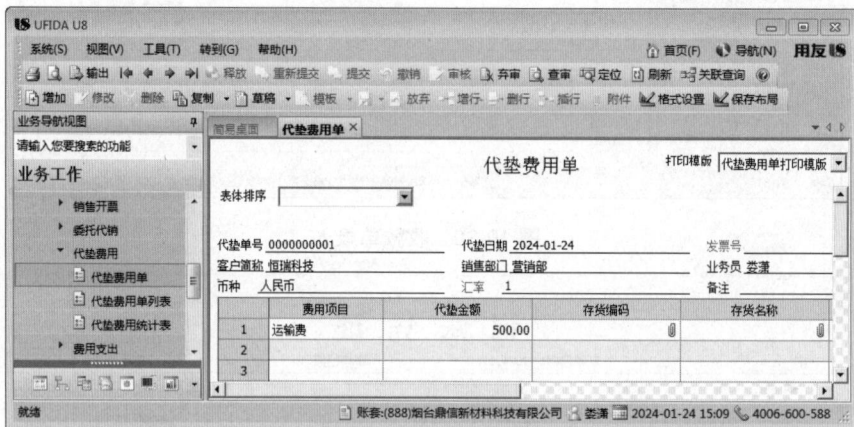

图 10-32　录入代垫费用单

2. 审核其他应收单

第一步，财务部 003 陈颖登录企业应用平台，执行"业务工作"|"财务会计"|"应收款管理"|"应收单据处理"|"应收单据审核"命令，弹出"应收单查询条件"对话框。

第二步，单击"确定"按钮，打开"单据处理"窗口，如图 10-33 所示。选择待审核单据，单击"审核"按钮。

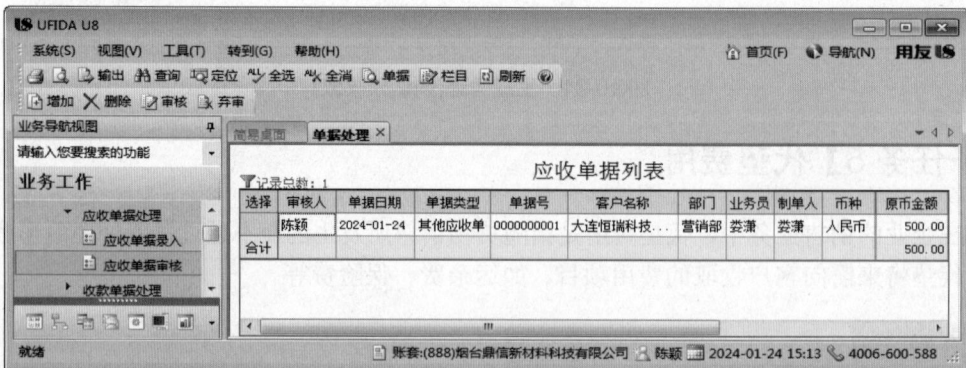

图 10-33　审核其他应收单

第三步，执行"制单处理"命令，打开"制单查询"对话框，选中"应收单制单"选项，如图 10-34 所示。

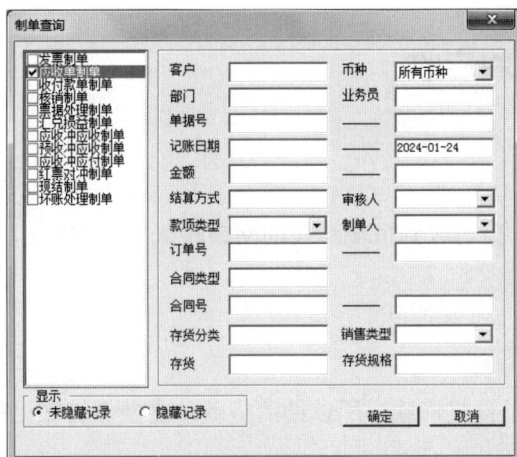

图 10-34　选择"应收单制单"选项

第四步，单击"确定"按钮，打开"制单"窗口，如图 10-35 所示。

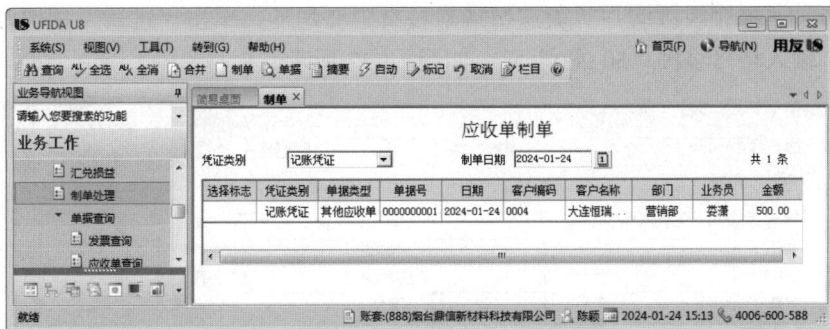

图 10-35　制单处理

第五步，依次单击"全选""制单"按钮，生成并保存凭证，如图 10-36 所示。

图 10-36　生成凭证(代垫费用)

【子任务 6】预收冲应收

任务描述

2024 年 1 月 26 日，公司收到恒瑞科技的网银转账 204 750 元，结清剩余货款，银行结算单号为 21819678。

操作步骤

该笔业务前期形成了预收账款，所以结清货款前需要做转账处理，用预收款冲应收款。

1. 预收冲应收

第一步，财务部 003 陈颖登录企业应用平台，执行"业务工作"|"财务会计"|"应收款管理"|"转账"|"预收冲应收"命令，弹出"预收冲应收"对话框。

第二步，选择预收款客户"大连恒瑞科技有限公司"，单击"过滤"按钮，过滤出预收款单据，输入转账金额"50 000"元，如图 10-37 所示。

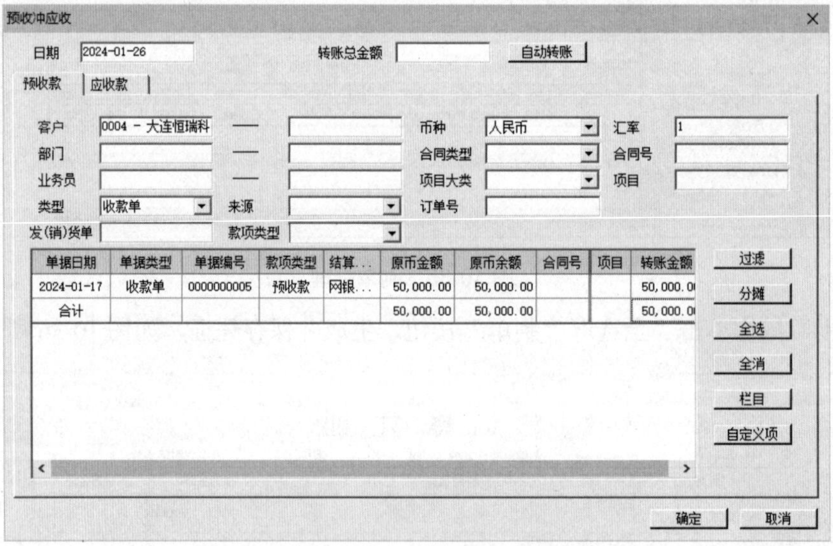

图 10-37　输入预收款转账金额

第三步，选择应收款客户"大连恒瑞科技有限公司"，单击"过滤"按钮，过滤出应收款单据，输入转账金额"50 000"，如图 10-38 所示。

第四步，单击"确定"按钮，弹出"是否立即制单"的提示信息，单击"是"按钮，生成并保存凭证，如图 10-39 所示。

2. 录入收款单

该操作在子任务 2 中已介绍过，此处不再赘述。

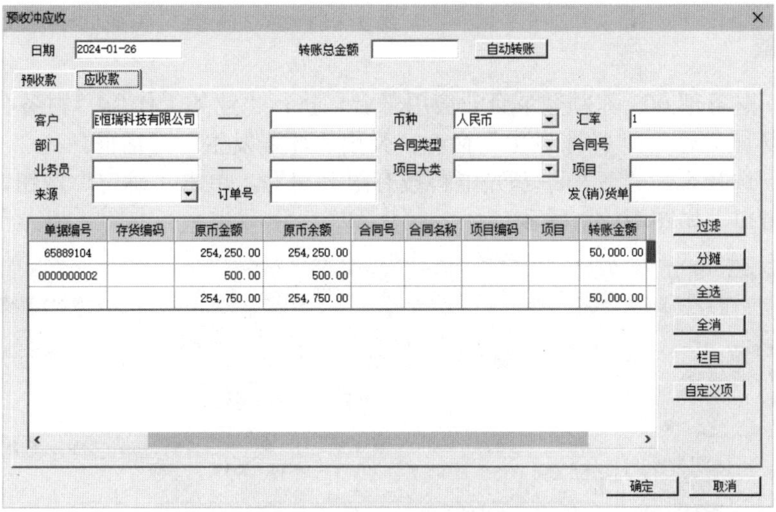

图 10-38   输入应收款转账金额

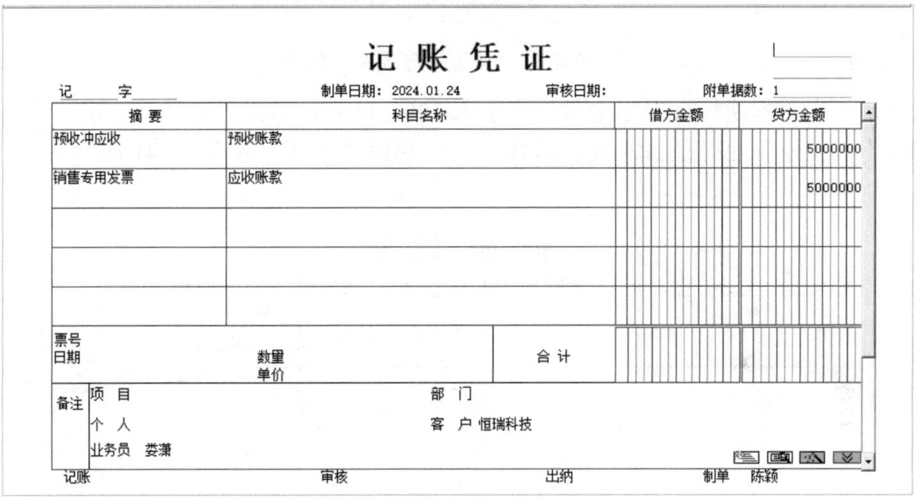

图 10-39   生成凭证(预收冲应收)

3. 核销处理

该操作在子任务 2 中已介绍过了,此处不再赘述。

【子任务 7】坏账处理

【子任务 7.1】坏账发生

任务描述

2024 年 1 月 26 日,青岛华泰光电科技有限公司发生财务困难,前欠货款有 100 000 元无法收回。

操作步骤

第一步，财务部 003 陈颖登录企业应用平台，执行"业务工作"|"财务会计"|"应收款管理"|"坏账处理"|"坏账发生"命令，弹出"坏账发生"对话框。

第二步，选择客户"青岛华泰光电科技有限公司"，单击"确定"按钮，打开"发生坏账损失"窗口，如图 10-40 所示。

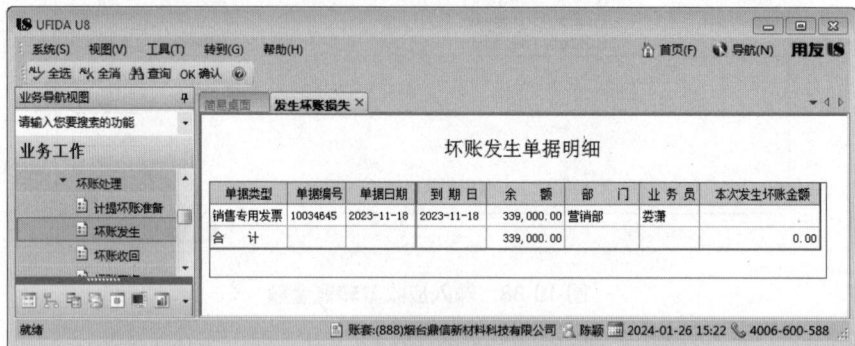

图 10-40　"发生坏账损失"窗口

第三步，在"本次坏账发生金额"栏录入 100 000 元，单击"确认"按钮，弹出"是否立即制单"的提示信息，选择"是"按钮，生成并保存凭证，如图 10-41 所示。

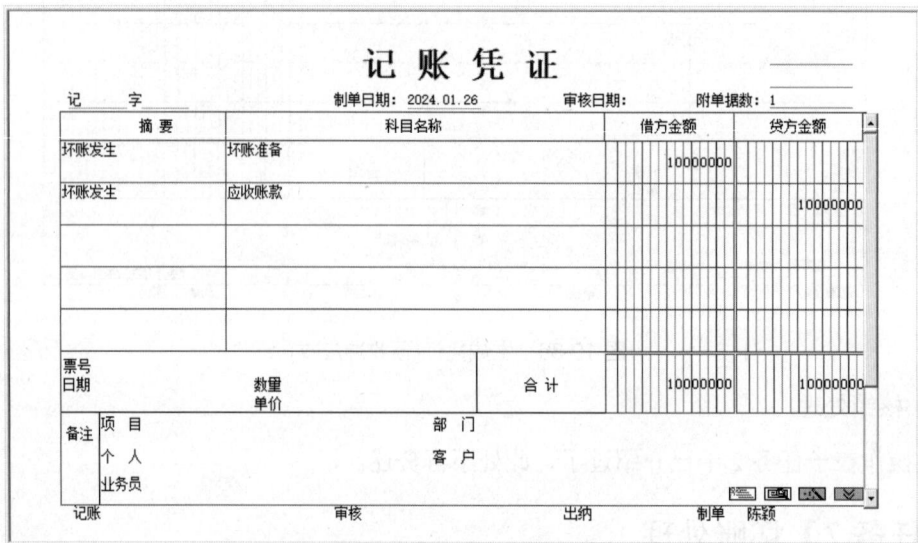

图 10-41　生成凭证(确认坏账)

【子任务 7.2】计提坏账准备

任务描述

2024 年 1 月 31 日，计提坏账准备。

操作步骤

第一步，财务部 003 陈颖登录企业应用平台，执行"业务工作"|"财务会计"|"应收款管理"|"坏账处理"|"计提坏账准备"命令，打开"应收账款百分比法"窗口，系统自动算出本次计提金额，如图 10-42 所示。

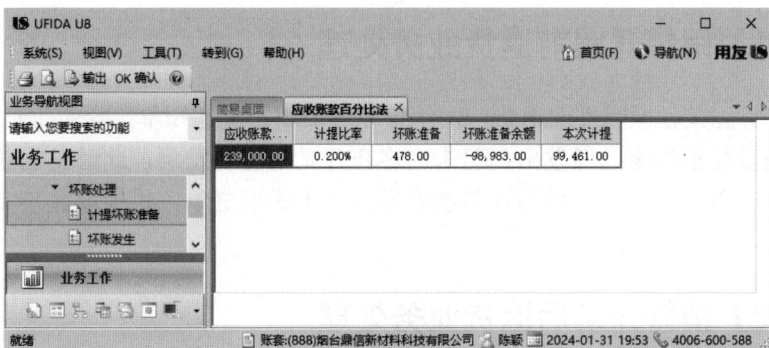

图 10-42　计提坏账准备

第二步，单击"确认"按钮，弹出"是否立即制单"提示框，选择"是"按钮，生成并保存凭证，如图 10-43 所示。

图 10-43　生成凭证(计提坏账准备)

任务 3　销售退货业务处理

【任务目标】

知识目标：了解销售开票前退货和销售开票后退货的区别；掌握销售开票前退货和销售开票后退货的处理流程。

能力目标：能够熟练完成销售开票前退货业务、销售开票后退货业务的处理。

高职高专互联网＋新形态教材·财会系列

素质目标：培养诚信守法意识；提高合作与沟通能力。

【任务重点难点】

- 销售开票前退货业务处理。
- 销售开票后退货业务处理。

【子任务 1】销售开票前退货业务处理

货物入库后因某种原因需要退货，由销售业务员填退货通知单，仓库负责实物退库。

开票前退货是指货物已经发出，但未向客户开具增值税发票，此时发生退货，根据客户实退数量，在系统中参照原销售订单或者发货单生成退货单，再根据客户实收数量开具销售发票即可。

【子任务 2】销售开票后退货业务处理

发票开出后发生退货，必须开具红字发票，并录入系统。

任务描述

2024 年 1 月 27 日，因质量问题泰安金源精密电子有限公司退回了 2024 年 1 月 12 日购买的注塑按键 1 000 个，每个 0.50 元(不含税)，当日，退回货物入库，并开出红字增值税专用发票一张，发票号为 65889109，货款 565 元以网银转账的形式退回，银行结算单号为 00170448。

操作步骤

1. 录入红字专用销售发票

第一步，营销部 006 娄潇登录企业应用平台，执行"业务工作"|"供应链"|"销售管理"|"销售开票"|"红字专用销售发票"命令，打开红字"销售专用发票"窗口。

第二步，单击"增加"按钮，弹出"查询条件选择—参照订单"对话框，单击"确定"按钮，打开"参照生单"窗口。

第三步，选择要参照的销售订单，单击"确定"按钮，生成红字发票，如图 10-44 所示。

第四步，在该红字发票表头录入发票号为"65889109"，表体选择仓库名称为"产成品库"，修改表体数量为"-1 000"，单击"保存"按钮。

第五步，单击"现结"按钮，打开"现结"对话框，选择结算方式、录入原币金额和票据号，如图 10-45 所示。单击"确定"按钮并复核发票。

2. 查看退货单

营销部 006 娄潇登录企业应用平台，执行"业务工作"|"供应链"|"销售管理"|"销售发货"|"退货单"命令，打开"退货单"窗口，单击功能区域的"➡"按钮，找到自动生成的退货单，如图 10-46 所示。

图 10-44　生成红字销售专用发票

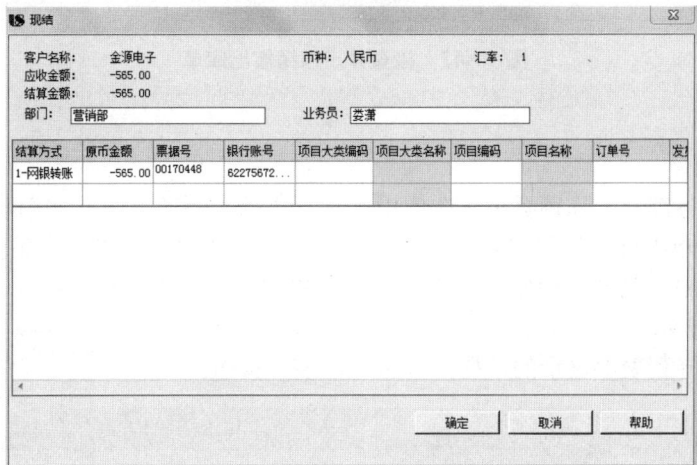

图 10-45　"现结"对话框

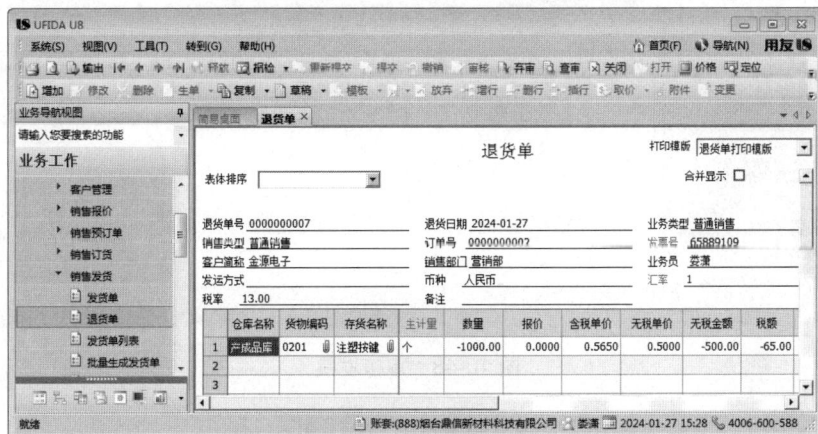

图 10-46　查看退货单

3. 审核销售出库单

仓储部 007 刘强登录企业应用平台，执行"业务工作"|"供应链"|"库存管理"|"出库业务"|"销售出库单"命令，打开"销售出库单"窗口，单击功能区的"➡️"按钮，找到已经自动生成的销售出库单，如图 10-47 所示，检查并审核。

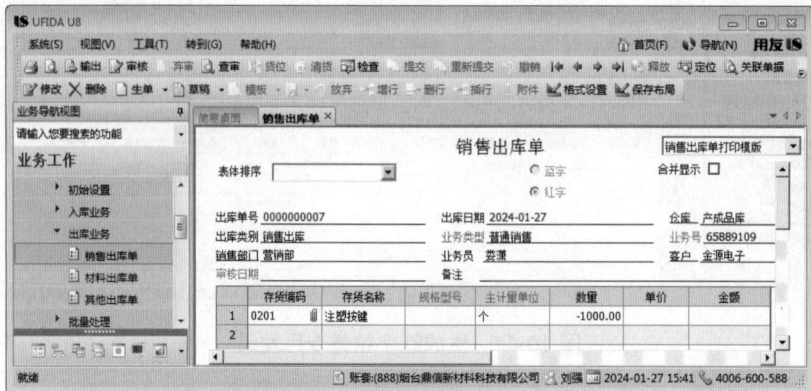

图 10-47　检查并审核销售出库单

4. 冲减收入

1) 审核发票

第一步，财务部 003 陈颖登录企业应用平台，执行"业务工作"|"财务会计"|"应收款管理"|"应收单据处理"|"应收单据审核"命令，弹出"应收单查询条件"对话框。

第二步，选中"包含已现结发票"复选框，单击"确定"按钮，打开"单据处理"窗口，如图 10-48 所示。

第三步，选择列表中显示的单据，单击"审核"按钮。

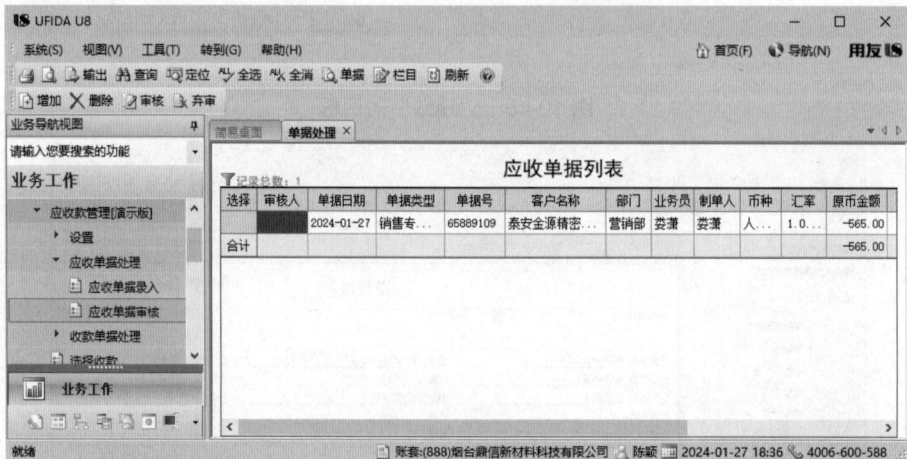

图 10-48　审核发票

2) 生成凭证

第一步，财务部 003 陈颖登录企业应用平台，执行"业务工作"|"财务会计"|"应收

款管理"|"制单处理"命令，弹出"制单查询"对话框。

第二步，选择"现结制单"选项，单击"确定"按钮，打开"制单"窗口，如图 10-49 所示。

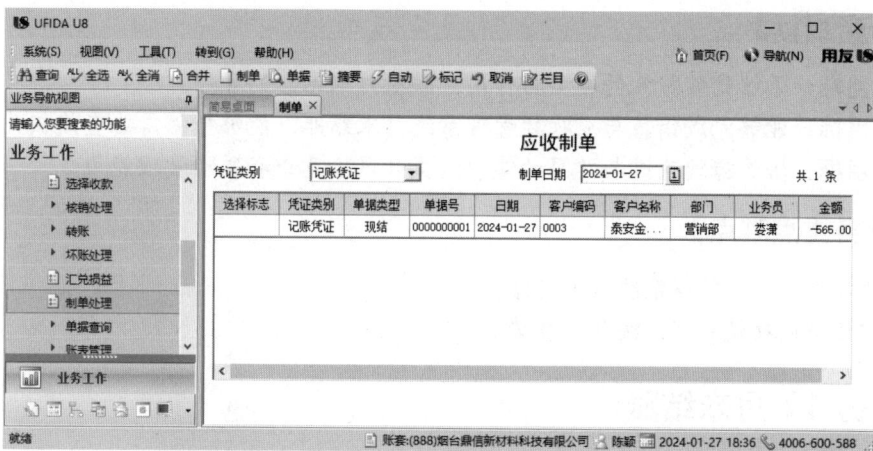

图 10-49 "制单"窗口

第三步，依次单击"全选""制单"按钮，生成并保存凭证，如图 10-50 所示。

图 10-50 生成凭证(销售现结制单)

5. 确认销售成本

由于产成品库的计价方式采用的是"全月平均法"，销售成本需要在月末进行计算结转。

注意：损益类科目除结转外，一律按科目性质的借贷方向记账，否则利润表不能获取其准确的数据。如"主营业务收入"科目，因为其默认余额方向为贷方，所以退货时应该录入在贷方，用红字表示。涉及货币资金科目的一般用正数记账。

任务4 销售与应收款管理系统期末处理

【任务目标】

知识目标：了解销售账表的类型与作用；掌握月末结账的顺序。
能力目标：能够完成销售与应收款管理系统月末结账；能够根据需要查询相关账表。
素质目标：培养持续改进与学习的能力；提升风险意识和风险管理能力。

【任务重点难点】

- 销售与应收款管理系统月末结账。
- 销售与应收款管理系统账表查询。

【子任务 1】月末结账

【子任务 1.1】销售管理系统月末结账

月末结账是逐月将每月的单据数据封存，并将当月的销售数据记入有关账表中。

任务描述

2024 年 1 月 31 日，烟台鼎信新材料科技有限公司进行销售管理系统月末结账。

操作步骤

第一步，登录企业应用平台，执行"业务工作"|"供应链"|"销售管理"|"月末结账"命令，弹出"结账"对话框，如图 10-51 所示。

第二步，选择结账的月份，必须连续选择，否则不允许结账。

第三步，单击"结账"按钮，弹出"销售管理"对话框，提示"是否关闭订单"，如图 10-52 所示。

图 10-51 "结账"对话框　　　　　图 10-52 确认是否关闭订单

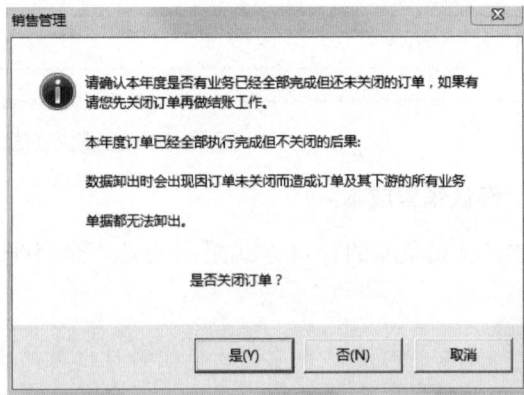

第四步，单击"是"按钮，弹出销售订单列表的过滤条件，设置过滤条件，关闭符合条件的订单；单击"否"按钮，系统自动进行月末结账，并将所选各月销售单据按会计期间分月记入有关报表中；单击"取消"按钮，返回"结账"对话框。这里单击"结账"按钮，系统自动进行月末结账，将所选各月销售单据按会计期间分月记入有关账表中。

月末结账后，可逐月取消结账，方法是：单击"取消结账"按钮，则取消该月的月末结账。

> 注意：(1) 销售管理系统月末结账后，才能进行库存管理系统、存货核算系统、应收款管理系统的月末结账。
>
> (2) 如果销售管理系统要取消月末结账，必须先通知库存管理系统、存货核算系统、应收款管理系统的操作人员，要求他们的系统取消月末结账。如果库存管理、存货核算、应收款管理的任何一个系统不能取消月末结账，那么也不能取消销售管理系统的月末结账。
>
> (3)《销售管理系统》月末结账后，才能进行《库存管理系统》《存货核算系统》《应收款管理系统》的月末结账。如果《销售管理系统》要取消月末结账，必须先通知《库存管理系统》《存货核算系统》《应收款管理系统》的操作人员，要求他们取消相应系统的月末结账。如果《库存管理系统》《存货核算系统》《应收款管理系统》的任何一个系统不能取消月末结账，那么也不能取消《销售管理系统》的月末结账。

【子任务 1.2】应收款管理系统月末结账

如果已经确认本月的各项业务已经处理完，可以执行月末结账功能。执行月末结账功能后，该月将不能再进行任何处理。

任务描述

2024 年 1 月 31 日，烟台鼎信新材料科技有限公司进行应收款管理系统月末结账。

操作步骤

第一步，登录企业应用平台，执行"业务工作"|"财务会计"|"应收款管理"|"期末处理"|"月末结账"命令，弹出"月末处理"对话框。双击"结账标志"栏，选择结账月份。

第二步，单击"下一步"按钮，系统给出月末结账检查结果。单击其中任意一项，可检查其详细信息。单击"完成"按钮，完成结账。(单击"取消"按钮，取消此次操作。)

【子任务 2】账表查询

【子任务 2.1】销售管理系统账表查询

在经过报价、形成订单、发货、开出发票等业务活动后，必定会产生许多信息，最终形成各种销售报表。企业可以按照不同的目的、用途和需要，分别按销售额、销售量、客户类型或销售人员等进行销售分析，也可以按货品、客户、交货地点及销售员等分别取得相应销售信息。此外，还可以根据货品价格、成本、数量、销售利润和销售人员报价等信息进行销售分析。

1. 发货统计表

发货统计表用于统计一个时段内存货的发货、开票、结存业务数据。

需要注意的是：

$$期初数量=期初发货数量-期初开票数量$$
$$期初金额=期初发货金额-期初开票金额$$

2. 销售统计表

系统提供多角度、综合性的销售统计表，该表能够提供销售金额、折扣、成本、毛利等数据。

3. 销售综合统计表

通过销售综合统计表可以查询企业的订货、发货、开票、出库、回款的统计数据。

销售综合统计表来源于销售订单、销售发货单、销售发票、销售出库单及应收款管理系统的收款单。

4. 销售收入明细账

通过销售收入明细账可以查询销售发票、销售调拨单、零售日报的明细数据，兼顾了会计和业务的不同需要。

5. 销售分析

1) 销售增长分析

通过销售增长分析，可以按发货金额、销售金额、销售收入进行金额增长的趋势分析和对比分析。

2) 销售结构分析

销售结构分析可以按照不同分组条件(如客户、业务员、货物等)在某时间段的销售构成情况。

需要注意的是，当分析对象为货物时，分析指标包括数量，否则无此分析指标。如果货物有自由项，分析对象具体到货物的自由项；按部门分析，可以指定部门的级次，以决定最低分析到哪一级部门；按货物分析，可以指定货物的级次，以决定最低分析到哪一级货物分类。

3) 销售毛利分析

销售毛利分析用于分析货物在不同期间的毛利变动情况及影响因素。

$$本期毛利=本期数量\times(本期单位售价-本期单位成本)$$
$$=本期销售收入总额-本期销售成本总额$$

数量增减及成本影响：

$$毛利增减=本期毛利-前期毛利=数量影响+售价影响-成本影响$$

数量影响=(前期单位售价-前期单位成本)×(本期数量-前期数量)

售价影响=本期数量×(本期单位售价-前期单位售价)

成本影响=本期数量×(本期单位成本-前期单位成本)

需要注意的是，销售成本只有在存货核算系统月末结账后才能取得准确的数据，因此建议用户在存货核算系统月末结账后再做销售毛利分析。

6. 市场分析

市场分析可以反映某时间区间内部门/业务员所负责的客户或地区销售、回款、业务应收(发货未开票)的比例情况。

【子任务 2.2】应收款管理系统账表查询

1. 业务账表查询

通过账表查询，可以及时地了解一定期间内期初应收款结存汇总情况，应收款发生、收款发生的汇总情况、累计情况及期末应收款结存汇总情况；还可以了解各个客户期初应收款结存明细情况，应收款发生、收款发生的明细情况、累计情况及期末应收款结存明细情况，能及时发现问题，加强对往来款项的监督管理。

2. 统计分析

通过统计分析，可以按用户定义的账龄区间，进行一定期间内应收款账龄分析、收款账龄分析、往来账龄分析，了解各个应收款周转天数、周转率，了解各个账龄区间内应收款、收款及往来情况，能及时发现问题，加强对往来款项的监督管理。

3. 科目账表查询

可在此从不同角度进行科目账表的查询。

科目余额表，用于查询应收受控科目各个客户的期初余额、本期借方发生额合计、本期贷方发生额合计、期末余额。

科目明细账，用于查询客户往来科目下各个往来客户的往来明细账。

同 步 训 练

一、单项选择题

1. 应收款管理系统的所有功能都是围绕(　　)进行设计的。

　　A. 客户　　　　　　B. 供应商　　　　　C. 采购发票　　　　D. 转账

2. 在应收款管理系统的单据查询功能中，不能完成(　　)查询。

　　A. 发票　　　　　　B. 收付款单　　　　　C. 应付单　　　　　D. 应收单

3. 销售系统中，下列关于销售现结的说法错误的是(　　)。

　　A. 现结的发票在应收款系统进行现结制单

　　B. 现结操作可以在发票复核前执行，也可以在发票复核后执行

C. 销售发票在应收款系统中审核后，销售系统不能再做弃结处理

D. 支持全额现收和部分现收

4. 可以与销售管理系统集成使用的系统为( )。

    A. 固定资产管理系统　　　　　　　　B. 薪资管理系统

    C. 应收款管理系统　　　　　　　　　D. 应付款管理系统

5. 在应收款管理系统生成的凭证只能在本系统通过( )来删除。

    A. 制单处理　　　　B. 凭证查询　　　　C. 账表管理　　　　D. 期末处理

二、多项选择题

1. 在下列哪些系统中不能自动生成记账凭证? ( )

    A. 采购管理系统　　　　　　　　　　B. 销售管理系统

    C. 存货核算系统　　　　　　　　　　D. 库存管理系统

2. 应收款管理系统对"取消操作"提供的恢复类型是( )。

    A. 核销　　　　B. 坏账处理　　　　C. 预收冲应收　　　　D. 应收冲应付

3. 下列属于销售管理系统功能的是( )。

    A. 销售报价　　　　B. 销售订单　　　　C. 销售发票　　　　D. 自动结算

4. 在应收款管理系统中，进行过( )操作后，就不能修改坏账准备设置了。

    A. 录入期初余额　　　B. 坏账计提　　　C. 坏账发生　　　D. 应收单据审核

5. 销售管理系统当前月的月末结账功能必须在( )该月的月末结账之前完成。

    A. 采购管理系统　　　　　　　　　　B. 库存管理系统

    C. 存货核算系统　　　　　　　　　　D. 应收款管理系统

微课视频

扫一扫，获取本项目相关微课视频。

115 销售报价单录入与审核	116 销售订单填制与审核	117 填制销售专用发票
118 销售发票现结与复核	119 查看发货单	120 审核销售出库单
121 确认销售收入	122 填制销售发货单 (先发货后开票)	123 审核销售出库单 (先发货后开票)

124 填制销售专用发票
(先发货后开票)

125 确认销售收入(先发货后开票)

126 收款单录入审核制单

127 核销处理(先发货后开票)

128 票据增加

129 票据审核、制单与核销

130 票据贴现

131 票据贴现制单

132 预收货款

133 代垫费用单处理

134 预收冲应收

135 坏账发生处理

136 计提坏账准备

137 录入红字专用发票并现结

138 冲减销售收入

项目 11

库存管理与存货核算系统业务处理

【项目目标】

了解库存管理和存货核算系统的主要功能，理解库存和存货核算系统与其他系统的关系，掌握库存管理与存货核算系统的出入库业务类型及业务流程，能够完成库存管理与存货核算系统的日常业务处理，能够完成库存管理与存货核算系统的期末处理，强化资产管理意识，提高风险管理水平，强调廉洁自律。

【知识点与技能点】

任 务	知 识 点	技 能 点
任务 1　库存管理与存货核算系统认知	库存管理系统的主要功能，存货核算系统的主要功能，库存管理系统与其他系统的关系，存货核算系统与其他系统的关系	
任务 2　库存管理与存货核算系统日常业务处理	产成品入库，材料出库	产成品入库单填制与审核，产成品成本分配，确认产成品入库成本，材料出库单填制与审核，确认材料出库成本

任　务	知　识　点	技　能　点
任务 3　期末处理	库存管理系统对账， 库存管理系统结账， 存货核算系统期末处理， 存货核算系统对账， 存货核算系统结账， 库存管理与存货核算系统账表查询	库存与存货对账、库存账与货位账对账， 库存管理系统月末结账， 期末处理， 结转销售成本， 库存与总账对账， 存货核算系统月末结账， 查询账表

任务 1　库存管理与存货核算系统认知

【任务目标】

知识目标：了解库存管理与存货核算系统的功能，理解它们与其他系统的关系。

素质目标：提升数据技能；培养全局思维。

【任务重点难点】

- 库存管理系统与其他系统的关系。
- 存货核算系统与其他系统的关系。

【子任务 1】了解库存管理系统的主要功能

库存管理系统是用友 ERP-U8 V10.1 会计软件的重要模块，能够满足采购入库、产成品入库、销售出库、材料出库、其他出入库、盘点管理等业务需要，提供仓库货位管理、批次管理、保质期管理、出库跟踪、入库管理、可用量管理、序列号管理等全面的业务应用。库存管理系统主要包括如下功能

1. 初始设置

用户可以在初始设置进行系统选项、期初结存、期初不合格品及代管消耗规则的维护工作。

2. 入库业务

仓库收到采购或生产的货物，仓库保管员验收货物的数量、质量、规格型号等，确认无误后入库，并登记库存账。

入库业务涉及的单据主要包括以下几种。

1）采购入库单

采购入库单是根据采购到货签收的实收数量填制的单据。对于工业企业，采购入库单一般是指采购原材料验收入库时所填制的入库单据。对于商业企业，采购入库单一般是指

高职高专互联网＋新形态教材·财会系列

商品进货入库时所填制的入库单据。

2) 产成品入库单

对于工业企业，产成品入库单一般是指产成品验收入库时所填制的入库单据。产成品入库单是工业企业入库单据的主要部分。只有工业企业才有产成品入库单，商业企业没有此单据。

3) 其他入库单

其他入库单是指除采购入库、产成品入库之外的其他入库业务，如调拨入库、盘盈入库、组装拆卸入库、形态转换入库等业务形成的入库单。其他入库单一般由系统根据其他业务单据自动生成，也可手工填制。

3. 出库业务

出库业务是指仓库发出原材料或销售出库的货物，由仓库保管员核对货物的数量、质量、规格型号等，确认无误后办理出库，并登记库存明细账的处理过程。

出库业务涉及的单据主要包括以下几种。

1) 销售出库单

销售出库单是销售出库业务的主要凭据，在库存管理系统中用于存货出库数量核算，在存货核算系统中用于存货出库成本核算(如果存货核算销售成本的核算选择的依据是销售出库单)。对于工业企业，销售出库单一般是指产成品销售出库时所填制的出库单据。对于商业企业，销售出库单一般指商品销售出库时所填制的出库单。

2) 材料出库单

对于工业企业，材料出库单是领用材料时所填制的出库单据，当从仓库中领用材料用于生产或委外加工时，就需要填制材料出库单。只有工业企业才有材料出库单，商业企业没有此单据。

3) 其他出库单

其他出库单指除销售出库、材料出库之外的其他出库业务，如调拨出库、盘亏出库、组装拆卸出库、形态转换出库、不合格品记录等业务形成的出库单。其他出库单一般由系统根据其他业务单据自动生成，也可手工填制。

4. 调拨业务

用户可以通过调拨单进行仓库之间存货的转库业务或部门之间的存货调拨业务的处理。同一张调拨单上，如果转出部门和转入部门不同，表示部门之间的调拨业务；如果转出部门和转入部门相同，但转出仓库和转入仓库不同，表示仓库之间的转库业务。

5. 盘点业务

为了保证企业库存资产的安全和完整，做到账实相符，企业必须对存货进行定期或不定期的清查，查明存货盘盈、盘亏、损毁的数量以及造成的原因，并据以编制存货盘点报告表，按规定程序报有关部门审批。

6. 报表

用户可以进行库存管理报表的查询，包括库存账、批次账、货位账、统计表、储备分析表、ROP 采购计划报表、序列号管理报表等。

【子任务 2】了解存货核算系统的主要功能

存货核算系统是用友 ERP-U8 V10.1 会计软件的重要组成部分，该系统主要是从资金的角度管理存货的出入库业务，主要用于核算企业的入库成本、出库成本、结余成本，反映和监督存货的收发、领退和保管情况；反映和监督存货资金的占用情况，动态反映存货资金的增减变动情况，提供存货资金周转和占用分析；在保证生产经营的前提下，能够降低库存量，减少资金积压，加速资金周转。

存货核算系统的功能具体如下。

1. 初始设置

用户在应用本系统之前，需要在初始设置时进行选项设置、科目设置、期初数据录入、其他设置等的操作。

2. 日常业务

存货核算系统的日常业务主要是进行日常存货核算业务数据的录入和成本核算。在与采购管理、销售管理、库存管理等系统集成使用时，本系统主要完成从系统传过来的不同业务类型下的各种存货的出入库单据、调整单据的查询及单据部分项目的修改、成本计算。

3. 业务核算

存货核算系统中业务核算的主要功能是对单据进行出入库成本的计算、结算成本的处理、产成品成本的分配、期末处理、月末结账。

(1) 正常单据记账：用于将用户所输入的单据登记存货明细账、差异明细账/差价明细账、受托代销商品明细账、受托代销商品差价账。采用先进先出、后进先出、移动平均、个别计价这四种计价方式的存货在单据记账时进行出库成本核算；采用全月平均、计划价/售价法计价的存货在期末处理后进行出库成本核算。

(2) 恢复记账：用于将用户已登记明细账的单据恢复到未记账状态。

(3) 暂估成本录入：外购入库的货物发票未到，在无法确定实际采购成本时，财务人员期末暂时按估计价格入账。

(4) 结算成本处理：也称为暂估入库报销，对于暂估记账的入库单，后续要在这里按照预先选择的暂估处理方式进行处理。系统提供月初回冲、单到回冲、单到补差等方式来处理暂估业务。

(5) 产成品成本分配：产成品成本分配表用于对已入库未记明细账的产成品进行成本分配，可随时对产成品入库单提供批量分配成本。

(6) 期末处理：当日常业务全部完成后，用户可进行期末处理，其功能是计算按全月平均方式核算的存货的全月平均单价及其本会计月的出库成本，计算按计划价/售价方式核算的存货的差异率/差价率及其本会计月的分摊差异/差价。对已完成日常业务的仓库/部门/存货做处理标志。

高职高专互联网＋新形态教材·财会系列

4. 财务核算

系统在进行出入库核算后，下一步就要生成记账凭证。关于凭证的生成、修改、查询操作通过财务核算功能完成。存货核算系统生成的记账凭证会自动传递到总账系统，实现财务和业务的一体化操作。

1) 生成凭证

用于对本会计月已记账单据生成凭证，并可对已生成的所有凭证进行查询显示；所生成的凭证可在财务系统中显示即生成科目总账。

2) 凭证列表

用于查询本会计年度在存货核算系统中生成的凭证，并可对凭证进行相应的修改、删除和冲销等。需要注意的是，在凭证列表中删除凭证，只是将总账系统中的凭证做作废处理；在总账中已审核的凭证不能删除。

5. 账表

用户可以进行存货核算报表的查询，包括明细账、总账、出入库流水账、入库汇总表、出库汇总表、差异分摊表、收发存汇总表、ABC 成本分析、发出商品汇总表等。

【子任务 3】了解库存管理系统与其他系统的关系

库存管理系统可以单独使用，也可以与采购管理、销售管理、存货核算、成本管理等系统集成使用，以发挥更强大的应用功能。

库存管理系统与其他系统的关系如图 11-1 所示。

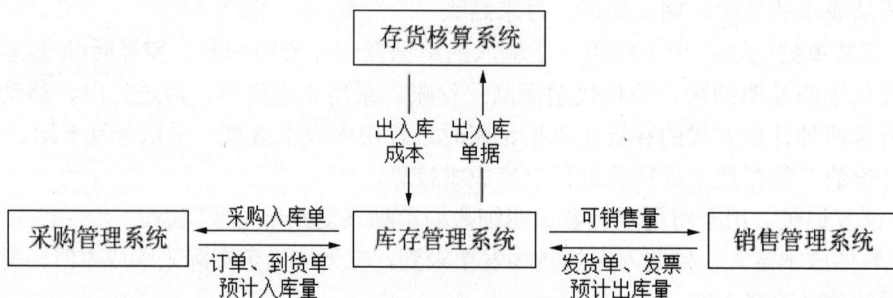

图 11-1　库存管理系统与其他系统关系

【子任务 4】了解存货核算系统与其他系统的关系

存货核算系统可以单独使用，单独使用时，所有的出入库单据均在存货核算系统填制。存货核算系统在与采购管理、销售管理、库存管理等系统集成使用时，主要完成从其他系统传过来的各种出入库单据、调整单据的查询及单据部分项目的修改、成本计算。

存货核算系统与其他系统之间的关系如图 11-2 所示。

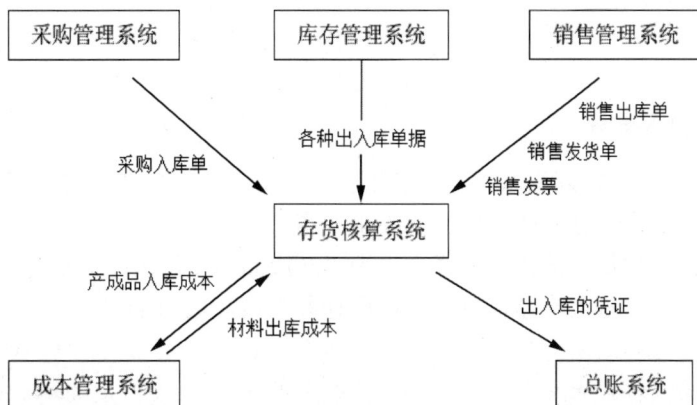

图 11-2　存货核算系统与其他系统关系

任务 2　库存管理与存货核算系统日常业务处理

【任务目标】

知识目标：掌握各种出入库业务的类型；掌握各种出入库业务的操作流程。

能力目标：能够完成企业各种入库、出库业务的处理。

素质目标：培养爱岗敬业的精神，强调廉洁自律的重要性。

【任务重点难点】

- 产成品入库。
- 材料出库。

【子任务 1】产成品入库

产成品入库需要填制产成品入库单，产成品在验收入库时一般无法确定产品的总成本和单位成本，所以在填制产成品入库单时，一般只有数量，没有单价和金额。

产成品入库的流程如图 11-3 所示。

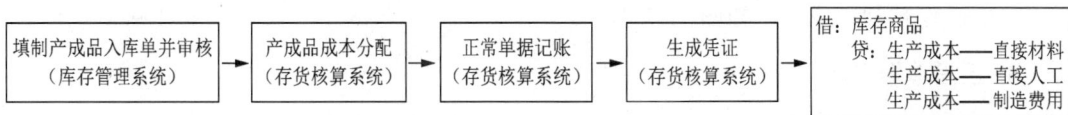

图 11-3　产成品入库流程

任务描述

2024 年 1 月 31 日，结转注塑车间完工入库产品注塑按键 810 000 个的成本 251 100 元，其中直接材料 182 298.60 元，直接人工 45 951.30 元，制造费用 22 850.10 元。

操作步骤

1. 填制产成品入库单

第一步，仓储部 007 刘强执行"业务工作"|"供应链"|"库存管理"|"入库业务"|"产成品入库单"命令，打开"产成品入库单"窗口。

第二步，单击"增加"按钮，选择仓库为"产成品库"，入库类别为"产成品入库"，部门为"注塑车间"，输入产品信息，然后保存并审核，如图 11-4 所示。

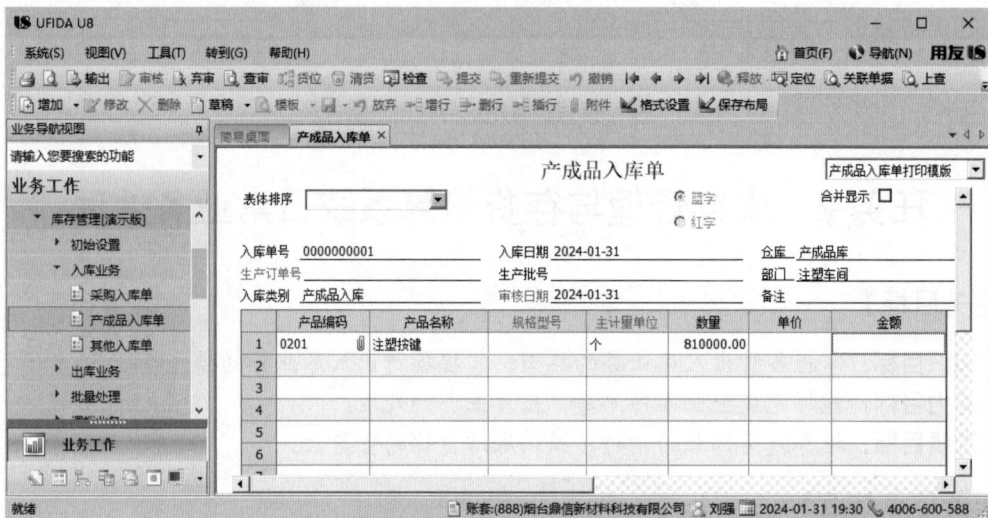

图 11-4　填制产成品入库单

2. 确认产成品入库成本

第一步，财务部 003 陈颖执行"业务工作"|"供应链"|"存货核算"|"业务核算"|"产成品成本分配"命令，打开"产成品成本分配表"窗口，单击"查询"按钮，选择仓库为"产成品库"。

第二步，单击"确定"按钮，在"产成品成本分配表"中依据当期计算的注塑按键的生产成本，输入金额"251 100.00"，单击"分配"按钮，系统将自动计算产品单价，并提示"分配操作顺利完成"，如图 11-5 所示。

3. 正常单据记账

财务部 003 陈颖执行"业务工作"|"供应链"|"存货核算"|"业务核算"|"正常单据记账"命令，弹出"查询条件选择"对话框，单击"确定"按钮，打开"未记账单据一览表"窗口，双击选中要记账的单据，单击"记账"按钮，提示"记账成功"，如图 11-6 所示。

4. 生成凭证

第一步，财务部 003 陈颖执行"业务工作"|"供应链"|"存货核算"|"财务核算"|"生成凭证"命令，打开"生成凭证"窗口，如图 11-7 所示。

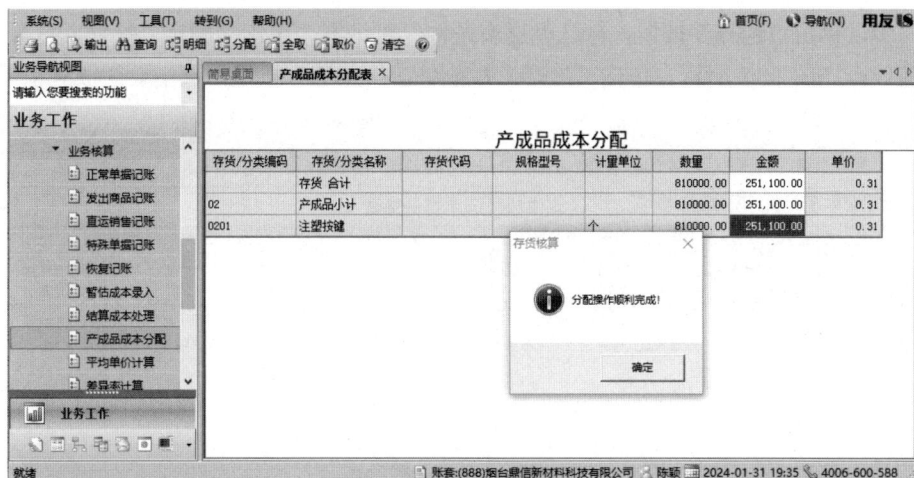

图 11-5　产成品成本分配

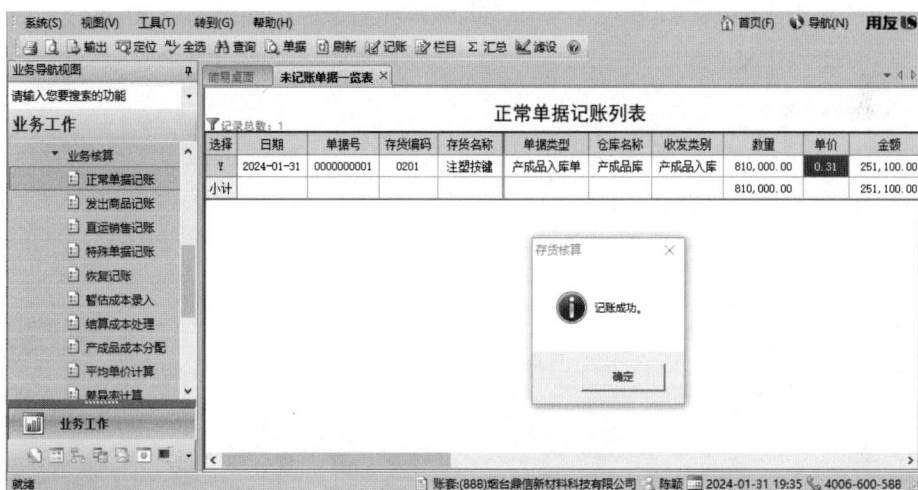

图 11-6　正常单据记账

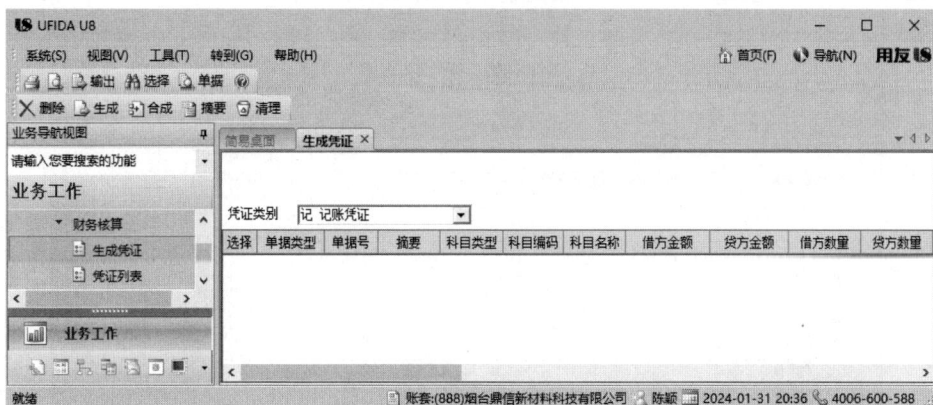

图 11-7　生成凭证窗口

第二步，单击"选择"按钮，打开"查询条件"对话框。单击"确定"按钮，打开"选择单据"窗口，如图11-8所示。单击"选择"栏或单击"全选"按钮，选中要生成凭证的单据。

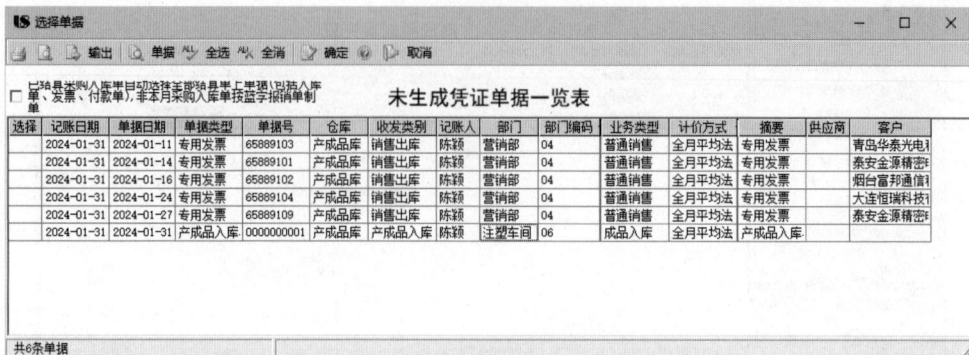

图 11-8 "选择单据"窗口

第三步，单击"确定"按钮，返回到"生成凭证"窗口，如图11-9所示。

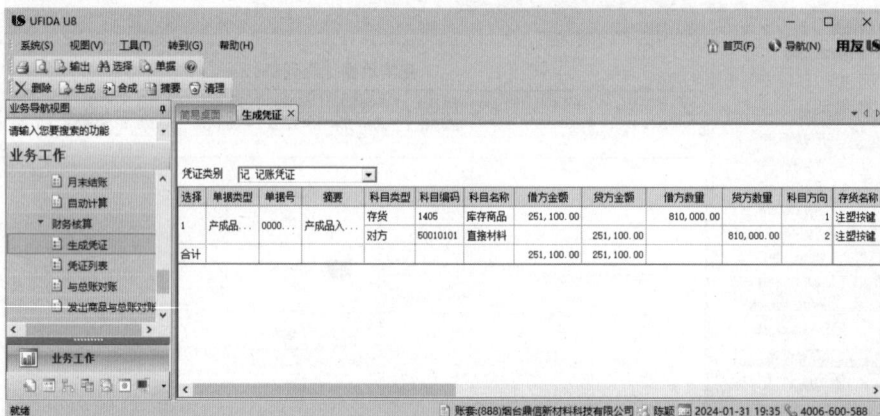

图 11-9 返回"生成凭证"窗口

第四步，单击"生成"按钮，生成凭证，如图11-10所示。

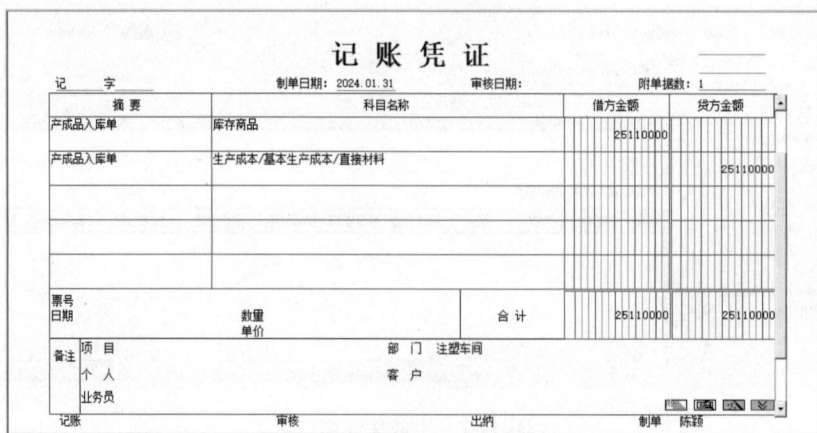

图 11-10 生成凭证(凭证待完善)

第五步，对凭证进行插分修改及项目录入，然后保存凭证，如图 11-11 所示。

图 11-11　生成凭证(产成品入库)

注意：企业的入库业务一般包括采购入库业务和产成品入库业务，采购入库业务在项目 9 中已经介绍过，此处不再重复。

【子任务 2】材料出库

材料出库是通过填制材料出库单来体现的，当生产部门从仓库中领用材料用于生产时需要填制材料出库单。

材料出库的操作流程如图 11-12 所示。

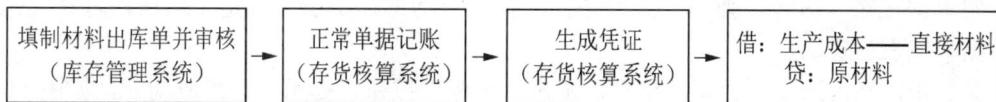

图 11-12　材料出库操作流程

任务描述

2024 年 1 月 10 日，车间生产领用材料如表 11-1 所示。

表 11-1　材料领用表

部门　　原材料		ABS 塑胶粒	TPE 塑胶粒
注塑车间	注塑按键	3 600	1 580

操作步骤

1. 填制材料出库单

第一步，仓储部 007 刘强执行"业务工作"|"供应链"|"库存管理"|"出库业务"|

"材料出库单"命令，打开"材料出库单"窗口。

第二步，单击"增加"按钮，选择仓库为"原材料库"，出库类别为"生产领用"，部门为"注塑车间"，输入材料信息，如图 11-13 所示，然后保存并审核。

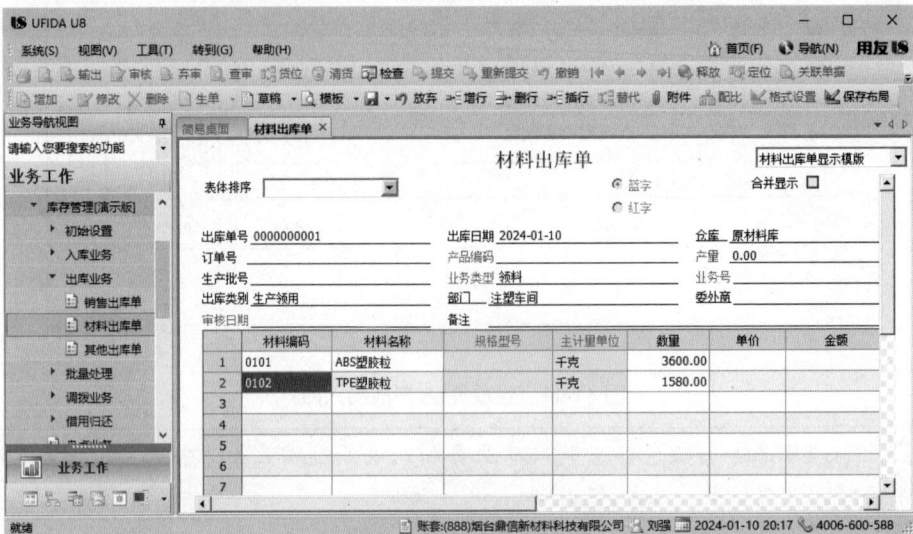

图 11-13 填制材料出库单

2. 确认材料出库成本

1) 正常单据记账

第一步，财务部 003 陈颖执行"业务工作"|"供应链"|"存货核算"|"业务核算"|"正常单据记账"命令，弹出"查询条件选择"对话框，单击"确定"按钮，打开"未记账单据一览表"窗口。

第二步，双击选中要记账的单据，单击"记账"按钮，提示"记账成功"，如图 11-14 所示。

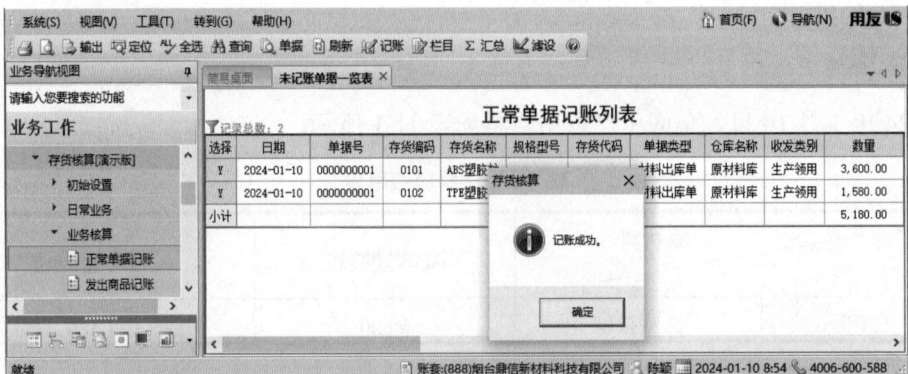

图 11-14 正常单据记账成功

2) 生成凭证

第一步，财务部 003 陈颖执行"业务工作"|"供应链"|"存货核算"|"财务核算"|

"生成凭证"命令，打开"生成凭证"窗口。

第二步，单击"选择"按钮，打开"查询条件"对话框，单击"确定"按钮，打开"选择单据"窗口。

第三步，选中要生成凭证的单据，单击"确定"按钮，返回到"生成凭证"窗口。

第四步，单击"生成"按钮，生成凭证，单击"生产成本/基本生产成本/直材材料"所在行，然后双击备注栏，弹出"辅助项"对话框，录入对应的部门与项目名称。如图 11-15 所示。

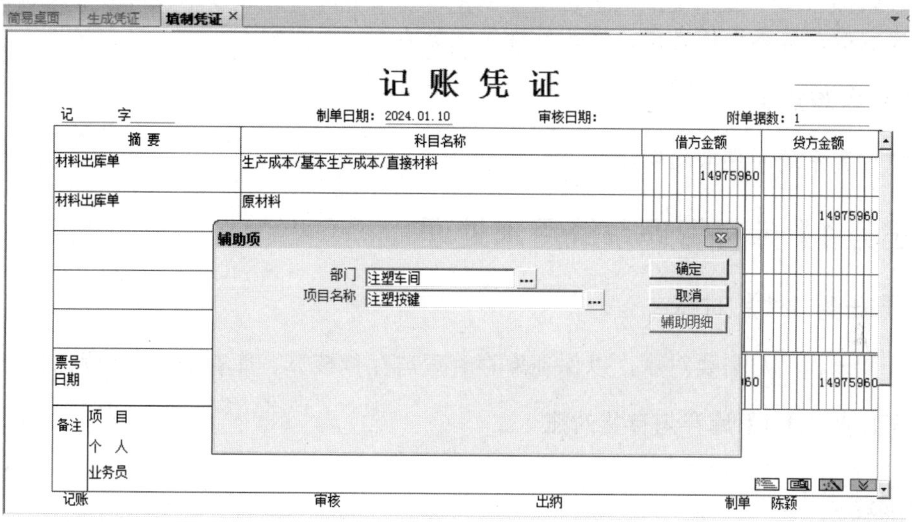

图 11-15　录入辅助信息

第五步，单击"确定"按钮，然后保存凭证，如图 11-16 所示。

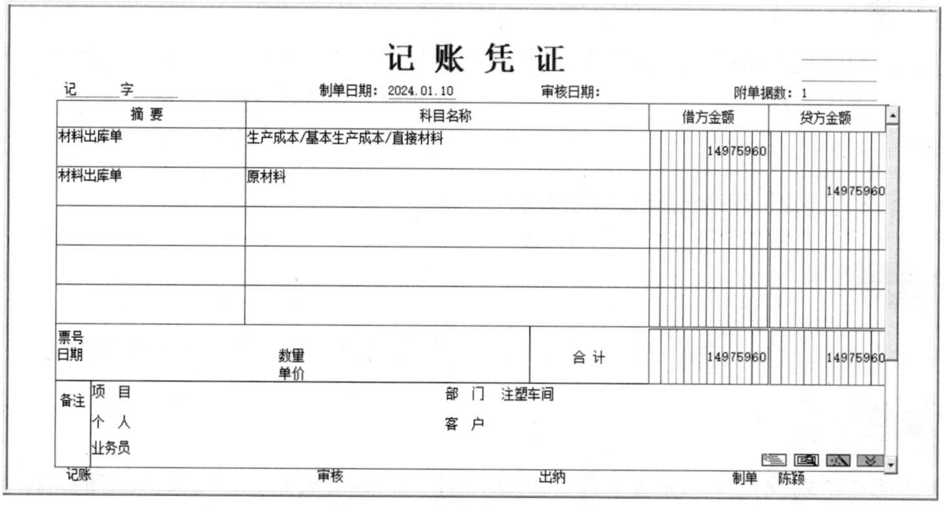

图 11-16　生成凭证(材料出库)

注意： 企业的出库业务主要包括材料出库业务和销售出库业务，销售出库业务的具体操作步骤在项目 10 中已经介绍过，此处不再重复。

任务3 库存管理与存货核算系统期末处理

【任务目标】

知识目标：了解库存管理与存货核算系统期末处理的主要内容；掌握库存管理和存货核算系统月末处理的方法。

能力目标：能够完成库存管理和存货核算系统月末处理；能够根据需要查询相关账表。

素质目标：培养责任意识，提升风险管理能力。

【任务重点难点】

存货核算系统的期末处理。

【子任务1】库存管理系统月末处理

【子任务1.1】对账

会计期末，用户需要对账，以保证库存管理与存货核算、库存账与货位账的一致。

【子任务1.1.1】库存与存货对账

任务描述

2024年1月31日，烟台鼎信新材料科技有限公司进行库存与存货对账。

操作步骤

仓储部007刘强执行"业务工作"|"供应链"|"库存管理"|"对账"下的"库存与存货对账"命令，系统弹出"请选择对账月份"对话框，选择月份，单击"确定"按钮，显示对账结果。

【子任务1.1.2】库存账与货位账对账

任务描述

2024年1月31日，烟台鼎信新材料科技有限公司进行库存账与货位账对账。

操作步骤

仓储部007刘强执行"业务工作"|"供应链"|"库存管理"|"对账"下的"库存账与货位账对账"命令，系统自动进行对账并给出对账结果。

【子任务1.2】月末结账

月末结账是将每月的出入库单据逐月封存，并将当月的出入库数据记入有关账表中。

任务描述

2024 年 1 月 31 日，烟台鼎信新材料科技有限公司进行库存管理系统月末结账。

操作步骤

第一步，仓储部 007 刘强执行"业务工作"|"供应链"|"库存管理"|"结账"命令，打开"结账"对话框，光标位于未结账的第一个月，如图 11-17 所示。

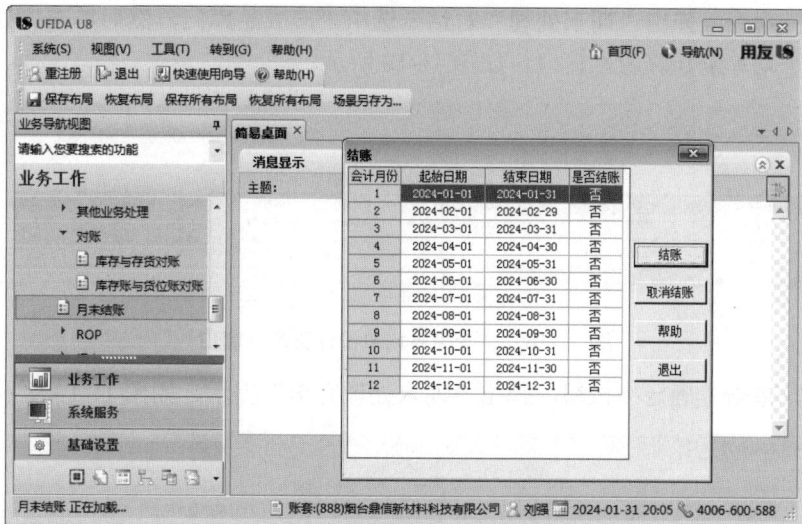

图 11-17　库存管理月末结账

第二步，单击"结账"按钮，弹出提示框。单击"是"按钮，结账成功，结账标志改变。

> **注意**：如果库存管理系统和采购管理系统、销售管理系统集成使用，只有在采购管理系统、销售管理系统结账后，库存管理系统才能进行结账。

【子任务 2】存货核算系统月末处理

【子任务 2.1】期末处理

当日常业务全部完成后，用户需执行期末处理功能，该功能可计算按全月平均法核算的存货的全月平均单价及其本会计月的出库成本和按计划价/售价方式核算的存货的差异率/差价率及其本会计月的分摊差异/差价，并对已完成日常业务的仓库/部门/存货做处理标志。

> **注意**：如果同时使用采购管理系统和销售管理系统，应在采购管理系统和销售管理系统作结账处理后进行。系统提供恢复期末处理功能，但是在总账系统结账后将不可恢复。

任务描述

2024 年 1 月 31 日，烟台鼎信新材料科技有限公司月末结转销售成本。

操作步骤

1. 进行期末处理

第一步，财务部 003 陈颖执行"业务工作"|"供应链"|"存货核算"|"业务核算"|"期末处理"命令。弹出"期末处理"对话框选中"产成品库"，然后单击"处理"按钮，弹出"仓库平均单价计算表"窗口，如图 11-18 所示。

部门编码	部门名称	仓库编码	仓库名称	存货编码	存货名称	存货代码	存货规格	存货单位	期初数量	期初金额	入库数量	入库金额	有金额出库数量	有金额出库成本	平均单价	原单价
		02	成品库	0201	注塑按键			个	850,000.00	280,500.00	810,000.00	251,100.00	0.00	0.00	0.32	0.32
		02	成品库	0202	复合片			个	40,500.00	364,500.00	38,000.00	353,400.00	0.00	0.00	9.15	9.15
小计																

图 11-18　"仓库平均单价计算表"窗口

第二步，单击"确定"按钮，弹出"期末处理完毕"提示，如图 11-19 所示。

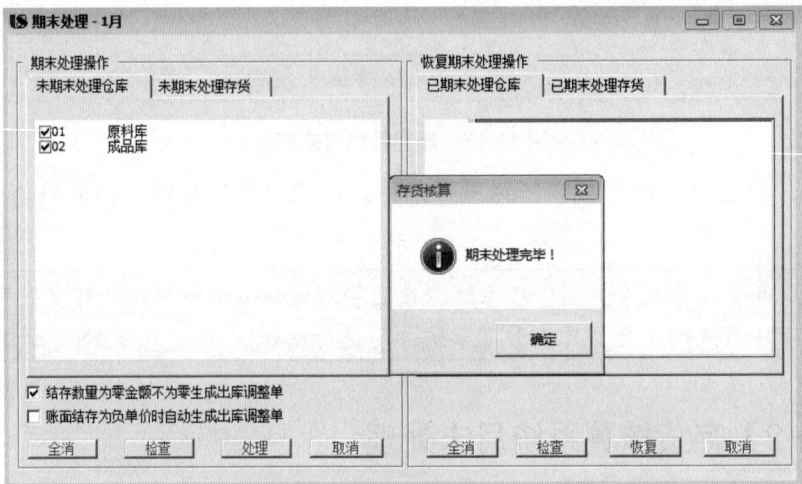

图 11-19　期末处理完毕

2. 结转销售成本

第一步，财务部 003 陈颖执行"业务工作"|"供应链"|"存货核算"|"财务核算"|"生成凭证"命令，打开"生成凭证"窗口，单击"选择"按钮，打开"查询条件"窗口，单击"确定"按钮，弹出"选择单据"窗口，如图 11-20 所示。

第二步，依次单击"全选""确定"按钮，返回到"生成凭证"窗口，如图 11-21 所示。

第三步，单击"合成"按钮，生成凭证并保存，如图 11-22 所示。

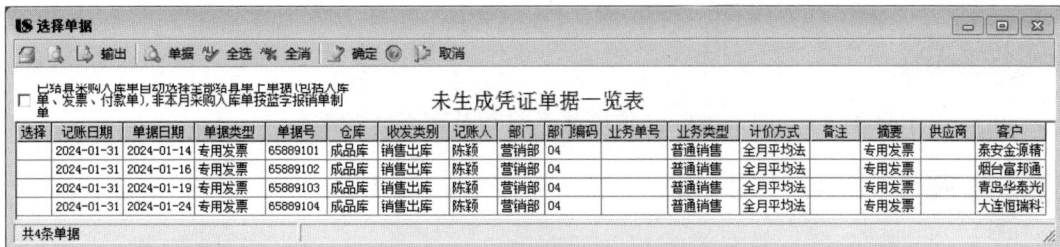

图 11-20　"选择单据"窗口

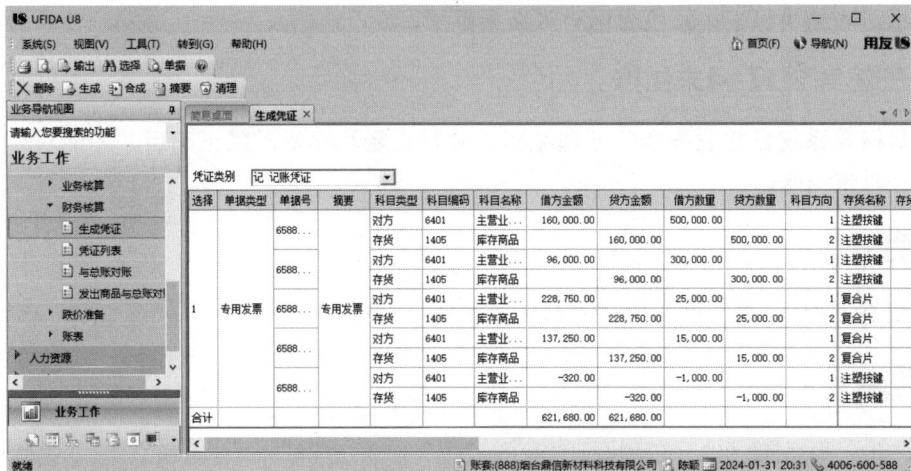

图 11-21　返回"生成凭证"窗口

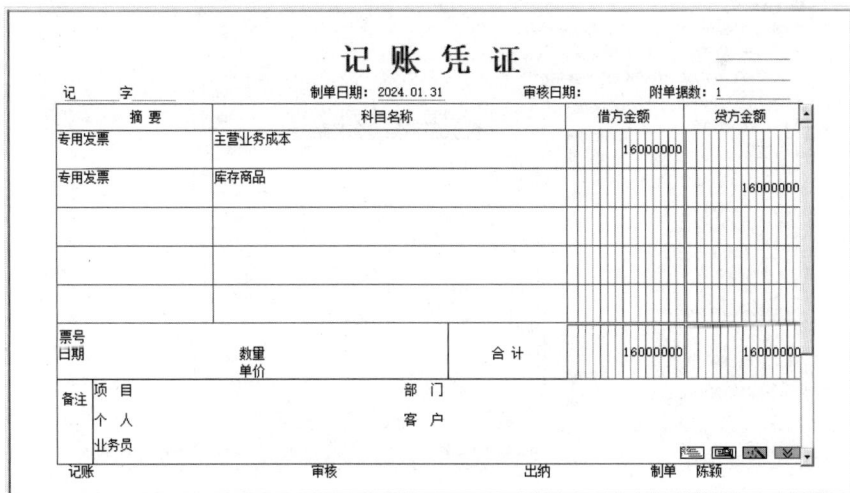

图 11-22　生成凭证(结转销售成本)

【子任务 2.2】与总账对账

为保证业务与财务数据的一致性需要进行对账。本功能用于存货核算系统与总账系统核对存货科目和差异科目在各会计月份借方、贷方发生金额以及期末结存的金额。

287

任务描述

2024 年 1 月 31 日，期末进行存货核算系统与总账系统对账。

操作步骤

登录企业应用平台，执行"业务工作"|"供应链"|"存货核算"|"财务核算"|命令，打开"与总账对账"窗口。对于核对结果是否两账相符，系统采用不同显示颜色加以区分，白色表示对账结果相平；蓝色表示对账结果不平。

【子任务 2.3】月末结账

存货核算系统日常业务全部处理完毕，并且总账和存货对账正确后，才能对存货核算系统进行月末结账。

任务描述

2024 年 1 月 31 日，期末进行存货核算系统月末结账。

操作步骤

第一步，财务部 003 陈颖执行"业务工作"|"供应链"|"存货核算"|"业务核算"|"月末结账"命令，打开"结账"对话框，如图 11-23 所示。

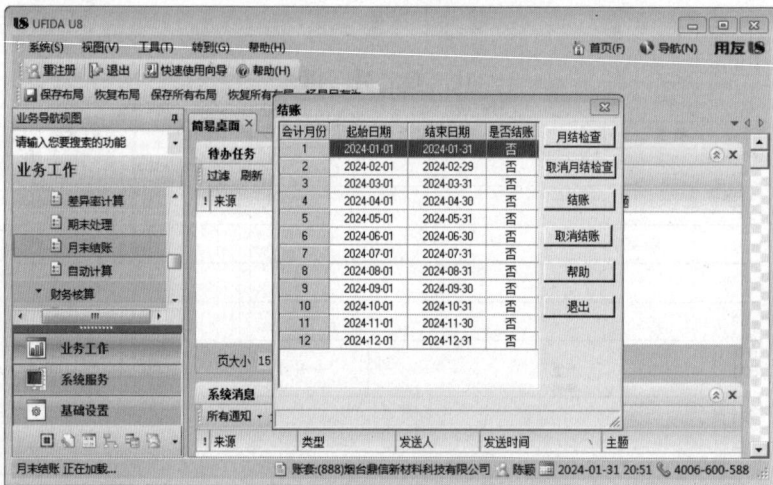

图 11-23　"结账"对话框

第二步，单击"结账"按钮，系统开始进行合法性检查。如果检查通过，系统立即进行结账，并提示"月末结账完成"。如果检查未通过，会提示不能结账的原因。

> **注意：** 如果存货核算系统和库存管理系统、采购管理系统、销售管理系统集成使用，必须在库存管理系统、采购管理系统、销售管理系统结账后，存货核算系统才能进行结账。

【子任务 3】库存管理系统账表查询

【子任务 3.1】查询出入库流水账

出入库流水账用于查询任意时间段或任意情况下的存货出入库情况。

任务描述

查看烟台鼎信新材料科技有限公司 2024 年 1 月的出入库流水账。

操作步骤

执行"业务工作"|"供应链"|"库存管理"|"报表"|"库存账"|"出入库流水账"命令，弹出"查询条件选择"对话框，输入查询条件，单击"确定"按钮，弹出"出入库流水账"窗口，如图 11-24 所示。

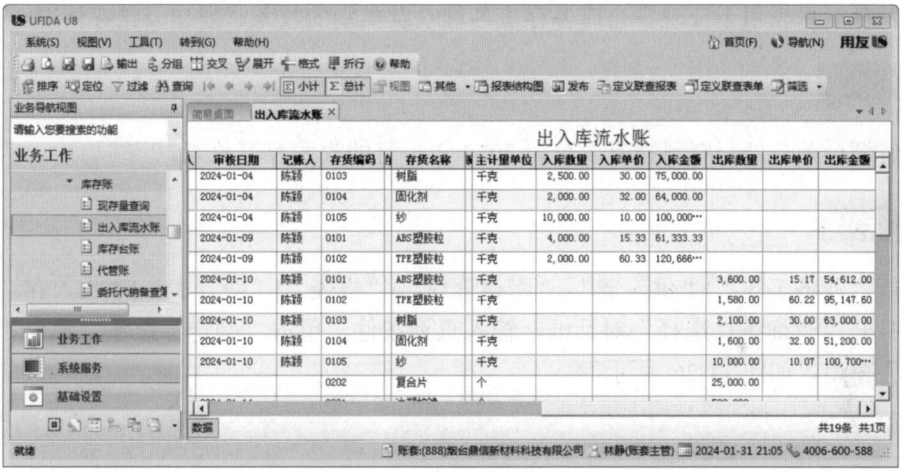

图 11-24　出入库流水账

【子任务 3.2】库存台账

本功能用于查询各仓库各存货各月份的收发存明细情况。库存台账按存货(或存货+自由项)设置账页，即一个存货一个自由项为一个账页。

任务描述

查看烟台鼎信新材料科技有限公司 2024 年 1 月的库存台账。

操作步骤

执行"业务工作"|"供应链"|"库存管理"|"报表"|"库存账"|"库存台账"命令，打开"输入查询条件"窗口，输入查询条件，单击"确定"按钮，弹出"库存台账"窗口，如图 11-25 所示。

高职高专互联网+新形态教材·财会系列

图 11-25　库存台账

【子任务 3.3】收发存汇总表

收发存汇总表用于反映各仓库各存货各种收发类别的收入、发出及结存情况。

任务描述

查看烟台鼎信新材料科技有限公司 2024 年 1 月的收发存汇总表。

操作步骤

执行"业务工作"|"供应链"|"库存管理"|"报表"|"统计表"|"收入存汇总表"命令，打开"查询条件选择"对话框，输入查询条件，单击"确定"按钮，弹出"收发存汇总表"窗口，如图 11-26 所示。

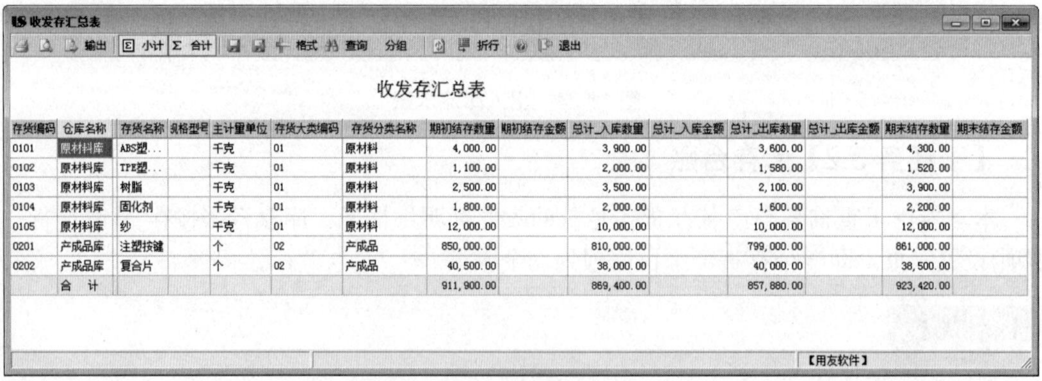

图 11-26　收发存汇总表

【子任务 4】存货核算系统账表查询

【子任务 4.1】存货流水账

出入库流水账用于查询当年任意日期范围内存货的出入库情况，用友 ERP-U8 V10.1 为用户提供了一个简洁方便的对账、查账的出入库流水：可分已记账、未记账、全部单据的流水账；可显示暂估单据的流水账；提供显示格式的选择；提供显示合计/不显示合计的选择；可以联查单据；可以联查凭证。

任务描述

查看烟台鼎信新材料科技有限公司 2024 年 1 月的流水账。

操作步骤

执行“业务工作”|“供应链”|“存货核算”|“账表”|“账簿”|“流水账”命令，打开“查询条件选择”对话框，输入查询条件，单击“确定”按钮，弹出“流水账”窗口，如图 11-27 所示。

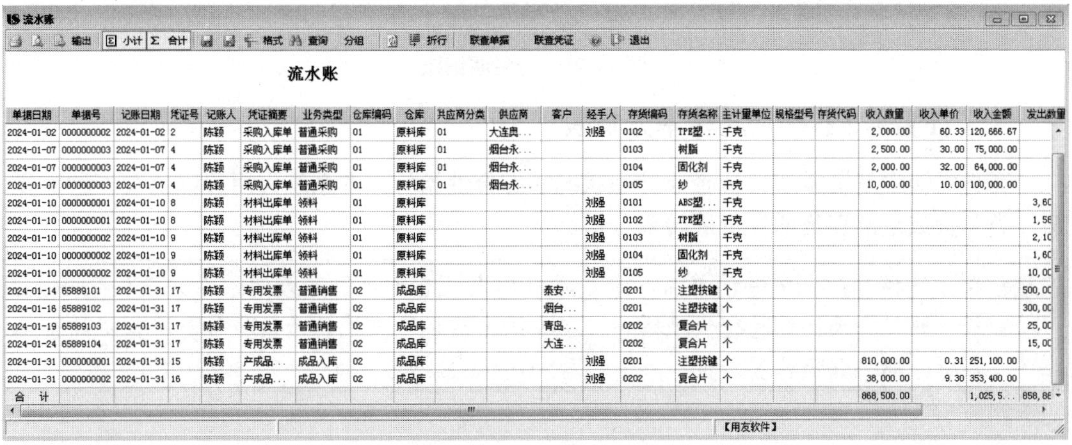

单据日期	单据号	记账日期	凭证号	记账人	凭证摘要	业务类型	仓库编码	仓库	共应商分类	供应商	客户	经手人	存货编码	存货名称	主计量单位	规格型号	存货代码	收入数量	收入单价	收入金额	发出数量
2024-01-02	0000000002	2024-01-02	2	陈颖	采购入库单	普通采购	01	原料库	01	大连奥...		刘强	0102	TPE塑...	千克			2,000.00	60.33	120,666.67	
2024-01-07	0000000003	2024-01-07	4	陈颖	采购入库单	普通采购	01	原料库	01	烟台永...			0103	树脂	千克			2,500.00	30.00	75,000.00	
2024-01-07	0000000003	2024-01-07	4	陈颖	采购入库单	普通采购	01	原料库	01	烟台永...			0104	固化剂	千克			2,000.00	32.00	64,000.00	
2024-01-07	0000000003	2024-01-07	4	陈颖	采购入库单	普通采购	01	原料库	01	烟台永...			0105	纱	千克			10,000.00	10.00	100,000.00	
2024-01-10	0000000001	2024-01-10	8	陈颖	材料出库单	领料	01	原料库				刘强	0101	ABS塑...	千克						3,60
2024-01-10	0000000001	2024-01-10	8	陈颖	材料出库单	领料	01	原料库				刘强	0102	TPE塑...	千克						1,58
2024-01-10	0000000002	2024-01-10	9	陈颖	材料出库单	领料	01	原料库				刘强	0103	树脂	千克						2,10
2024-01-10	0000000002	2024-01-10	9	陈颖	材料出库单	领料	01	原料库				刘强	0104	固化剂	千克						1,60
2024-01-10	0000000002	2024-01-10	9	陈颖	材料出库单	领料	01	原料库				刘强	0105	纱	千克						10,00
2024-01-14	65889101	2024-01-31	17	陈颖	专用发票	普通销售	02	成品库			泰安...		0201	注塑按键	个						500,00
2024-01-16	65889102	2024-01-31	17	陈颖	专用发票	普通销售	02	成品库			烟台...		0201	注塑按键	个						300,00
2024-01-19	65889103	2024-01-31	17	陈颖	专用发票	普通销售	02	成品库			青岛...		0202	复合片	个						25,00
2024-01-24	65889104	2024-01-31	17	陈颖	专用发票	普通销售	02	成品库			大连...		0202	复合片	个						15,00
2024-01-31	0000000001	2024-01-31	15	陈颖	产成品...	成品入库	02	成品库				刘强	0201	注塑按键	个			810,000.00	0.31	251,100.00	
2024-01-31	0000000002	2024-01-31	16	陈颖	产成品...	成品入库	02	成品库				刘强	0202	复合片	个			38,000.00	9.30	353,400.00	
合　计																		868,500.00		1,025,5...	858,86

图 11-27　存货流水账

【子任务 4.2】存货明细账

本功能用于查询本会计年度各月份已记账的各存货的明细账。

任务描述

查看烟台鼎信新材料科技有限公司 2024 年 1 月的存货明细账。

操作步骤

执行“业务工作”|“供应链”|“存货核算”|“账表”|“账簿”|“明细账”命令，打开“明细账查询对话框”，输入查询条件，单击“确定”按钮，弹出“明细账”窗口，如图 11-28 所示。

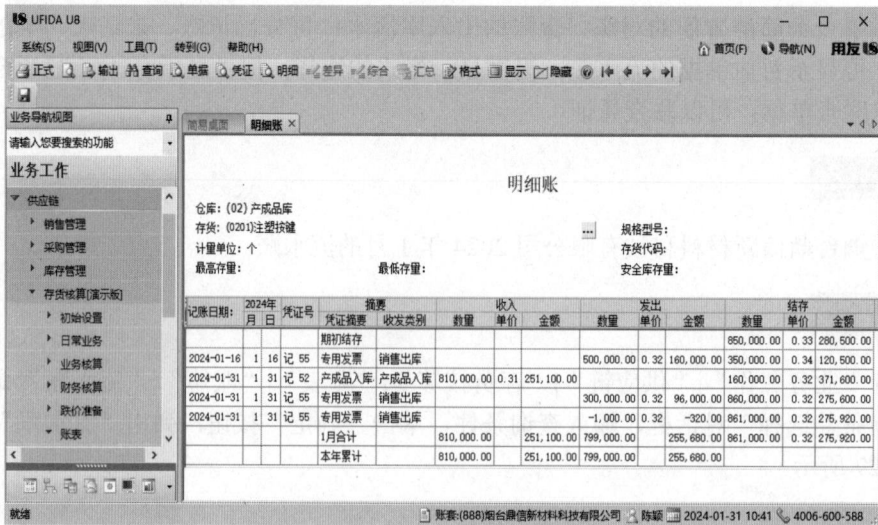

图 11-28　存货明细账

【子任务 4.3】存货周转率分析表

存货周转率是衡量和评价企业管理状况的综合性指标，本系统为用户提供某一种存货、某一类存货或全部存货的存货周转率分析。

> 注意：在存货核算系统中查询单据、查询单据列表及查询各种账表时，系统要按仓库、存货、部门、操作员进行权限检查。在查询的结果中只能显示该操作员有权限的仓库、存货、部门、操作员数据。

同步训练

一、单项选择题

1. 以下不能通过库存管理系统来处理的业务是(　　)。
   A. 盘点管理　　　　　　　　　　B. 成本管理
   C. 其他出入库　　　　　　　　　D. 材料出库

2. 库存管理系统可以单独使用，也可以和下列哪个系统集成使用？(　　)
   A. 固定资产系统　　　　　　　　B. 薪资管理系统
   C. 采购管理系统　　　　　　　　D. 应收款管理系统

3. 收到上月已入库存货的专用发票，需在存货核算系统进行的操作是(　　)。
   A. 恢复记账　　　　　　　　　　B. 结算成本处理
   C. 产成品成本分配　　　　　　　D. 暂估成本录入

4. 下面关于结账顺序的描述，正确的是(　　)。
   A. 库存系统结账后，存货系统才能结账
   B. 采购系统结账后，存货系统才能结账

C. 存货系统取消结账，采购系统才能取消结账

D. 销售系统结账后，库存系统才能结账

5. 产品成本分配是以下哪个系统的功能？（　　）

  A. 采购管理系统　　　　　　　　B. 销售管理系统

  C. 存货核算系统　　　　　　　　D. 库存管理系统

二、多项选择题

1. 存货核算系统通常包括的功能有(　　)。

  A. 存货入库　　　B. 存货出库　　　C.存货盘点　　　D. 存货计价

2. 在库存管理系统中输入的单据主要有(　　)。

  A. 各种发票　　　B. 各种入库单　　　C.各种出库单　　　D. 盘点单

3. 下面关于恢复记账说法正确的是(　　)。

  A. 恢复记账用于将用户已登记明细账的单据恢复到未记账状态

  B. 对于本月已生成凭证的单据，不能恢复记账

  C. 在全月平均核算方式下，必须按顺序恢复记账

  D. 在移动平均核算方式下，必须按顺序恢复记账

4. 存货核算系统主要用于核算企业存货成本，通过该系统可以反映存货的(　　)。

  A. 结存成本　　　　　　　　B. 入库成本

  C. 出库成本　　　　　　　　D. 材料订购情况

5. 下面关于存货核算系统期末处理的描述正确的是(　　)。

  A. 计算按全月平均方式核算的存货的全月平均单价及其本会计月出库成本

  B. 计算按加权平均方式核算的存货的加权平均单价及其本会计月出库成本

  C. 计算按计划价/售价方式核算的存货差异率/差价率及其本会计月的分摊差异/差价

  D. 对已完成日常业务的仓库/部门/存货做处理标志

微课视频

扫一扫，获取本项目相关微课视频。

139 填制产成品入库单　　　140 确认产品入库成本　　　141 结转销售成本(全月平均法)

项目 12

UFO 报表管理

【项目目标】

了解 UFO 报表系统的主要功能，了解 UFO 报表系统的基本概念，了解编制报表的业务处理流程，了解 UFO 报表系统与其他系统的关系，能够进行报表格式设计和报表数据处理，能够自定义财务报表，能够运用报表模板生成常用报表，能够分析报表错误的原因并进行故障排查，培养客观公正、严谨求实的工作态度。

【知识点与技能点】

任 务	知 识 点	技 能 点
任务 1　UFO 报表系统认知	UFO 报表系统的主要功能， UFO 报表系统的基本概念， UFO 报表系统与其他系统的关系， UFO 报表系统的业务流程	
任务 2　报表模板应用	报表模板	利用报表模板生成资产负债表， 利用报表模板生成利润表

续表

任　务	知 识 点	技 能 点
任务 3　财务报表自定义	自定义报表， 自定义报表模板	设置表尺寸， 定义组合单元， 画表格线， 定义报表的行高和列宽， 输入报表项目， 设置关键字、调整关键字位置， 定义单元属性， 定义报表公式， 生成自定义报表， 定义报表模板， 添加报表模板

UFO 报表系统是用友软件股份有限公司开发的处理报表的工具，与总账等各个系统之间有完善的接口，是真正的三维立体表，提供了丰富的实用功能，完全实现了三维立体表的四维处理能力。

任务 1　UFO 报表系统认知

【任务目标】

知识目标：了解 UFO 报表系统的主要功能；了解 UFO 报表系统的基本概念；了解 UFO 报表系统的业务处理流程；了解 UFO 报表系统与其他系统的关系。

素质目标：提升数据技能；培养全局思维。

【任务重点难点】

UFO 报表系统的业务处理流程。

【子任务 1】了解 UFO 报表系统的主要功能

1. 提供各行业报表模板

UFO 报表系统提供了 33 个行业的标准财务报表模板，利用这些模板用户可以轻松生成复杂报表。该系统提供自定义模板的新功能，用户可以根据本单位的实际需要定制模板。

2. 文件管理功能

UFO 报表系统提供了各类文件管理功能，并且能够进行不同文件格式的转换：文本文件、MDB 文件、Excel 文件、Lotus1-2-3 文件。

支持多个窗口同时显示和处理，可同时打开的文件和图形窗口多达 40 个。

提供了标准财务数据的"导入"和"导出"功能，可以和其他流行财务软件交换数据。

3. 格式管理功能

UFO 报表系统提供了丰富的格式设计功能，如设置组合单元、画表格线(包括斜线)、调整行高和列宽、设置字体和颜色、设置显示比例等，可以根据用户需求制作各种报表。

4. 数据处理功能

UFO 报表系统以固定的格式管理大量不同的表页，能够将多达 99 999 张具有相同格式的报表资料统一在一个报表文件中进行管理，并且在每张表页之间建立有机的联系。该系统提供了排序、审核、舍位平衡、汇总功能；提供了绝对单元公式和相对单元公式，可以使用户方便、迅速地定义计算公式；提供了种类丰富的函数，可以从总账、应收应付、薪资、固定资产、销售、采购、库存等系统中提取数据，生成财务报表。

5. 图表功能

在 UFO 报表系统中用户可以很方便地进行图形数据组织，制作包括直方图、立体图、饼图、折线图等多种分析图表；可以编辑图表的位置、大小、标题、字体、颜色等，打印输出报表。

6. 打印功能

UFO 报表系统采用"所见即所得"的打印方式，报表和图形都可以打印输出；提供"打印预览"功能，用户可以随时查看报表或图形的打印效果。

打印报表时，可以打印格式或数据，可以设置表头和表尾，可以在 0.3～3 倍之间缩放打印，可以横向或纵向打印等。该系统支持对象的打印及预览。

7. 二次开发功能

UFO 报表系统提供批命令和自定义菜单，自动记录命令窗中输入的多个命令，可将有规律性的操作过程编制成批命令文件；综合利用批命令，可以开发出本企业的专用系统。

【子任务 2】了解 UFO 报表系统的基本概念

1. 格式状态和数据状态

UFO 报表系统将含有数据的报表分为两大部分来处理，即报表格式设计工作与报表数据处理工作。报表格式设计工作和报表数据处理工作是在不同的状态下进行的。实现状态切换的是一个特别重要的按钮——格式/数据按钮，单击该按钮可以在格式状态和数据状态之间切换。

1) 格式状态

在格式状态下设计报表的格式，如表尺寸、行高列宽、单元属性、单元风格、组合单元、关键字、可变区等。报表的三类公式——单元公式(计算公式)、审核公式、舍位平衡公式也在格式状态下定义。在格式状态下所做的操作对本报表所有的表页都发生作用。在格式状态下不能进行数据的录入、计算等操作。在格式状态下，用户所看到的是报表的格式，报表的数据全部都隐藏了。

2) 数据状态

在数据状态下管理报表的数据，如输入数据、增加或删除表页、审核、舍位平衡、做图形、汇总、合并报表等。在数据状态下不能修改报表的格式。在数据状态下，用户看到的是报表的全部内容，包括格式和数据。

2. 单元

单元是组成报表的最小单位，单元名称由所在行、列标识。行号用数字 1～9 999 表示，列标用字母 A～IU 表示。

3. 组合单元

组合单元由相邻的两个或更多的单元组成，这些单元必须是同一种单元类型(如表样、数值、字符)，系统在处理报表时将组合单元视为一个单元。可以组合同一行相邻的几个单元，可以组合同一列相邻的几个单元，也可以把一个多行多列的平面区域设为一个组合单元。组合单元的名称可以用区域的名称或区域中的单元名称来表示。

4. 区域

区域由一张表页上的一组单元组成，自起点单元至终点单元是一个完整的长方形矩阵。在 UFO 报表系统中，区域是二维的，最大的区域是一个二维表的所有单元(整个表页)，最小的区域是一个单元。

5. 表页

一个 UFO 报表最多可容纳 99 999 张表页，每一张表页都是由许多单元组成的。

一个报表中的所有表页具有相同的格式，但其中的数据不同。

表页在报表中的序号在表页的下方以标签的形式出现，称为"页标"。页标用"第 1 页"～"第 99 999 页"来表示。

6. 二维表和三维表

确定某一数据位置的要素称为维。在一张有方格的纸上填写一个数，这个数的位置可通过行和列(二维)来描述。

如果将一张有方格的纸称为表，那么这个表就是二维表，通过行(横轴)和列(纵轴)可以找到这个二维表中的任何位置的数据。

如果将多个相同的二维表叠在一起，找到某一个数据的要素需要增加一个，即表页号(Z 轴)。这一叠表称为一个三维表。

如果将多个不同的三维表放在一起，要从这多个三维表中找到一个数据，又需要增加一个要素，即表名。三维表中的表间操作即称为四维运算。

7. 固定区及可变区

固定区是指组成一个区域的行数和列数的数量是固定的。一旦设定好以后，在固定区域内其单元总数是不变的。

可变区是指屏幕显示一个区域的行数或列数是不固定的数字。可变区的最大行数或最大列数是在格式设计中设定的。

有可变区的报表称为可变表。没有可变区的报表称为固定表。

8. 关键字

关键字是游离于单元之外的特殊数据单元，可以唯一标识一个表页，用于在大量表页中快速选择表页。UFO 报表系统一共提供了七种关键字，关键字的显示位置在格式状态下设置，关键字的值则在数据状态下录入，每个报表可以定义多个关键字。

【子任务 3】了解 UFO 报表系统与其他系统的关系

UFO 报表系统与其他子系统的关系如图 12-1 所示。

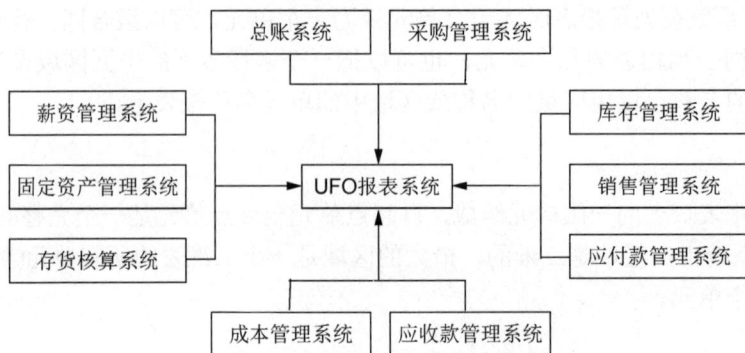

图 12-1 UFO 报表系统与其他子系统的关系

【子任务 4】掌握 UFO 报表系统业务流程

UFO 报表系统业务流程如图 12-2 所示。

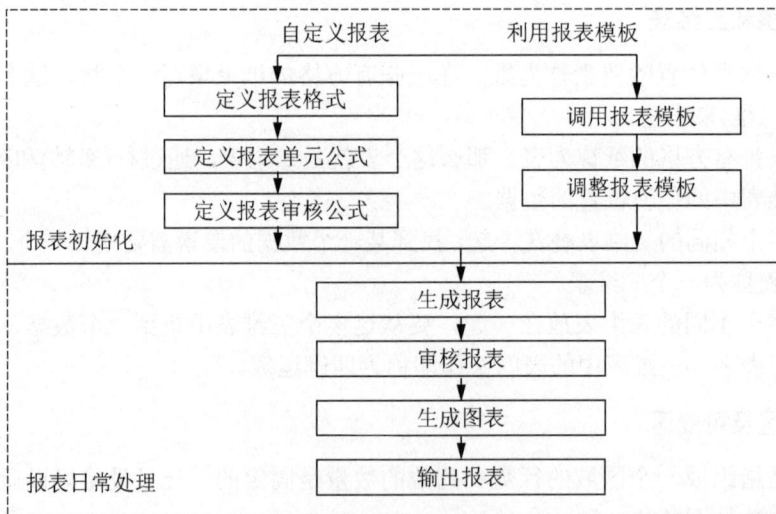

图 12-2 UFO 报表系统业务流程

任务 2　报表模板应用

【任务目标】

能力目标：能够利用报表模板生成资产负债表；能够利用报表模板生成利润表。

素质目标：提升数据思维，树立规范意识。

【任务重点难点】

- 生成资产负债表。
- 生成利润表。

UFO 报表系统为用户提供了 33 个行业的标准财务报表模板。用户可以套用这些模板，并在标准格式基础上根据自己单位的具体情况加以局部地修改，免去从头至尾建立报表、定义格式及公式烦琐工作。

【子任务 1】生成资产负债表

任务描述

利用报表模板生成烟台鼎信新材料科技有限公司 2024 年 1 月 31 日的资产负债表。

操作步骤

第一步，登录企业应用平台，执行"业务工作"｜"财务会计"｜"UFO 报表"命令，打开"UFO 报表"窗口，并弹出"日积月累"对话框，单击"关闭"按钮，关闭该对话框执行"文件"｜"新建"命令，打开一张空白报表，此时报表为"格式"状态，如图 12-3 所示。

图 12-3　空白报表

第二步，执行"格式"｜"报表模板"命令，弹出"报表模板"对话框，在"您所在的行业"下拉列表框中选择"2007 年新会计制度科目"选项，选择财务报表为"资产负债表"，如图 12-4 所示。

第三步，单击"确认"按钮，弹出"模板格式将覆盖本表格式！是否继续？"的提示信息，单击"确定"按钮，即可打开"资产负债表"模板。

第四步，选中 A3 单元格，将"编制单位："删除，执行"数据"|"关键字"|"设置"命令，弹出"设置关键字"对话框，如图 12-5 所示。(注意：编制单位如果不以关键字形式出现，不需要删除)

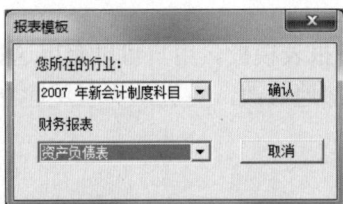

图 12-4 选择报表模板

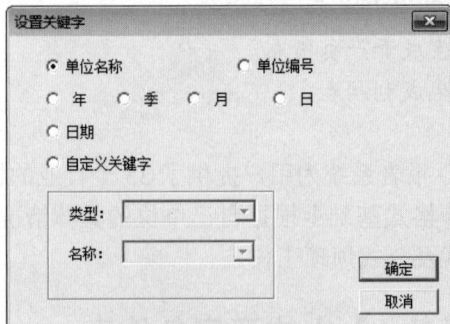

图 12-5 设置关键字

第五步，选中"单位名称"单选按钮，单击"确定"按钮，将"单位名称"设置为关键字，如图 12-6 所示。

图 12-6 将"单位名称"设置为关键字

第六步，单击左下角的"格式"按钮，将报表切换为"数据"状态，如图 12-7 所示。

第七步，执行"数据"｜"关键字"｜"录入"命令，打开"录入关键字"对话框，输入关键字，如图 12-8 所示。

第八步，单击"确认"按钮，系统弹出"是否重算第 1 页？"的提示信息，单击"是"

按钮，系统自动生成资产负债表数据，如图 12-9 所示。

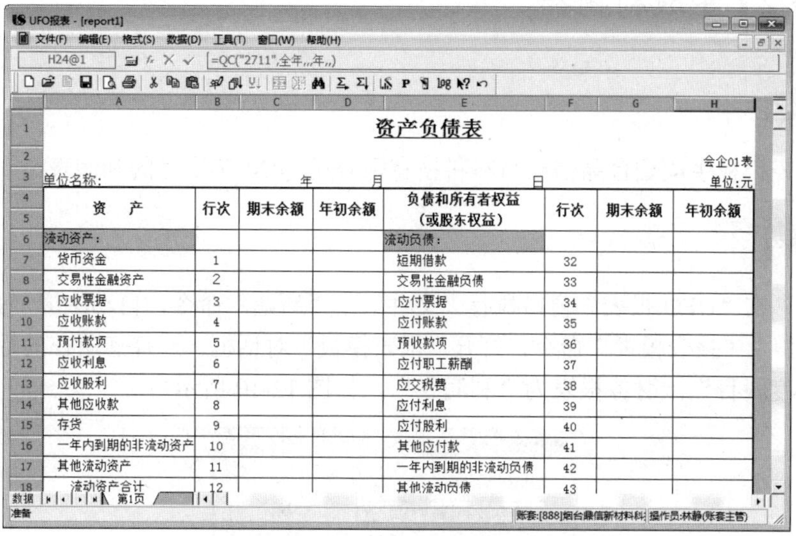

资　产	行次	期末余额	年初余额	负债和所有者权益（或股东权益）	行次	期末余额	年初余额
流动资产：				流动负债：			
货币资金	1			短期借款	32		
交易性金融资产	2			交易性金融负债	33		
应收票据	3			应付票据	34		
应收账款	4			应付账款	35		
预付款项	5			预收款项	36		
应收利息	6			应付职工薪酬	37		
应收股利	7			应交税费	38		
其他应收款	8			应付利息	39		
存货	9			应付股利	40		
一年内到期的非流动资产	10			其他应付款	41		
其他流动资产	11			一年内到期的非流动负债	42		
流动资产合计	12			其他流动负债	43		

图 12-7　资产负债表(数据状态)

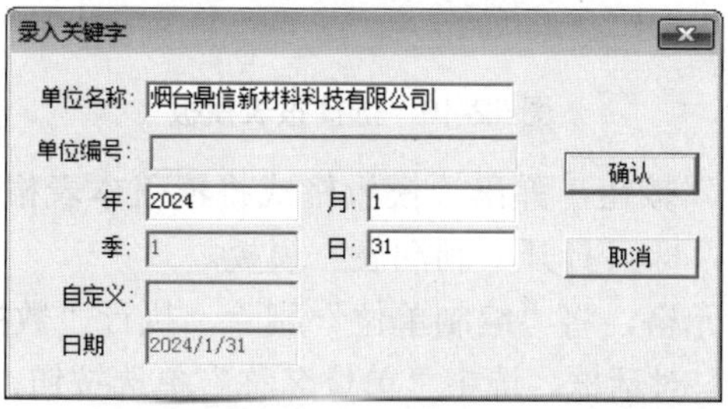

图 12-8　录入关键字

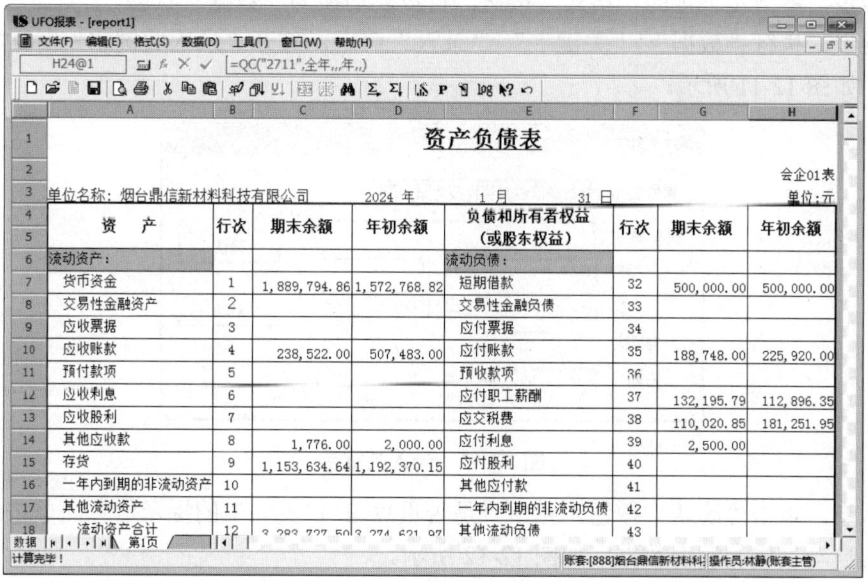

资　产	行次	期末余额	年初余额	负债和所有者权益（或股东权益）	行次	期末余额	年初余额
流动资产：				流动负债：			
货币资金	1	1,889,794.86	1,572,768.82	短期借款	32	500,000.00	500,000.00
交易性金融资产	2			交易性金融负债	33		
应收票据	3			应付票据	34		
应收账款	4	238,522.00	507,483.00	应付账款	35	188,748.00	225,920.00
预付款项	5			预收款项	36		
应收利息	6			应付职工薪酬	37	132,195.79	112,896.35
应收股利	7			应交税费	38	110,020.85	181,251.95
其他应收款	8	1,776.00	2,000.00	应付利息	39	2,500.00	
存货	9	1,153,634.64	1,192,370.15	应付股利	40		
一年内到期的非流动资产	10			其他应付款	41		
其他流动资产	11			一年内到期的非流动负债	42		
流动资产合计	12	3,283,727.50	3,274,621.97	其他流动负债	43		

图 12-9　生成资产负债表

【子任务 2】生成利润表

任务描述

利用报表模板生成烟台鼎信新材料科技有限公司 2024 年 1 月的利润表。

操作步骤

第一步，在"UFO 报表"窗口执行"文件"｜"新建"命令，自动生成一张空白报表，执行"格式"｜"报表模板"命令，打开"报表模板"对话框。选择您所在的行业为"2007年新会计制度科目"，财务报表为"利润表"，如图 12-10 所示。

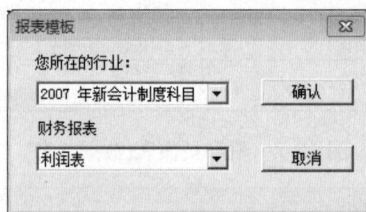

图 12-10　选择报表模板

第二步，单击"确认"按钮，弹出"模板格式将覆盖本表格式！是否继续？"的提示信息。单击"确定"按钮，即可打开"利润表"模板。

第三步，选中 A3 单元格，将"编制单位"删除，执行"数据"｜"关键字"｜"设置"命令，弹出"设置关键字"对话框。选中"单位名称"单选按钮，单击"确定"按钮，"单位名称"被设置为关键字。

第四步，单击左下角的"格式"按钮，将报表切换为"数据"状态。

第五步，执行"数据"｜"关键字"｜"录入"命令，打开"录入关键字"对话框，输入关键字，如图 12-11 所示。

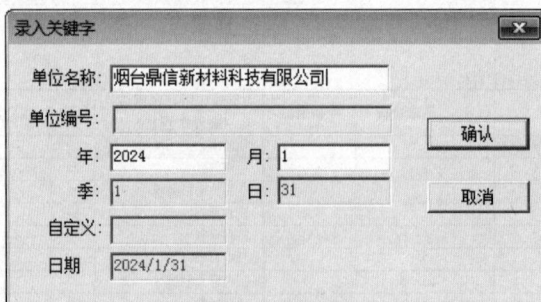

图 12-11　录入关键字

第六步，单击"确认"按钮，弹出"是否重算第 1 页？"的提示信息，单击"是"按钮，系统自动生成利润表数据，如图 12-12 所示。

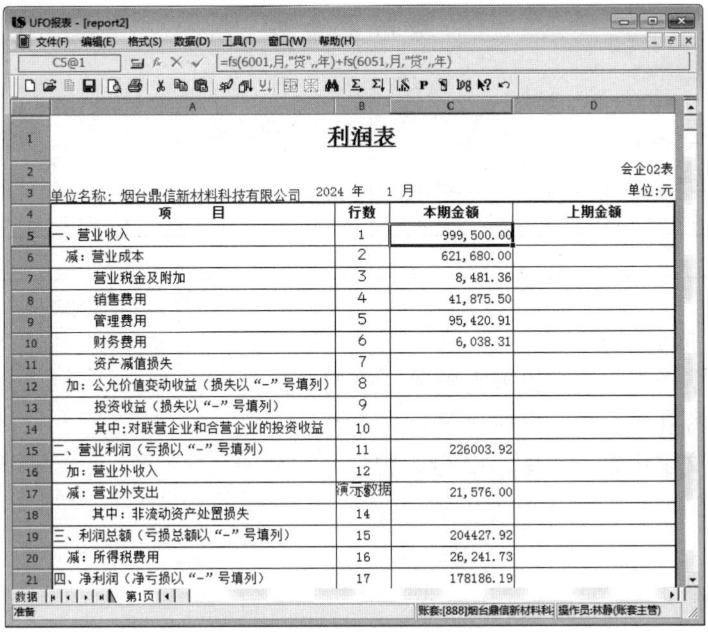

利润表

会企02表

单位名称：烟台鼎信新材料科技有限公司　2024 年　1 月　单位:元

项　　目	行数	本期金额	上期金额
一、营业收入	1	999,500.00	
减：营业成本	2	621,680.00	
营业税金及附加	3	8,481.36	
销售费用	4	41,875.50	
管理费用	5	95,420.91	
财务费用	6	6,038.31	
资产减值损失	7		
加：公允价值变动收益（损失以"-"号填列）	8		
投资收益（损失以"-"号填列）	9		
其中:对联营企业和合营企业的投资收益	10		
二、营业利润（亏损以"-"号填列）	11	226003.92	
加：营业外收入	12		
减：营业外支出	演示数据	21,576.00	
其中：非流动资产处置损失	14		
三、利润总额（亏损总额以"-"号填列）	15	204427.92	
减：所得税费用	16	26,241.73	
四、净利润（净亏损以"-"号填列）	17	178186.19	

图 12-12　生成利润表

任务 3　财务报表自定义

【任务目标】

知识目标：了解报表自定义的方法。

能力目标：能够根据需要自定义报表。

素质目标：培养逻辑思维能力；树立规范意识。

【任务重点难点】

- 报表公式定义。
- 添加报表模板。

对于一些企业常用但报表模板没有提供标准格式的报表，在自定义完这些报表以后可以将其定制为报表模板，以后使用时可以直接调用这些模板。

【子任务 1】自定义报表

【子任务 1.1】报表格式定义

任务描述

自定义货币资金表，具体要求如下。

货 币 资 金 表

编制单位：　　　　　　　　　　年　月　日　　　　　　　　　　单位：元

项目	行次	期初数	期末数
库存现金	1		
银行存款	2		
合计	3		

制表人：

报表格式说明如下。

(1) 表题"货币资金表"设置为黑体、14 号、居中。

(2) 单位名称和年、月、日应设置为关键字。

(3) 表体的文字设置为宋体、12 号、居中。

操作步骤

1. 创建新表

第一步，登录企业应用平台，执行"业务工作"｜"财务会计"｜"UFO 报表"命令，打开"UFO 报表"窗口。

第二步，执行"文件"｜"新建"命令，可自动生成一张空白报表。

2. 设置表尺寸

第一步，执行"格式"｜"表尺寸"命令，系统弹出"表尺寸"对话框。

第二步，直接输入行数"7"、列数"4"，或者通过单击其微调按钮选择行数与列数，如图 12-13 所示。

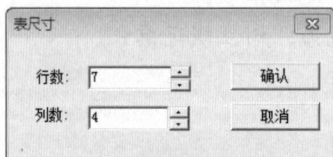

图 12-13　定义表尺寸

第三步，单击"确认"按钮，生成报表区域，如图 12-14 所示。

> **注意**：报表尺寸设置完成后，还可以单击"格式"菜单中的"插入"或"删除"选项增加或减少行或列来调整报表大小。

3. 定义组合单元

第一步，选中需要合并的单元区域 A1:D1，如图 12-15 所示。

第二步，执行"格式"｜"组合单元"命令，打开"组合单元"对话框，如图 12-16 所示。

第三步，单击"按行组合"或"整体组合"按钮，该单元区域即组合成一个单元。

图 12-14　根据表尺寸形成 A:D 报表区域

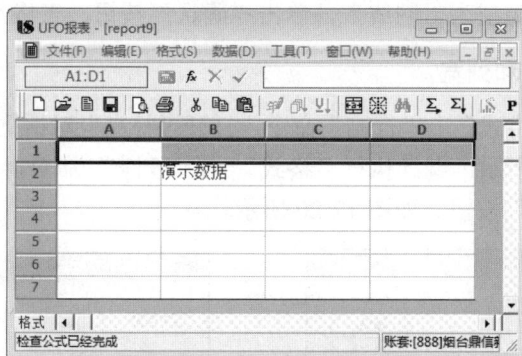

图 12-15　选中需要合并的单元区域

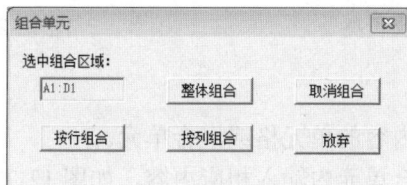

图 12-16　"组合单元"对话框

4. 画表格线

第一步，选中报表中需要画线的单元区域 A3:D6，如图 12-17 所示。

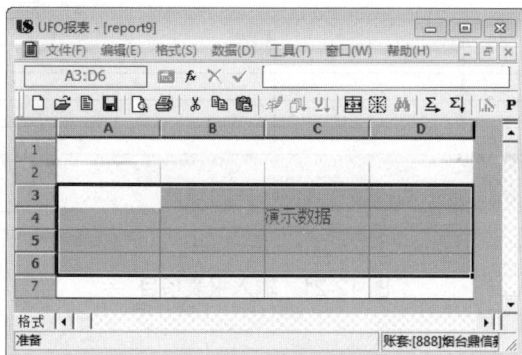

图 12-17　选中报表中需要画线的单元区域

高职高专互联网+新形态教材·财会系列

第二步，执行"格式"｜"区域画线"命令，打开"区域画线"对话框，如图 12-18 所示。

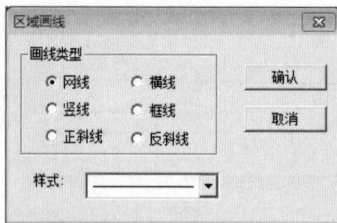

图 12-18　"区域画线"对话框

第三步，设置画线类型为"网线"，单击"确认"按钮，表格画线成功。

5. 定义报表的行高和列宽

选中全表，执行"格式"｜"行高"命令，打开"行高"对话框，输入行高，单击"确认"按钮，如图 12-19 所示。继续执行"格式"｜"列宽"命令，打开"列宽"对话框，输入列宽，单击"确认"按钮，如图 12-20 所示。

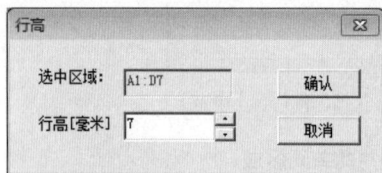

图 12-19　定义行高

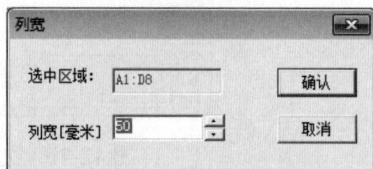

图 12-20　定义列宽

6. 输入报表项目

第一步，选中需要输入内容的单元格或组合单元。

第二步，在单元格或组合单元内输入相应内容，如图 12-21 所示。

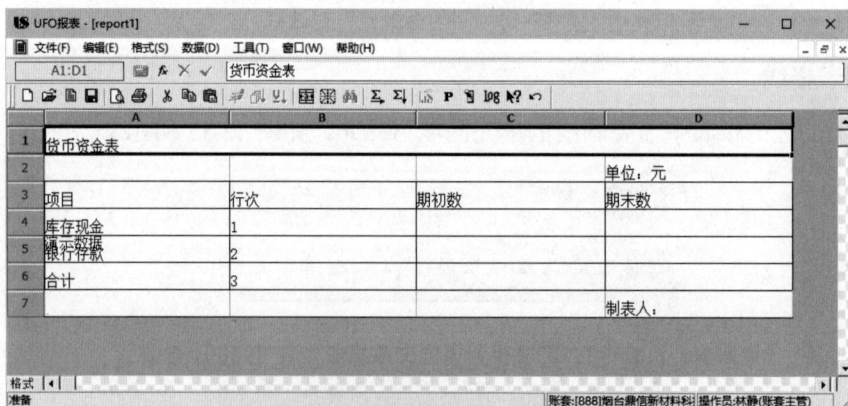

图 12-21　输入报表项目

7. 设置关键字

第一步，选中需要输入关键字的 A2 单元格。

第二步，执行"数据"｜"关键字"｜"设置"命令，打开"设置关键字"对话框，选择"单位名称"单选按钮，单击"确定"按钮，即可将"单位名称"设置为关键字，如图 12-22 所示。

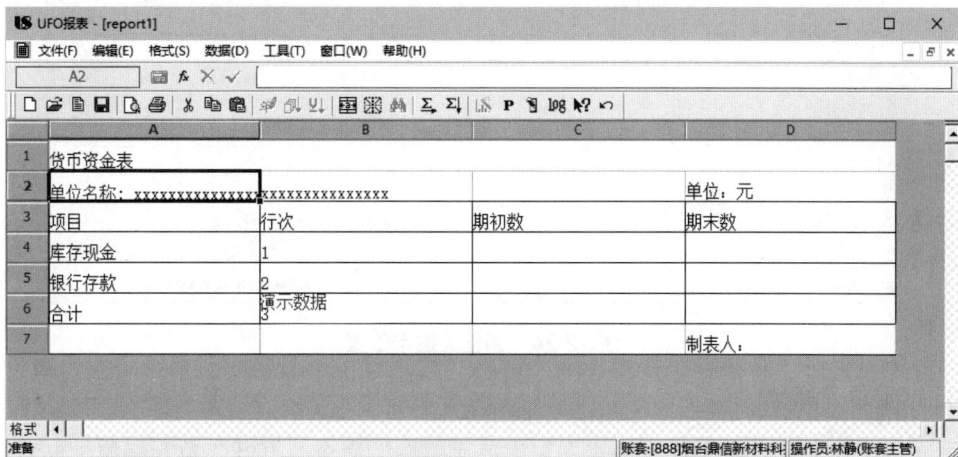

图 12-22   设置关键字(单位名称)

第三步，使用同样的方法，设置"年""月""日"为关键字。

注意： 每个报表可以同时定义多个关键字。如果要取消关键字，须选中关键字所在单元格后执行"数据"｜"关键字"｜"取消"命令。

8. 调整关键字位置

第一步，执行"数据"｜"关键字"｜"偏移"命令，打开"定义关键字偏移"对话框。

第二步，在需要调整的关键字后面输入合适的偏移量，如图 12-23 所示。

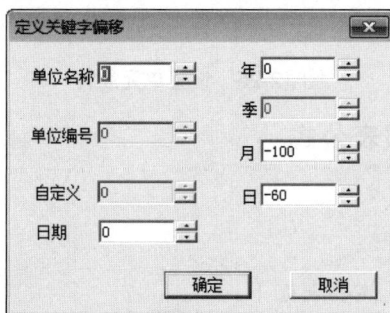

图 12-23   定义关键字偏移

第三步，单击"确定"按钮，即可调整关键字位置，如图 12-24 所示。

注意： 关键字的位置可以用偏移量来表示，负数值表示向左移，正数值表示向右移。在调整时，可以通过输入正或负的数值来调整。

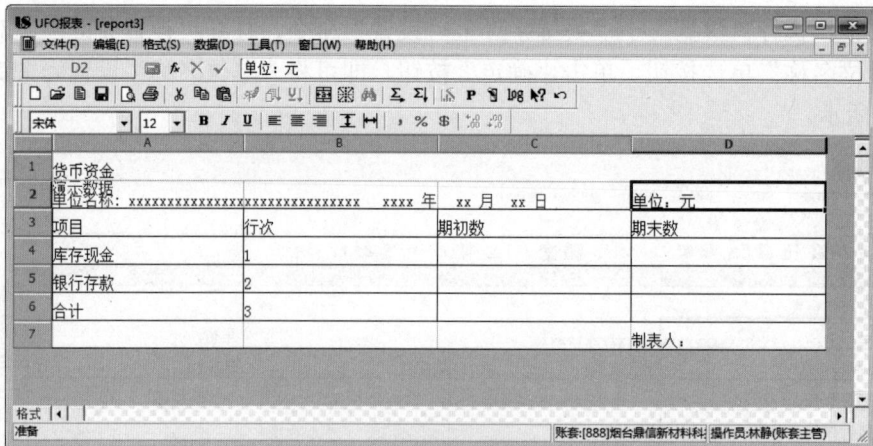

图 12-24　调整关键字位置

9. 设置单元属性

第一步，选中全表，执行"格式"｜"单元属性"命令，打开"单元格属性"对话框。

第二步，切换到"对齐"选项卡，设置对齐方式为"水平居中"和"垂直居中"，如图 12-25 所示，单击"确定"按钮。

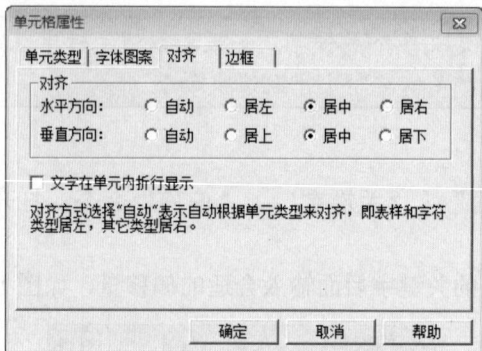

图 12-25　设置单元属性

【子任务 1.2】定义报表公式

任务描述

设置货币资金表公式，具体要求如下。

库存现金期初数：C4=QC("1001"，月)

库存现金期末数：D4=QM("1001"，月)

银行存款期初数：C5=QC("1002"，月)

银行存款期末数：D5=QM("1002"，月)

期初数合计：C6=C4+C5

期末数合计：D6=D4+D5

> **操作步骤**

1. 编辑公式

在定义公式时，可以直接输入单元公式，也可以利用函数向导定义单元公式。

1) 直接输入公式

第一步，选中需要定义公式的 C4 单元格，即"库存现金"的期初数。

第二步，执行"数据"|"编辑公式"|"单元公式"命令或单击 fx 按钮，打开"定义公式"对话框，直接输入总账期初函数公式"QC("1001"，月)"，如图 12-26 所示，单击"确认"按钮。

图 12-26　定义公式

> **注意：** 在输入单元公式时，凡是涉及数学符号的均须输入英文半角字符，否则系统将认为公式输入错误而不能被保存。

2) 利用函数向导输入公式

如果用户对 UFO 报表系统的函数不太了解，可以利用函数向导输入公式。

第一步，选中需要定义公式的 D4 单元格，即"库存现金"的期末数。

第二步，单击 fx 按钮，打开"定义公式"对话框。

第三步，单击"函数向导"按钮，打开"函数向导"对话框。

第四步，选择函数分类"用友账务函数"和函数名"期末(QM)"，如图 12-27 所示。

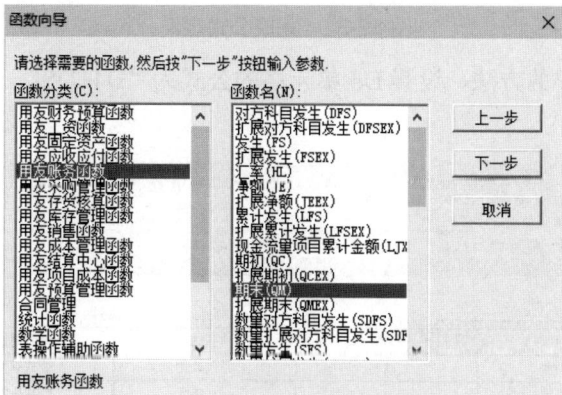

图 12-27　选择函数分类和函数名

第五步，单击"下一步"按钮，打开"用友账务函数"对话框，如图 12-28 所示。

第六步，单击"参照"按钮，打开"账务函数"对话框，将会计科目修改为"1001"，如图 12-29 所示。

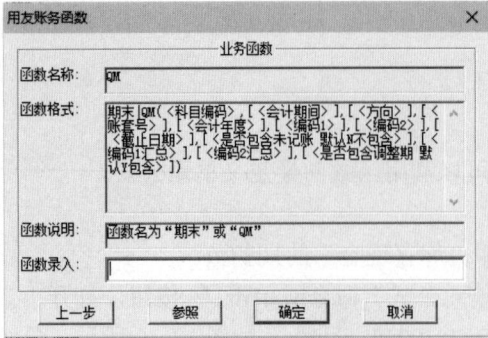

图 12-28 "用友账务函数"对话框

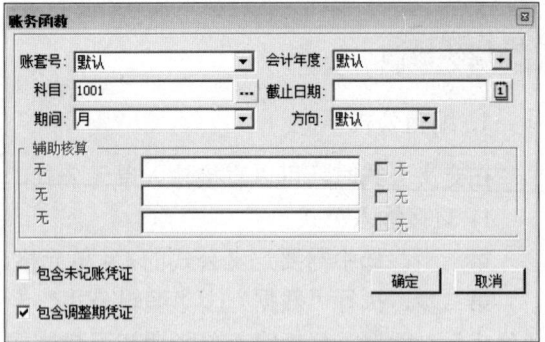

图 12-29 修改会计科目

第七步,单击"确定"按钮,返回到"用友账务函数"对话框。继续单击"确定"按钮,返回到"定义公式"对话框,如图 12-30 所示,单击"确认"按钮完成公式定义。

图 12-30 完成公式定义

第八步,使用同样的方法,完成 C5 和 D5 单元格的公式定义。

第九步,选中 C6 单元格,单击 **fx** 按钮,打开"定义公式"对话框,录入"C4+C5",如图 12-31 所示,单击"确认"按钮完成公式定义。

图 12-31 完成公式定义

第十步,使用同样的方法,设置 D6 单元格的公式为"D4+D5",全部公式定义完,如图 12-32 所示。

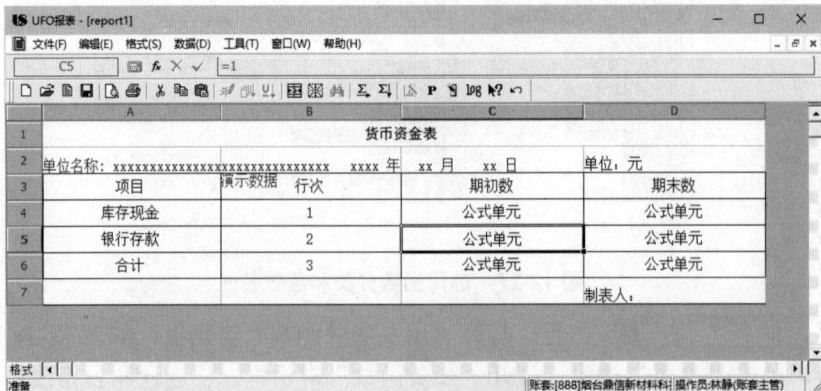

图 12-32 货币资金表

2. 定义审核公式

审核公式用于审核报表内或报表之间的勾稽关系是否正确。例如，资产负债表中的"资产合计=负债合计+所有者权益合计"。若要定义审核公式，执行"数据"|"编辑公式"|"审核公式"命令即可。

> **注意**：在格式状态下编辑审核公式，在数据状态下执行审核公式。审核公式不是必须设置。

3. 定义舍位平衡公式

报表数据在进行进位时，如以"元"为单位的报表在上报时可能会转换为以"千元"或"万元"为单位，原来的数据平衡关系可能被破坏，因此需要进行调整，使之符合指定的平衡公式。

报表经舍位之后，重新调整平衡关系的公式称为舍位平衡公式。

> **注意**：舍位平衡公式不是必须设置。

4. 保存自定义报表

第一步，在"格式"状态下，执行"文件"|"另存为"命令，打开"另存为"对话框。

第二步，选择保存路径，如"我的文档"，修改文件名为"货币资金表"，设置保存类型为"*.rep"，单击"另存为"按钮。

【子任务 1.3】生成货币资金表

任务描述

生成烟台鼎信新材料科技有限公司 2024 年 1 月 31 日的货币资金表。

操作步骤

第一步，打开货币资金表，单击左下角的"格式"按钮，进入"数据"状态，如图 12-33 所示。

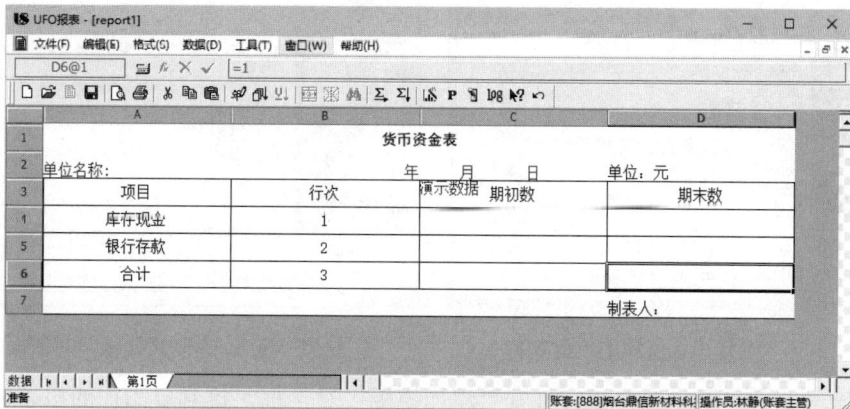

图 12-33　进入"数据"状态

第二步，执行"数据"｜"关键字"｜"录入"命令，弹出"录入关键字"对话框，分别在"单位名称""年""月""日"文本框中录入关键字。

第三步，单击"确认"按钮，系统提示"是否重算第一页？"，单击"是"按钮，生成 2024 年 1 月的货币资金表，如图 12-34 所示。

图 12-34　货币资金表

【子任务 2】添加报表模板

任务描述

将烟台鼎信新材料科技有限公司自定义的货币资金表添加为报表模板。

操作步骤

第一步，执行"格式"|"自定义模板"命令，打开"自定义模板"对话框，选择模板所属的行业名称"2007 年新会计制度科目"，如图 12-35 所示，单击"下一步"按钮，打开"自定义模板"对话框，如图 12-36 所示。

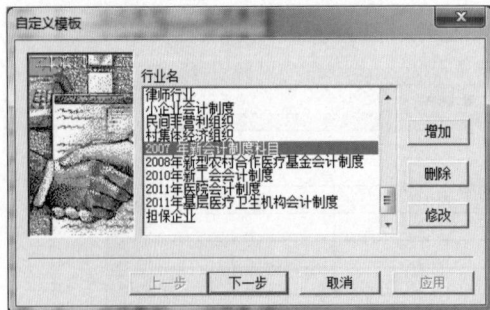

图 12-35　选择模板所属的行业名称

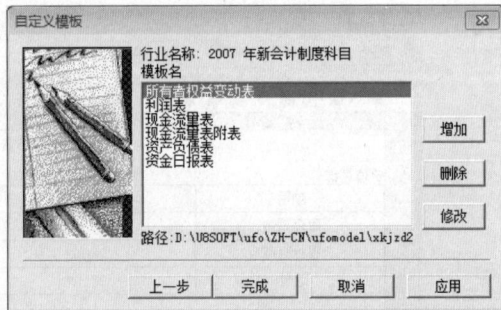

图 12-36　"自定义模板"对话框

第二步，单击"增加"按钮，打开"添加模板"对话框，找到要添加的报表模板文件，如图 12-37 所示。

图 12-37 "添加模板"对话框

第三步，选中"货币资金表.rep"，单击"添加"按钮，再单击"完成"按钮，该报表模板添加成功。

同 步 训 练

一、单项选择题

1. 如果 UFO 报表中发现因公式错误而导致的单元数据错误，可(　　)。
   A. 数据状态录入正确的数据　　　　　B. 格式状态修改公式
   C. 格式状态录入正确的数据　　　　　D. 数据状态修改公式

2. 在 UFO 报表调整关键字位置设置中，需要调整位置的"年"后面输入的偏移量为 250 时，表示(　　)。
   A. 向上移动　　　B. 向左移动　　　C. 向下移动　　　D. 向右移动

3. 在 UFO 报表系统中，定义单元公式不需要(　　)。
   A. 会计科目　　　B. 期间　　　C. 借贷方向　　　D. 凭证类别

4. 在 UFO 报表系统中，单位名称、日期一般不作为文字内容输入，而是需要设置为(　　)。
   A. 表样　　　B. 字符　　　C. 关键字　　　D. 数值

5. UFO 报表中同一报表文件的表页可以是(　　)。
   A. 不同格式同样数据　　　　　B. 相同格式不同数据
   C. 不同格式不同数据　　　　　D. 相同格式相同数据

二、多项选择题

1. UFO 报表系统中的关键字主要有(　　)。
   A. 报表文件名称　　　　　B. 单位名称
   C. 年份　　　　　D. 月份

2. 通过报表单元属性可以完成的工作是(　　)。
   A. 设置单元类型　　　　　B. 设置文字图案
   C. 设置对齐方式　　　　　D. 设置边框线

3. UFO 报表中必须在数据状态下的操作是(　　)。

    A. 关键字录入   B. 关键字设置

    C. 编辑公式   D. 表页重算

4. 下面操作必须在格式状态下完成的是(　　)。

    A. 设定表尺寸   B. 关键字偏移

    C. 关键字设置   D. 设置单元属性

5. UFO 报表系统的主要功能有(　　)。

    A. 提供各行业报表模板   B. 格式管理功能

    C. 数据处理功能   D. 打印功能

微课视频

扫一扫，获取本项目相关微课视频。

142 生成资产负债表   143 添加自定义模板

附录 业财一体化综合实训案例

第一部分 初始设置资料

一、系统管理

1. 账套信息

企业的基本信息如下。

账套号：888。

账套名称：烟台鼎信新材料科技有限公司(虚拟企业)。

启用日期：2024 年 1 月 1 日。

单位名称：烟台鼎信新材料科技有限公司。

单位地址：烟台市芝罘区青年路 2691 号。

法定代表人：张亮。

统一社会信用代码：913706137068197902。

联系电话：0535-6199700。

本币名称：人民币(本币代码：RMB)。

企业类型：工业。

行业性质：2007 年新会计制度科目。

按行业性质预置科目。

基础信息：存货分类、客户分类、供应商分类、无外币核算。

编码方案：会计科目编码级次为 4-2-2-2-2；客户分类编码级次为 2-2；供应商分类编码级次为 2-2；存货分类编码级次为 2-2-2-2；部门编码级次为 2-2；收发分类编码级次为 1-2，费用项目分类编码级次为 2-2；其他采用系统默认。

数据精度：开票单价小数位为 4，其他采用系统默认。

系统启用：总账系统、薪资管理系统、固定资产系统、应收款管理系统、应付款管理系统、采购管理系统、销售管理系统、存货核算系统、库存管理系统等。

2. 用户及其权限

用户及其权限详见附表 1-1。

二、初始设置

1. 部门档案

烟台鼎信新材料科技有限公司的部门档案如附表 1-2 所示。

附表 1-1　烟台鼎信新材料科技有限公司的用户信息

编码	人员姓名	部　门	职　务	权　限
001	张亮	企业管理部	总经理	账套主管(负责进行系统初始化)
002	林静	财务部	财务经理	账套主管(负责进行审核、记账、对账、结账、报表)
003	陈颖	财务部	总账会计	总账、固定资产、薪资管理、存货核算、应收款管理(不含票据管理)、应付款管理(不含票据管理)、公共单据、公用目录设置
004	李媛	财务部	出纳	出纳签字、出纳、收款单处理(不含收款单审核、弃审)、付款单处理(不含付款单审核、弃审)、票据管理(应收款管理、应付款管理)
005	于力	采购部	采购员	采购管理、公共单据(请购)
006	娄潇	营销部	销售员	销售管理
007	刘强	仓储部	仓管员	库存管理、公共单据

附表 1-2　烟台鼎信新材料科技有限公司的部门档案

部门编号	部门名称
01	企业管理部
02	财务部
03	采购部
04	营销部
05	仓储部
06	注塑车间
07	复合车间

2. 人员类别

烟台鼎信新材料科技有限公司的人员类别如附表 1-3 所示。

附表 1-3　烟台鼎信新材料科技有限公司的人员类别

分类编码	分类名称	分类编码	分类名称
10101	企业管理人员	10104	仓储人员
10102	采购人员	10105	车间管理人员
10103	销售人员	10106	生产人员

3. 人员档案

烟台鼎信新材料科技有限公司的人员档案如附表 1-4 所示。

4. 客商信息设置

1) 地区分类

烟台鼎信新材料科技有限公司的地区分类如附表 1-5 所示。

附表 1-4　烟台鼎信新材料科技有限公司的人员档案

序号	编号	名称	部门	雇用状态	人员类别	是否业务员	性别	学历	银行	银行账号
1	0101	张亮	企业管理部	在职	企业管理人员	是	男	本科	交行	20238888001
2	0201	林静	财务部	在职	企业管理人员	是	女	本科	交行	20238888002
3	0202	陈颖	财务部	在职	企业管理人员	是	女	本科	交行	20238888003
4	0203	李媛	财务部	在职	企业管理人员	是	女	专科	交行	20238888004
5	0301	于力	采购部	在职	采购人员	是	男	专科	交行	20238888005
6	0401	娄潇	营销部	在职	销售人员	是	男	专科	交行	20238888006
7	0501	刘强	仓储部	在职	仓储人员	是	男	专科	交行	20238888007
8	0601	潘勇	注塑车间	在职	车间管理人员	是	男	本科	交行	20238888008
9	0602	王倩	注塑车间	在职	生产人员	是	女	专科	交行	20238888009
10	0603	赵辉	注塑车间	在职	生产人员	是	男	专科	交行	20238888010
11	0604	冯喆	注塑车间	在职	生产人员	是	男	专科	交行	20238888011
12	0701	周深	复合车间	在职	车间管理人员	是	男	本科	交行	20238888012
13	0702	钟凯	复合车间	在职	生产人员	是	男	本科	交行	20238888013
14	0703	王君	复合车间	在职	生产人员	是	女	专科	交行	20238888014
15	0704	丁磊	复合车间	在职	生产人员	是	男	专科	交行	20238888015

附表 1-5　烟台鼎信新材料科技有限公司的地区分类

分类编号	分类名称
01	省内
02	省外

2）供应商分类

烟台鼎信新材料科技有限公司的供应商分类如附表 1-6 所示。

附表 1-6　烟台鼎信新材料科技有限公司的供应商分类

分类编号	供应商分类名称
01	工业
02	商业
03	其他

3）供应商档案

烟台鼎信新材料科技有限公司的供应商档案如附表 1-7 所示。

4）客户分类

烟台鼎信新材料科技有限公司的客户分类如附表 1-8 所示。

高职高专互联网＋新形态教材·财会系列

附表 1-7　烟台鼎信新材料科技有限公司的供应商档案

编号	供应商名称	所属地区	所属分类	税　号	开户银行	账　号	分管部门	分管业务员
0001	山东日新复合材料股份有限公司	01	01	91370606005	建行烟台分行	622788790123	采购部	于力
0002	烟台永鑫包装材料有限公司	01	01	91376668006	建行烟台分行	622703011245	采购部	于力
0003	青岛圣泰包装材料有限公司	01	01	91377779507	建行青岛分行	622709823452	采购部	于力
0004	大连奥新塑胶有限公司	02	01	91375637008	建行大连分行	622793579869	采购部	于力
0005	威海晶泰树脂有限公司	01	01	91376987028	建行威海分行	622723679567	采购部	于力

附表 1-8　烟台鼎信新材料科技有限公司的客户分类

分类编号	客户分类名称
01	工业
02	商业
03	其他

5) 客户档案

烟台鼎信新材料科技有限公司的客户档案如附表 1-9 所示。

附表 1-9　烟台鼎信新材料科技有限公司的客户档案

客户编号	客户名称	所属地区	所属分类	税号	开户行	账号	分管部门	分管业务员
0001	青岛华泰光电科技有限公司	01	01	91370613001	建行青岛分行	622708070011	营销部	娄潇
0002	烟台富邦通信科技有限公司	01	01	91370606002	建行烟台分行	622708080023	营销部	娄潇
0003	泰安金源精密电子有限公司	01	01	91373357801	建行泰安分行	622756723015	营销部	娄潇
0004	大连恒瑞科技有限公司	02	01	91375586602	建行大连分行	622730096027	营销部	娄潇

5. 存货基础档案设置

1) 存货分类

烟台鼎信新材料科技有限公司的存货分类如附表 1-10 所示。

2) 计量单位组

烟台鼎信新材料科技有限公司的计量单位组如附表 1-11 所示。

附表 1-10　烟台鼎信新材料科技有限公司的存货分类

存货分类编码	存货分类名称
01	原材料
02	产成品
03	劳务类

附表 1-11　烟台鼎信新材料科技有限公司的计量单位组

计量单位组编号	计量单位组名称	计量单位组类别
01	数量单位	无换算率

3) 计量单位

烟台鼎信新材料科技有限公司的计量单位如附表 1-12 所示。

附表 1-12　烟台鼎信新材料科技有限公司的计量单位

计量单位编号	计量单位名称	所属计量单位组名称	计量单位组类别
01	吨	数量单位	无换算率
02	千克	数量单位	无换算率
03	卷	数量单位	无换算率
04	个	数量单位	无换算率
05	千米	数量单位	无换算率

4) 存货档案

烟台鼎信新材料科技有限公司的存货档案如附表 1-13 所示。

附表 1-13　烟台鼎信新材料科技有限公司的存货档案

存货分类	存货编号	存货名称	计量单位	属　性	税率/%
01 原材料	0101	ABS 塑胶粒	千克	外购、生产耗用	13
	0102	TPE 塑胶粒	千克	外购、生产耗用	13
	0103	树脂	千克	外购、生产耗用	13
	0104	固化剂	千克	外购、生产耗用	13
	0105	纱	千克	外购、生产耗用	13
02 产成品	0201	注塑按键	个	内销、外销、自制	13
	0202	复合片	个	内销、外销、自制	13
03 劳务类	0301	运输费	千米	外购、应税劳务	9

6. 总账初始设置

选项：制单序时控制，资金及往来科目赤字控制；不允许修改他人填制的凭证，制单权限不控制到科目，凭证审核控制到操作员，出纳凭证必须经由出纳签字。部门、个人按编码方式排序。

(1) 会计科目及期初余额。

烟台鼎信新材料科技有限公司的会计科目及期初余额如附表 1-14 所示。

附表 1-14　烟台鼎信新材料科技有限公司的会计科目及期初余额

类型	科目编码	科目名称	余额方向	辅助账类型	期初余额
资产	1001	库存现金	借	现金日记账	6 970.55
资产	1002	银行存款	借		1 565 798.27
资产	100201	交行存款	借	银行存款日记账	1 565 798.27
资产	1012	其他货币资金	借		
资产	101201	银行汇票	借		
资产	1121	应收票据	借		
资产	112101	银行承兑汇票	借	客户往来	
资产	1122	应收账款	借	客户往来	508 500.00
资产	1123	预付账款	借	供应商往来	
资产	1221	其他应收款	借	个人往来	2 000.00
资产	1231	坏账准备	贷		1 017.00
资产	1402	在途物资	借		
资产	1403	原材料	借		378 600.00
资产	1405	库存商品	借		645 000.00
资产	1601	固定资产	借		3 295 500.00
资产	1602	累计折旧	借		863 368.00
资产	1606	固定资产清理	借		
负债	2001	短期借款	贷		500 000.00
负债	2201	应付票据	贷		
负债	220101	银行承兑汇票	贷	供应商往来	
负债	2202	应付账款	贷		207 920.00
负债	220221	一般应付款	贷	供应商往来	207 920.00
负债	220222	应付暂估款	贷	供应商往来(不受控)	
负债	2203	预收账款	贷	客户往来	
负债	2211	应付职工薪酬	贷		112 896.35
负债	221101	工资	贷		112 896.35
负债	221102	社会保险费	贷		
负债	221103	住房公积金	贷		
负债	221104	工会经费	贷		
负债	221105	职工福利	贷		
负债	221106	职工教育经费	贷		
负债	221107	其他	贷		
负债	2221	应交税费	贷		181 251.95
负债	222101	应交增值税	贷		
负债	22210101	进项税额	借		

类型	科目编码	科目名称	余额方向	辅助账类型	期初余额
负债	22210102	销项税额	贷		
负债	22210103	转出未交增值税	贷		
负债	222102	未交增值税	贷		78 237.00
负债	222103	应交企业所得税	贷		90 365.23
负债	222104	应交个人所得税	贷		3 361.28
负债	222105	应交城建税	贷		5 476.59
负债	222106	应交教育费附加	贷		2 247.11
负债	222107	应交地方教育费附加	贷		1 564.74
负债	2241	其他应付款	贷		
负债	224101	社会保险费	贷		
负债	224102	住房公积金	贷		
负债	2501	长期借款	贷		
权益	4001	实收资本	贷		3 000 000.00
权益	4101	盈余公积	贷		
权益	410101	法定盈余公积	贷		
权益	4104	利润分配	贷		1 704 685.67
权益	410401	未分配利润	贷		1 704 685.67
成本	5001	生产成本	借		168 770.15
成本	500101	基本生产成本	借		168 770.15
成本	50010101	直接材料	借	部门核算、项目核算	116 739.03
成本	50010102	直接人工	借	部门核算、项目核算	34 354.00
成本	50010103	制造费用	借	部门核算、项目核算	17 677.12
成本	5101	制造费用	借		
成本	510101	职工薪酬	借	部门核算	
成本	510102	折旧费	借	部门核算	
成本	510103	其他	借	部门核算	
损益	6001	主营业务收入	贷		
损益	6401	主营业务成本	借		
损益	6601	销售费用	借		
损益	660101	职工薪酬	借	部门核算	
损益	660102	广告费	借	部门核算	
损益	660203	业务招待费	借	部门核算	
损益	660104	折旧费	借	部门核算	
损益	660105	其他	借	部门核算	
损益	6602	管理费用	借		

续表

类型	科目编码	科目名称	余额方向	辅助账类型	期初余额
损益	660201	职工薪酬	借	部门核算	
损益	660202	办公费	借	部门核算	
损益	660203	业务招待费	借	部门核算	
损益	660204	差旅费	借	部门核算	
损益	660205	折旧费	借	部门核算	
损益	660206	其他	借	部门核算	
损益	6603	财务费用	借		
损益	660301	利息收入	借		
损益	660302	利息支出	借		
损益	660303	手续费	借		
损益	660304	其他	借		
损益	6702	信用减值损失	借		

① 应收账款期初明细数据。

烟台鼎信新材料科技有限公司的应收账款期初明细数据如附表 1-15 所示。

附表 1-15　烟台鼎信新材料科技有限公司的应收账款期初明细数据

日　期	客　户	摘　要	方　向	金　额	票　号	票据日期
2023-10-15	金源电子	销售注塑按键	借	169 500.00	12796705	2023-10-15
2023-11-18	华泰光电	销售复合片	借	339 000.00	10034645	2023-11-18

② 其他应收款期初明细数据。

烟台鼎信新材料科技有限公司的其他应收款期初明细数据如附表 1-16 所示。

附表 1-16　烟台鼎信新材料科技有限公司的其他应收款期初明细数据

日　期	凭证号	部　门	个　人	摘　要	方　向	金　额
2023-12-26	一	采购部	于力	预借差旅费	借	2 000.00

③ 应付账款期初明细数据。

烟台鼎信新材料科技有限公司的应付账款期初明细数据如附表 1-17 所示。

附表 1-17　烟台鼎信新材料科技有限公司的应付账款期初明细数据

日　期	供应商	摘　要	方　向	金　额	票　号	票据日期
2023-10-20	日新材料	采购固化剂	贷	72 320.00	88207165	2023-10-20
2023-11-15	晶泰树脂	采购树脂	贷	135 600.00	09682213	2023-11-15

④ 生产成本期初明细数据。

烟台鼎信新材料科技有限公司的生产成本期初明细数据如附表 1-18 所示。

(2) 指定科目：指定"1001 库存现金"为"现金科目"和"1002 银行存款"为"银行科目"。

(3) 凭证类别：记账凭证。

附表 1-18　烟台鼎信新材料科技有限公司的生产成本期初明细数据

产品名称	直接材料 50010101	直接人工 50010102	制造费用 50010103
注塑按键	39 343.53	11 741.00	6 120.62
复合片	77 395.50	22 613.00	11 556.50
合计	116 739.03	34 354.00	17 677.12

(4) 项目目录。

烟台鼎信新材料科技有限公司的项目目录如附表 1-19 所示。

附表 1-19　烟台鼎信新材料科技有限公司的项目目录

项目设置步骤	设置内容
项目大类	产品成本
核算科目	直接材料 50010101 直接人工 50010102 制造费用 50010103
项目分类	1.注塑产品 2.复合产品
项目名称	101 注塑按键　　所属分类　1 201 复合片　　　所属分类　2

7. 收付结算设置

(1) 本单位开户银行为交通银行烟台青年路支行，账号为 622262030056。

(2) 结算方式。

烟台鼎信新材料科技有限公司的结算方式如附表 1-20 所示。

附表 1-20　烟台鼎信新材料科技有限公司的结算方式

编　码	结算方式
1	网银转账
2	支票
201	现金支票
202	转账支票
3	商业汇票
301	银行承兑汇票
302	商业承兑汇票
4	其他

8. 银行对账期初数据

单位日记账期初余额 1 565 798.27 元，对账单期初余额 1 735 298.27 元，有银行已收企业未收的未达账项 169 500.00 元；对账单余额方向为贷方。

烟台鼎信新材料科技有限公司的银行对账期初数据如附表 1-21 所示。

附表 1-21　烟台鼎信新材料科技有限公司的银行对账期初数据

日　期	结算方式	结算单号	贷方金额
2023.12.31	网银转账	09921153	169 500.00

9. 业务档案设置

(1) 仓库档案。

烟台鼎信新材料科技有限公司的仓库档案如附表 1-22 所示。

附表 1-22　烟台鼎信新材料科技有限公司的仓库档案

仓库编码	仓库名称	计价方式	是否代管仓属性	备　注
01	原材料库	移动平均法	否	其他选项默认
02	产成品库	全月平均法	否	其他选项默认

(2) 收发类别。

烟台鼎信新材料科技有限公司的收发类别如附表 1-23 所示。

附表 1-23　烟台鼎信新材料科技有限公司的收发类别

类别编码	类别名称	收发标志	类别编码	类别名称	收发标志
1	收	收	2	发	发
101	采购入库	收	201	生产领用	发
102	产成品入库	收	202	销售出库	发

(3) 采购类型。

烟台鼎信新材料科技有限公司的采购类型如附表 1-24 所示。

附表 1-24　烟台鼎信新材料科技有限公司的采购类型

采购类型编码	采购类型名称	入库类别	是否默认值
01	原材料采购	采购入库	是
02	成品采购	采购入库	否

(4) 销售类型。

烟台鼎信新材料科技有限公司的销售类型如附表 1-25 所示。

附表 1-25　烟台鼎信新材料科技有限公司的销售类型

销售类型编码	销售类型名称	出库类型	是否默认值
01	普通销售	销售出库	是
02	分期销售	销售出库	否
03	委托销售	销售出库	否

(5) 费用项目分类：01 代垫费用。

(6) 费用项目。

烟台鼎信新材料科技有限公司的费用项目如附表 1-26 所示。

附表 1-26 烟台鼎信新材料科技有限公司的费用项目

费用项目编码	费用项目名称
01	运输费
02	其他

(7) 单据编号设置：采购专用发票、销售专用发票、运费专用发票完全手工编号。

10. 薪资系统初始设置

(1) 建立工资账套。设置工资类别个数为"单个"；核算币种为"人民币"；从工资中代扣个人所得税；不进行扣零处理；人员编码与公共平台中的人员编码一致。

(2) 数据权限分配：陈颖为工资类别主管。

(3) 设置工资项目。

烟台鼎信新材料科技有限公司的工资项目如附表 1-27 所示。

附表 1-27 烟台鼎信新材料科技有限公司的工资项目

项目名称	类 型	长 度	小 数 位	工资增减项
基本工资	数字	8	2	增项
岗位工资	数字	8	2	增项
绩效工资	数字	8	2	增项
交通补助	数字	8	2	增项
午餐补助	数字	8	2	增项
缺勤天数	数字	8	2	其他
缺勤扣款	数字	8	2	减项
缴存基数	数字	8	2	其他
社会保险费个人	数字	8	2	减项
住房公积金个人	数字	8	2	减项
应税工资	数字	8	2	其他
应发工资	数字	8	2	其他

(4) 人员档案：见基础档案；全部人员均为中方人员；通过交通银行代发工资；

(5) 工资计算公式。

烟台鼎信新材料科技有限公司的计算公式如附表 1-28 所示。

附表 1-28 烟台鼎信新材料科技有限公司的工资计算公式

工资项目	计算公式
岗位工资	iff(人员类别="企业管理人员", 1100, iff(人员类别="销售人员", 1000, 900))
交通补助	iff(人员类别="销售人员", 300, 100)
缺勤扣款	(基本工资+岗位工资)/22*缺勤天数
社会保险费个人	缴存基数*0.103
住房公积金个人	缴存基数*0.09

工资项目	计算公式
应税工资	基本工资+岗位工资+绩效工资+交通补助+午餐补助−缺勤扣款−社会保险费个人−住房公积金个人
应发工资	基本工资+岗位工资+绩效工资+交通补助+午餐补助−缺勤扣款

(6) 扣税设置：对应工资项目为"应税工资"；扣税基数为 5000 元；附加费用为 0。个税税率表调整为最新税率表。

(7) 工资分摊设置。

① 按"应发工资"项目对工资费用进行分配，其中营销部人员工资计入销售费用，车间管理人员工资计入制造费用，车间生产工人工资计入生产成本，其他部门人员工资计入管理费用。

② 结转代扣个人所得税。

③ 结转代扣个人应缴纳的社会保险费、住房公积金。

④ 按"缴存基数"的 25.82%计提单位应负担的社会保险费，按缴存基数的 9%计提单位应负担的住房公积金。

提示：公司承担的养老保险、医疗(生育)保险、失业保险、工伤保险、住房公积金计提比例分别为 16%、7.8%、0.7%、1.32%、9%；职工个人承担的养老保险、医疗(生育)保险、失业保险、工伤保险、住房公积金计提比例分别为 8%、2%、0.3%、0、9%。

11. 固定资产账套初始化

(1) 建立固定资产账套，其中初始化参数如下。

账套启用月份：2024 年 1 月 1 日。

主要折旧方法：平均年限法(一)。

折旧汇总分配周期：1 个月；当(月初已计提月份=可使用月份−1)时，将剩余折旧全部提足。

编码方式：资产类别编码方式为"2112"。

固定资产编码方式：自动编码"类别编码+部门编码+序号"，序号长度为 3 位。

账务接口：勾选"与账务系统进行对账"。

对账科目：固定资产对账科目为"1601 固定资产"；累计折旧对账科目为"1602 累计折旧"。

勾选"在对账不平的情况下允许固定资产结账"。

(2) 选项设置。

初始化后补充以下选项信息：

业务发生后立即制单。

月末结账前一定要完成制单登账业务。

固定资产缺省入账科目：1601 固定资产。

累计折旧缺省入账科目：1602 累计折旧。

减值准备缺省入账科目：1603 固定资产减值准备。

增值税进项税额缺省入账科目：22210101 应交税费-应交增值税-进项税。

固定资产清理缺省入账科目：1606 固定资产清理。

(3) 部门对应折旧科目。

烟台鼎信新材料科技有限公司的部门对应折旧科目如附表 1-29 所示。

(4) 固定资产类别。

烟台鼎信新材料科技有限公司的固定资产类别如附表 1-30 所示。

附表 1-29　烟台鼎信新材料科技有限公司的部门对应折旧科目

部　门	对应折旧科目
企业管理部、财务部、采购部、仓储部	管理费用—折旧费
营销部	销售费用—折旧费
注塑车间、复合车间	制造费用—折旧费

附表 1-30　烟台鼎信新材料科技有限公司的固定资产类别

类别编码	类别名称	净残值率/%	使用年限	计提属性	折旧方法	卡片样式
01	房屋建筑物	4	20	正常计提	平均年限法(一)	含税卡片样式
02	办公设备	4	5	正常计提	平均年限法(一)	含税卡片样式
03	生产设备	4	10	正常计提	平均年限法(一)	含税卡片样式
04	交通运输设备	4	10	正常计提	平均年限法(一)	含税卡片样式

(5) 增减方式及对应入账科目。

烟台鼎信新材料科技有限公司的增减方式及对应入账科目如附表 1-31 所示。

附表 1-31　烟台鼎信新材料科技有限公司的增减方式及对应入账科目

增加方式	对应入账科目	减少方式	对应入账科目
直接购入	银行存款——交行存款 100201	出售	固定资产清理 1606
投资者投入	实收资本 4001	盘亏	待处理财产损溢 1901
捐赠	营业外收入 6301	捐赠转出	固定资产清理 1606
在建工程转入	在建工程 1604	报废毁损	固定资产清理 1606

(6) 固定资产原始卡片(固定资产使用状况：在用)。

烟台鼎信新材料科技有限公司的固定资产原始卡片如附表 1-32 所示。

附表 1-32　烟台鼎信新材料科技有限公司的固定资产原始卡片

卡片编号	固定资产名称	类别编号	使用部门及比例	预计使用年限	开始使用日期	增加方式	折旧方法	原值	累计折旧
001	办公楼	01	企业管理部	20	2020-3-16	在建工程转入	平均年限法(一)	800 000.00	144 000.00
002	厂房	01	注塑车间 50% 复合车间 50%	20	2020-3-16	在建工程转入	平均年限法(一)	1 000 000.00	180 000.00
003	台式电脑	02	企业管理部	5	2020-5-20	直接购入	平均年限法(一)	6 000.00	4 128.00
004	台式电脑	02	财务部	5	2020-5-20	直接购入	平均年限法(一)	6 000.00	4 128.00
005	台式电脑	02	采购部	5	2020-5-20	直接购入	平均年限法(一)	6 000.00	4 128.00
006	台式电脑	02	营销部	5	2020-5-20	直接购入	平均年限法(一)	6 000.00	4 128.00
007	台式电脑	02	仓储部	5	2020-5-20	直接购入	平均年限法(一)	6 000.00	4 128.00
008	打印机	02	财务部	5	2020-5-20	直接购入	平均年限法(一)	3 500.00	2 408.00
009	注塑机	03	注塑车间	10	2020-3-16	直接购入	平均年限法(一)	300 000.00	108 000.00

续表

卡片编号	固定资产名称	类别编号	使用部门及比例	预计使用年限	开始使用日期	增加方式	折旧方法	原值	累计折旧
010	注塑机	03	注塑车间	10	2020-3-16	直接购入	平均年限法(一)	300 000.00	108 000.00
011	拉挤设备	03	复合车间	10	2020-3-16	直接购入	平均年限法(一)	320 000.00	115 200.00
012	裁床	03	复合车间	10	2020-3-16	直接购入	平均年限法(一)	120 000.00	43 200.00
013	冲床	03	复合车间	10	2020-3-16	直接购入	平均年限法(一)	100 000.00	3 6000.00
014	叉车	04	复合车间	10	2020-3-16	直接购入	平均年限法(一)	72 000.00	25 920.00
015	轿车	04	企业管理部	10	2020-8-20	直接购入	平均年限法(一)	250 000.00	80 000.00
合计	—	—	—	—	—	—	—	3 295 500.00	863 368.00

12. 应收款管理系统初始设置

(1) 控制参数设置。

坏账处理方式：应收账款余额百分比法；自动计算现金折扣；不控制操作员权限；录入发票时，显示提示信息；其他采用系统默认。

(2) 基本科目设置。

烟台鼎信新材料科技有限公司的基本科目如附表 1-33 所示。

附表 1-33　烟台鼎信新材料科技有限公司的基本科目

基础科目种类	科目	基础科目种类	科目
应收科目	应收账款 1122	税金科目	销项税额 22210102
预收科目	预收账款 2203	销售收入科目	主营业务收入 6001
银行承兑科目	应收票据 112101	票据费用科目	财务费用 660302

(3) 结算方式科目设置。

烟台鼎信新材料科技有限公司的结算方式科目如附表 1-34 所示。

附表 1-34　烟台鼎信新材料科技有限公司的结算方式科目

结算方式	科目	结算方式	科目
网银转账	银行存款——交行存款 100201	转账支票	银行存款——交行存款 100201
现金支票	银行存款——交行存款 100201		

(4) 坏账准备设置。

烟台鼎信新材料科技有限公司的坏账准备如附表 1-35 所示。

附表 1-35　烟台鼎信新材料科技有限公司的坏账准备

项目	设置	项目	设置
提取比率	0.2%	坏账准备科目	1231 坏账准备
坏账准备期初余额	1 017.00	对方科目	6702 信用减值损失

(5) 录入应收账款期初余额。

烟台鼎信新材料科技有限公司的应收账款期初余额如附表 1-36 所示。

附表 1-36　烟台鼎信新材料科技有限公司的应收账款期初余额

单据类型	方向	开票日期	增值税发票号	客户名称	部　门	业务员	科目编码	货物名称	数量	无税单价	价税合计
专用发票	借	2023-10-15	12796705	金源电子	营销部	娄潇	1122	注塑按键	300 000	0.50	169 500.00
专用发票	借	2023-11-18	10034645	华泰光电	营销部	娄潇	1122	复合片	20 000	15.00	339 000.00

13. 应付款管理系统初始设置

(1) 应付款管理系统控制参数设置：单据审核日期依据为"单据日期"；受控科目制单方式为"明细到供应商"；控制科目依据为"按供应商"；采购科目依据为"按存货分类"；不控制操作员权限；其他采用系统默认。

(2) 基本科目设置。

烟台鼎信新材料科技有限公司的基本科目如附表 1-37 所示。

附表 1-37　烟台鼎信新材料科技有限公司的基本科目

科　目	科目编码	科　目	科目编码
应付科目	220201	采购科目	1402
预付科目	1123	税金科目	22210101

(3) 结算方式科目设置。

烟台鼎信新材料科技有限公司的结算方式对应科目如附表 1-38 所示。

(4) 录入应付账款期初余额。

烟台鼎信新材料科技有限公司的应付账款期初余额如附表 1-39 所示。

附表 1-38　烟台鼎信新材料科技有限公司的结算方式对应科目

结算方式	科　目	结算方式	科　目
网银	银行存款——交行存款 100201	转账支票	银行存款——交行存款 100201
现金支票	银行存款——交行存款 100201		

附表 1-39　烟台鼎信新材料科技有限公司的应付账款期初数据

单据类型	方向	开票日期	增值税发票号	供应商名称	部门	业务员	科目编码	货物名称	数量	单位成本	价税合计
专用发票	贷	2023-10-20	88207165	日新材料	采购部	于力	220201	固化剂	2 000	32.00	72 320.00
专用发票	贷	2023-11-15	09682213	晶泰树脂	采购部	于力	220201	树脂	4 000	30.00	135 600.00

14. 采购管理系统初始设置(采购参数设置、期初余额录入、采购期初记账)

(1) 采购管理系统参数设置：普通业务必须有订单；单价录入方式为手工录入；采购单据默认税率为13%；订单自动关闭的条件为入库完成；其他设置由系统默认。

(2) 采购管理系统期初数据(仓库：原材料库)。

烟台鼎信新材料科技有限公司的采购管理系统期初数据如附表 1-40 所示。

(3) 采购期初记账。

附表 1-40　烟台鼎信新材料科技有限公司的采购管理系统期初数据

单据名称	仓库	入库时间	供应商名称	业务员	入库类别	货物名称	数量	单价	金额
入库单	原材料库	2023-12-26	圣泰包装	于力	采购入库	纱	2 000	9.00	18 000.00

15. 销售管理系统初始设置(销售参数设置、期初余额录入)

(1) 控制参数：有委托代销业务；有分期收款业务；报价不含税；新增退货单、新增发票参照订单生成；销售生成销售出库单；订单自动关闭的条件为出库完成；其他设置由系统默认。

(2) 销售管理系统期初余额。

烟台鼎信新材料科技有限公司的销售管理系统期初余额如附表 1-41 所示。

附表 1-41　烟台鼎信新材料科技有限公司的销售管理期初余额

单据名称	销售类型	发货日期	客户名称	业务员	仓库	货物名称	数量	无税单价	金额
期初发货单	普通销售	2023-12-28	富邦通信	娄潇	产成品库	注塑按键	20 000	0.50	10 000.00

16. 存货核算系统初始设置(存货核算参数设置、存货科目设置、对方科目设置、期初余额录入)

(1) 控制参数设置：核算方式为"按仓库核算"；暂估方式为"单到回冲"；销售成本核算方式为"按销售发票"；委托代销成本核算方式为"按发出商品核算"；结算单价与暂估单价不一致时需要调整出库成本；其他设置由系统默认。

(2) 存货科目。

烟台鼎信新材料科技有限公司的存货科目如附表 1-42 所示。

附表 1-42　烟台鼎信新材料科技有限公司的存货科目

仓　库	存货分类	存货科目
原材料库	原材料 01	原材料 1403
产成品库	产成品 02	库存商品 1405

(3) 对方科目。

烟台鼎信新材料科技有限公司的对方科目如附表 1-43 所示。

(4) 存货核算系统期初余额。

烟台鼎信新材料科技有限公司的存货核算系统期初余额如附表 1-44 所示。

附表 1-43　烟台鼎信新材料科技有限公司的对方科目

收发类别编码	收发类别名称	对方科目编码
101	采购入库	1402
102	产成品入库	50010101
202	生产领用	50010101
201	销售出库	6401

附表 1-44　烟台鼎信新材料科技有限公司的存货核算系统期初余额

存货名称	计量单位	数　量	单　价	金　额	科目编码
原材料				—	
ABS 塑胶粒	千克	4 000	15.00	60 000.00	1403
TPE 塑胶粒	千克	1 100	60.00	66 000.00	1403
树脂	千克	2 500	30.00	75 000.00	1403
固化剂	千克	1 800	32.00	57 600.00	1403
纱	千克	12 000	10.00	120 000.00	1403
小计				378 600.00	
产成品				—	
注塑按键	个	850 000	0.33	280 500.00	1405
复合片	个	40 500	9.00	364 500.00	1405
小计				645 000.00	

17. 库存管理系统初始设置

(1) 库存管理系统控制参数设置：有委托代销业务；由库存生成销售出库单；普通存货允许超预计可用量出库；出入库检查可用量；有最高最低库存控制；其他设置由系统默认。

(2) 库存管理系统期初余额。库存管理系统期初余额与存货核算系统相同，库存管理系统通过执行"修改""取数""批审"命令从存货核算系统取数，并对账。

第二部分　经济业务

1. 2024 年 1 月份发生的经济业务如下。

(1) 2 日，企业管理部报销业务招待费 1 600 元，收到普通发票，以现金付讫。

(2) 2 日，财务部开出现金支票提取现金 2 000 元，支票号为 32810062。

(3) 2 日，作废删除记字 2 号凭证(2024 年 1 月 1 日，财务部开出现金支票提取现金 2 000 元)。

(4) 2 日，与烟台永鑫包装材料有限公司签订购货合同，采购树脂 2 500 千克，固化剂 2 000 千克，纱 10 000 千克，要求 4 日到货。4 日，收到以上材料并验收入库，随货收到增值税专用发票，发票号为 32367627，发票上列明树脂 2 500 千克，不含税单价 30.00 元；固化剂 2 000 千克，不含税单价 32.00 元；纱 10 000 千克，不含税单价 10.00 元；增值税税率为 13%，货款当日通过网银转账付清，银行结算号为 00170337。

(5) 3 日，财务部报销购买办公用品费 780 元，取得普通发票，以现金付讫。

(6) 4 日，修改 2024 年 1 月 3 日购买办公用品记字 4 号凭证，修改报销部门为"企业管理部"。(总账系统，已审核未记账)

(7) 5 日，修改 2024 年 1 月 1 日报销业务招待费记字 1 号凭证(已记账)，报销部门应为营销部。(总账系统，已审核已记账，红字冲销法)

(8) 5 日，签发转账支票(支票号为 54819520)支付产品宣传页印刷费 26 500 元(含税价)，收到增值税专用发票一张，发票上列明金额为 25 000 元，税额为 1 500 元。

(9) 5 日，收到泰安金源精密电子有限公司网银转账 169 500 元，用于归还前欠货款，银行结算单号为 09921153。

(10) 6 日，签发转账支票(支票号为 54819521)支付前欠日新材料采购款 72 320.00 元。

(11) 7 日，公司拟采购 ABS 塑胶颗粒 4 000 千克和 TPE 塑胶颗粒 2 000 千克，需求日期为 9；8 日与大连奥新塑胶有限公司签订采购合同，采购 ABS 塑胶颗粒 4 000 千克和 TPE 塑胶颗粒 2 000 千克；9 日，收到以上材料并验收入库，随货收到增值税专用发票和运费发票，增值税专用发票号为 65567589，发票上列明 ABS 塑胶颗粒 4 000 千克，不含税单价 15.00 元，TPE 塑胶颗粒 2 000 千克，不含税单价 60.00 元；运费增值税专用发票号为 10810336，发票上列明运费 2 000 元(不含税价)；款未付。(按数量分配运费)

(12) 2024 年 1 月 9 日，收到青岛圣泰包装材料有限公司开出的增值税专用发票一张，发票上列明纱的单价为 9.80 元，增值税税率为 13%，发票号为 35452127，进行暂估报销处理，确认采购成本并确认应付账款。(2023 年 12 月 26 日从青岛圣泰包装材料有限公司采购的纱 2 000 千克已验收入库，到月底时未收到发票，暂估入库。)

(13) 10 日，生产领用材料如附表 1-45、附表 1-46 所示。

附表 1-45　烟台鼎信新材料科技有限公司注塑车间材料领用表

部门	原材料	原料及主要材料	
		ABS 塑胶粒	TPE 塑胶粒
注塑车间	注塑按键	3 600	1 580

附表 1-46　烟台鼎信新材料科技有限公司复合车间材料领用表

部门	原材料	原料及主要材料		
		树脂	固化剂	纱
复合车间	复合片	2 100	1 600	10 000

(14) 10 日，报税后，通过电子缴税系统缴纳上月税费，其中：增值税 78 237.00 元，企业所得税 90 365.23 元，城建税 5 476.59 元，教育费附加 2 247.11 元，地方教育费附加 1 564.74 元，个人所得税 3 361.28 元，银行结算单号为 00170588。

(15) 10 日，签发转账支票委托银行发放 12 月工资 112 896.35 元，支票号 54819522。

(16) 10 日，青岛华泰光电科技有限公司拟采购复合片 25 000 个，报价每个 15 元(不含税)。11 日与青岛华泰光电科技有限公司签订销售合同，销售复合片 25 000 个，每个 15.00 元(不含税)，当日开出增值税专用发票一张，发票号为 65889103，并按合同规定发货，同日收到青岛华泰光电科技有限公司网银转账款 423 750 元，银行结算单号为 21819322，结清货税款。

(17) 12 日，泰安金源精密电子有限公司拟采购注塑按键 500 000 个，报价每个 0.50 元(不含税)。13 日与泰安金源精密电子有限公司签订销售合同，销售注塑按键 500 000 个，每个 0.50 元(不含税)，当日，按合同规定发货。14 日，开出增值税专用发票一张，发票号为 65889101，货款尚未收到。

(18) 15 日收到泰安金源电子有限公司网银转来的 14 日购买注塑按键货款 282 500 元，银行结算号为 03672736。

(19) 15 日，签发转账支票(支票号为 54819523)支付大连奥新塑胶有限公司材料采购款 205 580.00 元。

(20) 16 日，生产部门发现 1 月 9 日向大连奥新塑胶有限公司采购的 ABS 塑胶颗粒有 100 千克有质量问题，经双方协商予以退货，并通过网银转账退款，结算单号为 00171528，大连奥新塑胶有限公司开具红字专用发票一张，发票号为 65567592。

(21) 16 日，与烟台富邦通信签订销售合同，销售注塑按键 300 000 个，每个 0.50 元(不含税)，当日按合同规定发货并开出增值税专用发票一张，发票号为 65889102，同日收到电子银行承兑汇票一张，票据号为 00968133，汇票到期日为 2024 年 7 月 16 日。

(22) 17 日，与恒瑞科技签订销售合同，对方以网银转账的方式预付部分货款 50 000 元，银行结算单号为 21819566。

(23) 18 日，采购部于力出差归来报销差旅费 2 370 元，不足部分以现金补足。

(24) 18 日，购买台式电脑一台，交企业管理部使用，收到增值税专用发票一张，发票上列明金额为 6 000 元，税额为 780 元，当日以网银转账方式付清，银行结算单号为 00171525。该电脑预计使用 5 年，预计净残值率为 4%，按平均年限(一)计提折旧。

(25) 22 日，公司向红十字会捐款 20 000 元，以转账支票支付(票号 54819524)。

(26) 24 日，按合同规定向恒瑞科技发出复合片 15 000 个，每个 15.00 元(不含税)，当日开出增值税专用发票一张，发票号为 65889104，同时代垫铁路运费 500 元，以网银转账(银行结算号 00171501)方式支付给市火车站，货款暂未收到。

(27) 26 日，收到恒瑞科技网银转账 204 750 元，结清剩余货款，银行结算单号为 21819678。

(28) 26 日，青岛华泰光电科技有限公司发生财务困难，前欠货款有 100 000 元无法收回。

(29) 27 日，因质量问题泰安金源精密电子有限公司退回了 2024 年 1 月 13 日购买的注塑按键 1 000 个，每个 0.50 元(不含税)，当日，退回货物入库，并开出红字增值税专用发票一张，发票号为 65889109，货款 565 元以网银转账形式退回，银行结算单号为 00170448。

(30) 31 日，将 1 月 16 日收到的银行承兑汇票贴现，贴现率为 4.5%。

(31) 31 日，计提短期借款利息。(短期借款本金 500 000，年利率为 6%)

(32) 31 日，工资变动数据如附表 1-47 所示，请据此计算汇总本月工资并分配工资、结转代扣款。

(33) 31 日，计提单位承担的社会保险费和住房公积金。

(34) 31 日，网银缴纳社会保险费，收到电子缴税回单，银行回单号为 00172188。

(35) 31 日，网银缴纳住房公积金，收到电子缴税回单，银行回单号为 00172283。

(36) 31 日，计提累计折旧。

(37) 31 日，企业管理部卡片编号为 00003 台式电脑不能满足工作需要，将其报废，该电脑原价 6 000 元，已提折旧 4 224 元；出售收到 226 元现金，开出增值税专用发票一张，发票列明金额为 200 元，税额为 26 元；结转固定资产净损益。

(38) 31 日，对公司办公设备进行盘点，发现公司采购部的台式电脑 0203001 丢失，经查损失应由采购部于力负责赔偿，暂未收到赔偿款。

(39) 31 日，结转注塑车间制造费用。

(40) 31 日，结转复合车间制造费用。

(41) 31 日，结转注塑车间完工入库产品注塑按键 810 000 个的成本 251 100 元，其中直接材料 182 298.60 元，直接人工 45 951.30 元，制造费用 22 850.10 元。

附表 1-47 烟台鼎信新材料科技有限公司工资变动数据

人员编号	人员名称	部 门	基本工资	绩效工资	午餐补助	缺勤天数	缴存基数
0101	张亮	企业管理部	8 600	1 500	200		10 280.00
0201	林静	财务部	8 500	1 500	200	2	10 050.00
0202	陈颖	财务部	8 400	1 400	200		10 150.00
0203	李媛	财务部	8 300	1 300	200		10 100.00
0301	于力	采购部	8 300	1 400	200		10 050.00
0401	娄潇	营销部	8 600	1 500	200		10 280.00
0501	刘强	仓储部	8 300	1 300	200	1	10 030.00
0601	潘勇	注塑车间	8 400	1 700	200		10 150.00
0602	王倩	注塑车间	8 300	1 600	200		10 050.00
0603	赵辉	注塑车间	8 300	1 600	200		10 100.00
0604	冯喆	注塑车间	8 200	1 600	200		10 050.00
0701	周深	复合车间	8 400	1 700	200		10 200.00
0702	钟凯	复合车间	8 300	1 600	200		10 100.00
0703	王君	复合车间	8 300	1 600	200		10 060.00
0704	丁磊	复合车间	8 200	1 600	200		10 130.00
小计			125 400.00	22 900.00	3 000.00		151 780.00

(42) 31 日,结转复合车间完工入库产品复合片 38 000 个的成本 353 400 元,其中直接材料 256 568.40,直接人工 64 672.20 元,制造费用 32 159.40 元

(43) 31 日,收到从威海晶泰树脂有限公司采购的树脂 1 000 千克,材料已验收入库,月末发票未到,进行暂估处理,暂估单价 31 元。

(44) 31 日,月末结转销售成本。

(45) 31 日,计提坏账准备。

(46) 31 日,计算并结转未交增值税。

(47) 31 日,计提城建税、教育费附加、地方教育费附加,计提比例分别为未交增值税的 7%、3%、2%。

(48) 31 日,结转期间损益。

(49) 31 日,计算应交企业所得税(企业所得税税率为 25%)

(50) 31 日,结转企业所得税费用。

2. 银行对账

烟台鼎信新材料科技有限公司 2024 年 1 月银行对账单如附表 1-48 所示。

3. UFO 报表处理

(1) 利用模板生成资产负债表、利润表。

① 调用报表模板生成 2024 年 1 月 31 日的资产负债表。

② 调用报表模板生成 2024 年 1 月的利润表。

(2) 自定义货币资金表。

货币资金表如附表 1-49 所示,请进行自定义设置。

附表 1-48　烟台鼎信新材料科技有限公司 2024 年 1 月银行对账单

单位：元

日　期	结算方式	结算单号(票号)	借方金额	贷方金额	余　额
2024-1-4	1	00170337	270 070.00		
2024-1-5	202	54819520	26 500.00		
2024-1-6	202	54819521	72 320.00		
2024-1-10	1	00170588	181 251.95		
2024-1-10	202	54819522	112 896.35		
2024-1-10	1	21819322		423 750.00	
2024-1-15	1	03672736		282 500.00	
2024-1-15	202	54819523	205 580.00		
2024-1-16	1	00171528		1 695.00	
2024-1-17	1	21819566		50 000.00	
2024-1-18	1	00171525	6 780.00		
2024-1-22	202	54819524	20 000.00		
2024-1-24	1	00171501	500.00		
2024-1-26	1	21819678		204 750.00	
2024-1-27	1	00170448	565.00		
2024-1-31	301	00968133		165 961.69	
2024-1-31	1	00172188	54 822.95		
2024-1-31	1	00172283	27 320.40		

附表 1-49　货币资金表

编制单位：　　　　　　　　年　月　日　　　　　　　　单位：元

项　目	行　次	期初数	期末数
库存现金	1		
银行存款	2		
合计	3		

制表人：

说明：

① 表题"货币资金表"设置为"黑体，14 号，居中"。

② 编制单位和年、月、日设置为关键字。

③ 表体的文字设置为"宋体，12 号，居中"。

④ 报表公式如下。

库存现金期初数：C4=QC("1001"，月)。

库存现金期末数：D4=QM("1001"，月)。

银行存款期初数：C5=QC("1002"，月)。

银行存款期末数：D5=QM("1002"，月)。

期初数合计：C6=C4+C5。

期末数合计：D6=D4+D5。

高职高专互联网＋新形态教材·财会系列

参 考 文 献

[1] 李举芝，宋红菊. 财务软件应用——用友 U8V10.1 版[M]. 北京：北京理工大学出版社，2016.

[2] 牛永芹，刘大斌，杨琴. ERP 财务业务一体化实训教程(U8V10.1 版)[M]. 北京：高等教育出版社，2016.

[3] 翟铮，刘震威. ERP 供应链管理系统应用教程(ERP-U8V10.1 版)[M]. 大连：大连理工大学出版社，2021.

[4] 李爱红，许婕. 会计信息系统应用(用友 U8V10.1 版)[M]. 2 版. 北京：高等教育出版社，2021.

[5] 王忠孝，隋冰. 会计信息化实训(用友 U8V10.1 版)[M]. 5 版. 大连：大连理工大学出版社，2021.